언어와 상징권력

나남
nanam

나남신서 2047

# 언어와 상징권력

2014년 9월 25일 초판 발행
2014년 9월 25일 초판  1쇄
2020년 6월 15일 번역 개정판 발행
2024년 7월  1일 번역 개정판  3쇄

지은이　　피에르 부르디외
옮긴이　　김현경
발행자　　趙相浩
발행처　　(주) 나남
주소　　　10881 경기도 파주시 회동길 193
전화　　　(031) 955-4601 (代)
FAX　　　(031) 955-4555
등록　　　제 1-71호(1979. 5. 12)
홈페이지　http://www.nanam.net
전자우편　post@nanam.net

ISBN 978-89-300-4047-1
ISBN 978-89-300-8215-0 (세트)

책값은 뒤표지에 있습니다.

번역 개정판

# 언어와 상징권력

피에르 부르디외 지음 | 김현경 옮김

# 옮긴이 머리말


이 책은 피에르 부르디외의 *Langage et pouvoir symbolique* (Paris: Seuil, 2001) 의 번역이다. 이 책의 원서는 다소 복잡한 과정을 거쳐서 태어났다. 이 책에 실린 논문의 절반 정도(제 1부와 제 2부, 제 3부 제 4장, 제 4부 제 2장) 는 *Ce que parler veut dire: l'économie des échanges linguistiques* (Paris: Librairie Arthème Fayard, 1982) 에 먼저 수록되었다. 그 뒤 이 책의 영어판이라고 할 수 있는 *Language and Symbolic Power* (Cambridge: Polity Press, 1991) 가 나오면서 몇 편의 논문이 추가되었다(제 1부 부록, 제 3부 제 1~3장 및 제 5장). 마지막으로 *Langage et pouvoir symbolique* 가 출판되면서 두 편의 논문이 덧붙여졌다(제 4부 제 1장과 제 3장). *Language and Symbolic Power* 와 *Langage et pouvoir symbolique* 는 제목이 같고, 구성도 거의 비슷하지만, 영어판이 먼저 나오고, 그것을 바탕으로 프랑스어판이 만들어진 것이다. 프랑스어판에 영어판 편집자인 존 톰슨의 해제가 실려 있는 것은 그 때문이다. 결국 이 책은 20년에 걸쳐 다듬어진, 언어와 권력에 대한 피에르 부르디외의 성찰을 담고 있는 셈이다.

원서의 탄생과정이 복잡했던 만큼, 번역 역시 단번에 이뤄지지 않았다. 이 책의 내용 대부분은 사실 1990년대 중반에 《상징폭력과 문화재

5

생산》(정일준 옮김, 새물결)이라는 제목으로 소개된 바 있다. *Language and Symbolic Power*를 저본으로 삼은 이 번역서는 독특한 구성과 인상적인 옮긴이 서문을 통해, 한국에서 부르디외가 어떤 맥락에서, 어떤 식으로 수용되기 시작했는지 생생히 보여준다. 대부분의 내용이 중복되는 데도 *Langage et pouvoir symbolique*를 굳이 번역하는 이유는 이 책이 원본이자 최종적 판본이라는 이유 외에도, 1990년대 중반의 문제의식 ― 1990년대는 소비사회의 충격이 '운동권 문화'의 동질성을 파괴하면서 '구별짓기'라는 단어가 화두로 떠오른 시기였다 ― 이 그리 새롭지 않게 된 지금, 더 정확하고 읽기 쉬운 번역과 조금 더 친절한 역주로써, '부르디외를 재발견'할 기회를 마련하고 싶었기 때문이다.

이 책은 제목이 말해 주듯 언어와 상징권력의 관계를 다룬다. 부르디외의 책이 흔히 그렇듯이 이 책 역시 논쟁적이다. *Ce que parler veut dire*에 이미 포함되어 있으며, 어떤 의미에서 이 책의 뼈대를 이루는 제1부와 제2부는 각각 소쉬르와 촘스키, 그리고 오스틴이라는 거장을 비판하는 데 초점을 맞춘다. 그 비판의 요지는 (예컨대 *Esquisse d'une théorie de la practice*에서의) 레비스트로스에 대한 비판과 비슷하다. 한마디로 그들이 지나치게 형식주의적이며, 충분히 사회학적이지 않다는 것이다. 소쉬르와 촘스키의 언어이론은 '동질적 언어공동체'에 속해 있으면서 이 공동체의 공유재산인 언어를 마음대로 이용할 수 있는, 즉 언어에 대해 완벽한 지식을 지닌 이상적인 화자-청자를 가정한다. 이러한 가정은 발화를 사회적 맥락에서 떼어내어 순수하게 형식적인 관점에서 분석하는 것을 가능하게 해 준다. 화자들이 모두 평등하고 언어적 교환에 어떤 권력관계도 개입하지 않는다면, 말하기는 언어라는 코드의 국지적 활성화, 또는 언어능력의 단순한 수행으로 정의될 수 있을 것이다. 부르디외가 보기에 이 모델은 현실과 거리가 멀다. 언어적 자원의 분배는 현실적으로 매우 불평등하며, 각자가 보유한 자원의 가치는 권력관계 속에서 결정되기 때문이다. 말하기는 그저 의미를 주고받는 행위가 아니라, 화자들 각자가 지닌 언어자원을 활용하여 상징적 이익을 얻는 행위이기도 하다. 오스틴의 경우, 수행적 발화가 어떤 조건에서 효력을 갖는지 자문한다는 점에서, 앞의 두 사람보다 좀더 사회학적이다. 하지만 오스틴은 막연하게 '적절한 맥락'이나 '적절한 화자'에 대해 이야기할 뿐, 그 '적절함'에 대한 인정이 어떻게 권력관계 속에서 획득되고 유지되는지에 대해서는 묻지 않는다. 이에 부르디외는 상징자본이나 하비투스 같은 특유의 개념들을 언어교환의 영역에 적용함으로써 이 문제에 대답하려고 한다. 그의 기본 관점은 *Ce que parler veut dire*가 출판된 직후인 1982년 10월 19일 〈리베라시옹〉지에 실린, 디디에 에리봉과의 인터뷰에 잘 나타나 있다.

담론이란 언어적 하비투스, 즉 기술적이면서 동시에 사회적인 언어능력 (문법에 맞게 말하는 능력뿐 아니라 특정한 발화상황에서 그 상황에 적절하게 말하는 능력)과 시장, 즉 언어적 산물에 가치를 부여하는 규칙들의 체계의 만남의 산물이다. 그런데 이 언어시장은 경쟁적인 게 아니라 독점적이다. 다시 말해서 언어적 산물에 가치를 부여하는 규칙들이 특정한 집단에 더 유리하게 작용한다.

상징권력은 사회적 인정을 획득하는 권력이다. 그런데 인정이란 인정하는 주체들의 존재를 함축하며, 따라서 공모와 복종을 함축한다. 그런데 이러한 공모와 복종은 반드시 의식적으로 이뤄지지 않는다. 오히려 행위자들의 자연스럽고 자발적인 선택의 결과처럼 나타난다. 이는 사회적 행위자들이 사회세계의 일부를 이루고 있으며, 이 사회세계 자체는 일상적인 삶에서 비판적 질문의 바깥에 놓여 있기 때문이다.

이 책에 실린 논문들은, 작업가설이라고 할 수도 있고 결론이라고 할 수도 있을 이러한 생각을 다양한 각도에서 논증하고 부연하며 정교화한다.

제1부에 묶인 세 논문은 일반언어학의 가정들을 비판하고 언어의 교환을 상징권력의 행사라는 관점에서 파악할 수 있는 새로운 모델을 제시한다. "올바른 언어의 생산과 재생산"은 일반언어학이 가정하는 '동질적 언어공동체'가 정치적 지배의 산물임을 지적하고, (사투리나 저속한 말 혹은 '민중언어'와 대립하는 개념으로서의) '올바른 언어'(표준어)는 끊임없는 차별화와 교정을 통해 유지되는 준-인공적 언어라고 주장한다. "가격형성과 이윤의 예측"은 언어의 교환을 경제적 교환이라는 관점에서 고찰하며, 이 교환을 지배하는 '특수한 가격형성 법칙'을 설명하고자 한다. 부록의 형식을 취한 "'민중적'이라고 하셨나요?"는 '민중언어'에 대한 낭만적인 접근과 언어적 박탈이론 — 민중계급은 언어적으로 더 빈곤하다는 것 — 을 모두 거부하면서, 민중계급의 언어적 시장은 분화되어 있으며, 언어 연구자들이 수집하는 '민중언어'의 전형적인 표현들은 언어적 박탈의 표시라기보다는 오히려 '차별성에 대한 피지배적 추구'의 산물이라고 주장한다.

제2부는 언어의 수행성을 제도가 행사하는 권력, 그 권력이 작동하기 위한 조건인 암묵적 동의, 그리고 그 권력에 대항하는 이단들의 투쟁이라는 차원에서 탐구한다. "권위 있는 언어: 의례상의 담론이 효력을 갖기 위한 사회적 조건들"은 말이 지닌 힘의 원천을 말 속에서 찾는 오류를 비판하며, 수행적 발화의 효력이 사회관계의 총체, 특히 제도의 존재를 전제함을 강조한다. 를롱의 보고서가 보여주는 가톨릭 전례의 위기는 이런 관점에서 설명되어야 한다. (체육관에서 미사를 보거나 바구니에 밀떡을 담아 돌리는 따위의) 독실한 신도들을 분개시키는 전례상의 변화는 단지 특정한 재현적 질서의 붕괴가 아니라, 일련의 사회관계들의 해체의 결과이다. "임명의례"는 차이를 할당하고 그것을

신성화하는—자연화하는—사회적 주술에 대해 성찰한다. 여기서 부르디외가 염두에 두는 것은 자격증의 수여나 직책의 부여 같은 공적이며 일회적인 행위만이 아니라, 매일 일상적으로 되풀이되는 공인의 례들이다. "예를 들어 누군가를 경칭으로 부를 때 사람들은 보편적으로 인정받고 있으며 따라서 만장일치에 토대를 두는 권위에 의해 수행된 임명의 개시적 행위를 반복하는 것이다." 제도와 정체성의 관계를 수행성과 관련시켜서 성찰했다는 점에서 이 장에서의 부르디외의 논의는 주디스 버틀러와 연결될 수 있다. "기술하기와 처방하기"에서는 정치적 행위에서 말, 구호, 이론의 효과에 대해 논의한다. 정치적 이론(예를 들어 마르크시즘)은 기술적인 동시에 처방적이며, 현실을 분석하면서 동시에 그 분석의 대상을 존재하게 한다. 예컨대 "두 계급이 존재한다"는 명제는 사실확인적 언술로도, 수행적 언술로도 이해될 수 있다. 모든 투쟁의 기초에 분류투쟁이 있는 것은 이 때문이다.

  제3부는 제1, 2부와 조금 느슨하게 연결되어 있다. 여기서 부르디외는 정치 장의 구조와 메커니즘에 대한 분석을 통해 언어와 상징권력의 관계에 대한 자신의 주장을 더 견고하게 만들려고 한다.

  "상징권력에 대하여"는 카시러, 뒤르켐, 마르크스 등의 논의를 종합하여 상징권력이라는 개념을 끌어내리려고 한다. "상징권력은 사실상 자기들이 권력을 견딘다는 것, 또는 권력을 행사한다는 것을 알고 싶어 하지 않는 자들의 공모 속에서만 행사되는, 보이지 않는 권력이다." "정치적 재현/대표"는 정치적 박탈의 문제를 다룬다. 정치 장의 자율화 과정은 직업적 정치가들의 손에 권력을 집중시키는 결과를 가져오는데, 이는 민중을 대변한다고 주장하는 좌파정당이라고 해서 예외가 아니다. 부르디외는 오히려 권력의 독점은 좌파정당에서 더욱 심하다고 지적하면서, 정치 장의 특유한 논리 속에서 그 이유를 찾으려 한다. "위임과 정치적 물신주의"는 권력의 행사를 위임받은 사람이 그것을 위임해준 사람들에게 권력을 휘두르는 상황의 역설, 나아가 집단이 그 집단을 대신할 수 있는 누군가에게 대표성을 위임함으로써만 존재하는 상황의 역설을 탐구한다. 이러한 역설은 권력의 원천이 대변인(또는 수임자) 안에 있다는 착각을 불러일으키는데, 부르디외는 이를 '대리의 신비' 또는 '정치적 물신주의'라는 말로 표현한다. 말하자면 위임의 행위 안에는 월권의 가능성이 잠재해 있는데, 위임자들이 문화적으로 박탈되어 있을수록 이러한 경향은 더욱 커진다. "정체성과 재현"은 지역주의 담론에 대한 고찰이다. 더 정확하게는 분석을 위한 원칙들의 메모에 가깝다. 객관적 기준에 따라 지역을 분류하려는 시도를 반박하면서, 지역(région)이라는 단어는 어원에 있어 경계를 긋는 행위, 즉 권력의 행위와 연관되어 있음을 지적한다. 지역주의 담론이 수행적 담론임을 강조하며, 정체성을 정의하기 위한 분류투쟁이라는 관점에서 접근할 것을 제안한다. "사회공간과 계급의 기원"은 마르크스주의 이론과 단절하고, 사회공간 이론(장이론)을 기초로 계급을 분석하려는 시도이다. 사회공간은 위치들의 다차원 공간으로 정의되며, 그 안에서 개인들의 위치는 소유한 자본의 구성과 부피에 따라 달라진다. 이때 유사한 위치에 있는 행위자들을 오려내면 '종이 위의 계급'이 생겨날 것이다. 하지만 부르디외는 이 종이 위의 계급이 의식화를 통해 현실적인 계급으로 이행한다는 도식을 따르지 않는다. 대신에 명시적인 재현의 층위 아래서 작동하는 실천감각으로서 위치에 대한 감각이 어떻게 분류를 둘러싼 상징적 투쟁 속에서 고유한 정치적 표현으로 바뀌는지 묻는다.

"사회학적 화용론을 위하여: 세 개의 사례연구"라는 제목이 붙은 제4부는 '궤변'들에 대한 분석인데, 담론의 전략과 형식적 기법에 초점을 맞추면서 스타일의 속성과 저자의 사회적 속성을 연결시키려고 한다. "과학성의 수사학: 몽테스키외 효과의 분석을 위하여"는 몽테스키외의 '기후이론'이 인종주의적 편견을 어떻게 과학적 수사학으로 포장했는가를 파헤친다. 기후이론은 일제 강점기 말기 '남방'(南方)에 대한 담론 속으로 스며들어 오늘날 한국인들이 동남아 사람들에 대해 가지는 편견("더운 곳에 사는 사람들은 게으르다")에까지 흔적을 남기고 있기에, 각별히 흥미롭다. "검열과 형식화"는 하이데거의 철학적 수사학에 대한 분석이다. 여기서 부르디외는 하이데거의 스타일이 철학적 장 안에서 그의 위치와 연관되는, 검열의 메커니즘과 완곡화 전략의 산물임을 보여주려 한다. 이 텍스트는 "L'ontologie politique de Martin Heidegger"라는 제목으로 *Actes de la recherche en sciences sociales*, 5-6(novembre, 1975)에 발표되었던 논문의 일부를 고친 것이다. 이 논문은 뒤에 전체적으로 수정 보완되어 같은 제목의 책으로 출판되었다(Paris: Minuit, 1988). 이 책이 몇 년 전에 한국어로도 나왔기에(피에르 부르디외, 김문수 옮김, 《나는 철학자다: 부르디외의 하이데거론》, 이매진, 2005) 번역에 참고하였음을 밝혀둔다. 끝으로 "무게 잡는 담론: 《자본을 읽는다》에 대한 '몇 개의 비판적 언급'에 대한 몇 개의 비판적 언급"은 알튀세르와 발리바르에 대한 공격이다. 삽화와 말풍선을 동원한 파격적 형식과 신랄한 독설이 눈길을 끈다. 프랑스의 지적 장 안에서 부르디외의 위치에 대해 생각해 보게 만드는 글이다. 한국에서 외국사상을 수용할 때는 원래의 맥락을 무시하고 텍스트 자체에만 관심을 기울이는 경우가 많은데, 이 번역을 계기로, 부르디외의 논의를 그 생산 장 속에 다시 위치시키려는(혹은 부르디외의 논의를 부르디외적 방식으로 분석하려는) 시도가 있기를 바란다.

이상의 논문들 외에도 이 책에는 중요한 논문이 하나 더 있으니, 바로 존 톰슨의 해제이다. 원래 *Language and Symbolic Power*에 실렸던 것을 굳이 프랑스어로 옮겨 재수록한 것을 보면, 부르디외는 이 해제가 자신의 생각을 적절하게 해설한다고 판단한 듯하다(이 번역에서는 프랑스판을 저본으로 삼아 초역한 후에 영어판과 대조하였다). 부르디외의 텍스트가 매우 빽빽한 만큼(한 단락 안에서도 많은 것을 이야기한다는 의미에서) 나무만 보고 숲을 보지 못하는 어리석음을 범하지 않으려면, 해제를 미리 읽는 것이 필수적이다.

이미 훌륭한 해제가 달려 있으므로, 옮긴이의 말은 이 정도에서 줄이기로 한다. 다만 번역어의 선택과 관련해서 몇 마디를 덧붙이고자 한다. *Distinction*은 '구별짓기'로 번역하는 게 보통이지만, 이 책에서는 '차별화'로 번역했다. 그 이유는 우선 구별짓기라는 말이 우리말에 없기 때문이고, 또 같은 단어를 '탁월성'으로 옮겨야 할 때도 있는데, '구별짓기'와 '탁월성'은 글씨의 모양이 완연히 달라서 같은 단어라는 느낌이 오지 않기 때문이다. 이 책에서는 두 번째 의미일 때는 '차별성'으로 옮겨서 이러한 난점을 해결하고자 했다. 의미의 전달에서도 이편이 좀더 효과적이라고 생각한다. *Représentation*은 재현 또는 대표로 옮겼는데, 두 가지 의미를 모두 겨냥하고 있을 때는 재현/대표로 번역했다. *Enjeu*는 그때그때 목표물, 쟁점, 판돈, 전리품 등으로 옮겼다. 내깃돈이라고 번역하는 사람도 있지만, 이 단어는 역시 어색하다. 번역어의 선택을 두고 마지막까지 고민한 단어는 *légitime*이다. 이 단어는 '정당한'으로 번역하는 것이 학계의 관례로 굳어져 있다. 그러나 이 관례를 따를 경우, *langue légitime*은 '정당한 언어'가 되어 의미가 한눈에 들어오지 않는다. *Légitime*을 '올바른'으로 옮기면 이 문제가 해결될 것이다. 실제로 우리는 사투리나 은어 또는 문법에 맞지 않는 말과 대립하는 의미로 '바른말' 또는 '올바른 말'이란 표현을 사용한다. (*Légitimation*은 관례대로 '정당성'으로 번역하였다.) 마지막으로 *habitus*는 라틴어이기 때문에 원래 발음을 존중하여 하비투스로 표기하였다.

번역서에 역자가 감사의 말을 붙이는 것이 바람직한 일인지 모르겠다. 번역의 목표는 저자와 독자를 자연스럽게 연결하는 데 있으며, 홀

룽한 역자는 자신의 존재가 완벽하게 지워졌다는 사실에서 최대의 자부심을 느끼기 때문이다. 하지만 이 책이 나오기까지 여러 사람의 수고가 있었고, 그 공을 역자 혼자 차지하는 것은 부당하기에, 짤막하게나마 고마움을 표하고자 한다. 우선 원고 전체를 검토하고 어색한 부분이나 부적절한 용어선택을 지적해 준 이상길에게 감사한다. 부르디외의 학문세계를 누구보다 깊이 이해하는 한 사람으로서, 그는 주요 개념에 대해 역주를 다는 데도 큰 도움을 주었다. 다음으로 교정쇄를 세 번이나 보내면서 더 나은 번역을 만들기 위해 수고를 아끼지 않은 장경환, 이자영 편집자에게 감사한다. 끝으로, 한없이 늘어지는 출간을 인내심을 가지고 기다려 준 제롬 부르디외와 쐬이유 출판사 측에도 미안함과 고마움을 전하고 싶다.

2014년 9월
김 현 경

# 언어와 상징권력

차례

# 전체 서론*

《음의 크기라는 개념을 철학에 도입하기 위한 시론》[1]에서 칸트는 10도(度)만큼 인색한 남자가 이웃사랑에서 12도의 노력을 기울이는 경우와 3도만큼 인색한 남자가 7도의 노력을 기울여 4도의 관대한 행동을 하는 경우를 비교한다. 칸트의 결론은, 결과만 놓고 보면 한쪽은 2도, 다른 쪽은 4도로, 전자가 후자보다 열등하지만, 도덕적으로는 전자가 후자보다 이론의 여지없이 우월하다는 것이다.[2] 과학적

---

* '전체 서론'과 제1부와 제2부의 서론은 각각 *Ce que parler veut dire*, pp. 7~10, 13~21, 99~101에 실렸던 것이다. 제4부의 서론은 이 책을 위해 집필된, 아직 발표된 적이 없는 텍스트이다.

1) [역주] 이 텍스트의 원제는 *Versuch den Begriff der negativen Grössen in die Weltweisheit einzuführen*이며, 칸트가 《비판》 3부작을 쓰기 전인 1763년에 나왔다. 프랑스어로는 *Essai pour introduire en philosophie le concept de grandeur negative*라는 제목으로 번역되어 Librairie Philosophique J. Vrin에서 출간되었다.

2) [역주] 인색함의 크기를 음수로, 관대함의 크기를 양수로 표시한다면, 전자는 -10에서 +12만큼 노력하여 +2가 된 것이고, 후자는 -3에서 +7만큼 노력하여 +4가 된

작업을 평가하는 데도 이런 셈법을 적용할 수 있지 않을까? 사회과학은 10도만큼 인색한 남자와 비슷하다. 사회과학의 공로를 정당하게 평가하려면 우리는, 칸트가 그랬듯이, 그것이 극복해야 하는 사회적 힘들을 고려해야 할 것이다. 그 영향력이 사회과학 전체에 미치는 학문분과의 고유한 대상이 문제일 경우 특히 그러하다. 언어학의 대상인 언어(*langue*, 랑그)가 바로 그것인데, 이 유일하고 나눌 수 없는 언어는 소쉬르에게서 보듯이, 원래의 사회적 변이들을 모두 배제함으로써 성립하거나, 촘스키에게서 보듯이 기능적 제약들을 제쳐놓고 문법의 형식적 요소에 특권을 부여함으로써 성립한다.

다행히 출판되지 않았지만, 나는 학생시절에 쓴 어떤 글에서《일반언어학 강의》의 체계적인 '독해'에 기대어 '문화의 일반이론'을 정초하려고 시도한 바 있다. 구조주의의 유행이 정점에 달하기 전의 일이다. 나는 이 학문의 여왕〔언어학〕이 행사하는 지배력의 가시적 효과에 남들보다 더 예민했던 것 같다. 그 효과는 다양했다. 이론적인 글들을 글자 그대로 베끼거나, 액면 그대로 이해된 개념들을 기계적으로 갖다 쓰거나, 아니면 온갖 종류의 조야한 차용에서 보듯이, 오푸스 오페라툼(*opus operatum*)[3]을 모두스 오페란디(*modus ope-randi*)[4]와 분리시킨 결과, 예상치 않은, 때로는 기괴한 재해석에 이르는 등. 하지만 세간의 열광에 휩쓸리지 않으려는 노력과 싫은 것은 몰라도 된다는 식의 태도는 아무 관계가 없다. 소쉬르의 저작은 나에게 사회학에 대해 근본적인 질문들을 제기하는 것처럼 보였다.

---

것이다. 따라서 결과만 놓고 보면 후자가 더 관대하지만, 노력이라는 면에서는 전자를 더 칭찬해 주어야 한다.

3) [역주] '만들어진 작품'을 의미하는 라틴어이다.

4) [역주] 작업방식, 영어로는 '*mode of operation*'으로 번역될 수 있는 라틴어이다.

그 뒤 말(parole, 파롤)과 실천(practice)을 실행(exécution)으로 보는 모델에 무언가가 결핍되어 있다고 느끼게 되었을 때는 촘스키의 저작도 그랬다.

어쨌든 이 질문들에 온전히 힘을 실어 주려면, 우리는 순수한 이론이고자 하는 구조주의 언어학의 지향 자체에 새겨져 있는 한계에서 벗어나야만 한다. 소쉬르가 '외적 언어학'(linguistique externe)과 '내적 언어학'(linguistique interne)을 분리하고, 5) 후자에게만 언어학이라 불릴 자격을 인정하면서, 언어를 그 언어를 말하는 사람들의 문화나 역사와 관련시키는 연구들이나 그 언어가 사용되는 지역의 지리와 관련시키는 연구들을, 그것들이 언어 자체에 대해서는 아무것도 알려주지 않는다는 이유로 배제했을 때, 이 개시적인 폭력에 의해 실로 현대 언어학의 운명이 결정되었다. 구조언어학은 언어를 그 생산과 재생산 그리고 사용의 조건들로부터 자율화시키는 데서 탄생하였다. 그러므로 구조언어학이 사회과학을 지배하게 될 때는 필연적으로 이데올로기적 효과가 뒤따른다. 상징적 대상들은 역사의 산물인데도, 그것들의 자연화(naturalization)에 과학성의 외관을 부여하는 것이다. 언어적 도구를 그 생산과 사용의 사회적 조건들로부터 분리시킬 때 언어학은 사회과학 중에서도 가장 자연스러운 것으로 나타나는데, 음운론의 모델을 언어학의 영역 바깥으로 전이시키는 것은 이 같은 분리조작을 친족용어, 신화체계, 예술작품, 기타 상징적 생산물 전체로 일반화하는 효과를 갖는다.

당연한 일이지만, 모든 과학이 똑같이 이 트로이의 목마를 맞이할 준비가 되어 있었던 것은 아니었다. 민족학자를 그 대상과 연결시키

---

5) [역주] 소쉬르는 언어와 외적(정치, 역사, 사회적) 사건의 관계를 연구하는 외적 언어학과 체계로서 언어의 고유한 성질을 연구하는 내적 언어학을 구별하였다.

는 특수한 관계, 곧 외부에서 온 관찰자라는 지위가 제공하는 '공정한 구경꾼'의 중립성은 민족학을 특히 희생자로 만들었다. 예술사 및 문학사의 전통 역시 희생자였다. 후자의 경우, 기능의 중립화를 전제하는 분석방법의 도입은 감상자에게 예로부터 요구되었던 예술작품의 이해방식, 다시 말해서 '외부적인 것'에 대한 '환원주의적' 참조를 배제하는, '순수하고도', 순수하게 '내적인' 태도를 신성화할 따름이었다. 기도문이 든 회전원통(*moulin à prières*) 6) 처럼, 문학기호학이 예술작품에 대한 숭배를, 그 기능을 수정하지 않은 채, 한 단계 높은 합리성으로 가져가는 것은 이렇게 해서이다. 하여튼, 사회적인 것을 괄호 안에 넣음으로써 언어를, 나아가 모든 상징적 대상을 목적 없는 목적성(*finalité sans fin*) 으로 취급하는 것이 가능해지는데, 구조언어학의 성공은 이것과 무관하지 않다. 이러한 괄호 치기를 통해 구조언어학은 순수하게 내적이고 형식적인 분석의 '순수한' 연습에 결과 없는 게임의 매력을 부여한다.

그러므로 우리는 언어학자들과 그 모방자들이 그토록 강력하게 억압하는 사실, 즉 《일반언어학 강의》에도 나와 있다시피, '언어의 사회적 성격은 언어의 내적 특징 가운데 하나'라는 점, 또한 사회적인 불균일성은 언어에서 본질적이라는 점으로부터, 그것이 함축하는 바를 온전히 끌어내야 한다. 그러한 시도가 무릅써야 하는 위험들을 알면서도 말이다. 그 위험들 가운데 작지 않은 것 하나는, 억압된 것의 귀환에 기여할 수 있는—기여한다고 비난받는—지극히 미묘하고 엄격한 분석이 얼핏 보기에 조야하게 느껴질 수 있다는 점이다. 한마디

---

6) [역주] 라마교 경전이 들어 있는 원통을 가리킨다. 마니차라고 불리며, 원래 문맹의 신자를 위해 고안된 것이다. 이 원통을 한 번 돌리면 경전을 한 번 읽은 것과 효과가 같고, 그만큼 업보가 감해진다고 여겨진다.

로 우리는 진리를 위해, 그리 돋보이지 않으면서도 더 고생스러운 길
을 택해야 한다. 7)

---

7) 이 책의 제2부에는 이미 다른 곳에 발표되었던 텍스트들이 대폭 수정된 형태로 다
시 실려 있다. 원래의 제목과 발표지면은 다음과 같다. 제1장은 "Le langage
autorisé. Note sur les conditions sociales de l'efficacité du discours ritual", *Actes
de la recherche en sciences sociales*, 5-6(novembre 1975), pp. 183~190. 제2장은
"Les rites d'institution", *Actes de la recherche en sciences sociales*, 43(juin 1982),
pp. 58~63(이 글은 1981년 10월 뇌샤텔에서 개최된 '오늘날의 통과의례'에 관한 콜
로키엄에서 발표한 것이다). 제4장은 "Décrire et prescrire", *Actes de la recherche
en sciences sociales*, 38(mai, 1981), pp. 69~74.

제3부에 재수록된 논문으로는 제2장, "La lecture de Marx: quelques re-
marques critiques à propos de 'Quelques remarques critiques à propos de Lire
le Capital'", *Actes de la recherche en sciences sociales*, 5-6 (novembre 1975),
pp. 65~79. 제3장은 "Le Nord et le Midi. Contribution à une analyse de l'effet
de Montesquieu", *Actes de la recherche en sciences sociales*, 35(novembre 1980),
pp. 21~25.

제1부 　　　　　언어 교환의 경제

# 서론

　언어학과 그 개념들은 오늘날에도 여전히 사회과학을 온갖 형태로 지배한다. 언어학의 기초에 있는 대상 구성작업을, 그리고 언어학의 기본개념들이 생산되고 유통되기 위한 사회적 조건들을 규명하지 않는 한, 사회학 역시 여기서 벗어날 수 없다. 언어학의 모델이 민족학과 사회학의 영토로 그토록 쉽게 옮겨질 수 있는 이유는 언어를 행동의 도구나 권력의 도구라기보다는 지성의 작용대상으로 삼는 주지주의적 철학(*philosophie intellectualiste*)이 언어학의 핵심에 있기 때문이다. 소쉬르의 모델과 그 전제들을 받아들이는 것은 사회세계를 상징적 교환의 우주로 취급하는 것이자, 행동(*action*)을 의사소통 행위(*acte de communication*)로 축소하는 것이다. 여기서 의사소통 행위는 소쉬르의 파롤과 마찬가지로, 암호 또는 코드의 도움을 받아 해독될 수 있다고 여겨진다. 랑그나 문화가 이러한 코드이다. 1)

---

1) 나는 무엇보다 구조주의의 인식론적 무의식을 분석하려고 하였다. 소쉬르가 언어

이 같은 사회철학과 단절하려면, 다음을 보여줄 필요가 있다. 사회 관계를 — 그리고 지배관계 자체를 — 상징적 상호작용으로, 즉 인식 (connaissance)과 인정(reconaissance)을 내포하는 소통의 관계로 취급하는 것이 옳다고 하더라도, 언어적 교환으로 가장 잘 대표되는 소통의 관계는 그 안에서 발화자들 간의 혹은 그들이 속한 집단들 간의 역학관계가 작동하는 상징권력의 관계이기도 함을 잊지 말아야 한다는 것. 한마디로, 상징교환의 경제학을 구상하기 위해서는, 경제주의와 문화주의 간의 흔해빠진 양자택일을 뛰어넘어야 한다.

모든 언어행위는, 좀더 일반적으로 말해 모든 행동은, 하나의 콩종크튀르(conjoncture),[2] 즉 독립적인 인과적 연쇄들의 만남이다. 한쪽에는 사회적으로 가다듬어진, 언어적 하비투스의 배열이 있는데, 이는 일정한 대상들에 대해 말하는 어떤 경향(표현적 관심)과 어떤 말하기 능력을 내포한다. 이 말하기 능력은 문법에 맞는 문장을 무한히 생성할 수 있는 언어적 능력이자 이 언어능력을 주어진 상황에서 적절하게 사용하도록 해주는 사회적 능력의 뗄 수 없는 결합으로 정의된다. 다른 한쪽에는 언어시장의 구조가 있다. 이 구조는 특수한 검열과 승인의 체계로 자리 잡는다.

언어 생산과 교환을 언어 하비투스들과 그것들의 산물이 교환되는 시장 간 관계로 보는 이 단순한 모델은 순수하게 언어학적인 코드분석의 가치를 부정하지 않으며, 그것을 대신하려 하지도 않는다. 하지만 이 모델은 언어학적 담화 분석이 피해가지 못하는 오류와 실패를 이해

---

학의 대상을 구성할 때 아주 명철한 의식 속에서 끌어들였지만, 뒤에 그의 모델을 사용하는 사람들이 잊거나 억압한 전제들 말이다(cf. P. Bourdieu, *Le sens pratique*(Paris, Éditions de Minuit, 1980), p. 51 sq.).

2) [역주] 콩종크튀르는 몇 개의 변수들이 결합해 국면이나 정세를 이루는 것을 말한다.

하도록 해준다. 언어학이 독특한 상황 속에 있는 담화를 설명하는 데 실패하는 이유는, 문제가 되는 여러 요소 중 오직 한 요소, 즉 추상적으로 정의된 순수하게 언어적인 능력에만 초점을 맞추면서, 사회적 생산조건을 무시하기 때문이다. 언어과학에 내재된 이 한계를 무시했기에, 언어학자들은 오랫동안, 언어의 작동을 둘러싼 사회관계 속에 새겨진 것을 언어 안에서 절망적으로 찾거나, 아니면 사회학을 한다고 생각하지 않으면서 사회학을 하는 것, 즉 언어학자의 자생적인 사회학이 무의식적으로 도입한 것을 문법 안에서 발견하는 것 외에 별다른 선택의 여지가 없었다.

문법은 의미를 부분적으로만 결정한다. 담화의 의미가 완전히 결정되는 것은 시장과의 관계 속에서다. 의미를 실천적으로 규정하는 요소들의 일부는, 이는 작지 않은 부분인데, 담화의 바깥에서 자동적으로 온다. 대화에 참여하는 사람들은 의식적이든 무의식적이든, 사회적으로 전형화된 어떤 화자가 제공하는 언어적 산물과, 주어진 사회공간 안에서 동시에 제안되는 산물들 사이에 관계를 설정한다. 언어의 유통 속에서 생성되는 객관적 의미의 근원에는 이렇게 해서 생겨난 차별적 가치가 있다. 여기에 더해, 언어적 산물은 메시지로 취급될 때만, 즉 의미가 해독(解讀)되었을 때만 온전히 메시지로 기능하게 된다는 사실이 있다. 수용자들이 그들에게 제공된 산물을 창조적으로 전유하면서 작동시키는 해석 틀은 생산을 이끈 해석 틀과 얼마간 동떨어진 것일 수 있다. 시장은 이러한 불가피한 효과들을 통해 상징적 가치뿐 아니라 담화의 의미를 만드는 데 기여한다.

이러한 전망 속에서 비로소 우리는 스타일의 문제를 재고할 수 있을 것이다. '언어적 규범에 대한 이 개인적 편차', 담화에 차별적 속성들을 부여하는 경향이 있는 이 특수한 가공(*élaboration*)은 지각하는 주체

들과의 관계 속에서만 존재하는 지각된 것(*être-perçu*)이다. 그리고 이
지각하는 주체들이 차별적 말하기 기술, 또는 상이한 말하는 방식들을
구별할 수 있는 것은 그들에게 구별짓는 성향(*dispositions diacritiques*)
이 있기 때문이다. 여기서부터 스타일은 지각의 틀 내지는 평가의 틀
을 갖춘 행위자들과의 관계 속에서만 존재한다는 결론이 나온다. 시
와 산문의 스타일을 비교하든, 어떤 (사회적, 성적, 세대적으로 규정된)
집단의 화법을 다른 집단들과 비교하든 말이다. 이러한 지각과 평가
의 틀 덕택에, 스타일을 융합적으로 파악된, 체계적인 차이들의 집합
으로 구성하는 것이 가능해진다. 언어시장에서 유통되는 것, 그것은
'랑그'가 아니라 스타일의 면에서 전형적인 담화들이다. 이 전형적인
담화들의 유통은, 생산 측면에서 보자면 화자들이 각자 공통언어를
가지고 개인방언(*idiolecte*)을 만듦으로써, 수용 측면에서 보자면 수용
자들이 각자의 독특하거나 집합적인 경험을 구성하는 모든 것을 끌어
들여 자기들이 수용하고 평가하는 메시지의 생산에 기여함으로써 이
루어진다. 시적 담화와 관련하여 논의되는 것들은 모든 종류의 담화
에 확대 적용될 수 있다. 시적 담화는, 성공적일 경우, 사람들의 다양
한 경험을 일깨우는 효과를 최고조에 이르게 하기 때문이다. '안정적
이며 모든 화자에게 공통된 부분'[3]을 표현하는 외연(*dénotation*)과 달
리, 내포(*connotation*)가 개인적 경험들의 독특성으로 소급된다면, 이
는 후자가 사회적으로 전형적인 관계 속에서 구성되기 때문이다. 수
용자들은 그들이 지닌 다양한 상징적 전유의 도구들을 이 관계 속에
투입한다. 커뮤니케이션은 공통의 매개체를 전제로 하면서도 독특한
경험들, 다시 말해 사회적으로 유표인(*marqué*)[4] 경험들을 환기시키

---

3) Cf. G. Mounin, *La communication poétique, precede de Avez-vous lu Char?* (Paris, Gallimard, 1969), pp. 21~26.

는 한에서만 성공할 수 있다 — 시(詩)와 같이, 감정을 전달하는 경우에 특히 그러하다 — 는 점에서 역설적이다. 어떤 용법으로나 사용될 수 있는 사전 속의 단어는 그것이 기능하는 실제의 관계들을 중화한 결과 생겨났기에, 어떤 사회적 실존도 갖지 않는다. 실제로 사용될 때 단어는 상황들 속에 침잠된 상태로만 존재한다. 그리하여 단어가 시장(市場)의 다양성을 가로지르는, 비교적 변치 않는 의미의 중핵을 간직하고 있다고 해도, 실제의 사용에서는 그 중핵이 간과될 수 있다.[5] 방드리예스(Vendryès)가 지적했듯이, 단어가 언제나 그것이 가질 수 있는 의미들을 한꺼번에 띤다면, 대화는 끝없는 말장난이 될 것

---

4) [역주] *marqué*는 '표시된', '각인된' 등으로도 번역될 수 있지만 여기서는 언어학적 의미로 사용된 것으로 보인다. 배우/여배우처럼 한 단어가 다른 단어에 무언가가 덧붙은 형태를 띠면서 쌍을 이룰 때 언어학에서는 전자를 무표, 후자를 유표라고 말한다. 또 다른 예로 행복/불행, 정상/비정상, 작용/반작용 등을 들 수 있다. 무표와 유표는 짝을 이루면서 대립하지만 비대칭적이다. 무표가 전체를 나타낸다면 유표는 일부를 나타낸다(배우/여배우). 무표는 대체로 긍정적이고 유표는 부정적이다(행복/불행, 도덕/부도덕). 무표인 단어들은 중립적이고 자연스럽고 일반적인 것과 관련되고, 유표인 단어들은 편향적이고 눈에 띄고 특수한 것과 관련된다.

5) 한 단어의 여러 의미를 동시에 포착하는 능력(이른바 지능검사를 통해 측정되곤 하는), 하물며 실천적으로 그것을 조작하는 능력(철학자들이 좋아하는, 일상어의 근원적 의미로 돌아가는 따위의)을 통해 우리는 한 단어를 실천적인 콘텍스트와 묶어주는 실천적 관계를 끊으면서 그 상황에서 빠져나오는, 전형적으로 학자적인 소질을 측정할 수 있다. 학자들은 단어를 그 자체로서, 그 자체를 위해, 즉 '가능성의 특정한 경우들'로 취급된 상황들과의 모든 가능한 관계의 궤적으로서 고려하기 위하여, 그 단어의 의미들 중 하나 속에 가둔다. 이 다양한 언어적 변종들을 차례로, 또한 동시에 갖고 노는 능력은 매우 불균등하게 분포되어 있는데, 이는 이 다양한 언어적 변종들에 대한 숙달이, 그리고 특히 그것이 전제하는 언어와의 관계가 언어와 초연하고 무심한 관계를 맺을 수 있는 어떤 실존의 조건들 속에서만 획득되기 때문이다(cf. P. Bourdieu et J-C. Passeron, *Rapport pédagogique et communication* 중에서 사회적 배경에 따른 언어적 등록부의 너비 변화, 즉 다양한 언어적 변종들에 숙달되는 정도에 대한 분석).

이다. 반면에, 세놓다(라틴어로는 *locare*)와 칭송하다(라틴어의 *laudare*)라는 의미를 동시에 가지고 있는 프랑스어 동사인 *louer*의 경우처럼, 한 단어가 띨 수 있는 의미들이 서로 완전히 독립적이라면, (특히 이데올로기적인) 말장난이 불가능해질 것이다.[6] 한 단어의 상이한 의미들은 불변하는 중핵과 상이한 시장들 각각의 특수한 논리, 양자의 관계 속에서 결정된다. 그리고 이 상이한 시장들은 가장 널리 통용되는 의미가 결정되는 시장과 객관적으로 파악가능한 관계를 맺고 있다. 한 단어의 상이한 의미들이 동시에 존재하는 것은 언어능력과 시장 간의 유기적 연대를 깨뜨리며 그것들을 한꺼번에 솟이오르게 하는 학자의 마음속에서나 가능하다.

올바른 언어의 사회적 편재성은 다의성을 함축하는데, 종교와 정치는 이 다의성 속에 감추어진 가능성들에서 그 최상의 이데올로기적 효과를 끌어낸다. 분화된 사회에서 일, 가족, 어머니, 사랑 같은, 누구나 사용한다고 여겨지는 명사들[7]은 실제로는 상이한, 심지어 대립하는 의미를 띤다. 이는 언어시장의 통합으로 동일한 기호들이 점점 더 많은 의미를 띠게 되는 반면, 동일한 '언어공동체'의 성원들은 — 여러 개의 다른 언어가 아니라 — 같은 언어를, 잘하든 못하든 사용한다는 사실에서 비롯된다.[8] 바흐친은 혁명적인 상황에서는 누구나 쓰는 단

---

6) J. Vendryès, *Le langage. Introduction linguistique à l'Histoire* (Paris, Albin Michel, 1950), p. 208.

7) [역주] 원문은 *noms que l'on dit communs*이다. *nom commun*은 보통명사를 가리키지만, 여기서는 *commun*이라는 단어의 원래 의미에 주목하여 '누구나 사용하는 명사들'로 번역하였다. *commun*에는 '공동의', '공유하는', '공통적인', '일반적인', '평범한' 등의 의미가 있다.

8) 생산의 필요성, 나아가 지배의 필요성은 계급들 간에 최소한의 커뮤니케이션을 요구하며, 그리하여 가장 박탈된 사람들(예를 들어 이민자들)에게도 일종의 언어적인 최저생계(*minimum vital*)에 접근하는 것을 허용한다.

어들(*mots communs*)이 상반되는 의미를 띠곤 한다는 것을 상기시킨다. 실로, 중립적인 단어들이란 없다. 연구에 따르면, 예컨대, 취향을 표현하기 위해 가장 일상적으로 사용되는 형용사들이 계급에 따라 상이한, 때로는 대립하는 의미를 띨 수 있다. 지식인들은 프티부르주아들이 즐겨 쓰는 '공들인'(*soigné*, 정성 들인)이라는 단어를 싫어한다. 다름 아니라 그 단어가 프티부르주아적이고 편협하며 저속한 인상을 준다는 이유로 말이다. 종교적 언어의 다의성은, 그리고 종교적 언어가 대립하는 것들을 통합하면서 혹은 차이를 부인하면서 생산하는 이데올로기적 효과는 다음과 관련이 있다. 종교적 언어가 모든 집단에 말을 거는 것은, 그리하여 모든 집단이 동일한 종교적 언어를 말하게 되는 것은 재해석을 대가로 해서만 이뤄지며, 이러한 재해석은 사회공간 안에서 상이한 위치를 점하는 화자들, 따라서 상이한 지향과 이해관계를 가진 화자들이 공동의 언어를 생산하고 수용한다는 사실에 이미 함축되어 있다는 점이다. 이는 수학자 집단(*groupe de mathématiciens*)의 동질성을 엄격히 통제함으로써만 군(*groupe*)이라는 단어의 일의성(一意性)을 보장할 수 있는 수학적 언어의 경우와는 대조적이다. 보편적이라고 일컬어지는 종교들은 과학과 동일한 조건에서 동일한 의미로 보편적인 것이 아니다.

부분적으로나 전적으로 상이한 이해관계를 가진 행위자들 사이에 또는 행위집단들 사이에 실천적 합의를 확립해야 할 때마다, 중립화된 언어에의 의존이 생겨난다 — 그러니까 합법적인 정치투쟁의 장에서는 물론이고, 일상적 삶에서의 상호작용과 타협 속에서 계급 간의 (또는 식민화되거나 반식민화된 사회에서 종족들 간의) 커뮤니케이션은 어떤 언어를 사용하든, 언제나 그 언어를 위태로운 상황에 놓는다. 그러한 커뮤니케이션은 사실상 사회적 암시가 가장 노골적으로 실린 의미로 돌아가도록 만드는 경향이 있다. "촌사람이라는 단어를 농촌을 떠난 누군가 앞에서 사용할 때 그가 그것을 어떻게 받아들일지는 결코 알 수 없다."그러므로 어떤 단어도 결백하지 않다. 이 폭로의 객관적 효과는 일상언어의 외관상의 단일성을 깨뜨린다는 것이다. 각각의 단어, 각각의 표현은 발화자와 수용자가 그것을 받아들이는 방식에 따라 두 개의 반목하는 의미를 띨 위험이 있다. 기계적 언어사용(automatismes verbaux)의 논리는 그것에 연합한 온갖 가치들 및 편견들과 더불어 일상적 용법으로 슬그머니 되돌아가기에, 상호배려의 전략 덕택에 현명하게 유지되는 합의를 한순간에 날려버릴 '실언'의 위험을 영구적으로 안고 있다.

하지만 어느 모로 보나 대립하는 개인들이 동일한 메시지를 들으며 자기를 위한 이야기라고 생각하는 것은 그들이 그 메시지를 잘못 해석하기 때문이 아니다. 정치적 또는 종교적 언어의 상징적 효력을 그러한 오해의 효과로 치부한다면, 우리는 그것을 제대로 이해하지 못할 것이다. 한편에는 정치 장, 종교 장, 예술 장, 철학 장 등, 담론이 생산되는 사회공간이 있고, 다른 한편에는 수용자들이 그 안에 위치하고 그것과의 관계 속에서 메시지를 해석하는 사회계급의 장이 있는데, 유식한 담론의 효력은 그 각각의 구조가 서로 은밀히 호응한다는 사실에서 비롯된다. 비의적인 담론들이 제한된 장 밖으로 확산되면서, 즉 그저 특수한 장에서 지배자 또는 피지배자의 언설에 머무는 것이 아니라 모든 지배자들 또는 피지배자들에게도 해당되는 발언이 되면서 일종의 자동적 보편성을 띨 때, 특히 어떤 핵심적인 모호한 어법이 나타나는데, 그러한 어법의 토대에는 분화된 장을 구성하는 대립과 사회계급의 장 사이의 상동성이 있다.

하지만 그렇다고 하더라도 사회과학은 여전히 언어의 자율성을, 그것의 특수한 논리와 고유한 작동규칙을 인정해야 한다. 우리는 특히 수없이 천명된 다음의 사실을 고려하지 않고는 언어의 상징적 효과를 이해할 수 없다. 바로 언어가 무한한 산출능력을 지닌 제1의 형식적 메커니즘이라는 사실이다. 말해질 수 없는 것은 없으며, 우리는 없음에 대해서도 말할 수 있다. 우리는 언어 안에서, 다시 말해 문법의 한계 내에서 모든 것을 입 밖에 낼 수 있다. 프레게 이래 우리는 단어들이 어떤 것도 지시하지 않으면서 의미를 가질 수 있음을 안다. 다시 말해 형식적 엄격함이 의미론적인 박리(décollage sémantique)를 숨길 수 있다. 모든 종교적 교리와 정치적 변신론(辯神論)은 언어의 생성능력이 직관이나 경험적 검증의 한계를 넘어서 형식적으로 옳지만 의미론적으로 공허한 담화들을 생산한다는 사실을 이용한다. 의례들은 말하도록 허가된(autorisé), 그것도 권위(autorité)를 갖고 말하도록 허가된[9] 올바른 발화자의 사회적 언어능력이, 매우 불완전할 수 있는 기술적 언어능력의 실행을 통해 작동되는 온갖 강제적인 상황들의 한계를 표현한다. 인도-유럽어에서 옳음(le droit)을 일컫는 데 사용되는 단어들은 그 어원에서 말하기와 관련되어 있다고 벤베니스트는 지적하였다. 올바른 말하기(le dire droit)는, 바로 그 형식적 합당함에 의해서, 무시할 수 없는 성공의 기회를 가지고, 옳음을 말한다고(dire le droit), 즉 있어야 하는 것에 대해 말한다고(dire le devoir être) 주장한다. 막스 베버처럼 집단적인 맹세나 신명재판(神明裁判, ordalie)[10] 의 주술적·카리스마적 법과 계산가능성과 예측가능성에 기초한 합리적 법을 대립시키

---

9) [역주] autoriser(허가하다, 가능하게 하다, 정당화하다)와 autorité(권한, 직권, 권위, 신망)의 어원인 라틴어 auctorizare와 auctoritas는 로마법에서 서로 무관하지 않은 두 종류의 법적 행위와 관련되어 있다. 사법 영역에서 auctoritas란 미성년자의 행위에 법적 유효성을 부여하는 후견인(auctor)의 힘을 말한다(auctorizare는 auctor에서 나온 동사로, '보증을 선다'는 뜻이다). 공법 영역에서 auctoritas는 민회의 결정을 승인하고 유효하게 만드는 원로원의 특권을 가리킨다.

10) [역주] 물, 불 따위 시련을 거치게 하여 살아남으면 무죄로 인정하는 중세의 재판.

는 이들은 아무리 엄격하게 합리화된 법이라도 결국 성공적인 사회적 주술행위에 지나지 않음을 잊고 있다.

　법적 담론은 발화의 대상을 존재하게 하는 창조적 언사이다. 창조적 언사는 모든 수행적 발화가 지향하는 극한이다. 수행적 발화, 다시 말해 축복이나 저주, 명령, 소망, 모욕 등, 신의 이름을 빌리는 말, 신의 정의에 호소하는 말, 칸트가 신에게 돌린 **본원적 직관**(*intuitus originarius*)[11]처럼, 발화된 것을 존재에서 솟아오르게 하는 말. 그 반대편에는 부차적인, 사실을 확인하는, 이미 존재하는 소여의 단순한 기록부로서의, 발화들이 있다. 우리는 언어가, 그 무한히 생산적이며 또한 칸트적 의미에서 **본원적인**(*originaire*) 능력 — 집합적으로 인정된, 그리하여 실현된 존재의 표상을 생산함으로써, 존재의 차원에서 생산하는 언어의 권력 — 덕택에, 절대권력에의 꿈을 위한 가장 훌륭한 캔버스가 될 수 있다는 사실을 잊어서는 안 될 것이다.

---

11) [역주] 칸트는 스스로 대상을 창조해내는 본원적 직관과 이미 존재하는 대상을 그 것이 나타나는 그대로 수용하는 파생적 직관을 구별했다. 전자는 신적 직관이고 후자는 인간의 직관이다.

# 제1장

# 올바른 언어의 생산과 재생산*

"그렇고말고요, 기사여! 획득한 지식을 지키기 위한 법이 필요할 겁니다. 우리 학생들 중 한 명을 예로 들어봅시다. 겸손하고, 부지런하며, 문법수업 첫날부터 단어장을 갖고 다닌 사람, 20년간 선생들의 입만 쳐다본 끝에 이 자그마한 지식의 속량전(贖良錢)을 다 모은 사람을요. 그의 지식은 집이나 돈처럼 그에게 속해 있지 않습니까?"

— 폴 클로델, 〈비단구두〉

"조금도 변질되지 않은 채 동시에 소유될 수 있는 부(富)를 앞에 두고, 언어는 자연스럽게 하나의 온전한 공동체를 설립하는데, 거기 속하는 사람들은 누구나 공동의 보물창고에서 자유롭게 퍼다 쓰면서 그것을 유지하는 데 자발적으로 기여한다."[1] 상징적 전유를 누구나 똑같이 참여할 수 있는 신비로운 분배로 묘사하면서, 오귀스트 콩트는 모든 언어이론에 달라붙어 있는 언어적 공산주의에 대한 환상의 모범적 표현을 제공한다. 그리하여 소쉬르는 언어적 전유의 경제적이고 사회적인 조건의 문제를 제기할 필요성을 조금도 느끼지 않으면서, 오귀스트 콩트가 그랬듯이 보물창고의 은유에 의지하여 그것을 해결한다. 그는 이 은유를 '공동체'와 '개인'에게 무차별하게 적용한다: '내

---

* 이 장은 *Ce que parler veut dire*, pp. 23~58에 발표되었다.

1) A. Comte, *Système de politique positive*, t. II, Statistique sociales, 5e éd. (Paris, Siège de la société positiviste, 1929), p. 254(강조는 저자).

적인 보물창고', '발언의 실행이 동일한 공동체에 속하는 주체들 안에 쌓아 놓는 재산', '개별적인 언어적 보물들의 합', 또는 '각자의 두뇌에 새겨진 흔적들의 합'을 이야기하면서. 촘스키의 미덕은 주체가 완벽한 언어능력을 갖추고 보편성 속에서 말한다고 명시적으로 전제하는 데 있다(소쉬르에게서 이는 암묵적 가정일 뿐이다). "언어이론은 근본적으로 이상적인 화자-청자를 가정한다. 완전히 동질적인 언어공동체 속에 있으면서, 해당 언어를 완벽하게 아는, 그리고 문법적으로 부적절한 효과를 만들어내는 일이 없는, 예를 들어 기억을 못하거나, 말실수를 하거나, 주의력이나 관심을 잃거나, 언어지식을 실행에 옮기는 데 있어서 잘못을 범하는 따위의 일을 하지 않는 화자-청자. 현대 일반언어학을 정초한 사람들의 입장은 그런 것이었다고 나는 생각한다. 그리고 이것을 수정해야 할 어떤 설득력 있는 이유도 제기되지 않았다."[2] 한마디로, 이런 관점에서 촘스키가 말하는 언어능력은 소쉬르의 랑그의 다른 이름에 지나지 않는다.[3] 랑그가 집단 전체가 공유하는 '모두의 보물창고'였다면, 언어능력은 개인에게 위탁된 '보물'의 몫, 또는 '언어공동체'의 성원 각자가 이 공동의 재산을 위해 내는 분담금이다. 언어의 변화는 법적 허구(*fictio juris*)를 감추고 있다. 이 법적 허구를 통해 촘스키는, 올바른(*légitime*) 언설에 내재한 법칙을 적절한 언어적 실행의 보편적 규범으로 변형하면서, 올바른 언어능력의 습득을 위한

---

2) N. Chomsky, *Aspects of the Theory of Syntax* (Cambridge, M. I. T. Press, 1965), p. 3; 또는 N. Chomsky et M. Halle, *Principes de phonologie générative*, trad. P. Encrevé (Paris, Le Seuil, 1973), p. 25 (강조는 저자).

3) 촘스키 자신이 명시적으로 이 둘을 동일시한다. 언어능력이 '문법지식'(Chomsky et M. Halle, *loc. cit.*) 또는 '내재화된 생성문법'(N. Chomsky, *Current Issues in Linguistic Theory* (London, The Hague, Mouton, 1964), p. 10)이라고 말할 때가 그런 경우이다.

사회적이고 경제적인 조건의 문제를, 그리고 올바른 것과 올바르지 않은 것의 정의가 그 안에서 내려지고 확립되는 언어시장이 성립되기 위한 사회적이고 경제적인 조건의 문제를 빼놓고 넘어간다. 4)

## 공용어와 정치적 통합

언어학자들은 이미 구성된 대상을 이론에 통합한다. 그러면서 이 대상을 구성하는 사회적 법칙들을 망각한다. 망각은 아니더라도 아무튼 그것의 사회적 기원을 감춘다. 이 점을 가장 잘 보여주는 예가 《일반언어학 강의》에서 소쉬르가 언어와 공간의 관계를 논하는 대목이다. 5) 공간이 언어를 결정하는 게 아니라 언어가 자신의 공간을 결정한다는 것을 증명하려는 의도에서 소쉬르는 방언들(dialects)도 언어

---

4) 촘스키의 언어능력이론은 상대적인 것을 절대화한다. 그것의 이데올로기적 효과는 이론의 침묵 속에 새겨져 있다. 하버마스가 여기서 벗어나는 것은 그가 의사소통 능력에 대한 자신의 순수이론, 의사소통 상황의 본질분석(analyse d'essence)을 억압 정도 및 생산력 발전 정도에 대한 선언적 말들로 장식하기 때문이 아니다 (J. Habermas, "Toward a Theory of Communicative Competence", in H. P. Dreitzel, Recent Sociology, 2, 1970, pp. 114~150). 잠정적으로 사용되었고, 논의에서 결정적이며, 단지 "순수한 상호주관성의 변형들"에 관한 연구를 "가능하게 하는 것"을 목적으로 한다고 하더라도, ("대화를 구성하는 보편적 요소의 숙지" 같은, 또는 "순수주관에 의해 결정된 발화상황" 같은 개념에 의존하는 데서 아주 잘 드러나는) 이상화(idéalisation)는 사실상 의사소통 관계로부터 권력관계를 지워 버리는, 그리하여 후자를 미화된 형태로 실현시키는 효과를 갖는다. 말의 힘이 그 말이 사용되는 제도적 조건이 아니라 말 자체에서 나온다고 보는 발화내적 힘(illocutionary force) 같은 개념의 무비판적 차용이 그 증거다.

5) F. de Saussure, Cours de linguistique générale(Paris et Lausanne, Payot, 1916, 5e éd. 1960), pp. 275~280. 페르디낭 드 소쉬르, 최승언 옮김, 《일반언어학 강의》(민음사, 1990), 237~241쪽.

(langue)[6]도 자연적인 경계를 갖지 않는다고 주장한다. 예를 들어 라틴어의 c를 s로 교체하는 것 같은 음성학적 혁신은 자신의 자율적 논리에 내재하는 힘에 의해 스스로 전파의 범위를 결정하며, 그것의 전파자가 되기를 수락하는 한 무리의 말하는 주체들(sujets parlants)을 통해 퍼져나간다는 것이다. 언어 내부의 동학(動學)을 그 전파의 유일한 한계로 만드는 이러한 역사철학은 일정한 발화주체들의 집단이 사실상 표준어를 받아들이도록 이끄는, 본질적으로 정치적인 통합과정을 보지 못하게 한다.

소쉬르의 언어, 그 사용자들('말하는 주체들') 및 사용('말하기')의 바깥에서 존재하며 존속되는, 이 법적 규약이자 소통의 코드는, 사실상 모든 공용어(langue officielle)에서 확인되는 공통된 속성을 갖는다. 방언들과 대조적으로 언어는 그것을 규약화하고 일반적으로 부과하는 데 필요한 제도적 조건들을 향유한다. 그리하여 어떤 정치적 권위의 발판 위에서 (어느 정도 완전하게) 인정되고 인지된 언어는, 그 보답으로, 자신의 지배에 토대를 마련해 준 정치적 권위를 강화하는 데 일조한다. 실로 그것은, 블룸필드 이래 전통적으로 "동일한 언어 기호체계를 사용하는 사람들의 집단"[7]으로 정의되어온, '언어공

---

6) [역주] '프랑스어, 영어, 독어 …'라고 할 때 쓰이는 '-어'(語)가 langue(랑그)이고 '원숭이는 언어를 사용할 줄 모른다'고 할 때의 '언어'가 langage이다. 즉, 랑그란 특정한 집단이 공유하는 언어를 말한다. 방언(dialect)들은 랑그의 변이들이다. 프랑스어에서 방언과 대립하는 단어는 langue이지 langage가 아니다. 하지만 이 책에서는 langue와 langage를 모두 '언어'로 옮겼다. 영어에서는 language가 이 두 가지 의미를 포괄하며 방언과 대립적으로 사용된다는 점을 참조해서다.

7) Bloomfield, Language(London, George Allen, 1958), p. 29. 소쉬르의 언어이론이 언어의 부과가 그것의 고유한 힘에 의해 이뤄지는 것이 아님을, 언어는 그 지리적 경계를 정치의 제도화 행위, 이 자의적이지만 (언어과학에 의해서조차) 그렇게 인식되지 않는 행위에 빚고 있음을 망각하듯이, 블룸필드의 '언어공동체' 이론은

동체'(*communauté linguistique*) 의 모든 성원에게 경제적 생산의 조건이
자 상징적 지배의 조건인 최소한의 의사소통을 보장한다.

　언어학자들이 그러듯이 막연하게 언어 일반(*la langue*) 에 대해 말하
는 것은 어떤 정치적 단위의 공식 언어에 대한 공식적 규정을 암묵적으
로 받아들이는 것과 마찬가지다. 이 언어는 그 정치적 단위의 영토적
경계 안에서 모든 거주자에게 유일하게 올바른 것으로 강요되는 그 언
어이다. 이러한 강요는 공식적인(*officielle*) 자리일수록 더욱 엄격하다
(여기서 '공식적인'은 영어의 *formal*과 정확하게 대응한다8)). 권위 있는 저
자들에 의해 생산되어, 언어의 완벽한 구사능력을 몸에 새겨 넣는 일
을 맡고 있는 문법학자들과 교수들에 의해 고정되고 규약화된 이 언어
는, 소리와 의미 사이에 등가성을 확립하게 해 주는 부호라는 의미에
서, 하지만 또한 언어적 실천을 조율하는 규범의 체계라는 의미에서
하나의 코드(*code*) 이다.

　공용어(*langue officielle*) 는, 그 기원에서나 사회적 사용에서나, 국가
와 연결되어 있다. 국가의 성립과정에서 비로소, 표준어가 지배하는
통합된 언어시장이 성립하기 위한 조건들이 만들어진다. 공식적인 자
리나 공무를 담당하는 장소(학교, 관공서 등)에서 의무적으로 사용되
는 이 국가언어는 모든 언어 실천을 객관적으로 평가하는 이론적 규범
으로 나타난다. 모든 사람은 언어의 규칙을 안다고 간주된다. 언어 규
칙은 그 자체의 법률가와 문법학자, 감찰관과 교사들을 갖고 있기 때

---

'상호이해'(*intercompréhension*) 의 제도적, 정치적 조건을 무시한다.
8) 언어에 대해 사용될 때는 '친숙한', '느슨한'과 대비되어 '잘 선택된', '다듬어진', '긴
　장된'의 의미를 지니고, 사람에 대해 사용될 때는 '딱딱한', '몸가짐이 어색한', '격
　식을 따지는'의 의미를 지니는 형용사인 *formal*은 또한 프랑스어 단어 *officiel*의 의
　미(*a formal dinner*), 즉 '완성된 형식의', '형식을 제대로 갖춘', '규정에 맞는'의 의
　미를 수용한다(*formal agreement*).

문이다. 이들은 말하는 주체들의 언어수행을 시험과 학위수여에 보편적으로(universellement) 종속시키는 권력을 부여받았다.

여러 표현양식 중 오직 하나(이중언어 상황에서는 하나의 언어, 계급사회의 경우 언어를 사용하는 하나의 용법)가 올바른 것으로 제시되기 위해서는 언어시장이 단일화되어야 하며, (계급적, 지역적, 종족적인) 다양한 방언이 언어 및 그것의 올바른 용법에 비추어 실행 속에서 평가되어야 한다. 동일한 '언어공동체'로의 통합은 언어적 지배관계를 수립하기 위한 조건인데, '언어공동체' 자체는 정치적 지배의 산물이며, 정치적 지배는 다시 지배적 언어의 보편적 인정을 강요할 수 있는 제도들에 의해 끊임없이 재생산된다.


## 표준어(la langue standard): '규범화'의 산물

마르크스의 표현에 따르면, '울타리로 둘러싸인 땅 조각들'처럼 분리되어 있었던, 산업혁명 이전의 여러 수공업 분야들과 비슷하게, 18세기까지 오일어(langue d'oïl) [9]의 지역적 변이들은 동네마다 달랐다. 지금도 지방 사투리들이 그러하지만, 방언지도가 보여주듯이, 그 음운론적, 형태론적, 어휘론적 특징들의 분포범위는 결코 완벽하게 겹쳐지지 않았으며, 매우 우연하게만 행정구역이나 종교적인 구획의 경계와 일치하였다. [10] 실로, 쓰기를 통한 객관화(objectivation)가 없는

---

9) [역주] 루아르 강 이북에서 사용되었던 중세 프랑스어. Oui를 Oïl이라고 했던 데서 유래한 명칭이다.

10) 지역적 방언들이 하위 방언들로 나뉘어 있고 그 하위 방언들 역시 더 작은 단위로 쪼개어져 있을 거라는 생각은 국민어의 표상을 방언에 투사함으로써 생겨나는데, 방언학자들은 공식적으로 이런 생각을 반박하고 있다(cf. F. Brunot, *Histoire de*

상태에서, 특히 공용어의 제정과 연계되어 있으며 거의 법적인 성격을 띠는 규약화(codification)가 부재하는 상태에서, '언어들'은 실행적인 형태로만, 다시 말해 적어도 부분적으로 조율된 언어적 하비투스들과 그것들이 생산하는 입말의 형태로만 존재했다. 11) 이웃한 마을들 간의, 또는 지방들 간의 교류(무엇보다 아주 드물었던)에서 최소한의 상호이해를 보장하는 역할만을 언어에 요구하는 동안, 특정한 말하기를 다른 말하기의 규범으로 내세우는 것은 중요하지 않았다(사람들이 말하기의 차이를 감지하고 거기서 우월성을 확인하는 일이 없었다는 말은 아니다).

프랑스혁명 당시까지 언어적 통합과정은 절대국가의 건설과정과 뒤섞였다. 사람들이 '언어'에 부여하는 특징들을 종종 갖고 있었던 '방언'들(그 대부분은 공증, 마을회의 등 글쓰기에 사용되었다), 그리고 '인공어'(langue factices)의 일종으로서, 그것이 통용되는 영토 전체에서 말해지는 방언들 각각과는 구별되었던 문학적 언어(예를 들면, 오크어(langue d'oc)12) 사용지역의 시어)는 14세기부터 점진적으로, 적어도 오일어 사용권의 주요 지방들에서는, 공통어(langue commune)에 자리를 양보한다. 이 공통어는 파리의 교양 있는 계층 사이에서 발전해 나왔고, 공용어의 지위를

---

la langue française des origines à nos jours(Paris, A. Colin, 1968), pp. 77~78). 민족주의가 거의 언제나 이런 환상에 굴복하는 것은 우연이 아니다. 민족주의는 일단 승리하면 그때까지 비난해온 통합의 과정을 재생산하도록 되어 있기 때문이다.

11) 이는 대혁명기에 법령의 번역이 야기한 어려움을 통해서 잘 드러난다. 실생활에 사용되는 언어는 정치적 어휘가 부족한 데다 방언들로 조각나 있었기 때문에, 매개언어를 만들어야 했다(이는 오늘날 오크어의 수호자들이, 특히 철자의 표준화와 고정을 통해서, 평범한 화자들은 접근하기 힘든 언어를 만들어내는 것과 비슷하다).

12) [역주] 중세 프랑스 남부 지방에서 사용되었던 언어. Oui를 Oc라고 했던 데서 연유하는 명칭이다.

차지하면서 식자들의 용법, 즉 문어적 용법이 그것에 부여한 형태대로 사용된다. 이러한 변화와 상호연관된 것으로서, 이처럼 밀려난 지역적 방언들의 서민적이고 순전히 구어적인 용법은 파트와(patois), 즉 '사투리'의 지위로 떨어진다. (문어적 형태를 버리는 것과 연관된) 파편화와 (어휘나 구문의 차용에 의한) 내적 와해 — 이는 방언에 대한 사회적 평가절하의 산물이기도 한데 — 의 결과, 농민들이나 쓰는 말로 팽개쳐져서, 방언들은 고상하고 교양 있는 용법들과 대비되어, 실로 부정적이고 경멸적인 방식으로 정의된다(여러 지표 가운데서도, 파트와라는 단어에 할당된 의미의 변화가 그것을 확인시켜 준다. 원래 '이해할 수 없는 언어'를 의미했던 파트와는 하층민의 말처럼 천박하고 오염된 언어를 가리키게 되었다. 《퓌르티에르사전》, 1690).

오크어 사용권에서는 언어적 상황이 사뭇 달랐다. 파리 지역 방언이 공문서에서 오크어의 여러 방언들을 대신하는 것을 보려면, 16세기에 이르러 왕권과 연결된 행정조직이 (특히 일군의 하급행정관리, 대리인, 행정관, 재판관 등의 출현과 더불어) 점진적으로 들어설 때까지 기다려야 한다. 프랑스어가 공용어가 되었다고 해서 방언으로 글을 쓰는 관행이 완전히 사라지지는 않았다. 방언은 행정과 정치는 물론 문학에서도 계속 사용되었다(그에 따라 방언문학이 하나의 문학으로서 구체제하에서 보존되었다). 구어적 사용에 있어서는 방언의 우위가 여전하였다. 일종의 이중언어 상황이 정착되었으니, 민중계급, 특히 농민의 언어사용이 방언으로 말하기에 국한되었다면, 귀족이나 상업 부르주아지, 특히 교양 있는 프티부르주아지 — 그레구아르 신부의 설문에 대답한 사람들13)과 제주

---

13) [역주] 그레구아르 신부(l'abbé Grégoire, 1750~1831)는 프랑스 대혁명 당시 혁명세력 편에서 활동한 성직자로, 본명은 앙리 그레구아르(Henri Grégoire)다. 노예제도의 폐지와 보통선거를 지지하였으며, "반혁명은 외국어와 사투리로 말한다"라는 말을 남길 정도로, 프랑스의 언어적 통일에 관심이 있었다. 프랑스인들의

이트 기숙학교라는 언어통합기관에 잠깐이라도 다닌 사람들까지 포함해서 — 는 (사적인 상황은 물론 공적인 상황에서도 여전히 빈번하게 사용되었던) 방언에 대한 지식과는 별도로, 공용어로 말하거나 글을 쓸 줄 아는 경우가 다반사였다. 이에 따라 후자에 속하는 사람들은 일종의 **중개자** 역할을 맡게 되었다.

사제, 의사, 또는 교수로 이뤄진 이 지역적 부르주아지의 구성원들은 표현수단을 능란하게 사용할 줄 알았기에 그와 같은 위치에 이를 수 있었는데, 대혁명의 언어통합정책은 이들에게 이익만을 가져다주었다. 공용어가 국어의 위상을 얻음에 따라 이들은 정치를, 그리고 더 일반적으로는 중앙권력 및 그 대표자들 — 어느 공화정에서나 지역적인 명사(名士)들을 규정하는 것은 바로 이들이다 — 과의 커뮤니케이션을 사실상 독점하였다.

관용어 또는 사투리에 맞서 올바른 언어를 부과하는 것은 새로운 인간의 생산과 재생산을 통해 대혁명의 성과들을 영구화하려는 정치전략의 일부다. 언어를 하나의 방법(méthode)으로 보는 콩디약의 이론은 혁명적 언어를 혁명적 사고와 동일시하는 것을 가능하게 해 준다. 언어를 개혁하는 것, 낡은 사회와 연결된 용법들을 언어에서 몰아내는 것, 그리고 이렇게 정화된 언어를 받아들이게 하는 것은 정화되고 순수해진 사고를 받아들이게 하는 것이다. 언어통합정책이 하나의 영토를 구성하는 여러 부분들 간의 의사소통, 특히 파리와 지방 간의 의사소통을 원활하게 하려는 기술적 필요성 때문에 생겨났다는 생각은 지나치게 단순한 것이다.

---

언어사용에 대해 전국적인 설문조사를 수행하여, 1794년 국민공회에 〈사투리를 없애고 프랑스어를 보급할 필요성과 방법에 관한 보고서〉〔일명 〈그레구아르 보고서〉(rapport Grégoire)〕를 제출하였다. 이 보고서에 따르면, 당시 프랑스인의 대부분은 사투리를 사용하였고, 국민공회에서 사용하는 것과 같은 프랑스어를 사용하는 사람들은 전체 인구의 5분의 1에 지나지 않았다.

언어통합정책이 '지역적 특수성'들을 분쇄하려는 중앙집권주의의 직접적 산물이란 견해도 마찬가지로 단순하다. 사투리 또는 관용어 (*idiomes*) 와 혁명적 인텔리겐치아의 프랑스어 간의 갈등은 상징권력을 둘러싼 갈등이며, 그 쟁점은 정신적 구조의 형성 (*formation*) 과 개혁 (*réformation*) 이다. 한마디로, 문제는 그저 소통하는 것이 아니라 새로운 권위의 담론을, 그 새로운 정치적 어휘들과 더불어 인정하도록 만드는 것이다. 그 청원과 추천의 용어들, 그 은유들, 그 완곡어법들과 더불어, 또한 그 담론이 유통시키는 사회세계에 대한 표상 — 새로운 집단의 새로운 이해관계와 연결되어 있기에, 농민집단의 특수한 이해와 연결된 용법 속에서 다듬어진 지역적 말하기 속에서는 지시될 수 없는 표상과 더불어.

그러므로 국민 (*nation*) 이라는, 완전히 추상적이며 법에 기초를 두는 집단의 건설과 더불어 전에 없던 사용법과 기능들이 출현할 때에야 비로소, 익명적이고 비개성적인 표준어 (*langue standard*) 가 그 공식적 용도와 더불어 필수불가결한 것으로 나타나며, 그와 동시에 언어적 하비투스의 산물들에 대한 규범화 작업이 이뤄진다. 이 규약화 및 규범화 작업의 대표적인 결과물인 사전은 식자들의 기록에 의해 시간 속에서 축적된 언어적 자원의 총체를, 그리고 특히 같은 단어의 모든 가능한 용법을(또는 같은 의미를 띠는 모든 가능한 표현들을) 한데 모으면서, 사회적으로 생소한 용법, 심지어 양립할 수 없는 용법을 나란히 늘어놓는다(수용가능성의 한계를 통과하는 단어들에 Vx. , Pop. 또는 Arg. 같은 배제의 기호들을 붙여 가면서[14]). 이런 식으로 사전은 소쉬르적 의미의 언어에 대해 상당히 정확한 이미지를 제시한다. '보편적인' 코드

---

14) [역주] Vx. 는 *vieux*, Pop. 은 *populaire*, Arg. 는 *argot*의 약자로, 각각 낡은 용법, 민중적 용법, 은어를 표시한다.

의 기능을 충족시킬 준비가 된, '개별적인 언어창고들의 합'으로서의 언어 말이다. 규범화된(normalisée) 언어는 상황의 도움이나 제약 없이도 기능할 수 있으며, 상대방에 대한 지식이 없는 아무 화자나 청자에 의해서도 발화되고 해석될 수 있다. 이는 예측가능성과 계산가능성에 대한 관료주의적 요구가 기대하는 바와 같다. 관료주의가 상상하는 보편적인 공무원은 그들의 신분에 대한 행정적 규정에 의해 그들에게 할당된 특질 외에는 아무런 특질도 갖지 않으며, 그들이 상대하는 사람들 역시 그러하다.

공용어의 가공과 정당화 그리고 부과로 이어지는 과정에서, 학교 시스템은 결정적인 기능을 수행한다. "유사성을 창출하는 것. 국민을 한데 결합시키는 의식적 공동체는 여기서 비롯된다." 조르주 다비(Georges Davy)는 '교사는 말하기의 지도자이자 생각의 지도자'임을 상기시키며 발언을 이어나간다. "그[교사]는 일상적으로 그의 역할에 의해서 온갖 감정과 생각을 표현하는 능력에, 다시 말해서 언어에 영향을 미친다. 교사 자신에 비해 언어에 대한 이해가 매우 흐리멍덩하고, 사투리나 상스러운 말을 쓰기도 하는 아이들에게 동일한 언어를, 즉 명확하고 고정되어 있는 언어를 가르치면서, 그는 그것만으로도 아이들을 동일한 방법으로 보고 느끼도록 자연스럽게 이끈다. 그리고 국민에 대한 공통된 의식을 형성하도록 만든다."[15] 워프의 언어이론 — 또는 보기에 따라서 훔볼트의 이론[16] — 은 학교가 뒤르켐적 의미에서의 '지적이고 도덕적인 통합'의 도구라는 시각을 지지하며, 합

---

15) G. Davy, *Éléments de sociologie* (Paris, Vrin, 1950), p. 233.
16) 훔볼트의 언어이론은 바스크 민중언어의 '진정성'을 기리고 언어-국민이라는 쌍을 찬양하는 데서 비롯되었는데, 훔볼트가 베를린대학을 설립할 때 반영되었던, 대학의 사명이 통합에 있다는 관념과 이해하기 쉬운 관계를 유지하고 있다.

의에 대한 뒤르켐적인 철학과 함께 위의 논의와 유사성을 드러내는 데, 이는 코드(code)라는 단어의 의미를 법적인 것에서 언어학적인 것으로 미끄러뜨리는 데서 확인된다. 17) 문자화된 언어 ─ 정확한 언어와 동일시되며, 말해진 언어(conversational language) 보다 우월하다고 암묵적으로 간주되는 ─ 를 규율하는 약호라는 의미에서의 코드는 교육시스템 안에서, 그리고 그 시스템에 의해서, 법적인 힘을 획득한다. 18)

그 작용이 19세기 전체에 걸쳐 확장되고 심화되는19) 교육시스템은 표준어의 인정을 강요하고, 민중적 표현양식을 평가절하하여 '은어' 또는 (교사들이 여백에 적어 놓는 평가의 말에 따르면) '횡설수설'의 수준으로 격하하는 데 직접 기여한 것으로 보인다. 하지만 방언의 평가절하와 언어의 사용법들 간의 새로운 위계의 확립에 가장 결정적인 역할을 한 것은 아마도 학교와 노동시장의 변증법적 관계 또는, 좀더 정확히 말해, 학력(및 언어)시장의 통합과 노동시장의 통합 간의 관계일 것이다. 20) 학력시장(marché scolaire)의 통합은 그 소지자들

---

17) [역주] code는 원래 법규, 법전을 뜻한다.

18) 인증의 권력을 활용하는 학교제도를 매개로 문법은 진정한 법적 유효성을 획득한다. 문법과 철자법이 법령의 대상이 되기에 이르렀다면(예컨대 avoir 동사의 변화에 과거분사를 일치시켜야 한다는 1900년의 법령), 이는 문법과 철자법이 자격증과 시험을 통해서 사회적 지위와 직책에 대한 접근을 통제하기 때문이다.

19) 일례로, 프랑스에서 학교의 숫자와 취학아동의 숫자, 그리고 이와 연결된 교원의 숫자 및 그 지리적 확산 정도는 1816년부터, 즉 의무교육이 공식화되기 훨씬 전부터 꾸준히 증가하였다.

20) 19세기에 여러 지역이 겪은 언어적 격리와 이 지역들이 20세기에 공공행정에 기여한바 사이에서 관찰되는 역설적 관계를 이런 논리 속에서 이해할 수 있을 것이다. 빅토르 뒤뤼(Victor Duruy)가 1864년에 수행한 조사에 따르면, 제2제정 당시 프랑스어를 구사하지 못하는 성인 비율과 읽기·쓰기 능력이 없는 7~13세 아동의 비율이 가장 높았던 현들에서 20세기 직후 특히 많은 수의 공무원들이 배출되었

의 사회적, 지역적 특징과는 (적어도 공식적으로는) 무관하게 국가 전체에서 가치를 인정받는 학위들의 출현과 관계가 있다. 한편 노동시장의 통합은 무엇보다 행정체계와 공무원 집단의 발전과 보조를 맞춘다. 피지배 언어능력의 보유자들이 예컨대 자기 아이들 앞에서 '프랑스어'를 사용하면서, 또는 아이들에게 집안에서 '프랑스어'를 쓰도록 요구하면서 — 이는 학력시장에서 아이들의 가치를 높이려는 의도에서인데 — , 그들 자신의 표현수단을 파괴하는 데 협조하도록 만들려면, 학교가 (산업화가 부진한 지역일수록 더욱 갈망하는 경향이 있는) 행정적 직위에 대한 주요한, 나아가 유일한 접근수단으로 여겨져야 한다. 이러한 상황은 프랑스 북부의 '사투리'(patois) 사용지방보다는 '방언'(dialectes)이나 '관용어'(idiomes) 사용지방(동부지역 일대는 예외이다)에서 더 잘 발견된다.[21]

## 시장의 통합과 상징적 지배

언어학자들은 언어를 자연적으로 주어진 것으로 받아들이지만, 우리는 정치적인 통합의 추구가 언어의 제조(fabrication)에 기여한 바를 잊지 말아야 한다(통합의 추구는 법을 비롯한 다른 영역에서도 볼 수 있다). 하지만 지배적 언어의 사용이 일반화되는 까닭을 전적으로 정치

---

다. 이러한 현상은 알다시피 높은 중등교육 취학률과 연계되어 있다.

21) [역주] patois는 벨기에, 프랑스, 스위스, 이탈리아의 소수언어를 가리킨다. 경멸적 의미를 띠기 때문에 언어학자들은 이 단어를 기피하며, 대신 좀더 중립적인 dialecte를 사용한다. 이 책에서는 각각 '사투리'와 '방언'으로 옮겼다. '관용어'로 옮긴 idiome은 dialecte와 sous-dialecte(하위 방언), 그리고 그보다 더 작은 집단에서 사용되는 어법들(parlers)을 포괄한다.

적 의도의 탓으로 돌리는 것은 잘못이다. 지배적 언어의 사용은 경제의 통합 및 문화생산과 유통의 통합에 수반되는, 상징재화시장의 통합이라는 차원에서도 생각할 수 있기 때문이다. 결혼시장이 좋은 예이다. 결혼시장에서 그때까지 고유한 가격형성 법칙을 따르면서 지역적 시장이라는 울타리의 보호 속에서 유통되고 있던 생산물들이, 지배적 평가기준의 일반화 및 '농민적 가치'에 대한 신뢰상실 — 이는 농민의 가치폭락과 독신자의 증가를 가져왔는데 — 과 더불어, 갑자기 평가절하된다. 모든 실천영역(스포츠, 노래, 옷차림, 주거 등)에서 볼 수 있는 통합과정, 그리고 경제적이고 문화적인 재화들의 생산과 유통과정은 하비투스들의 고전적 생산방식 및 그 생산물들의 점진적인 낙후화를 초래한다. 그러므로 사회언어학에서 흔히 관찰되듯이 여성들이 표준어(또는 표준적 발음)를 택하는 데 더 재빠른 것은 이해할 수 있는 일이다. 여성들이 지배적 사용법에 더 순응적이라는 점, 여성들을 소비영역으로 특화시키는 성별분업, 여성에게 유일하지는 않더라도 주요한 사회적 상승의 통로인 결혼의 논리 — 결혼을 통해 여성들은 아래서 위로 올라간다 — 등에 의해 여성에게는 상징재화시장의 새로운 요구들을 쉽게 받아들이는 성향이 생겨나며, 이러한 성향의 형성은 학교에서부터 시작된다.

　이처럼 지배의 효과들은 시장의 통합과 상호 관련되어 있으며, 일련의 제도 및 특수한 메커니즘의 매개에 의해서만 작동한다. 별도의 언어정책이나 압력집단의 노골적 개입은 이러한 매개의 가장 피상적인 면을 대표할 뿐이다. 그리고 이 효과들이 정치적 통합 및 경제적 통합을 미리 가정한다고 해서 — 이 효과들은 역으로 이러한 통합의 강화에 기여한다 — 공용어의 발전을 법적이거나 거의 법적인 제약들의 직접적 결과로 간주할 필요는 전혀 없다(법적인, 또는 법에 준하는 제약들은 기껏해야 표준어의 습득을 강제할 수 있을 뿐, 표준어의 일반화된 사용이나 자동적 재생산을 보장하지는 못한다). 모든 상징적 지배는, 그것을 감내하는 사람의 입장에서 보면, 외적 제약에 대한 수동적 복종도 아니고, 가치에 대한 자유로운 충성도 아닌, 일종의 복잡성을 함축한다. 공식언어의 정당성에 대한 인정은 드러내놓고 설파되고 숙고되며 철회되는 신념과는 아무런 관련이 없으며, 어떤 '규범'의 의식적 수용 행위와도 무관하다. 그것은 길고 느린 습득과정을 거쳐 언어시장의 제재 속에서 서서히 주입된 성향 안에 실천적인 상태로 기입되어 있다. 이 성향은 온갖 냉정한 계산과 의식적으로 느껴지는 온갖 제약들 바깥에서, 어떤 시장에 특징적인 가격형성 법칙이 어떤 언어자본의 소유자들에게 객관적으로 약속하는 상징적 물질적 이익의 기회들에 맞추어서 조정되어 있다. 22)

상징적 지배의 고유한 특성은 다음에 있다. 바로 상징적 지배가 그것을 감내하는 사람들의 편에서 자유와 제약이라는 일상적 양자택일을 넘어서는 어떤 태도를 함축한다는 사실이다. 하비투스는 제약이나 의식 없이도 '선택'한다(예를 들어 올바른 언어를 구사하는 화자 앞에서 r 발음을 교정하는 것). 이는 성향의 덕택인데, 이 성향은 사회적 조건들의 산물임에 분명하지만, 의식이나 제약의 바깥에서 구성된다. 원인의 탐구를 책임의 탐구로 환원하는 습관은 다음 사실을 깨닫는 것을 방해한다. 위협(*intimidation*), 즉 — 어떤 위협의 행위(*acte d'intimidation*)도 내포하지 않는 한에서 — 스스로가 폭력임을 모르는 상징폭력은 남들은 무시하는 그 위협을 느낄 수 있도록 (그의 하비투스 속에서) 미리 조율된 사람에게만 효과를 발휘할 수 있다. 심리적인 위축의 원인이 위협적인 상황이나 개인(그 사람은 자신이 전달하는 메시지를 부인할 수

---

22) 이는 의지주의적(*volontariste*) '언어수호' 정책의 옹호자들이 흔히 믿는 것과 달리, 언어적 관습(*moeurs linguistiques*)이 법령들에 의해서 바뀌지 않음을 의미한다.

있겠지만)과 위협받는 사람의 관계 안에 존재한다는 언명은 그리 틀리지 않다. 아니면 두 사람을 만들어낸 사회적 조건 안에 있다고 하는 편이 더 나을지도 모른다. 이리하여 우리는 점점 사회구조 전체로 다가간다.

그러므로 하비투스의 형성에 가장 결정적인 가르침은 언어나 의식을 거치지 않고, 사물이나 상황 혹은 일상적 실천의 극히 하찮아 보이는 측면들 속에 새겨진 암시를 통해 전달된다는 가정이 가능하다. 이처럼 실천의 양식들, 시선이나 몸가짐, 또는 침묵하는 방식이나 말하는 방식('비난의 눈길', '책망하는 분위기' 또는 '이조' 등)은 조용하고, 암시적이며, 집요하고, 달래는 듯하기 때문에, 더욱 강력하고 파기하기 어려운 명령을 담고 있다(청소년기의 위기나 부부관계의 위기 같은, 가족 내의 특유한 위기상황에서 명시적인 비난의 대상이 되는 것이 바로 이 비밀스러운 신호이다. 분노의 격렬함과 그것을 유발한 원인들의 하찮음 간의 외관상의 불균형은 별것 아닌 행동이나 말이 위협, 명령, 감시, 독촉, 협박의 진실 속에서 감지된다는 데서 비롯된다. 그러한 행동이나 말은 무의식적으로, 그것이 어떤 분노를 유발하는지조차 깨닫지 못한 채 계속되기 때문에, 더욱 격렬하게 비난받는다). 사물과 사람을 통해 행사되고, 아이들에게 그들의 의무가 무엇인지 말하는 대신에 그들이 어떤 존재인지 말해 주는, 그리하여 그들이 되어야 할 사람이 되게 하는 암시의 힘은 모든 종류의 상징권력이 효력을 갖기 위한 조건이다. 상징권력은 그것의 존재를 느끼도록 미리 배열된 하비투스 위에 작동할 것이기 때문이다. 어떤 관계에서는 한 사람이 다른 사람 앞에 나타나는 것만으로도, 명령하지 않아도, 심지어 원하지 않아도, 상황과 그 사람에 대한 정의를 (예컨대 위협받는 사람이라는) 부과할 수 있다. 그러한 정의는 확언될 필요도 없기 때문에 더욱 절대적이고 논란의 여지가 없는 것이다.

이 조용하고 보이지 않는 폭력이 강요하는 인정은 명시적 선언의 형태로 나타나곤 한다. 라보프(Labov)가 'r'을 다르게 실현하는 상이한 계층 출신의 화자들이 r의 평가에서는 의견을 같이한다고 결론을 내린 것은 이 때문이다. 하지만 이 인정은, 일시적이든 지속적이든, 모든 종류의 교정에서 가장 뚜렷하게 나타난다. 피지배자들은 의식적으로든 무의식적으로든, 그들의 발음, 어휘, 구문의 낙인찍힌 특성들을 교정하려고 절망적으로 노력한다(어휘의 경우 온갖 완곡어법을 동원하여). 아니면 이 강요된 인정은 피지배자들을, 갑자기 그들의 고유한 언어를 잃어버리기라도 한 것처럼 '어쩔 바를 모르게 하고' '적당한 말을 찾는' 것을 불가능하게 만드는 혼란 속에서 명백하게 드러난다.[23]

## 차별적 격차들과 사회적 가치

이처럼, 언어의 올바른 사용에 객관적으로 특별한 가치가 인정되고 있다는 점과, 이 특권이 사회적 기초를 갖고 있다는 점을 깨닫지 못하기 때문에, 사람들은 상반되는 다음 두 가지 오류 중 하나에 빠져 버린다. 하나는 언어가 내포하고 있다고 인정되는, 특히 학교라는 시장에서 인정되는 가치의 기초를, 통사구조의 복잡함 같은 언어의 속성 자체가 아닌, 다른 곳에서 찾는 일을 게을리한 채, 객관적으로 상대적이고 그런 의미에서 자의적인 것, 즉 지배적 사용법을 무의식적으로 절대화하는 오류이고, 다른 하나는 이 페티시즘의 형식에서 벗어나기는 하지만, 대신, 지배자들에 의해서만이 아니라 사회 전체에 의해서 정당하다고 인정된 지배적 사용법을 자의적으로 상대화함으로써, 정당

---

23) 피지배계급의 화자와 인터뷰할 때 녹음되는 '와해된'(désintégré) 언어는 인터뷰 관계의 산물이다.

성의 존재를 부정하며, 그리하여 고지식한 시선은 상대주의적이지 않다는 사실을 망각하는 학자들의 상대주의의 고지식함으로 빠져드는 잘못이다.

현실 속에서 작동하는, 올바른 언어에 대한 우상숭배를 유식한 담론 속에서 재생산하려면, 번스타인이 그랬듯이, '정교한 코드'의 속성들을 묘사하면서, 이 사회적 산물의 생산과 재생산에 관여하는 사회적 조건들에 대해 침묵하는 것으로 족하다. 다시 말해, 교육사회학의 영역에서 마땅히 기대되는, 학교라는 조건에 대한 언급조차 피하는 것이다. '정교한 코드'는 모든 언어적 실천의 절대적 규범을 이루는 것으로 나타난다. 그 결과 언어적 실천들은 박탈의 논리 안에서만 생각될 수 있다. 역으로, 민중적 용법과 유식한 용법이 양자 간의 객관적 관계에 무엇을 빚지고 있으며, 그것들이 그 고유한 논리 속에서 재생산하는, 계급 간 지배관계의 구조에 무엇을 빚지고 있는지를 무시한다면, 피지배계급의 '언어'를 있는 그대로 정전화하는 결과로 나아가게 된다. 라보프가 박탈의 이론가들에 맞서 '민중적 언어'를 복권하려는 의도에서, 부르주아계층 청소년들의 과장된 수다와 군더더기 말을 흑인 게토에 사는 아이들의 간결명료한 표현방식과 대립시킬 때, 그는 이러한 방향으로 기울고 있다. 하지만 이는 (잘못된 발음, 즉 그들 자신의 발음에 매우 가혹한 비판을 가하는 신참 이민자들의 예를 통해) 라보프 자신이 보여주었듯이, 언어적 '규범'은 주어진 '언어공동체'의 모든 성원에게 부과된다는 점, 그리고 이는 특히 학교라는 시장에서, 그리고 수다와 군더더기 말이 때로 요구되는 모든 공식적인 상황에서 그러하다는 점을 망각하는 것이다.

정치적 통합과 그에 따른 공식언어의 제정이 이 언어의 다양한 사용법들 사이에 수립하는 관계는, 정치, 경제적으로 상호 독립적인 집단들이 사용하는 구어 사이에 이론적으로 성립되는 관계(소쉬르가 기호의 자의성을 설명하기 위해 상기시키는 *sheep*과 *mouton*의 관계 같은)와 전적으로 다르다. 모든 언어적 실천은 올바른 실천, 즉 지배자들의 실천을 준거로 측정된다. 그리고 다양한 화자들의 언어적 생산물에 객관적으로 약속된 가능한 가치가 결정되고, 그에 따라 화자들 각자가 언어 및 자신의 생산과 맺을 수 있는 관계가 결정되는 것은 실천적으로 경합하는 변이들의 체계 — 이 체계는 실로 하나의 언어시장이 구성되기 위한 언어 외적 조건들이 충족될 때마다 확립된다 — 내부에서이다.

그러므로 예를 들어, 상이한 지역에 속한 사람들을 분리하는 언어적 차이는 더 이상 공통분모가 없는 특수성들(*particularismes*)이 아니다. '공통' 언어라는 유일한 잣대가 사실상 가운데 놓이면서, 언어적 차이는 학교 선생들의 제재대상인 '나쁜 표현과 잘못된 발음'의 지역성(*régionalisme*)이라는 심연 속으로 던져진다.[24] 공식적인 자리에는 어울리지 않는, 저속하거나 알아들을 수 없는 은어의 지위로 강등되면서, 공용어의 민중적 사용법들은 체계적 평가절하를 겪는다. 사회학적으로 유의미한(*sociologiquement pertinentes*) 언어적 대립들의 체계는 언어학적으로 변별적인 언어적 대립들의 체계와 완전히 무관한 방식

---

24) 반대로, 그때까지 지배받는 위치에 있었던 언어가 공식어의 지위에 접근할 때, 그 언어는 일종의 재평가를 겪으며, 그 결과, 그 사용자들과의 관계도 근본적으로 달라진다. 그럴 때, 이른바 언어적 갈등은 거기서 (좁은 의미의) 경제적 쟁점들만을 고려하는 사람이 생각하는 것만큼 비현실적이거나 비합리적이지 않다(그렇다고 언어적 갈등이 이해관계와 직결된다는 의미는 아니다). 상징적 세력관계의 전복, 그리고 경합하는 언어들에 부여된 가치들의 위계의 전복은 완전히 현실적인 정치적, 경제적 효과를 낳는다. 이는 규범에 맞는 언어 사용능력의 소유자들에게 돌아가는 더 많은 공직과 경제적 이익일 수도 있고, 사회적으로 위신이 있는, 또는 최소한 낙인찍히지 않은 정체성의 소유와 연관된, 상징적 이득일 수도 있다.

으로 구성되곤 한다. 다른 말로 표현하자면, 말하는 방식들이 서로 부딪칠 때 나타나는 차이들은 언어학자가 그 나름의 적합성 준거를 가지고 구성한 차이들로 환원될 수 없다. 변이에서 벗어난 언어의 작동이 얼마나 큰 부분을 차지하든 간에, 발음, 어휘, 심지어 문법의 질서 안에는, 사회적 차이들과 결합된 의미 있는 차이들의 집합이 존재한다. 이 사회적 차이들은 언어학자가 보기에는 무시해도 좋은 것이겠지만, 사회학자의 시각으로는 유의미하다. 왜냐하면 그것들은 사회적 차이들의 체계를 재번역하는 언어학적 차이들의 체계 속으로 들어가기 때문이다. 소쉬르를 참조하면서도 그가 조작하는 추상에 맞서서 구축된 언어의 구조사회학은, 사회적 차이들의 구조화된 시스템과 사회학적으로 유의미한 언어적 차이들의 구조화된 시스템을 통합하는 관계를 연구 대상으로 삼아야 한다.

언어의 사회적 용법들이 고유하게 사회적 가치를 갖는 것은 그것들이, (운율, 발음, 어휘, 구문상의 변이들 간에 존재하는) 차이들의 체계로 조직되면서 격차들(*écarts différentiels*)의 상징적 질서 안에 사회적 차이들의 체계를 재생산하는 경향이 있다는 사실에서 비롯된다. 말한다는 것은 표현 스타일들 가운데 어느 하나를 전유한다는 것인데, 이 표현 스타일들은 사용 속에, 사용에 의해 이미 구성되어 있으며, 상응하는 집단들의 위계를 그 질서 속에 표현하는 스타일들의 위계 안에 자리 잡고 있다. 이 스타일들, 즉 분류된 차이이자 분류하는 차이, 위계화된 차이이자 위계화하는 차이의 체계들은 그것들을 전유하는 사람들에게 식별표지를 붙여 준다. 그리고 두 차이의 질서 속에 있는 등가물들에 대한 실천감각으로 무장한, 자생적 스타일 연구는 일련의 스타일상의 지표들을 통해 사회계층을 파악한다.

'공통' 언어라는 인공물을 건축하기 위해 사람들은 사회학적으로 의미 있는 변수들을 무시하면서 언어학적으로 유의미한 상수들을 특권화하곤 한다. 마치 거의 보편적으로 퍼져 있는 말하기의 능력이 이 자연적 능력을 실현하는 사회적으로 조건화된 방법 — 언어의 사회적 습득조건만큼이나 다양한 방법 — 과 동일시될 수 있다는 듯이. 발화의 기회가 주어지는 모든 상황에서, 이해가능한 문장들을 만들어내기에 족한 능력이, 경청될 수 있는 문장들, 즉 수용 가능하다고 인정된 문장들을 만들어내기에는 불충분할 수 있다. 사회적 수용가능성은 여기서도 문법적인 것으로 환원되지 않는다. 규범에 맞는 언어능력을 갖추지 못한 화자는 그러한 언어능력이 요청되는 사회 세계에서 사실상 배제되거나 침묵을 선고받는다. 그러므로 희소한 것은 말하는 능력 — 생물학적 유산 속에 기입되어 있기 때문에 보편적이며, 따라서 본질적으로 비차별적인[25] — 이 아니라 규범에 맞는 언어를 말하는 데 필요한 능력이다. 이러한 능력은 사회적 유산에 의지하며, 사회적 차이를 차별적 격차들의 고유한 상징적 논리 속으로, 한마디로 차별화(*distinction*) 의 논리 속으로 옮겨 놓는다. [26]

언어시장의 성립은 객관적인 경쟁의 조건들을 창출한다. 규범에 맞는 언어능력이 언어자본으로 기능하면서, 각각의 사회적 교환에서 차별화의 이윤(*profit de distinction*) 을 생산하는 것은 이 조건들 안에서, 그

---

25) 선택적인 것(*le facultatif*) 만이 차별화 효과를 가져올 수 있다. 피에르 앙크르베 (Pierre Encrevé) 가 보여주었듯이, 민중계급을 포함해 모든 화자에게서 언제나 관찰되는 무조건적 연음(*liaisons catégoriques*) 의 경우에는 전략이 개입할 공간이 없다. 선택적 연음에서처럼 언어의 구조적 제약들이 일시 정지될 때, 게임은 관련된 효과들과 더불어 다시 시작된다.

26) 말하는 능력을 습득하려면 선천적 조건이 갖추어져 있어야 한다고 주장하는 생득설의 지지자들(스스로 그렇게 선언하였든 아니든) 과 학습과정을 강조하는 경험론자들(*génétistes*) 사이에서 입장을 정하는 것은 여기서 중요하지 않다. 언어적 차이가 사회적 차별의 기호로 작동하기 위해서는, 모든 것이 자연 속에 새겨져 있는 것은 아니며, 학습과정이 단순한 성숙이 아니라는 사실만으로도 충분하다.

리고 이 조건들을 통해서이다. 이 이윤은 부분적으로 생산물의 희소성(그리고 그에 상응하는 능력의 희소성)과 관련이 있기 때문에, 교육의 비용과 반드시 비례하지 않는다.

교육 비용은 단순하고 사회적으로 중립적인 개념이 아니다. 그것이 포괄하는 지출들은 본래의 의미에서의 능력(compétence)의 전수를 보장하는 데 '기술적(技術的)으로' 요구되는 최소한도를 크게 넘어서며, 그 정도는 시대, 학문분야, 그리고 학문적 전통에 따라 달라진다(특정한 기능을 수행하는 데 필요하거나 충분한 교육에 대해, 또는 이 기능 자체에 대해 엄격하게 기술적 정의를 내리는 것이 가능하다고 가정한다면 그렇다는 것이다. 특히, '역할 거리' — 즉, 기능에 대한 거리 — 라고 불리는 것이, 기능들의 위계 위쪽으로 올라갈수록 점점 더, 기능의 정의 안에 포함된다[27]는 사실을 안다면 그렇다). 예컨대 교육기간(교육의 경제적 비용을 측정하는 좋은 지표)은 그것이 가져오는 결과와 무관하게 그 자체로서 평가되는 경향이 있다. 그래서 '엘리트 학교'들은 경쟁적으로 수업연한을 늘리곤 한다. 또는, 방금 말한 것과 모순되지 않는 사실로서, 교육기간이 짧거나 속성과정을 밟았을 때는 너무 급히 공부를 마쳤다는, 또는 겨우 따라잡았다는 의심을 받는다. 즉, 실천들의 상징적 양태에, 다시 말해 기술적 행위들을 완성하고 능력을 작동시키는 방법에 흔적을 남기는, 습득된 능력의 사회적 질은 습득의 느림과 떼어 놓을 수 없는 것처럼 보인다. 배움의 과시적 소비(즉, 시간의 과시적 소비), 사회적 정당화 기능을 수행하는 이 가시적인 기술적 낭비는 사회적으로 보증된(오늘날에는 학교제도에 의해 '인증'된) 능력에 부여되는 사회적 가치의 일부를 구성한다.

---

27) [역주] 전문직일수록 그 직업에 종사하고자 하는 사람에게 단순한 기능인이 되지 않을 것을 요구한다는 뜻이다.

차별화의 이윤은 일정한 수준의 언어적 (또는 더 일반적으로 문화적) 자격에 상응하는 생산물들(또는 화자들)의 공급이, 규범에 맞는 언어 능력의 습득을 위한 조건이 모든 화자에게 동등하게 보장된다고 가정했을 때[28]의 공급보다 적다는 사실에서 생겨나는 것이기 때문에, 그 이윤은 당연히 이러한 조건에 대한 접근기회에 따라, 즉 사회적 구조 내에서의 위치에 따라 분배된다.

겉보기와는 달리, 우리는 여기서 어느 때보다도 소쉬르의 호모 링귀스티쿠스로부터 멀어져 있다. 왈라스적 전통에서 경제적 주체가 그렇듯이, 호모 링귀스티쿠스는 형식적으로는 자신의 언어생산에 구속되지 않지만 (아이들이 과자를 까까라고 할 수 있는 것처럼), 공통된 코드의 규칙에 순응하는 한에서만 이해받고, 교환하며, 소통할 수 있다. 자신들이 교환하는 생산물처럼, 또한 그 교환이 이뤄지는 '상황들'처럼, 상호 교환될 수 있으며, 정보수확 극대화의 원리(효용 극대화 원리와 유사한)에 모두 동일하게 종속된 행위자들 간의 순수하고 완벽한 경쟁만을 아는 이러한 시장은 경제학자들이 상정하는 '순수한' 시장이 독과점이 지배하는 실제의 시장으로부터 동떨어진 것만큼이나 실제의 언어시장으로부터 동떨어진 것임을 이하에서 분명히 보게 될 것이다.

차별적인 희소성의 고유한 효과에 다음의 사실이 덧붙여진다. 언어학적 차이들의 체계와 사회경제적 차이들의 체계를 결합하는 관계 때문에 우리는 상대를 상대화할 수 있는 차이들의 상대적 우주가 아니

---

28) 규범에 맞는 언어능력의 습득조건에 대한 동등한 접근기회의 보장이라는 가정은 사고실험에 불과하다. 이 사고실험은 불평등의 구조적 효과들 중 하나를 규명하는 기능을 갖는다.

라, 규범에 부합한다고, 다시 말해 언어학적 산물들의 가치의 척도라고 (거의) 보편적으로 인정된 담론형식을 기준으로 위계화된 차이들의 우주에 직면한다는 것. 지배적 언어능력은 그 언어능력을 보유한 집단들이 그것을 유일하게 올바른 것으로 공식적 시장(사교계, 학계, 정관계)에, 그리고 그들이 참여하는 대부분의 언어적 상호작용에 강요하기 위한 필요조건들(첫째로 시장의 통합, 그리고 둘째로 마땅한 표현의 장소 및 마땅한 언어능력의 생산기구에 접근할 수 있는 기회의 불평등한 배분)이 꾸준히 충족될 때만, 다른 언어능력들과의 관계 속에서 차별화의 이윤을 보장하는 언어자본으로 기능한다.[29]

이는 오늘날 프랑스에서 고어에 대한 지식이 그렇듯이, 위협받는 하나의 언어자본을 지키고자 하는 사람들에게 전면전을 선고한다. 사람들은 시장을 지킬 때에만, 즉 생산자-소비자의 생산을 위한 정치적이고 사회적인 조건들의 총체를 지킬 때에만, 언어능력의 가치를 지킬 수 있다. 라틴어의 수호자들이나, 조금 다른 맥락에서 프랑스어나 아랍어의 수호자들은, 그들이 사랑하는 언어가 시장을 넘어서는 어떤 가치, 즉 ('프랑스어는 논리적이다' 등등의) 내재적 가치를 갖는 것처럼 행동한다. 하지만 실천적으로 그들이 수호하는 것은 시장이다. 교육 시스템이 다양한 언어(또는 다양한 문화적 내용)에 제공하는 장소가 그토록 중요한 쟁점인 이유는 이 기관이 생산자-소비자의 대량생산을 독점하고 있으며, 따라서 시장의 재생산을 독점하고 있기 때문이다.

---

29) 언어적 산출이 학교시험이나 채용면접같이, 평가에 명백하게 순응하는 상황은 어떤 언어적 교환에서도 평가가 이루어진다는 점을 상기시킨다. 언어적인 특징이 학업성취나 취업기회, 직업적 성공, 심지어 환자를 대하는 의사들의 태도(부르주아 계급 환자의 말에 더 귀를 기울이고 덜 비관적인 진단을 내린다)에 영향을 미치며, 더 일반적으로 말해서 발화자에 대한 수용자의 협조적 경향, 그를 돕고 그가 제공하는 정보를 신뢰하는 경향에 영향을 미친다는 것을 보여주는 연구가 아주 많다.

언어능력의 사회적 가치는, 즉 언어능력이 언어자본으로 기능할 수 있는 역량은, 시장의 재생산에 달려 있는 것이다.

## 문학 장과 언어적 권위를 위한 투쟁

이렇게 언어 장 구조를 매개로 해서 표현 스타일의 공간구조는 자기 질서 속에서 존재조건들을 객관적으로 분리하는 격차의 구조를 재생산한다. 이때, 언어 장이란 언어자본(혹은 객관화된 언어학적 자원을 체화할 수 있는 기회들)의 불평등한 분포에 기초한 언어적 세력관계의 체계를 말한다. 이 장의 구조, 특히 언어생산 장 내의 제한생산의 하위장 ── 이 장의 근본적 속성들은 생산자들이 거기서 일차적으로 다른 생산자들을 위해 생산한다는 사실로부터 나온다 ── 의 존재를 완전히 이해하기 위해서는, 그럭저럭 올바른 일상적 어법(parler ordinaire)의 단순한 생산에 필요한 자본과 출판될, 즉 공식화될 가치가 있는, 문자화된 담론의 생산에 필요한 표현수단 자본을 구분하여야 한다(후자는 대상화된 상태로, 그러니까 책, 특히 '고전', 문법서, 사전 등의 형태로 도서관에 보관된 자원들의 전유를 전제한다). 말과 사유의 결, 장르, 올바른 기법 또는 스타일, 더 일반적으로 말해 '좋은 용법'의 사례로 인용되고 '권위를 갖게' 될 담론들, 이 모든 생산수단들의 생산은 그것을 수행하는 사람에게 언어에 대한 권력을 부여하며, 이를 통해 언어의 단순한 이용자들 및 그들의 자본에 대한 권력을 부여한다.

올바른 언어는 공간 속에서 자신의 확장을 규정하는 권력을 갖는다. 하지만 시간 속에서 자신의 영속성을 보장하는 권력까지 갖고 있는 것은 아니다. 끊임없는 창조만이 올바른 언어와 그 가치 ── 즉, 그 언어에 부여된 승인 ── 의 영속성을 보장해 줄 수 있다. 그런데 이러한 창조는 전문화된 생산의 장 내에서 올바른 표현양식의 부과를 독점하려는 경쟁에 연루되어 있는 상이한 권위자들 간의 끊임없는 투쟁 속에서 이루어진다. 장의 일반적 속성들 가운데 하나는 특수한 전리품을 둘러싼 투쟁이 게임의 원칙들과 관련된 객관적 담합을 은폐한다는 것이다. 더 정확히 말하면, 그러한 담합이 계속해서 게임과 전리품을 생산하고 재생산한다는 점을 숨긴다. 이는 우선 거기 직접 연루되어 있다고 느끼는 사람들 속에서, 하지만 꼭 그 사람들만이 아닌 다른 사람들 속에서도, 올바름의 승인을 규정하는, 게임과 전리품의 가치에 대한 실천적 동조를 재생산하면서 이루어진다. 사실 문학계에서 이런저런 작가가 가진 스타일의 가치에 대해서가 아니라, 스타일에 관한 논쟁의 가치에 대해 논쟁을 벌인다면, 어떤 일이 벌어지겠는가? 사람들이 게임이 해볼 만한 가치가 있는 것인지 자문하기 시작하면, 게임은 끝나는 것이다. 올바른 글쓰기 기술을 놓고 작가들을 대립시키는 투쟁은, 바로 그 존재 자체로써, 올바른 언어와 그 올바름에 대한 신념을 생산하는 데 기여한다. 이때, 올바른 언어는 '저속한' 언어와 자신을 분리시키는 거리에 의해 규정된다.

문제는 작가, 문법학자 혹은 교육자들이 개인적 자격으로 언어에 행사할 수 있는 상징권력이 아니다. 그것은 아마 그들이 (예컨대 '시장의 상황'을 바꿀 만한, 올바른 문학의 새로운 정의를 내놓음으로써) 문화에 행사할 수 있는 상징권력보다 훨씬 제한적일 것이다. 문제는, 그들이 차별화를 의도적으로 추구해서가 아니라, 그렇게 하지 않으면서도, 독특하고 차별적인 언어를 생산하고 신성화하며 부과하는 데 기여한다는 점이다. 호라티우스(Horace)가 말했던 언어의 법칙과 규범의 판정(*arbitrium et jus et norma loquendi*)[30]을 위한 투쟁을 통해 달성되는 집단작업에 있어, 크든 작든 권위를 지닌 저자인 작가들과 더불어, 올바른 작가와 글쓰기를 신성화하고 정전화하는 독점권의 보유자인 문법학자들이 중요하다. 문법학자들은 제공된 생산물들 가운데 자기들이 보기에 학교에서의 주입교육을 통해 올바른 능력으로 체화되고 신성화될 만한 가치가 있는 것들을 선정함으로써 올바른 언어의 구축에 기여한다. 이러한 목적에서 그들은 또 선정된 생산물들을 의식적으로 습득가능하며 쉽게 재생산가능한 것으로 만들어주는 규범화와 규약화 작업을 수행한다. 규범을 만들고 부과하는 권력을 스스로에게 부여하며, 기성체제의 작가들과 아카데미에서 동맹자를 발견하는 이들 문법학자들은, 언어의 특정한 용법을 '논하고' 합리화함으로써, 신성화하고 규약화하는 경향이 있다. 그들은 이렇게 해서 상이한 언어 이용자들의 언어 생산물이 상이한 시장에서 — 특히 교육시장처럼 그들의 직접적, 간접적 통제 아래 곧바로 놓여 있는 시장에서 — 얻을 수 있는 가치를 결정하는 일을 돕는다. 이는 용납가능한 발음, 단어, 표현법의 세계의 **경계를 정함**으로써, 또 모든 민중적 용법, 특히 그 가운데서도 가장 최신의 용법을 검열하고 순화한 언어를 고정시킴으로써 가능해진다.

문학생산의 장 안에서 상이한 정당화 원리를 주장하면서 끊임없이 대립하는 권위자들의 세력관계는 다양한 양상을 보이며, 상호관련 속에서 변화한다. 하지만 이 사실이 **구조적 상수들**의 존재를 감출 수는 없다. 이 상수들에 의해 행위자들은 아주 다양한 역사적 상황 안에 있으면서도,

---

30) [역주] 호라티우스의 《시학》(*Ars Poetica*)에 나오는 표현으로, 해당 구절은 다음과 같다(이탤릭체는 역자). Multa renascentur quae iam cecidere, cadentque quae nunc sunt in honore vocabula, si volet usus, quem penes *arbitrium est et jus et norma loquendi.* "이미 사멸했던 많은 것들이 새로 태어나고, 지금 영광을 누리는 많은 것들이 소멸할 것인데, 이는 모두 필요에 의한 것인바, 필요야말로 언어의 법칙과 규범을 결정하는 요인이기 때문입니다." 아리스토텔레스 외, 천병희 역, 《시학》(문예출판사, 1989), 164쪽.

동일한 전략과 동일한 논거에 의지하여, 언어에 규칙을 제정하고자 하는 자기들의 야심을 확인하고 정당화하며 또 경쟁자들의 야심을 비난한다. 사교계 인사들의 '멋진 용법'과 천부적으로 좋은 용법에 대한 지식을 갖췄다는 작가들의 자만에 맞서서, 문법학자들은 언제나 논증된 용법(*usage raisonné*)을 내세운다. 문법을 구성하는 '이성'과 '취향'의 원리에 대한 지식이 부여하는 '언어감각' 말이다. 작가들로 말하자면, 그 야심이 낭만주의에서 특히 확인된 바 있다. 그들은 위고(Hugo)가 거만하게 이름 붙인 '융통성 없는 문법주의자들'의 경고를 무시하라고 공언하면서, 규칙에 맞서는 천재성을 내세운다. 31)

피지배계급의 객관적 박탈은 문학적 투쟁에 연루된 행위자들 누구도 의도한 것이 아니다(그리고 우리는 '푸앵 항구의 짐꾼들'이 쓰는 언어를 찬양하거나, 32) '사전에 붉은 모자를 씌우거나'33) 민중적 말하기를 흉내 낸

---

31) 작가들이나 문법학자들로부터의 인용문은 그것이 생산된 장의 상태에 대한 제대로 된 역사적 분석이 있을 때만 그 의미가 분명해질 것이다. 그러므로 우리는 여기서 인용문을 무한히 늘리기보다는 이 영구적 투쟁을 구체적으로 개념화한 몇몇 저자를 참조하는 데 만족하고자 한다. B. Quemada, *Les dictionnaires du français moderne*, 1539~1863(Paris, Didier, 1968), pp. 193, 204, 207, 210, 216, 226, 228, 229, 230 n. 1, 231, 237, 239, 241, 242와 F. Brunot, *op. cit.*, 특히 T. 11-13, passim. 하우겐이 묘사한 바 있는, 노르웨이어의 언어적 계획화를 둘러싼 투쟁에서 우리는 작가와 문법학자의 역할과 전략에서의 유사한 분열을 관찰할 수 있다(cf. E. Haugen, *Language Conflict and Language Planning, The Case of Norwegian*(Cambridge, Harvard University Press, 1966), 특히 p. 296 sq).

32) [역주] 17세기의 시인 프랑수아 드 말레르브(François de Malherbe)는 푸앵 항구의 짐꾼들의 언어를 찬양했다.

33) [역주] '사전에 붉은 모자를 씌운다'는 빅토르 위고의 시집 《명상》(*Les Contemplations*)에 실린 〈비난에 대한 대답〉(*Réponse à un acte d'accusation*)의 한 구절이다. Je mis un bonnet rouge au vieux dictionnaire. / Plus de mot sénateur! plus de mot roturier! / Je fis une tempête au fond de l'encrier, / Et je mêlai, parmi les

작가들이 언제나 있었다는 것을 안다). 그럼에도 그것이 올바른 언어의 올바른 용법을 독점하는 데 정열을 쏟는 전문가 집단의 존재와 무관하지 않다는 점은 분명하다. 이들은 자신들만의 용도를 위해 특수한 언어를 생산한다. 게다가 이 언어는 계급관계 속에서, 그리고 언어의 영역에서 벌어지는 계급투쟁 속에서, 차별화(*distinction*)의 사회적 기능을 수행한다. 그것은 교육체계와 같은 제도의 존재와도 무관하지 않다. 교육시스템은 문법의 이름으로 이단적인 생산물을 제재하고, 진화법칙의 효과를 상쇄하는 명시적 규범을 주입할 임무를 부여받고 있다. 그것은 언어의 지배적 용법을, 주입시킨다는 사실 자체만으로 유일하게 올바른 것으로 신성화하면서, 피지배적 용법들을 그렇게 지배당하는 것으로 구축하는 데 크게 이바지한다. 하지만 작가나 교수들의 활동을 그것이 객관적으로 기여하는 효과 — 즉, 문학언어의 존재 자체로부터 비롯되는 평범한 언어의 평가절하 — 와 직접 연관 짓는 것은 분명히 핵심을 놓치는 일이 될 것이다. 문학 장에 관련된 사람들은 다음과 같은 방식으로만 상징적 지배에 공헌하기 때문이다: 문학 장 안에서 그들이 차지하는 위치와 거기 결부된 이해관계가 그들로 하여금 추구하게 만드는 효과들은 언제나, 그들 자신과 다른 이들에게 외부의 효과들을 감추며, 이 외부의 효과들은 바로 이러한 오인으로부터 솟아난다.

언어적 탁월성을 특징짓는 속성들은 두 단어 안에 담겨 있다. 차별화와 교정이 그것이다. 문학 장 안에서 완수된 작업은 독창적 언어의

---

ombres débordées, / Au peuple noir des mots l'essaim blanc des idées(나는 낡은 사전에 붉은 모자를 씌우네. / 나으리들의 말은 이제 그만! 무지렁이의 말도 이제 그만! / 나는 잉크병 바닥에 폭풍우를 일으켜 / 넘실거리는 그림자들 가운데서 뒤섞네, / 검은 단어의 무리에 하얀 생각의 떼를).

외관을 생산한다. 가장 흔한 용법, 즉 '평범하고', '일상적이며', '속된' 용법과의 격차를 원리로 하는 파생어법들의 총체를 만들어내면서 말이다. 가치는 언제나 선택적이든 그렇지 않든, 가장 널리 퍼진 용법, '상식', '평범한 감정', '진부한' 어투, '속된' 표현, '경박한'[34] 스타일과의 격차로부터 나온다. 라이프스타일(*style de vie*)과 마찬가지로 언어의 용법에서도, 정의(定義)는 관계적일 따름이다. '세련된', '선택된', '고상한', '격조 높은', '잘 다듬어진', '품위 있는', '차별화된' 언어는 '통상적인', '흔히 쓰는', '평범한', '구어적인', '친숙한', 또는 그 이상으로, '민중직인', '날깃의', '거친', '히술한', '자유 분방한', '진부한', '속된' 언어에 대한 부정적인 (그것을 지시하는 단어들에 이미 나타나 있는) 참조를 숨기고 있다(저질스러운 말들, '종잡을 수 없는 사투리'나 '은어', '식민지 흑인의 엉터리 프랑스어', '혼성어'는 아예 논외로 치더라도 말이다). 이 일련의 대립은 올바른 언어로부터 빌려온 것이자 지배자들의 관점에서 조직된 것으로, 다음 두 가지로 환원될 수 있다. '차별화된' 것과 '진부한' 것(또는 '희소한' 것과 '평범한' 것) 사이의 대립, 그리고 '긴장된'(혹은 '품위 있는') 것과 '이완된'(혹은 '자유분방한') 것 사이의 대립. 마치 계급적인 말하기가 그것이 보여주는 통제의 수준과 교정의 강도에 따라 위계화되기라도 하는 것 같다.

이렇듯 올바른 언어는 준-인공적 언어로서, 지속적 교정작업에 의해 유지되어야 한다. 이 작업은 이 목적을 위해 특별히 정비된 기관들

---

34) 즉자적 스타일(*style en soi*)과 대자적 스타일(*style pour soi*)를 대립시킬 수도 있다. 전자가 (어떤 디자인의 가구나 옷을 경제적 필요에 의해 '선택'할 때처럼) 무의식적이거나 심지어 강요된 선택의 객관적 산물이라면, 후자는 자유롭고 '순수한' 선택으로 경험되지만, 선택권이 없는 사람들의 강요된 선택을 명시적으로나 암묵적으로 참조한다는 점에서 ─사치는 필요와의 관계 속에서만 의미를 갖는다─ 그 또한 상징적 재화들의 경제의 특수한 강제에 의해 결정된다.

과 특수한 발화자들의 몫으로 돌아간다. 다른 영역에서 그렇듯이 여기서도 학교교육시스템은 문법학자들과 교사들을 매개로, 고유한 서비스와 생산물, 교정작업과 수단에 대한 요구를 생산하는 경향이 있다.[35] 문법학자들이 올바른 용법을 확정하고 코드화한다면, 교사들은 무수한 교정작업에 의해 그것을 부과하고 주입한다. 올바른 언어는 (공간 속에서와 마찬가지로) 시간 속에서의 그 (상대적인) 항상성을 바로 이 사실에 빚지고 있다. 즉, 그것은, 예컨대 유비에 의한 단순화 (*vous faites*과 *vous dites* 대신에 *vous faisez*와 *vous disez*)[36]를 낳는, 노력과 긴장의 절약 경향에 맞서서, 주입작업의 연장에 의해 계속 보호받고 있는 것이다. 게다가, 정확한 표현, 달리 말해 교정된 표현이 지니는 사회적 속성의 핵심은 그것이 학술적 규칙들을 실질적으로 습득한 발화자에 의해서만 생산될 수 있다는 점에 있다. 이 규칙들은 법칙화 작업에 의해 명시적으로 구축되고, 교육작업에 의해 의도적으로 주입된다. 사실 모든 제도화된 교육학의 패러독스는 특수한 규칙들을 실제 언어 실천에서 쓰이는 도식처럼 가르치려 한다는 데 있다. 이 규칙들은 문법학자들이 (과거) 문어표현 전문가들의 실천으로부터 회고적인 명료화와 법칙화 작업을 통해 추출해낸 것이다. '좋은 용법'은 체화된

---

35) '이데올로기'나 '기구' 같은 개념에 내포된 순진한 목적론은 '이데올로기적 국가기구'에서 극에 달하는데, 이런 개념의 사용이 초래하는 커다란 오류 중 하나는 문화 재화 생산기관들의 경제를 무시한다는 것이다. 예를 들어 언어교정 도구의 생산이나 서비스 제공과 관련된 문화산업(문법책, 독본, 사전, '편지 쓰는 법', '모범 연설문 모음', 어린이 책 등)을 생각해 보라. 아니면 가장 절박한 물질적, 상징적 관심을 경쟁적 게임에 투자하면서, 자기도 모르게 그 게임이 정당한 언어를 예시하고 수호하는 데 기여하도록 만드는, 공공부문과 사적 부문의 무수한 행위자들을 생각해 보라.

36) [역주] 대부분의 불어동사는 2인칭 복수가 -*ez*로 끝나는데 *dire*와 *faire*는 *dites*, *faites*로 바뀐다. 그래서 *vous faisez, vous disez*라고 잘못 말하는 사람들이 있다.

문법이나 다름없는 능력의 산물이다. 문법이라는 단어는 (언어학자들이 그렇게 하듯 암묵적으로가 아니라) 의식적으로 선택된 것이다. 학술적 규칙들의 체계라는 진짜 의미로 말이다.

이 규칙들은 이미 수행되고 확립된 담론들로부터 장차 수행될 담론의 필수불가결한 규범으로서 사후적으로(*ex post*) 추출된 것이다. 그러므로 올바른 언어의 사회적 속성과 효과를 완전하게 해명하기 위하려면, 그 전제로서, 문어적 언어와 그 문법의 사회적 생산조건뿐만 아니라, 이 학술적 규약을 말(*parole*)의 생산과 평가원리로서 제시하고 주입하는 작업의 사회적 조건을 고려해야 한다.37)

## 언어 장의 역학

언어자본의 전수법칙은 세대 간 문화자본의 올바른 전수법칙의 특수한 예이다. 우리는 학교의 잣대로 측정한 언어능력이, 다른 차원의 문화자본과 마찬가지로, 학위로 측정한 교육수준과 사회적 궤적에 의존한다고 가정할 수 있다. 올바른 언어는 친숙화 과정, 즉 올바른 언어에 일정기간 노출되거나 명시적인 규범들을 일부러 주입받는 과정

---

37) 올바른 언어는 그 사회적 생산과 재생산의 조건에 또 하나의 속성을 빚고 있다. 실용적인 기능에 종속되지 않는 자율성, 더 정확하게 말하면, '상황'에 대한, 담론의 대상이나 대화상대자에 대한, 중립적이고 중립화하는 관계가 그것이다. 이러한 중립성은 통제되고 긴장된 언어를 요청하는 엄숙한 자리에서 암묵적으로 강제되기 마련이다. '문어'의 구어적 사용이 습득되는 것은 문어가 자유, 안락함, 그리고 특히 여가의 형식으로, 실천적 긴급함을 중화하는 요소로서 상황 속에 객관적으로 등록되어 있을 때뿐이다. 또한 그것은 공부라는 게임을 만들어내는 것 외에 다른 필요성을 갖지 않는 언어의 조작연습 속에서, 그런 연습을 통해 습득되는 성향을 전제한다.

을 통해 습득될 수 있다. 그러므로 표현양식의 여러 등급은 습득양식의 등급에 대응한다. 즉, 올바른 언어능력 생산의 두 가지 주요인인 가족과 교육시스템 간의 상이한 조합형식들에 대응한다.

이러한 의미에서, 문화사회학이 그렇듯 언어사회학도 논리적으로 교육사회학과 분리 불가능하다. 올바른 문화의 수호자들이 내리는 평결에 엄격하게 복종하는 언어시장으로서, 학교교육 시장은 지배계급의 언어생산물에 의해 엄격하게 지배되며, 기존 자본의 차이들을 제재하는 경향이 있다. 빈약한 문화자본이 학교교육에 대한 투자를 통해 문화자본을 증대시키려는 성향의 부족(이는 문화자본의 빈약함과 상관관계가 있는데)과 겹쳐진 결과, 가장 많이 박탈된 계급은 학교교육 시장에서 제재를 받게 된다. 낮은 학업성취로 말미암아 시장에서 탈락하거나, 일찌감치 스스로 떨어져 나오는 것이다. 따라서 초기의 격차는 재생산되는 경향이 있다. 교육기간은 그에 따른 보상만큼이나 제각각이며, 학교식 언어를 수용하고 채택하려는 성향과 소질이 가장 부족한 사람들은 이 언어와 통제, 교정, 학교교육의 제재에 가장 짧게 노출된 사람들이기도 하다.

학교제도가 언어의 지속적인 주입작업을 보편적으로 수행하는 데 필요한 권한을 위임받았고, 이 작업의 강도와 지속기간은 상속된 문화자본과 대체로 비례하기에, 문화적 전승의 사회적 메커니즘은 올바른 언어에 대한 지식(connaissance)의 매우 불균등한 분배와, 이 언어에 대한 인정(reconnaissance)의 훨씬 균일한 분포 사이의 구조적 격차가 재생산되도록 보장하는 경향이 있다. 이 격차는 언어 장의 역학을 결정하는, 그리하여 언어의 변화에 개입하는 변수들 가운데 하나이다. 실로, 언어변화의 근원인 언어적 투쟁은 화자들이 공인된 어법을 (거의) 동일하게 인정하고 있으나, 이 어법에 대해 매우 불평등한 지식을 갖고 있다고 가정한다.

그러므로 프티부르주아의 언어전략, 특히 이들이 실천의 모든 영역에서 보여주는 교양에의 의지의 전형적 표현인 과잉교정 경향이 언어변화의 주요 요인으로 나타날 수 있었다면, 이는 지식과 인정 사이의 간극 혹은 열망과 그것을 충족시키는 수단 사이의 간극이, 긴장과 가식의 원천인 이 틈이, 사회공간의 중간지대에서 가장 넓게 벌어지기 때문이다. 이 가식, 즉 차별의 덕을 보면서 동시에 차별을 부인하려는 노력에서 잘 드러나는, 차별에 대한 승인은, 사회적으로 고상하다고 인정된 차별적 특징의 소유지들에게 새로운 차별화 전략을 촉구할 따름인, 영구적 압력을 경합의 장 속에 도입한다.

프티부르주아적 과잉교정은 그 본보기와 교정수단을 올바른 용법의 가장 권위 있는 판결자인 아카데미 회원들, 문법가들, 교사들에게서 찾으며, 민중적인 '저속함' 및 부르주아적인 '차별성'과의 주관적, 객관적 관계 속에서 스스로를 정의한다. 그리하여 (부르주아계급과) 비슷해지려는 노력이기도 한 (민중계급과 비교해서) 달라지려는 노력이 언어변화에 미치는 영향은 좀더 드문 능력의 보유자들이 이에 대응해서 벌이는 달라지기 전략보다 가시적이다.

부르주아와 지식인은 프티부르주아 화자들의 언어적 긴장과 압박의 가장 뚜렷한 표지들(예를 들면 '구닥다리 선생들이 사용하는' 프랑스어의 단순과거)을 의식적으로나 무의식적으로 피함으로써 절제된 과잉교정에 도달하는데, 이는 현학적 규칙에 대한 당당한 무시와 자신감 있는 느슨함을 가장 아슬아슬한 영역에서의 편안함의 과시와 결합한다.[38] 이들은 평범한 화자가 느슨해지는 곳에서는 긴장을 도입하며,

---

38) 그러므로 트루베츠코이가 알아차렸듯이 '귀찮아하는 듯한 조음방식'이 가장 보편적으로 확인되는 차별화의 방식이라는 사실은 우연이 아니다(N. S. Troubetzkoy,

그가 고생하는 곳에서는 수월함을 보여준다. 그들이 보여주는 긴장 속의 편안함은 프티부르주아와 민중의 긴장이나 편안함과는 그 형태가 전혀 다르다. 이 모든 것들은 끊임없이 세련됨을 추구하게 만드는 차별화 전략 — 대부분 무의식적으로 행해지는 — 이며, 이는 지속적으로 가치를 전도시킴으로써 언어적 스타일의 비관계적 속성에 대한 탐색을 단념케 한다.

그러므로 프랑스뿐 아니라 미국에서도 볼 수 있는, 조금 머뭇거리거나 심지어 더듬고, 반문을 자주 사용하고('안 그래요?') 문장을 제대로 맺지 않는 지식인들의 새로운 말하기 스타일을 이해하려면, 어법들의 구조 전체를 고려해야 한다. 새로운 말하기 스타일이 차별적으로 정의되는 것은 이 어법들의 구조 전체와의 관계 속에서이기 때문이다. 그 한편에는 강압적인 교사의 평가절하된 이미지와 결부된 낡은 학교식 어법 — 프랑스어에서의 접속법 반과거, 총합문(*périodes*) 39) 등 — 이 존재한다. 그리고 다른 한편에는 학문적 어법의 광범위한 확산의 산물인, 새로운 프티부르주아적인 어법들이 있는데, 그 스펙트럼은 해방된 어법 — 프티부르주아의 새로운 분파에게서 특징적으로 나타난다고 할 수 있는 긴장과 이완의 혼합 — 에서, 지나치게 문법을 따지는 말하기 방식 — 상승하는 프티부르주아의 특징인 노골적인 야망에 의해 즉시 평가절하된 어법 — 의 과잉 교정에까지 걸쳐져 있다.

---

*Principes de phonologie* (Paris, Klincksieck, 1957), p. 22). 실제로는, 피에르 앙크르베가 나에게 지적해 준 것과 같이, 긴장의 전략적 완화는 음성학적 수준을 예외적으로만 건드린다. 그 결과 가식적으로 부인되는 차이가 발음을 통해서 끊임없이 드러난다. 레이몽 크노를 비롯한 작가들이 담론의 상(相)을 변화시켜서 유사한 기복들을 체계적으로 만들면서 어떤 효과를 끌어내었는지 우리는 알고 있다.

39) [역주] 여러 개의 절이 조화를 이루며 구성된 긴 문장.

이러한 차별적 실천들이 공존가능한 실천들의 우주와 관련해서만 이해될 수 있다는 사실이 곧 그것의 근원을 스스로를 구별하려는 의식적 노력 속에서 찾아야 함을 의미하지는 않는다. 그러한 실천들이 변별적 표지들(언어적 표지 및 기타의 표지들)의 흔함과 귀함에 대한 실천 감각과 이 감각의 시간적 진화에 뿌리박고 있다고 가정할 이유는 충분하다. 대중화된 단어들은 차별하는 힘을 잃으며, 그 결과 본질적으로 평범하고, 일반적이며, 따라서 쉬운, 또는 (확산은 시간과 관련되므로) 낡은 것으로 인식되는 경향이 있다. 반복되는 노출에 따른 지루함은 희귀한 것을 분별할 수 있는 감각과 더불어, 무의식적으로 더 특별한 (classant) 문체론적 요소들을 향해, 또는 평범한 요소들의 좀더 드문 용법을 향해 미끄러진다.

차별적인 격차는 이처럼 (항상성이 변화를 전제한다는 사실을 깨닫는다면 결코 놀랍지 않은 하나의 역설에 의해) 이 격차를 없애려고 하지만 실제로는 재생산하는 경향을 띠는, 끝없는 운동의 원천이다. 언어의 다양한 사용법에서 변화의 토대를 이루는 동화와 차별화의 전략은 다양한 어법의 분포구조에 영향을 미치지 않으며, 그리하여 차별적 격차(표현 스타일)의 체계들의 체계 — 다양한 어법이 그 안에서 표현되는 — 에도 영향을 미치지 않는다. 뿐만 아니라 (현상적으로는 다른 형태이지만) 그 구조를 재생산하는 경향을 띠기도 한다. 변화의 동력이 다름 아닌 언어 장 전체이기 때문에, 좀더 정확히 말해서 언어 장을 구성하는 경쟁관계의 우주 안에서 끊임없이 생성되는 작용과 반작용의 총체이기 때문에, 이 영구적인 운동의 중심은 어디에나 있으면서 아무데도 없다. (두 단계로 흘러내린다는 너무나 유명한 모델 — two-step flow — 에 따라) '기름얼룩'이나 '시냇물' — 적하효과(trickle-down) — 의 이미지에 기초한 확산의 철학에 갇혀서, 고집스럽게 변화의 원천을 언어 장의 특정한 지점에 위치시키려는 사람들로서는 실망스러운 일이겠지만.

확산현상이라고 묘사되는 것은 다름 아닌 앞다툼의 결과인데, 이 앞다툼은 행위자들로 하여금 각자 (사회적 시간과 공간 내에서 그의 앞과 뒤에 있는 사람들에 대한) 무수한 동화와 차별화 전략을 거쳐서 그의 실질적인 속성(발음, 어휘, 통사론적 기교)을 끊임없이 바꾸도록 이끌면서도, 경쟁의 기초에 있는 격차를 바로 경쟁을 통해 유지한다. 올바른 언어 사용법의 사회적 가치가 구조적으로 불변한다는 점은 이 구조를 변화시키고자 하는 전략들의 논리와 목표가, 이를 수행하는 행위자들의 구조 내에서의 위치를 매개로, 구조 자체에 의해 지배된다는 사실을 깨달을 때 쉽게 이해될 수 있다. 작용과 상호작용을 그 직접적이고 즉각적인 가시성에 의해서만 이해할 뿐, 그 이상을 파악하지 못하는 '상호작용론적' 접근은, 상이한 행위자들의 언어전략이 언어자본의 분배구조 — 이 구조는 교육제도에 접근할 수 있는 기회의 구조를 매개로 계급관계의 구조에 종속된다 — 내에서 그들이 점유하는 위치에 엄격히 종속되어 있다는 사실을 밝힐 수 없다. 그러므로 상호작용론은, 표면적인 변화를 가로질러 차별적 격차의 구조를 재생산하며, 드문 능력, 따라서 차별적인 능력의 소유와 결합된 상황의 이윤을 보전하는 심층적인 메커니즘에 대해서는 무지할 수밖에 없다.

# 제 2 장

# 가격형성과 이윤의 예측*

> 어쩌면 직업상의 습관에 의해, 어쩌면 남들이 자문을 구해올 만큼 중요
> 한 인물이자, 상대방이 흥분하든 참든 괴로워하든 대화를 주도하는 것은
> 자신임을 아는 사람이라면 갖기 마련인 침착함 덕택에, 어쩌면 또 머리
> 의 특징(커다란 구레나룻이 있는데도 그는 자기 머리가 그리스풍이라고
> 믿고 있었다)이 돋보이게 하려고, 드 노르프와 선생은 사람들이 자기에
> 게 무언가를 설명할 때면, 전시실의 — 귀먹은 — 고대 흉상처럼 표정의
> 절대적인 부동성을 유지하였다.
> ―마르셀 프루스트, 《잃어버린 시간을 찾아서》

발화자와 수신자의 커뮤니케이션 관계로서, 기호화와 해독에 기초
하는, 즉 코드 또는 언어생성 능력의 사용에 기초하는 언어의 교환은
경제적 교환이기도 하다. 상징적이거나 물질적인 이익을 얻을 수 있
는 경제적 교환으로서, 언어의 교환은 일정한 언어자본을 갖춘 생산
자와 소비자(또는 시장) 간의 상징적 권력관계 속에 자리 잡는다. 달리
말하면, 담화는 단지 이해되고 해독되어야 하는 기호들이 아니라(예
외적으로만 그렇다), 평가되고, 추산되어야 하는 부(富)의 기호들이자,
믿어야 하고 복종해야 하는 권위의 기호들이다. 문학적인 언어사용(특
히 시에서의 사용)을 제외하면, 일상적으로 언어가 순수한 의사소통의
도구로만 기능하는 경우는 드물다. 정보적 효율을 최대화하는 것은

---

* "가격형성과 이윤의 예측"(La formation des prix et l'anticipation des profits)은
  1980년 여름 동안 집필되었고, 《말하기가 의미하는 것》(Ce que parler veut dire),
  pp. 59~95에 수록되었다.

예외적으로만 언어적 생산의 배타적 목표가 될 수 있으며, 그것이 함축하는 순수하게 도구적인 언어사용은 흔히 무의식적으로 이뤄지는 상징이윤의 추구와 일반적으로 충돌한다. 왜냐하면, 언어적 실천은 언표된 정보에 더하여 의사소통의 (차별적) 양식에 관한 정보를, 즉 이론적으로 또는 실제적으로 경쟁하는 스타일들의 총체에 비추어 지각되고 평가됨으로써 사회적 가치와 상징적 효력을 획득하는 표현 스타일에 관한 정보를, 불가피하게 유통시키기 때문이다.

## 자본, 시장, 가격

담론은 하나의 시장과의 관계 속에서만 자신의 가치(와 의미)를 획득하는데, 이 시장의 특징은 특수한 가격형성 법칙을 갖는다는 것이다. 담론의 가치는 화자들의 언어능력 사이에 구체적으로 확립된 권력관계에 의해 결정된다. 이때 언어능력은 생산능력뿐 아니라 전유 및 평가의 능력, 다시 말해 언어적 교환에 참여하는 여러 행위자들이 가지고 있는, 각자의 생산물에 가장 유리한 평가기준을 관철시키는 능력을 가리킨다. 이러한 능력은 언어학적 관점에서만 결정되는 게 아니다. 언어능력은, 사회적으로 등급화된 생산력으로서, 사회적으로 등급화된 언어생산의 단위들에 특징을 부여하고, 전유와 평가의 능력으로서, 그 자체 사회적으로 등급화된 시장들을 규정하는데, 이 언어능력들 간의 관계가 특정한 교환에서 관철되는 가격형성 법칙을 결정하는 데 기여한다는 것은 분명한 사실이다. 그러나 언어적 역학관계는 눈앞에 있는 언어적 힘들에 의해서만 전적으로 결정되는 게 아니다. 각각의 상호작용 속에서 (그리고 이를 통해 담론 속에서) 사회구조 전체는 말해진 언어들을 통하여, 그리고 그 언어를 사용하는 화자들과, 어떤 수준의 언어능력을 소유하느냐에 따라 정의되는 집단들을 통하여 모습을 드러낸다. 바로 이 점을 상호작용론자들은 무시하는데, 이들은 상호작용을 폐쇄된 세계로 취급하면서, 예를 들어 안주인과 하녀가 이야기를 나눌 때, 또는 식민지 상황에서 프랑스어 사용자와 아랍어 사용자가 의사소통을 시도할 때, 또는 과거에 식민지였던 국가에서 각각 프랑스어와 아랍어를 사용하는 두 국민이 만났을 때, 두 사람 사이에서 벌어지는 일의 특수한 양상이 이 언어들 또는 그 용법들 간의 객관적 관계, 즉 이 언어들을 사용하는 집단들 간의 관계에 따라 결정된다는 사실을 망각한다. '있는 그대로의 사물'로 되돌아가는 것에 대한, 또는 '현실'을 꽉 붙잡는 것에 대한 관심, 흔히 '미시사회학적' 기획에 영감을 불어넣는 이 같은 관심은 우리를 순전히 그리고 단순히 어떤 '현실적인 것'으로부터 멀어지게 할 수도 있다. 현실적인 것은 상호작용에 형식을 부여하면서도 상호작용을 초월하는 구조 내에 놓여 있기 때문에 즉각적인 직관만으로는 파악될 수 없다. 이 점을 보여주는 더할 나위 없이 좋은 예를 우리는 **겸양전략**(*stratégies de condescendance*)에서 찾을 수 있다. 베아른(Béarn, 프랑스 남부의 지방)에서 발행되는 어느 프랑스어 신문은 이 지방 출신 시인의 추모식에서 베아른 방언으로 청중에게 연설한 포(Pau)[1] 시장에 대해 다음과 같이 썼다. "그의 배려는 청중을 깊이 감동시켰다."[2] 베아른어가 모어인

---

1) [역주] 베아른의 현청이 있는 도시. 베아른은 부르디외의 고향이기도 하다.
2) 포 시장이 참석한 행사는 베아른어로 시를 쓴 시인 시맹 팔레이(Simin Palay)의 탄생 100주년 공식 기념식이다. 팔레이의 시는 베아른어로 쓰였다는 사실을 제외하면 형식에서나 주제에서나 프랑스 문학의 지배하에 있다. 이 기념식은 완전히 기괴한 언어상황을 만들어내었다. 베아른어에 매혹된 토박이말 수호자들뿐 아니라 행정권력 자체가, 모든 공적인 상황에서 프랑스어를 써야 하고, 특히 공무원들은 반드시 그래야 한다는 불문율을 위반했기 때문이다. 여기에서 그 기자의 언급(그는

청중이 베아른 시장이 베아른어로 말했다는 점을 '감동적 배려'로 받아들이는 것은 프랑스어를 공식적 상황에서 공적인 담화에 사용될 수 있는 유일한 언어로 강요하는 불문율을 그들이 암묵적으로 인정하고 있었기 때문에 가능하였다. 겸양전략은 두 언어(그중 하나가 반드시 프랑스어일 필요는 없다)가 사실상 갈등하고 있을 때, 이 관계를, 즉 그들 간 위계 및 그 사용자들 간의 위계를 상징적으로 부인함으로써, 두 언어 간의 객관적 권력관계에서 이익을 얻는 것이다. 이러한 전략은 참여자들 간의 객관적 격차(즉, 그들이 지닌 사회적 속성의 격차)를 모든 사람들(특히 행위자니 관객으로서 상호작용에 참여하는 사람들)이 충분히 인식하고 인정할 때 가능하다. 그리하여 위계의 상징적 거부는(예를 들면 '격의 없음'을 내세우는 따위의) 손상되지 않은 위계에서 나오는 이익에 위계에 대한 모든 상징적 거부가 가져다주는 이익을 더한다. 위계의 부인은 오히려 위계적 관계의 사용방식을 인정하며 그럼으로써 위계의 강화를 내포하기 때문이다. 실제로, 베아른 시장이 효과적으로 겸양전략을 사용할 수 있었던 것은 그가 대도시 시장이고(그러므로 촌스러운 사람일 리 없다) '우월한' '상위' 언어를 당당히 구사할 수 있음을 보증하는 온갖 직함(그는 교수 출신이다)을 소유하고 있기 때문이었다(어느 누구도, 특히 어떤 지방 신문사 기자도 시장의 베아른어 실력을 칭찬했던 것처럼 그의 프랑스어 실력을 칭찬하지 않을 것이다. 왜냐하면 시장은 정의상 그리고 **직책상**(ex officio) '수준 높은' 프랑스어를 사용하는, 직함

---

아마 다수가 느낀 감정을 충실하게 전달했을 것이다)이 나온다. "피레네-아틀랑틱(Pyrénées-Atlantiques)의 군수인 몽프레(Monfraix) 씨는 자기 차례가 되자 유창한 베아른 사투리로 청중에게 말을 건넸다 (…) 포(Pau) 시장(市長) 라바레르(Labarrère) 씨는 학교 교장인 라마주-베브데르(Lamazou-Betbeder) 여사에게 수준 높은 베아른어로 대답했다. 이러한 배려에 깊이 감동한 청중은 긴 박수로 화답하였다"(*La Répulic des Pyrénées*, 1974. 9. 9).

과 자격을 갖춘 화자이기 때문이다). 올바른 화자의 입에서 나온 올바른 말로서 '뛰어난 베아른어'로 칭송받았던 말은, 농부의 입에서 나왔다면 가치를 완전히 상실할 것이다. 아니, 이는 공식적인 상황에서 사회학적으로 불가능한 일이다. 이는 마치 어떤 사람이, 다수의 지지가 있다고 해도 자신은 시장이 될 생각이 없음을 밝히기 위해 "저는 말을 잘 못합니다"(여기서 말은 물론 프랑스어이다)라고 프랑스어로 말하는 것과 비슷한데, 여기에는 언어능력에 대한 매우 사회학적 정의가 내포되어 있다. 덧붙여 말하자면, 언어영역에서든 문화영역에서든, 객관적 위계를 전복하는 전략이 동시에 겸양전략이 될 가능성이 얼마든지 있다. 이러한 겸양전략은 객관적 위계구조 내에서 자신의 위치를 자신할 수 있는 사람들, 즉 그 구조에 무지하거나 그 구조의 요구를 충족시킬 능력이 없는 것처럼 보이지 않고서도 그 구조를 부인할 수 있는 사람들을 위해 남겨져 있다. 만일 베아른어(아니면 크레올어)가 공식적 상황에서 쓰인다면, 이는 '달리 할 줄 아는 말이 없어서' 낙인찍힌 언어를 사용한다는 의심을 받지 않을 만큼 언어적 올바름에 대한 자격이 (적어도 커뮤니케이션 참여자들이 보기에는) 충분한 지배언어 사용자의 입을 빌려 표현될 때일 것이다.

언어시장에서 나타나는 역학관계가 어떻게 달라지느냐에 따라 동일한 담론이 상이한 시장에서 받을 수 있는 가격도 달라지는데, 이러한 역학관계는, 자신의 말이건 다른 사람의 말이건, 주어진 언어생산물에 그들 자신에게 가장 유리한 평가기준을 적용할 수 없는 행위자들이 있다는 사실 속에서 드러나고 현실화된다. 올바른 말의 사용이 더 강력하게 요구될 때, 즉 상황이 더 공식적일 때, 그래서 공식적으로 발언권을 갖는 사람들에게 더 유리할 때, 그리고 소비자들이, 그들 자신이 그 언어에 대해 얼마나 지식을 갖고 있느냐와는 별개로, 올바른 말과 언어능력을 더욱 전폭적으로 인정할 때, 이 정당성 부여 효과는 더욱 커진다. 그리고 그럴 때일수록 시장의 법칙은 가장 뛰어난 언어 능력의 보유자들이 제공한 생산물에 더욱 유리하게 작용한다.

달리 말해서, 시장이 공식적일수록, 즉 올바른 말의 규범에 실제로 부합할수록, 지배자들, 즉 권위를 갖고 말하도록 허가받은 올바른 언어능력 보유자들의 지배력이 커진다. 언어능력은 단순한 기술적 능력이 아니라, 기술적 능력을 수반하곤 하는, 지위에 걸맞은(statutaire) 능력이다. 기술적 능력을 지위에 걸맞은 능력의 기초로 간주하는 일반적 믿음과 반대로, 언어능력의 습득을 좌우하는 것은 지위부여의 효과 — '고귀함에는 의무가 따른다'(noblesse oblige) — 이기 때문이다. 올바른 언어능력은 공식적인(formal) 상황에 맞는 언어 — 즉, 공식적인 언어, 권위를 갖는 것이 허락된 언어, 신임받고 있으며 신임할 가치가 있는 말, 한마디로, 효력의 수반이 (높은 성공가능성과 더불어) 천명되는 수행적 발화(performative) — 를 사용할 권한을 부여받은 사람, 또는 '권위자'가 가지고 있다고 지위상 인정되는 언어능력이다. 이와 같이 정의된 언어능력은 수행적 발화의 생산성에 대한 인정을 함축한다. 그러므로 이제 우리는 어떻게 몇몇 사회심리학적 실험들이 담론의 효력과 설득력은 그것을 발화하는 사람의 발음에 (그리고 부수적으로 그가 사용하는 어휘에) 달려 있다고 — 즉, 화자의 권위와 그의 지위에 걸맞은 능력을 드러내는 이 특히 확실한 지표에 달려 있다고 — 주장할 수 있었는지 이해하게 된다. 상징적 세력관계의 실천적 평가는 해당 시장에서의 지배적 평가기준을 규정하는데, 이때 담론의 고유하게 언어적인 속성들은 그것이 발화자의 사회적 권위와 능력을 드러내는 한에서만 고려된다. 이는 다른 비언어적 속성의 경우에서도 마찬가지이다. 가장 강력한 사회적 지표 중 하나인 발성기관의 지속적인 성향(disposition)으로서 발성의 위치(비음화 또는 인두음화)나, 박사학위나 귀족의 작위 혹은 의복, 특히 제복과 정장 같은 좀더 노골적으로 사회적인 특징들, 그리고 성직자의 설교단, 교수의 강단, 연설자의 연단과 마이크 같은 제도적 상징들이 여기에 해당하는데, 이 모든 것은 올바른 화자를 눈에 띄는 자리에 앉히고, 공간적 구조를 통해서 상호작용을 구조화하며, 궁극적으로는 〔언어적〕 교환을 행하는 집단의 구성자체를 구조화한다.

그러므로 상황이 공식적일수록, 또한 언어적 생산물의 수용자들이 공식적인 상황의 제약 바깥에서도 지배적 표현양식의 올바름을 인식하고 인정하는 성향을 띨수록, 지배적인 언어능력은 특수한 시장에서 자신의 생산물에 가장 유리한 가격형성 법칙을 부과할 수 있고 그에 상응하는 상징이윤을 획득할 수 있는 언어자본으로서 기능할 기회를 더 많이 갖는다. 왜냐하면 상황이 공식적일수록 상황 자체의 힘만으로도 지배적인 표현양식의 올바름에 대한 승인을 강제할 수 있기 때문이다. 이는 지배적 표현양식을 특징짓는 임의의 차이들 — 적어도 발음의 문제에서는 임의적이라고 할 수 있다 — 을 (공식만찬에서의 정장 착용처럼) '엄격히 요청되는'(de rigueur) 명령적인 규칙으로 전환시킴으로써 이뤄진다. 다시 말해서 하나의 시장에서 이 다양한 조건들이 갖추어질수록, 그리고 그 수준이 높을수록, 그 안에서 현실적으로 갈등하는 언어생산물들에 부여된 실제적 가치와 가설적인 단일시장에서 — 언어스타일의 완전한 체계 내에서 그 생산물들이 차지하는 위치를 고려하여 — 그것들에 부여될 이론적 가치 사이의 간격은 더욱 좁아진다. 반대로 하나의 교환상황 내에서 공식성의 정도가 약화될수록, 그리고 교환이 강력한 권한을 부여받은 화자들에 의해 지배되는 정도가 감소할수록, 가격형성 법칙은 피지배 언어 하비투스의 산물들에 덜 불리하게 작용하는 경향이 있다.

물론 시장의 구성요소인 상징권력 관계에 대한 정의는 **협상**의 대상이 될 수 있으며, 담론의 사용조건에 관여하는 메타담론에 의해 어느 정도까지 조작될 수 있다. 예를 들어 너무 허물없거나 충격적인 말을 꺼낼 때, 또는 그런 말을 한 것에 대해 양해를 구할 때 쓰이는 표현들('허락해 주신다면', '이런 표현을 써도 좋다면', '실례입니다만', '당돌한 말인 줄 알지만', '외람된 말씀이오나' 등)이나, 어떤 특수한 시장에서 통용되는 솔직함을, 그것을 언급함으로써 더욱 강화하는 표현들('우리끼리 얘기지만', '가족이니까 하는 말인데' 등)은 이를 보여준다. 하지만 겸양 전략에서 드러난 바처럼 한 사람이 소유하는 언어자본이 많을수록 조작능력 또한 증대한다는 것은 말할 나위도 없다.

한편, 친구들과의 만남의 자리 같은 사적 삶의 공간에서는 피지배자들 각자가 좀더 공식적인 시장에서 적용되는 가격형성 법칙에서 벗어난 시장을 발견하는 것이 가능하다. 이것을 막을 수 있을 정도로 완벽하게 단일화된 시장은 존재하지 않는다.[3] 동질적인 파트너 간에 행해지는 이러한 사적 교환에서 '올바르지 않은'(illégitime) 언어적 산물들을 평가하는 잣대는 그 생산의 원리에 맞추어 조정되었기에, 차별화와 가치의 논리, 불가피하게 비교에 기반을 두는 논리로부터 이들을 해방시킨다. 그럼에도 불구하고, 위반되었다기보다[4] 잠정적으로 적용이 보류되었던 공식적인 법칙은, 여전히 유효한 것으로 남아 있으면서, 피지배자들이 거침없이 말할 수 있는 통제되지 않은 영역(그들은 이 영역에 일생 동안 머물 수도 있다)을 일단 벗어나면 다시 그들에게 말을 건다. 이는 그들이 공식적인 상황에 처하자마자 공식적인 법칙이 그들을 대표하여 나선 사람의 언어 생산을 지배한다는 사실에서

---

3) 사적인 대화에서만 사투리를 쓰는 것이 좋은 예이다. 사투리는 주로 집안에서 쓰이거나 아무튼 사회적으로 동질적인 화자들 사이에서(농부들 사이에서) 사용된다.

4) 언어에서 진정한 반-규범의 선언은 은어(argot)이다. 하지만 여기서 말하는 은어는 '우두머리'의 언어이다.

잘 드러난다. 따라서 친구들끼리 있으니까, 또는 '자기를 감시할' 필요가 없어서, 스스로에게 허여하는 — 허여(licence)는 전형적인 사전적 어휘이다 — 자유의 외딴 섬에서 사용되는 언어를 '진정한' 민중언어로 간주하는 것은 잘못이다. 민중적 언어능력은 공식시장에 직면할 때 궤멸하다시피 한다. 면접조사상황은 (물론 명시적 통제가 있다는 점이 다르지만) 이 점을 잘 보여준다. 피지배자들은, 베버가 묘사한 도둑처럼, 비록 그들이 일생을 공식적인 법의 관할권 밖에서 지낸다 하더라도, 언제나 법의 잠재적인 재판대상(virtuellement justiciables)이다. 언어학적 조사가 흔히 기록하는 바와 같이, 공식적인 상황에 처하면 그들은 침묵하거나 횡설수설한다. 바로 여기에 언어적 정당성(légitimité linguistique)의 요체가 있는 것이다.

이는 동일한 언어적 하비투스라도 시장에 따라 그 생산물이 달라지며, 어떠한 언어학적 관찰도 언어 조사연구에 의해 구성된 특수한 시장과 언어능력 간 관계의 산물인 담론을 기록할 수밖에 없다는 것을 의미한다. 이러한 시장은 긴장의 강도가 강한데, 그 이유는 이를 지배하는 가격형성 법칙이 학교라는 시장의 가격형성 법칙과 유사하기 때문이다. 이들 기록에서 나타나는 변화를 설명하기 위한 변수를 확정하려는 시도들은 모두 조사상황 자체의 효과를 간과하는 위험을 무릅쓰게 된다. 조사상황 자체의 효과는 상이한 변수들의 중요도에서의 차이를 설명하는 숨은 변수이다. 언어학의 추상성과 결별하고자 하면서 (이러저러한 음운론적, 어휘론적, 구문론적 지표를 통해 측정된) 언어능력의 사회적 결정요인을 통계학적으로 확립하려 했던 사람들은 그들의 목표를 반밖에 이루지 못한 것이다. 그들은 조사 자체가 만든 특정한 시장상황에서 측정된 다양한 변수들이 다른 상황에서는 상이한 상대적 중요성을 띨 수 있다는 점, 따라서 중요한 것은 언어능력을 결정하는 다양한 변수들의 설명적 중요도가 시장상황에 따라 어떻게 변화하는지를 설명하는 일이라는 점(이는 진정한 실험프로그램의 가동을 필요로 한다)을 무시하고 있다.

## 상징자본: 인정된 권력

수행적 발화(énoncés performatifs)의 문제는 우리가 이를 모든 언어교환에서 나타나는 상징적 지배의 특수한 효과로 간주할 경우 명료해진다. 언어적 권력관계는 특정한 언어교환에 참여하는 사람들의 언어능력의 차이에 의해서만 정의되는 게 아니다. 게다가 행위자들은 그들이 지닌 상징자본에 따라, 즉 제도적이든 아니든, 그들이 집단으로부터 받고 있는 인정(reconnaissance)에 따라 상이한 영향력을 행사한다. 상징의 부과는, 명령이나 슬로건뿐 아니라 의례적 담론이나 단순한 지령, 또는 협박이나 모욕의 말이 발휘하기를 바라는 주술적 효력은, 담론의 고유하게 언어학적인 논리 바깥에 있는 사회적 조건들이 갖추어질 때만 제대로 작동한다. 철학자의 무게 잡는 말이 그가 원하는 무게를 실제로 가지려면, 그가 스스로에게 부여하는 중요성을 남들도 그에게 부여하도록 할 능력을 이 철학자에게 부여해 주는 사회적 조건들이 갖추어져야 한다. 마찬가지로, 미사 같은 의례적 교환이 가능하려면, 무엇보다 적절한 행위자들, 즉 서로 합의를 이룬 발화자들과 수신자들을 만들어내는 것을 보장하는 사회적 조건들이 갖추어져야 한다. 실로, 종교 언어의 상징적 효력은, 그 권위의 기초에 있는 인정관계의 재생산을 보장하는 일련의 메커니즘이 더 이상 작동하지 않게 될 때 위기에 처한다. 이 말은 상징을 부과하는 관계들 전체에 해당되며, 올바른 언어의 사용을 둘러싼 관계도 예외가 아니다. 올바른 언어는 듣고 믿고 따르라는 요구를 그 자체에 함축하고 있으며, 위에서 분석한, 지배언어와 그 올바름에 대한 승인을 재생산하는 메커니즘의 효력에 의지할 수 있는 한에서만, 자신의 특수한 효력을 발휘한다. 한마디 덧붙이자면, 올바른 언어의 사용에 의해 생겨나는, 차별화에 의한 이윤의 근원은 사회세계와 이를 구조화하는 지배관계의 총체 속에 있다. 이 이윤을 구성하는 핵심적 요소 중 하나가 바로 이 이윤이 그 사람의 자질에 기초하는 것처럼 보게 만든다는 사실이라고 하더라도 말이다.

언어학의 한계 안에서는 수행적 발화에 대한 오스틴과 같은 탐구가 완결될 수 없다. 이 임명행위/제도의 행위(actes d'institution)의 주술적 효력은 (때, 장소, 행위자 등과 관련된) 조건들을 정의하는 제도의 존재와 분리할 수 없다. 언어에 깃든 주술이 그 힘을 발휘하려면 이 조건들이 충족되어야 한다. 오스틴이 분석한 예에서 보듯이, 이 적정조건(conditions de félicité / felicity condition)은 사회적 조건들이며, 명령을 내리려면 그 명령을 듣는 사람에게서 권위를 인정받아야 하는 것과 마찬가지로, 세례나 배의 명명식을 무사히 진행하려는 사람은 그런 행위를 할 자격을 부여받은(habilité) 사람이어야 한다. 사실 언어학자들은 수행적 발화에 대한 오스틴의 정의가 유동적이라는 것을 구실로, 오스틴이 그들에게 제기한 질문을 삭제하려고 애쓰면서, 시장의 효과를 무시하는 편협한 언어학적 정의로 돌아가려 한다. 이들은 그 자체로서 행위의 완성을 의미하기 때문에 자기 검증적이기 마련인 명시적인 수행발화와 더 넓은 의미의 수행발화, 즉 단순히 무언가를 말하는 행위 이상의 어떤 행위를 완수하는 데 기여하는 발화를 구별함으로써, 또는 더 간단하게 말해서, 개회를 선언하는 것 같은 순전히 언어적인 행위와 개회를 선언함으로써 개회를 하는 것과 같은 언어 외적인 행위를 구별함으로써, 수행적 발화가 기능하기 위한 사회적 조건에 대한 분석을 회피하려고 한다. 오스틴이 말하는 적정조건은 언어 외적 행위에만 해당된다. 즉, 자격이 필요한 것은 단지 실제로 개회를 하기 위해서이며, 누구든 개회를 선언할 수는 있다. 그의 선언이 효과가 있든 없든 말이다. 5)

나의 행함이 말함으로 이루어져 있을 때 나는 필연적으로 내가 말하는 것을 행한다는 사실을 발견하는 데 그렇게까지 많은 재간이 필요할까? 하지만 언어적인 것과 언어 외적인 것의 구별 — 화용론의 자율성, 특히 사회학에 대한 자율성은 이 구별을 기초로 한다고 여겨진다 — 을 그 마지막 논리적 귀결에 이르기까지 밀어붙이면서, 화용론은 오스틴이 묘사하는 것 같은 발화내적 행위(illocutionary act)가 사회질서 전체가 뒷받침하지 않는다면 재가될 수 없는 제도적 행위임을 귀류법적으로 보여준다.

"개회를 선언하려면 그럴 '자격'이 있어야 하지만, 명령하기 위해서 반드시 상급자의 위치에 있을 필요는 없다. 사병이 장교에게 명령할 수도 있다. 물론 효과는 없겠지만 말이다. "6) 또는 "회기의 시작을 정당하게 공포하려면 먼저 제도로부터 그럴 권한을 부여받아야 하는데, 아무나 그것을 받을 수 있는 것은 아니다. 그러나 모든 사람은 명령과 같은 발화행위를 수행하는 데 필요한 권위를 가지고 있고, 따라서 모든 사람은 그러한 행위를 수행할 수 있다고 주장할 수 있다. "7) 명시적 수행발화인 이 '순수한' 수행발화의 구성은 그 성공의 사회적 조건에 대한 참조를 함축하는, 평범한 수행발화의 전제조건을 모순을 통해(a contrario) 드러낸다는 장점이 있다. 엄격하게 언어학적인 관점에서 보

---

5) Cf. B. de Cornulier, "La notion d'auto-interprétation", *Études de linguistique appliquée*, 19, 1975, pp. 52~82.

6) F. Recanati, *Les énoncés performatifs* (Paris, Éd. De Minuit, 1982), p. 192.

7) F. Recanati, *op. cit.*, p. 195.

자면, 누구나 무슨 말이든 할 수 있고, 병사가 지휘관에게 '화장실을 청소하라'고 시킬 수도 있다. 하지만 사회학적 관점에서는 — 적정조건에 대해 숙고하면서 오스틴은 사실상 이러한 관점을 택하는데 — 아무나가 아무거나를 주장할 수 없음이 분명하며, 그렇게 하는 아무나는 모욕당할 위험을 감수해야 한다. "누구든 광장에서 '나는 총동원령을 포고한다'고 소리칠 수 있지만, 필요한 권위가 결여되어 있기 때문에 그것은 행위(acte)가 될 수 없으며, 단지 말(parole)일 뿐이다. 그것은 공허한 외침, 철없는 짓, 또는 미친 짓으로 비하된다."8) 발화행위를 그 실행조건으로부터 분리시키는 논리연습은 이러한 추상화가 만들어내는 부조리를 통해서, 제도적 행위로서의 수행발화는 자신의 존재이유를 부여하는 제도로부터 사회학적으로 독립하여 존재할 수 없음을 보여준다. 그럼에도 불구하고 그런 일이 일어난다면, 그것은 사회적으로 의미를 상실할 것이다.9) 미치지 않고서야 아무도 적정조건이 충족되지 않은 명령을 생각해내거나 내리지 않을 것이다. 명령이나 슬로건은 사물의 질서가 그것을 지지할 때만 의미를 가질 수 있으며, 그것의 수행은 사회질서를 규정하는 모든 명령관계에 의존할 수밖에 없기 때문이다. 예측된 적정조건은 발화를 합리적이고도 현실적인 것으로 인식하고 경험하는 것을 가능하게 함으로써 발화를 규정하는 데 기여한다. 비현실적인 병사(또는 '순수한' 언어학자)만이 지휘관

---

8) É. Benveniste, *Problèmes de linguistique générale* (Paris, Gallimard, 1966), p. 273.

9) 알랭 베랑도네르는 아마 언어학자들을 통틀어 수행적 발화와 사회적인 것의 관계, 또는 그가 '제도'라고 부른 것, 즉 "위반하면 제재를 가한다는 조건으로 개인들을 상호적으로 어떤 실천에 예속시키는 규범적 권력의 존재"와의 관계를 가장 잘 아는 사람일 것이다. "그러므로 행하기를 말하기로 대체하는 것은 대용-발화가 효과를 가질 것이란 보장이 있을 때에만 실행가능하다." Alain Berrendonner, *Éléments de pragmatique linguistique* (Paris, Éd. De Minuit, 1981), p. 95.

에게 명령을 내리는 것이 가능하다고 생각할 수 있다. 수행적 발화에는 "이러저러한 권력을 소유하고 있다는 공공연한 주장", 10) 어느 정도 인정되고 있으며, 따라서 어느 정도 사회적으로 승인된 주장이 담겨 있다. 이렇듯 말을 통해서, 즉 주술적으로 사회세계에 영향을 미치려는 열망은 그것이 얼마나 객관적인 사회세계에 기초를 두고 있느냐에 따라서 합리적일 수도, 허황될 수도 있다. 11) 그리하여 우리는 매우 불평등하게 사회적 지지를 받고 있는 주술적 명명의 두 가지 행위를 대비시킬 수 있다. 허가되어 있지 않기 때문에, 발화자에게 되돌아올 수 있는 욕설('넌 교수 나부랭이에 불과해')과 집단의 권위에 힘입고 있으며, 올바른, 즉 보편적으로 인정되는 정체성을 제도적으로 부여하는 공식적인 지명('당신을 교수로 임명합니다')이 그것이다.

수행적 발화의 지평선에 있는 것은 법적 행위이다. 법이 정하는 누군가가, 12) 다시 말해 집단 전체의 이름으로 행하는 누군가가 입 밖에 낼 경우 말하기를 행하기로 대체할 수 있는 언설, 이른바 효력이 뒤따르는 언설이다. 판사는 "당신에게 유죄를 선고합니다"라는 말 한마디만 하면 된다. 그러한 선고가 집행되리라는 것을 보장하는 일군의 행위자와 제도들이 존재하기 때문이다. 담론의 '발화내적 힘'(*illocutionary force*)의 근저에 있는 순수하게 언어학적인 원리에 대한 탐구는 이리하여, 한

---

10) O. Ducrot, "Illocutoire et performatif", *Linguistique et sémiologie*, 1977, pp. 17~54.

11) 모욕, 축복, 저주, 모든 주술적 명명행위는 그 고유한 검증의 생산을 요구하는, 본래 의미에서의 예언이다. 새로운 현실의 도래를 가능하게 하는 제도의/임명의 주술적 행위를 수행한다는, 어느 정도 사회적 기초를 가진 주장을 언제나 내포하면서, 수행적 발화는 단어들의 현재 속에 미래의 효과를 실현한다.

12) "권위를 가진 행위들은 언제나, 그리고 무엇보다, 발화할 권리를 가진 자들이 수행하는 발화이다"(É. Benveniste, *ibid.*).

사람의 행위자가 그러한 힘을 부여 받고 그에 따라 자신의 말에 그러한 힘을 부여하는 데 필요한 조건들에 대한, 본질적으로 사회학적인 탐구에 자리를 내준다. 수행적 발화의 주술을 지탱하는 진짜 원리는 대리의 신비 (*mystère du ministère*) 속에 있다. 대리의 신비란 어떤 행위자에게 왕이나 사제, 대변인 등의 직책을 주어 집단의 이름으로 말하고 행동하도록 위임하면, 집단이 그때부터 그에 의해, 그의 안에서 구성되는 역설을 말한다.13) 더 정확히 말하면, 주술의 원리는 대리인 임명의 사회적 조건 안에 있다. 올바른 직무수탁자는 대리에 의해 집단과 자기 자신의 매개자로 임명되며, 말로써 사회세계에 영향을 미치는 것이 가능한 존재로 구성된다. 여기서 무엇보다 중요한 것은 그에게 표시들 (*signes*) 과 상징들 (*insignes*) 을 갖추어 주는 일인데, 이는 그가 자기 개인의 이름으로 개인적 권위에 따라 행동하는 게 아님을 상기시키는 데 목적이 있다.

권력에 대한 상징이 없는 상징권력은 없다. 스켑트론 (*skeptron*)14) 의 자리에 올 수 있는 것들의 예, 그리고 제복의 불법착용에 대한 제재 등에서 볼 수 있듯이, 상징적 표장(標章) 들은.위임계약의 공식화이자 공적인 현시이다. 법복이나 가운은 판사나 의사가 자신이 판사 또는 의사임을 선언할 근거를 (집합적인 인정 속에서) 가지고 있다고 인정되고 있음을, 즉 그들의 꾸밈 (*imposture*)15) ─ 겉모습을 통한 주장이라는 의미에서 ─ 은

---

13) "두 단어 ─ *ministerium*과 *mysterium* ─ 는 초기 기독교 때부터 거의 상호교환이 가능하였으며, 중세에는 계속해서 혼용되었다"(cf. E. H. Kantorowicz, "Mysteries of States, An Absolutist Concept and its Late Mediaeval Origins", *The Harvard Theological Review*, XLVIII, n° 1, 1955, pp. 65~91).

14) [역주] 고대 그리스에서 회의를 할 때 말을 하는 사람이 발언권을 갖고 있다는 표시로 손에 쥐었던 홀.

정당하다는 것을 선언한다. 고유하게 언어적인 능력은 — 옛날 의사들의 라틴어나 대변인의 달변이 좋은 예인데 — 또한 말에 대한, 그리고 말에 의한 권력에 대한, 법적 의미에서의 권한(compétence)을 표현한다. 허용된 언어의 어떤 측면 전체, 그 수사학의, 그 구문의, 그 어휘의, 심지어 그 발음의 어떤 측면 전체는 저자의 권위나 그가 요구하는 신뢰에 주의를 환기시키는 것 외에는 다른 존재이유를 갖지 않는다. 스타일은 이런 의미에서, 파스칼의 용어를 빌리면, 장치(appareil)의 한 요소이다. 스타일을 통해 언어는 그 고유한 중요성의 표상을 생산하고 부과하며, 이리하여 고유한 신용을 확립한다. 16) 권위 있는 담론의 상징적 효력은 언제나 어느 정도는 부분적으로 그것을 발화하는 사람의 언어능력에 의존한다. 화자의 권위가 덜 분명하게 제도화되어 있을수록 그렇다. 이런 이유로 상징권력의 행사는 형식에 대한 작업을 수반한다. 형식은, 고대사회 시인들의 예에서 보듯이, 웅변가의 능란함을 입증하고 그에게 집단의 인정을 가져다주는 데 쓰였다(이러한 논리는 욕설의 민중적 수사학에서 발견되는데, 후자는 표현주의적인 한술 더 뜨기와 의례적 문구들의 규칙적 변형 속에서 '웃는 사람들을 자기편으로 만들어 주는' 표현적 완성을 꾀한다).

이와 같이, 사실명제(constatifs)의 경우, 시장에 대한 관계 속에서 용인조건이 규정되고 이를 통해 담론의 형태 자체가 규정되는 것처럼, 수행적 발화의 경우, 적정조건이 결정되는 것은 어떤 시장에 의해

---

15) [역주] imposture에는 사기(詐欺)라는 의미도 있다.

16) Compétence의 두 가지 의미는 서로 통한다. 페르시 에른스트 슈람(Percy Ernst Schramm)에 따르면 중세에 왕관은 물건 자체와 왕실의 존엄성을 구성하는 권리들 전체를 동시에 지시하였다('왕관의 재산'이라는 표현에서 보듯이). 마찬가지로 언어적 유능함은 권위의 상징물로서, 발언권을 비롯한 제반 권리같이, 사회적으로 인정된 자격과 그에 상응하는 기술적 유능함을 동시에 나타낸다.

제공된 가능성들과의 관계 속에서이다. 그러므로 우리는, 순수하게 언어적인 질서를 자율적인 것으로 취급하는 방식들 전체에 대항하여, 모든 말하기는 시장을 위해, 그리고 시장을 통해 생산되며, 말하기는 자신의 존재와 그 가장 특징적인 속성들을 시장에 빚지고 있다고 주장해야 한다.

## 이윤의 예측

담론은 문법에 어긋나지 않을 뿐 아니라 사회적으로 받아들여지는 한에서만, 다시 말해서 경청되고, 신뢰받고, 그리하여 주어진 형태의 생산과 유통의 관계들 속에서 효력을 가질 때만 존재할 수 있으며, 무엇보다 자신의 형태대로 존재할 수 있다. 그러므로 담론의 과학은 해당시장에 특징적인 가격형성 법칙을, 달리 말해서 수용가능성의 사회적 조건을 규정하는 법칙들(여기에는 문법과 관련된 언어학만의 법칙들도 포함된다)을 고려해야 한다. 실로 기대되는 수용조건들은 생산조건의 일부를 이루며, 시장의 제재에 대한 예측은 담론 생산을 부분적으로 결정한다. 의식적인 계산과는 전혀 다른 이러한 예측은 언어적 하비투스의 영역에 속하는데, 언어적 하비투스는 특정한 시장의 법칙과 오랫동안 중요한 관계를 맺은 결과로서 생겨나며, 수용가능성에 대한 감각, 그리고 자신의 언어생산물 및 다른 시장에서 타인들의 언어생산물의 잠재적 가치에 대한 감각으로 기능하는 경향이 있다.[17] 생산과정에서 담론의 잠재적 가치를 고려하도록 부추기면서 교정과 온갖

---

17) 이는 언어학자들이 때로 '문법성'이란 개념의 추상성을 피하기 위해, 실제로는 아무것도 바꾸지 않으면서 도입하는 '수용가능성'의 개념에 진정한 의미를 부여한다.

형태의 자기검열을 규정하는 것은, 상징적 이윤의 극대화를 지향하는 합리적 계산의 어떤 형태가 아니라, 이런 의미에서의 수용가능성이다. 사람들은 이처럼 스스로를 받아들여질 수 있게 바꾸는 일을 받아들임으로써 사회세계에 양보한다.

언어적 기호들은 (그 기호들이 놓인 시장의 법칙에 따라 오르내리는) 신용을 보증하는 데 적임인 권력에 의해 가격이 정해지는 재화이기도 하므로, 언어적 생산은 불가피하게 시장의 제재에 대한 예측에 영향을 받는다. 모든 구두표현은, 두 친구 사이에 오고간 말이든, 학술적인 논평이든, 공식 대변인의 장중한 언설이든, 그 수용조건의 영향을 받으며, 그 속성의 일부를 (심지어 문법의 수준에서도) 다음의 사실에 빚지고 있다. 표현주체들이 해당시장의 법칙에 대한 실용적 예측에 기초하여, 보통 무의식적으로, 분명한 의도 없이, 언어적 실천들로부터 그들이 얻어낼 수 있는 상징적 이윤을 극대화하려고 노력한다는 사실이 그것이다. 이러한 언어적 실천은 의사소통을 지향하면서도 그것과 분리할 수 없는 방식으로 평가에 노출되어 있다.[18] 달리 말해서, 언어적 생산물의 가격을 고정시키는 것이 시장이라면, 이 가격에 대한 경험적 기대는, 언어적 생산물들의 성격과 그것의 객관적 가치 안에서, 그러한 결정에 기여한다. 그리고 시장과의 경험적 관계(편안함, 위축, 긴장, 불안, 침묵 등)는 — 시장의 제재가 성립하는 것은 이런 관

---

18) 유식한 담론(*discours savant*, 예컨대 문학 텍스트)의 완벽한 이해는 우선 생산자들의 (그저 언어적이지 않은) 사회적 능력의 사회적 생산조건에 대한 지식을 전제로 한다. 각각의 언어적 생산에는 (사회구조 안에서, 그리고 특수한 생산의 장의 구조 안에서 그들의 위치를 규정하는) 생산자들의 속성 전체가 관여하기 때문이다. 유식한 담론의 완벽한 이해는 다음으로 이 능력의 작동조건에 대한 지식, 즉 고려되는 시장의 특수한 법칙들에 대한 지식을 가정한다. 이 시장은 경우에 따라 생산의 장 자체와 일치할 수 있다(유식한 생산의 근본적인 특징은 그것이 다른 생산자들 전체, 즉 경쟁자들 전체를 고객으로 삼는다는 데 있다).

계에 힘입어서인데 — 이리하여 이러한 관계를 부분적으로 생산하는 시장의 제재를 명시적으로 정당화한다.

상징생산의 경우, 이윤기회의 예측을 매개로 시장이 행사하는 제약은 자연스럽게, 예측된 검열의, 또는 자기검열의 형태를 띤다. 이러한 자기검열은 말하는 방식, 즉 언어의 선택 — 이중언어 상황에서 코드의 전환(code switching) — 이나 언어의 '수준'에 대한 선택뿐 아니라, 말해질 수 있는 것과 말해질 수 없는 것을 결정한다. 19)

모든 점으로 미루어 볼 때, 각각의 특정한 상황에서 언어적 규범(가격형성의 법칙)을 부과하는 것은 올바른 언어능력에 가장 가까운 언어능력의 소유자, 즉 상호작용 안에서 지배적인 화자라고 해도 무방할 듯하다. 그리고 이는 교환의 공식성 정도가 클수록 (공중 앞에서, 공적 장소에서 등) 뚜렷하다. 다른 조건들이 모두 같다고 할 때, 〔화자들 각자가 소유한〕 자본 간의 격차가 클수록 피지배 화자는 그의 위에서 작동하는 검열의 효과 및 올바른 표현양식(사투리 사용자의 경우 표준어)을 택하거나 그러려고 노력해야 할 필요성을 더 강하게 느낀다고 추측해도 좋을 것이다. 반면에 동등한 상징적, 언어적 자본의 소유자들 사이에서는, 예를 들어 농부들끼리 있을 때는 이러한 제약이 사라진다. 이중언어 상황은 고유하게 언어적인 자본의 분배 및 여타 자본의 분배구조 속에서 대화자들 간의 관계에 따라(그리고 그들의 표현수단에 따라) 사용되는 언어가 어떻게 달라지는지를 준실험적 방식으로 관찰하는 것을 가능하게 해준다.

1963년 베아른의 작은 읍에서 다음과 같은 일련의 상호작용을 관찰할 수 있었다. 한 사람(산골에 사는 중년 여성)이 처음에는 이웃의 그보다 큰

---

19) 재현과 형태화의 작업이 표현적 의도의 존재에 접근하기 위한 필수불가결한(sine qua non) 조건이기 때문에, 다양한 형태 속에서 변함없는 모습을 간직하고 있을 내용을 날것 그대로 포착하려는 것은 무의미하다.

읍 출신의 상점주인인 젊은 여성(그녀보다는 '도회적'이기 때문에 베아른어를 모르거나 모르는 체할 수 있는)에게 사투리 섞인 프랑스어로 이야기했다. 다음으로 그녀는 읍내에 살지만 산골 출신이고 자신과 나이가 엇비슷한 여성에게 베아른어로 말했다. 그리고 나서 그녀는 읍내의 하급공무원에게 강하게 '교정된' 프랑스어로 이야기했고, 마지막으로 같은 읍에 살고 산골 출신이면서 자신과 같은 연배인 인부에게 베아른어로 말했다. '교육받은' 도시사람으로서 면접조사자가 강하게 교정된 프랑스어나 침묵만을 기록하게 되리라는 것은 명백하다. 조사자 자신이 베아른어를 사용한다면 긴장이 완화되겠지만, 그가 원하건 원치 않건, 이는 애소의 관계 못지않게 인위적인 상황을 만들어낼 겸양의 전략으로 기능할 것이다.

어떤 시장에 내재하는 법칙과 그 법칙을 드러내는 제재에 대한 실천적 인식과 인정은 담론의 전략적 수정을 결정한다. 그것은 평가절하된 발음을 올바른 발음의 재현자 앞에서 '교정하려는' 노력일 수도 있고 또는 더 일반적으로, 접근가능한 자원들을 집중적으로 동원하여 언어생산물의 가치를 높이려는 온갖 종류의 교정일 수도 있으며, 반대로, 사회심리학자들에 따르면 어른이 아이에게 말을 걸 때 관찰되는, 덜 복잡한 구문이나 더 짧은 문장을 사용하는 경향일 수도 있다. 담론은 언제나 어떤 면에서 완곡어법(euphémismes)이다. '잘 말하려는', '적절하게 말하려는', 특정한 시장의 요구에 조응하는 생산물을 생산하려는 관심에 따른 전략적 수정의 결과라는 의미에서 그러하다. 담론은 또한 타협형성(formations de compromis)이다. 한편에는 표현적 관심(말해야 하는 것)이 있고, 다른 한편에는 특정한 언어적 생산관계 ― 언어적 상호작용의 구조와 관련되든, 아니면 특수한 장의 구조와 관련되든 ― 에 내재하며 사회적 언어능력을 지닌 화자, 즉 (상징적인 힘들의 관계 속에서 그 중요성이 커지거나 작아지는) 상징권력을 지닌 화자에게 부과되는 검열(*censure*)이 있는데, 담론을 결정하는 타협은 이 양자 간의 거래에서 생겨난다.[20]

담론에서 형태의 변이들, 더 정확히 말하면 형태가 통제되고, 감시되고, 처벌받으며, 형식화되는(*formal*) 정도는 이처럼 한편으로는 시장의 객관적 긴장에, 즉 상황이 공식적인 정도에, 그리고 상호작용의 경우, 발화자와 수용자의, 또는 그들이 속한 집단의 (언어자본 및 기타 자본의 분배구조 안에서의) 사회적 거리에 달려 있지만, 다른 한편으로는 이러한 긴장과 그것이 함축하는 검열에 대한 화자의 '민감성'에, 그리고 후자와 밀접하게 연결된 것으로서, 고도로 통제된 표현, 즉 매우 완곡한 표현을 사용하여 높은 수준의 긴장에 대응하는 데 있어서 화자의 소질에 달려 있다. 달리 말하면, 담론의 내용과 형식은 하비투스 (그 자체는 일정한 긴장을 띤 시장의 제재의 산물인데)와 시장의 관계에 달려 있는데, 이 시장을 규정하는 것은 긴장이 얼마나 높은가, 즉 공식적(*formal*) 용법이 가정하는 '교정'과 '형식화'가 결여된 사람들에게 시장이 얼마나 엄격한 제재를 가하는가이다. 그러므로 예컨대 어조의 변화를 이해하려면 시장의 긴장 정도와 관련시키는 것 외에 다른 방법이 없다. 어조변화의 좋은 본보기로서 발리(Bally)는 다음과 같은 일련의 표현들을 제시한 바 있다.[21] '오세요!' '오실 생각 있으신가요?'

---

20) 그러므로 이중의미를 띠는 것은 모두 완곡어법으로 분류할 수 있다. 종교적 담화는 이중의미를 특히 많이 사용하는데, 이는 명명할 수 없는 것을 명명하지 않은 듯이 명명함으로써 검열을 피하기 위해서이다(cf. 이 책 제3부 제1장, "검열과 형식화"). 마찬가지로 다양한 형태의 반어법(*ironie*)도 완곡어법에 포함된다. 반어법은 발화의 양식에 의해 발화된 것을 부인하면서 이중의미 ─ 그리고 양다리 걸치기 ─ 의 효과를 생산하며, 그리하여 장의 제재를 피해간다(반어법의 방어적 의도에 대해서는 A. Berrendonner, *Éléments de pragmatique linguistique*(Paris, Éd. De Minuit, 1981), 특히 pp. 238~239 참조).

21) Ch. Bally, *Le langage et la vie*(Genève, Droz, 1965), p. 21.

'오실 생각 없으신가요?' '오실 거죠, 그렇죠?' '온다고 말씀해 주세요!' '와 주시면 좋으련만', '오셔야 해요', '이리 오세요!' '이리로!' 여기에 다음을 추가할 수 있을 것이다. '오시렵니까?' '오시는 걸로 해 둘게요', '모시는 기쁨을 주십시오', '모시는 영광을 주십시오', '그러지 말고 와 주세요', '오시기를 간청합니다!' '오세요, 부탁입니다', '오셨으면 합니다', '오시리라 믿습니다' 등, 끝이 없다. 이 표현들은 동일한 실천적 결과를 지향하므로 얼핏 보기에 바꾸어 쓸 수 있을 것 같다. 하지만 이론적으로 동등한 이 표현들은 실천적으로는 그렇지 않다. 틀에 박힌 문구이든 아니면 창의적인 표현이든, 가능한 자원을 최대한 동원하면서, 그 각각은, 적절하게 사용되었을 때, 표현의도 — 여기서는 자칫 받아들일 수 없는 압력이나 지나친 침해로 보일 수 있는 집요함 — 와 더하든 덜하든 비대칭적 사회관계에 내재한 검열 사이에서 이뤄지는 타협의 최적형태를 구현한다. 집요함은 '형식을 제대로 갖추는' 한에서 '허용된다'. '모시는 영광을 주십시오'라고 말할 곳에 '오셔야 해요'라고 하면 지나치게 무람없는 것이고, '오실 생각 있으세요?'라고 하면 '세련됨이 부족한' 것이다.

사회적 형식주의에서는, 주술적 형식주의에서 그렇듯이, 각각의 경우에 대해 '잘 듣는' 문구가 하나뿐이다. 그래서 예의를 지키려는 노력은 모두 완벽한 문구에 가능한 한 접근하려 한다. 화자가 시장상황을 완벽하게 이해할 때는 즉시 완벽한 문구가 나온다. 형식과 그것이 전달하는 정보는 사회관계의 구조 전체를 압축하고 상징한다. 형식을 존재하게 하고 그것에 효력(유명한 발화내적 힘)을 부여하는 것은 바로 사회관계의 구조이다. 이른바 요령이나 재간은 다양한 자본들의 위계구조 내에서, 또한 성과 연령의 위계구조 내에서, 발신자와 수신자 간의 상대적 지위를 고려하는 기술, 그리고 이 관계 속에 새겨진 한계선들을 고려하면서, 필요하다면 완곡어법을 써서 이를 의례적으로 침범하는 기술로 이뤄진다. '이리로'나 '오세요', 또는 '이리 오세요'에서는 보이지 않던 명령의 완화가 '모시는 기쁨을 주십시오'에서는 뚜렷하게 나타난다. '무례함'을 중화하기 위해 사용되는 형식은 단순의문형이 될 수도 있고('오실 생각 있으세요?') 거절의 가능성을 인식하는 부정의 문형('오실 생각 없으세요?')이 될 수도 있으며, 거절의 가능성과 수락의 고마움을 모두 명시함으로써 집요함을 숨기는 집요함의 문구가 될 수도 있는데, 이는 친구 사이일 때 알맞은 친숙한 말투('부탁이니 오게나')나 '어색한' 말투('모심의 영광을 베풀어 주십시오'), 나아가 아첨하는 말투('모시는 기쁨을 허락해 주십시오') 등으로 다양하다. 아니면 질문의 정당성을 묻는 메타언어적 질문의 형식을 취할 수도 있다('와 달라고 부탁드려도 될까요?', '와 달라고 여쭙는 것을 허락해 주시겠어요?').

하나의 형식은 시장의 상황에서 사회학적으로 의미 있는 특징들 전체를, 말하자면 상징적으로 표현하는데, 사회적 감각이 이 형식 안에서 탐지하는 것은 담론생산의 방향을 결정하는 것이기도 하다. 다시 말해서 그것은 화자들 간에 성립하는 사회적 관계의 특징들 전체와 화자가 완곡화의 노동에 투입할 수 있었던 표현적 역량이다. 사회관계의 구조와 그 구조 안에서, 구조를 위하여 생산된 언어형식의 상호의존성은 화자들의 관계의 객관적 구조(예를 들면 연령이나 사회적 지위의 격차)가 상호작용의 지속기간과 연속성, 따라서 친밀함 및 친근함과 갈등을 일으킬 때 나타나곤 하는, 당신(vous)과 너(tu) 사이의 망설임에서 쉽게 관찰된다. 이는 마치 사회관계와 표현양식의 재조정이 자연스럽거나 계산된 말실수를 통해, 또는 점진적인 미끄러짐을 통해, 최종적으로는 새로운 표현질서를 공식적으로 정립하는 일종의 언어적 계약('우리 서로 말 놓을까요?')에 도달함으로써, 완수되는 듯하다. 하지만 담론형식이 그것이 사용된 사회관계의 형식에 종속된다는 점이 가장 확연하게 드러나는 것은 스타일이 충돌하는 상황에서이다. 화자가 사회적 배경이 매우 다양한 청중을 앞에 두고 있을 때나, 화자들 사이에 사회적, 문화적으로 너무 큰 거리가 있어서 그들이 소환하는, 그리고 분리된 사회공간에서 얼마간 의식적인 조정을 거쳐 일반적으로 생산되는, 사회적으로 배타적인 표현양식들이 서로 충돌하는 경우가 그러하다.

언어의 생산을 이끄는 것은 시장의 긴장 정도, 더 정확히 말해서, 임의의 화자를 위해 **추상적으로**(*in abstracto*) 규정된, 시장을 특징짓는 공식성의 정도가 아니다. 언어의 생산을 이끄는 것은 객관적 긴장수준의 '평균치'와 언어적 하비투스의 관계인데, 이 언어적 하비투스를 규정하는 것은 시장의 긴장에 대한, 특정한 수준의 '감수성'이다. 아니면, 같은 말이 되겠지만, 이윤에 대한 기대가 언어의 생산을 이끈다고 할 수도 있다. 이 기대는 주관적이라고 하기 어려운데, 왜냐하면 그것은 하나의 객관성, 즉 평균적 기회들과, 몸에 새겨진 또 하나의 객관성, 다시 말해 이 기회들을 엄격하거나 느슨하게 평가하는 성향이 만나서 생겨나기 때문이다.[22] 약속된 보상이나 벌에 대한 실천적 기대는 특정한 언어적, 사회적 능력과 특정한 시장 간의 객관적 관계 ─ 시장을 통해 이 관계가 완성된다 ─ 의 진실에 대한, 거의 신체적이라고 할 수 있는 실천감각이다. 이 기대의 범위는 자기확신(*certitudo sui*), 즉 자신감의 기초가 되는 긍정적 반응(승인)에 대한 확신에서 온갖 형태의 불안과 소심함을 거쳐 굴복과 침묵 속으로 떨어뜨리는 부정적 반응(제지)까지 포괄한다.

---

22) 이 기대는 상대방의 태도, 주의 깊거나 무관심한, 거만하거나 친절한, 그의 표정, 목소리나 몸짓에 의한 격려 또는 거부의 표시 같은, 가시적 표출에 인도된다. 다양한 사회심리학적 실험들은 말의 속도나 양, 어휘, 구문의 복잡함 등이 실험자의 태도에 따라서, 즉 그가 사용하는 선택적 강화의 전략에 따라서 달라짐을 보여주었다.

## 언어적 하비투스와 신체적 헥시스

수용가능성의 정의는 상황 속에 있는 게 아니라, 시장과 하비투스의 관계 속에 있다. 그리고 이 하비투스는 그 자체가 시장과의 관계의 역사 전체의 산물이다. 실로, 하비투스를 시장과 연결하는 것은 그것의 습득조건이라기보다 사용조건이다. 우리는 그저 어떤 말하기에 대해 말하는 것을 들으면서 말하기를 배운 게 아니다. 우리는 말하면서 말하기를 배웠다. 그러니까 우리는 특정한 시장에서 특정한 말하기를 하면서, 즉 사회공간 안에서 특정한 위치를 점유하는 가족 내에서의 교환을 통해서, 말하기를 배웠다. 이 가족은 신참자의 실천적 미메시스에, 올바른 사용법에서 얼마간 떨어져 있는 모델을, 그것에 대한 승인과 함께 제시한다. 23) 우리는 또한 원래의 시장에서 관련되는 권위와 함께 제공된 산물들이 (학교 같은) 여타의 시장에서 어떤 평가를 받는지 배웠다. 거듭되는 강화 혹은 부인의 시스템은 이처럼 언어사용의 사회적 가치에 대한, 그리고 다양한 용법과 다양한 시장 간의 관계에 대한 일종의 감각을 우리 각자 안에 구성한다. 이 감각은 언어적 산물에 대한 차후의 지각을 조직하는데, 이는 이 시스템에 커다란 안정성을 보장한다. (우리가 알다시피, 일반적으로 새로운 경험이 하비투스에 어떤 효과를 가할지는 그 경험과, 이미 생산과 평가의 틀이라는 형태로 하비투스에 통합된 다른 경험들 사이의 실천적인 '양립가능성'에 달려 있다. 이

---

23) 언어는 다양한 역할을 수행하는 사람들과의 접촉을 통해 익숙해짐으로써 습득되는데, 이러한 접촉 속에서 언어적인 것은 한 차원일 뿐이며, 결코 그 자체로 고립되어 있지 않다. 어떤 낱말들이, 신체적 태도나 정서적인 분위기와 연결되어, 어떤 세계관 전체, 세계 전체를 떠오르게 하는, 실천적 연상(聯想)의 권력을 갖게 되는 것은 이 때문이다. '모어'에 대한 애착도 마찬가지이다. 모어의 단어들, 어법들, 표현들은 '의미 이상의 것'을 품고 있다.

변증법에서 비롯되는 선택적인 재해석의 과정 속에서 새로운 경험의 정보제 공적 효과는 계속 감소하는 경향이 있다.) 주어진 장이, 어떤 이들에게는 침묵이나 과잉 통제된 언어를 강요하고, 또 어떤 이들에게는 편안한 언어의 자유를 허용하면서, 담론의 생산 위에 가하는 구속의 강도를 규정하는 것은, 이 언어적인 '자리잡기의 감각'(sens du placement)이다. 다시 말해, 상황 속에서 실천을 통해 습득되는 언어능력은, 떼려야 뗄 수 없게, 언어의 사용법에 대한 실천적 터득과, 언어의 특정한 사용이 사회적으로 받아들여질 수 있는 상황들에 대한 실천적 터득을 포함한 다. 그 자신의 언어 생산물의 가치에 대한 감각은 사회적 공간에서 차 지하는 자리에 대한 감각의 기본적 차원이다. 자신의 사회적 가치에 대 한 감각은 다양한 시장들에 대한 실천적 관계(소심함, 편안함 등)를 규 정하며, 더 일반적으로는 사회세계 속에서 처신하는 방식을 규정하는 데, 이러한 감각은 필경, 자신의 신체에 대한 칭찬의 경험과 더불어, 다양한 시장들과 처음 맺은 관계와 자신의 생산에 부여된 승인의 경험 을 매개로 구성될 것이다.

화자는 누구나 자신의 언어적 생산물의 생산자이자 소비자이기 마 련이다. 하지만 모든 화자가 그들의 생산물에 그들이 따르고자 하는 생산의 틀을 적용할 수 있는 것은 아니다. 프티부르주아들이 그들의 생산물과 맺고 있는 불행한 관계는(특히 라보프가 지적했듯이 그들이 유 달리 엄격한 잣대로 평가하는 발음과 관련하여 맺고 있는 관계는), 시장의 긴장에 대한, 그리고 언어적 교정(그 주체가 자기이든 남이든)에 대한 각별하게 예민한 감수성,[24] 그들을 과잉교정으로 밀어붙이는 그 감 수성은, 과잉교정에 의한 '부정확함'이나 억지로 편안한 척할 때의 가

---

24) 다양한 사회심리학적 실험은 프티부르주아들이 민중계급의 성원들보다 발음에 따 라 사회계급을 가늠하는 데 더 능숙하다는 것을 보여주었다.

습 조이는 대담함을 낳으며 공식적인 상황에서 절정에 달하는 그들의 불안감은, 생산의 틀과 평가의 틀의 결별효과이다. 프티부르주아들은 어떤 면에서 그들 자신에 대항하여 분열된 채, (완벽하게 통합된 시장에 대한 학술적 가정 속에서 규정되는) 그들의 생산물의 객관적 진실을 누구보다 잘 '의식하면서', 동시에 누구보다 악착같이 그 진실을 거부하고, 부정하며, 반박하려고 애쓴다. 이 경우에서 볼 수 있듯이, 언어적 하비투스를 통해 드러나는 것은 그것을 포함하는 계급의 하비투스 전체이다. 달리 말하자면 사회구조 안에서 공시적, 통시적으로 점유된 위치가 사실상 드러나는 것이다. 과잉교정은 잘난 척하기의 논리 속에 등록되어 있다. 프티부르주아들은 이 논리에 따라, 끊임없는 긴장을 대가로 치르고서라도, 지배자들의 속성을 선취하려고 한다. 프티부르주아 여성에게 (화장법이나 미용과 마찬가지로) 언어가 불안과 걱정을 자아낸다는 사실 역시 동일한 논리 속에서 이해된다. 성별분업의 결과, 그들의 상징적 생산능력 및 소비능력이 사회적 상승을 가져다주기를 기대해야 할 처지인 프티부르주아 여성들은 올바른 언어 능력의 습득에 더욱 열심이다. 프티부르주아들의 언어적 실천은 라보프처럼 조사상황이 만들어내는 각별히 긴장된 시장에서 그것을 관찰하는 사람들을 경악시키고 말았다. (인정과 인지 사이의 뚜렷한 간극에서 생겨나는) 객관적 긴장에 대한 특별한 감수성 덕택에 주관적 긴장이 극대화되는 지점에 놓인 프티부르주아들은, 자기들끼리 있을 때만 자유롭게 말할 수 있고 다른 때는 빌려온 언어의 망가진 형태에 의지하지 않으면 회피와 침묵 속으로 달아나야 하는 민중계급의 구성원들과 구별된다. 하지만 프티부르주아들은 지배계급의 구성원들과도 구별된다. 지배계급의 구성원들(특히 부모도 지배계급에 속하는 사람들)의 언어적 하비투스는 실현된 규범이다. 그들은 평가의 원칙과 생산의 원칙의 완벽한 일치 속에서 완전한 편안함을 과시할 수 있다. [25]

그런 경우에는 그 반대편 극단에 있는, 서민들이 자기들끼리 터놓고 말하는 경우와 마찬가지로, 시장의 요구와 하비투스의 배열들 사이의 일치가 전면적이다. 시장의 법칙은 스스로를 관철하기 위해 외부적인 제약이나 검열을 필요로 하지 않는다. 왜냐하면 시장의 법칙은 그것들을 내장하는 시장과의 어떤 관계를 매개로 완성되기 때문이다. 시장이 직면한 객관적 구조들이 바로 그 시장을 만들어낸 구조들일 때, 하비투스는 장의 객관적 요구를 능가한다. 제일 흔하면서 검열을 가장 잘 감추고 있는 형식은 이러한 기초 위에 세워진다. 여기서 검열은 미리 '검열된' 표현적 성향을 갖춘 행위자들을 발언권이 있는 위치에 놓는 것으로 이뤄진다. 행위자들의 표현적 성향은 그것이 놓이는 위치에 기입되어 있는 요구들과 일치한다는 의미에서 이미 검열된 것이다. 지배적 표현양식을 변별하게 해 주는 자질들 전체를 꿰뚫는 원리인 긴장 속의 이완은 시장과의 특정한 관계를 표현하는데, 이 관계는 높은 수준의 긴장과 '스타일리쉬한 삶'을 정의하는 형식들에 대한 끊임없는 주의가 특징인 시장들에 일찍부터, 지속적으로 그리고 일상적으로 드나든 사람만이 맺을 수 있는 것이다. 사회적 위계의 위쪽으로 올라갈수록 검열이 더 심해지고 그와 더불어 형식을 갖춘 말하기와 완곡어법도 증가한다는 것은 분명한 사실이다. 이것은 공개적이고 공식적인 상황에서만 그런 게 아니라, 그날그날의 평범한 생활 속에서

---

25) 이러한 분석을 더 멀리 밀고 나가려면, 우선 언어적 성향을 이해하는 데 도움이 되는 프티부르주아들의 속성들, 예를 들면 그들의 궤적을 더 자세히 검토해야 한다. (상승하거나 하강하는) 궤적 속에서 그들은 다양한 환경을 경험하면서, 특히 그들이 계급들 사이에서 매개기능을 수행할 때는, 거의 사회학적 의식형태에 이르게 된다. 다른 한편, 중간계급들의 공간에서의 위치나 선행하는 궤적 같은, 부차적인 변수들에 따라 이 속성들이 어떻게 달라지는지를 살펴보아야 한다(cf. *La distinction*, 제3부 제4장). 지배계급 내에서 언어에 대한 다양한 관계들을 확인하는 것 역시 필요하다.

도 그러하다(민중계급, 그리고 무엇보다 프티부르주아 계급은 일상적인 상황과 특별한 상황을 대립적으로 인식한다). 이는 옷을 입는 방식이나 음식을 먹는 방식에도 나타나지만, 말하는 방식에서도 나타난다. 말하기의 경우〔상류사회에서는〕'우리끼리 있을 때' 허용되는 편안함이나 이완, 나오는 대로 말하기가 배제된다. 라코프는 친구들 사이에서 어떤 물건의 가격을 물어보는 행동을 관찰하면서 이 점을 간접적으로 지적하였다. 서민계층에서는 노골적으로 가격을 묻는 것 —'야, 양탄자 좋은데. 얼마 주고 샀어?'(Hey, that's a nice rug. What did it cost?) — 이 허용되지만(서민들은 그것을 칭찬으로 간주한다), 부르주아지는 그것을 '무례하다'고 여기며, 좀더 부드러운 형식을 덧씌운다 —'양탄자 가격이 얼마인지 물어봐도 돼?'(May I ask what that rug cost?). 26) 학계나 상류사회처럼 극도로 긴장된 시장에서 객관적으로 요구되는 완곡화의 도구들에 대한 실천적인 숙달 정도가 사회적 위계의 위쪽으로 갈수록, 즉 이러한 요구들에 굴복해야 하는 사회적 상황에 (그것도 어린 시절부터) 자주 노출될수록, 따라서 그 요구들을 만족시키는 수단을 실천적으로 습득할수록 커진다는 사실은 바로 고도의 완곡어법을, 형식을 갖추기 위한 끊임없는 노력을, 그것도 영구적으로 요구하는 고도의 검열과 관련이 있다. 그리하여 라코프에 따르면, 부르주아적 용법에서는 그가 안전장치(hedge)라고 부른, sort of, pretty much, rather, strictly

---

26) 라코프가 말한 것과 달리, 부드럽게 하기의 순수하게 문법적인 형태는 의례적인 필요에 따라 다양하게 대체될 수 있다. 인터뷰를 해 본 사람은 누구나 알겠지만, '곤란한' 질문을 던지면서 자연스럽게 '넘어가는' 가장 좋은 방법은 완곡한 말투를 사용하거나 빙빙 돌려 말하는 것이 아니라 — 이는 오히려 그 질문을 두드러지게 만들 뿐이다 —, 공모의 분위기를 만들어내는 것, 즉 농담, 미소, 몸짓, 한마디로 순수하게 언어적인 형태는 하나의 요소일 뿐인 상징적인 총체를 통하여, 인터뷰의 전반적인 톤을 편안하고 듣기 좋게 하는 것이다.

speaking, loosely speaking, technically, regular, par excellence 등의 사용과, such a thing as, some things like that, particularly 같은 채우기용 문구들(*filler phrases*)에 대한 집중적인 의존이 특징적으로 나타난다. [27] 라보프는 민중적 언어를 복권하려는 관심에서 — 결과적으로 가치들의 배열을 단순히 뒤집었을 뿐이지만 — 이런 숙어들을 부르주아적 담론의 장황함(*verbosity*)과 언어적 인플레이션의 원인으로 보았다. 하지만 그것이 전부일까? 의사소통의 경제성이라는 관점에서는 쓸데없는 군더더기인 이 관용구들은 의사소통 방식의 가치를 결정하는 데 있어서 매우 중요한 기능을 수행한다. 그 과잉과 무익함이 이 용가능한 자원의 풍부함과 이 자원에 대한 초연한 태도를 증명한다는 것 외에도, 그것들은 실천적인 메타언어의 요소로서, 언어 및 사회세계와의 부르주아적 관계의 특징인, 중립적인 거리두기를 표시하는 것이다. 라코프에 따르면 '극단적인 가치들을 낮추고 중간적인 가치들을 높이는' 효과를, 라보프에 따르면 '오류나 과장을 피하는' 효과를 갖는 이 문구들은 (발화자가) 자신의 발언에 대해, 따라서 자신의 이해관계에 대해 거리를 둘 줄 안다는 것, 그리하여 동시에, 이런 거리두기를 하지 못하고 자기가 하는 말에 사로잡혀서, 자제도 검열도 없이, 표현적인 충동에 스스로를 내맡기는 사람들과 거리를 둘 줄 안다는 것을 입증한다. (언어사용에만 한정되지 않는) '가치중립'을 요구하는 시장의 산물이자 그 시장을 위한 산물인 그 같은 표현양식은 중립화와 현실(그리고 그 현실에 젖어 있는 다른 계급들)에 대한 거리두기의 또 다른 형태인 삶의 양식화, 기능을 희생시키면서 방식, 스타일, 격식을 특권

---

27) G. Lakoff, *Interview with Herman Parrett*(University of California, Mimeo, oct. 1973), p. 38; W. Labov, *Language in the Inner City*(Philadelphia, University of Pennsylvania Press), p. 219.

화하는 이 실천의 형식화가 요청되는 시장들에도 미리 맞추어져 있다. 그리고 모든 공식적 시장들이나 사회적 의례들과도 잘 맞는다. 사회적 의례에서는 격식을 갖출 필요성과, 격식 있는, 공식적인(*formal*) 언어를 정의하는 형식들을 부과할 필요성이 (상징적 지배의 수행적 논리가 작동하는 한 취소될 수 있는) 의사소통기능을 밀어내고, 견고하게 자리잡기 때문이다.

부르주아적 차별화가 육체와의 관계에 마음을 쏟는 것과 똑같이 언어와의 관계에 마음을 쏟는다는 것은 우연이 아니다. 언어적 실천을 방향 짓는 수용가능성의 감각은 신체적 성향의 가장 깊은 지점에 새겨져 있다. 시장의 긴장에 대응하는 것은 신체 전체이다. 신체는 자세를 통해서도 대답하지만, 내적 반응, 특히 조음기관의 반응을 통해 대답한다. 언어는 신체의 테크닉이며, 고유하게 언어적인 능력, 특히 음운론적 능력은 사회세계에 대한 관계 전체와 사회적으로 가르쳐진 세계와의 관계 전체가 그 안에서 표현되는, 신체적 헥시스의 한 차원이다. 그러므로 어떤 계급에 특징적인 신체적 도식이, 피에르 기로(Pierre Guiraud)가 '조음 스타일'(*style articulatoire*)이라고 부른 것을 거쳐서, 계급적 발음을 특징짓는 음운론적 자질들의 체계를 결정한다고 가정해도 무방할 것이다. 가장 빈번한 조음위치는 (말할 때뿐 아니라 먹고 마시고 웃을 때의) 전반적인 구강사용법과 관련이 있다. 즉, 그것은 담론의 음운론적 특징 전체에 대한 체계적 정보를 함축하는 신체적 헥시스의 한 요소이다. '조음 스타일', 신체적 헥시스가 다 그렇듯이, 몸의 일부가 된 이 삶의 스타일은 (예를 들면 r처럼, 따로 떼어내어 다른 계급적 발음들 속의 대응물과 연관시켜서 연구하는 것이 일반적인) 음운론적 자질들을 그 자체로서 파악되어야 하는, 분리할 수 없는 전체로 만든다.

예를 들어 민중계급의 경우, 조음 스타일은 '예의범절'이나 '겉멋' (즉, 격식과 스타일의 추구)의 거부와 남자다움에 대한 가치부여 — 이

는 '자연스러움'을 높이 평가하는 더욱 일반적인 성향의 한 측면인데
— 에 의해 지배되는 육체와의 관계라는 성격을 띤다. 규범에 맞는 언
어의 강제에 저항하는 뉴욕의 남성 화자들을 두고, 라보프는 그들이
자신들의 말하는 방식, 더 정확하게는 말할 때 목과 입을 사용하는 방
식을 남성성과 연관시킨다고 지적하는데, 이러한 설명은 설득력이 있
는 것 같다. 민중적 용법이 언어에 대한 부르주아적 관계와 민중적 관
계의 대립을 다물거나 오므린, 즉 조심스럽고 긴장된, 그런 의미에서
여성적인 *bouche*〔입〕와 크고 거침없이 벌어진, '찢어진' — '아가리가
찢어지게 웃다'(*se fendre la gueule*) , 즉 자유롭고 느슨한, 그런 의미
에서 남성적인 *gueule*〔아가리〕 사이의, 성적으로 과잉결정된 대립으로
압축시키는 것은 우연이 아닐 것이다. 28) 부르주아적 성향에 대한, 또
는 희화화된 형태의 프티부르주아적 성향에 대한 민중적 시각은 긴장
하거나 집중할 때의 신체적 자세 — '까다로운'(*bouche fine*), '오므린
입'(*bouche pincée*), '오므린 입술'(*lèvres pincées*), '빼로통한'(*serrés*), '깨
작거리는'(*du bout des lèvres*), '병아리 똥구멍 같은 입술'(*bouche en cul de
poule*) — 에서 거만함이나 무시 또는 신체적인 것에 대한 노골적인 거
리두기나 이런 거리를 깨닫지 못하는 사람들에 대한 거리두기 같은,
세계와 타자를 대하는(특히 음식을 대하는) — '입이 까다롭다'(*faire la
fine bouche*), '입이 짧다'(*la petite bouche*) — 극히 일반적인 성향의 신체
적 지표들을 읽는다. 반면에 *gueule*은 남성적인 성향과 결합하는데,
후자의 기본원리는, 민중적 이상에 따르면, 검열, 즉 신중함이나 잔
꾀, '예의범절' 따위는 필요하지 않으며, '자연스럽게'(*gueule*은 *bouche*

---

28) 원초적인 검열, 즉 성과 관련된 — 더 일반화하자면 신체와 관련된 — 검열이 여성
에게 (아니면 시장의 효과를 보여주는 멋진 예로서, 여성의 앞에서) 특별히 엄격
하게 부과된다는 점은 새삼 지적하지 않아도 될 것이다.

보다 더 자연에 가깝다) '속임수 없이' 행동하고, '탁 까놓고 말하고' 때로는 그저 '낯짝을 찡그려 보이면'(*faire la gueule*) 그만이라는 평온한 확신이다. *Gueule*은 담화의 순수하게 청각적인 효과, 즉 목소리의 힘과 동일시되는, 언어적 폭력을 가하는 능력을 지시하며 ─'목청이 세다'(*fort en gueule*), '목청 울리기'(*coup de gueule*), '큰 목청'(*grande gueule*), '욕하다'(*engueuler*), '서로 욕하다'(*s'engueuler*), '고함치다'(*gueuler*), '한바탕 떠들러 가다'(*aller gueuler*)─, 또 특히 욕설에서 *gueule*이 사용될 때 예고되는, 육체적 폭력을 가하는 능력을 지시한다 ─'아가리를 갈기다'(*casser la gueule*), '아가리에 주먹을 날리다'(*mon poing sur la gueule*), '아가리 닥쳐!'(*ferme ta gueule*). 이러한 능력은 사람이 있는 '자리' ─'반반한 낯짝'(*bonne gueule*), '더러운 낯짝'(*sale gueule*)─ 이자 그의 소신이 표출되는 특권화된 장소 ─'아가리를 열다'(*ouvrir sa gueule*), '다물다'(*la fermer*), '아가리에 자물쇠를 채우다'(*la boucler*), '아가리 닫아'(*taire ta gueule*), '잠자코 찌그러지다'(*s'ecraser* 같은 표현을 생각한다면)─ 인 *gueule*을 공격함으로써 상대방의 사회적 정체성과 자아 이미지의 근원을 공격한다. 하비투스와 신체적 헥시스의 통합성을 제대로 파악하는 민중적 시각은 또한 소화가 이뤄지는 곳과 말이 나오는 곳에 동일한 '의도'를 적용하면서, *gueule*을 원초적 쾌락의 거침없는 수용 ─'아가리 가득 처넣다'(*s'en foutre plein la gueule*), '아가리를 헹구다'(*se rincer la gueule*)─ 및 솔직한 표현 ─'아가리가 찢어지게 웃다'(*se fendre la gueule*)─ 과 결부시킨다. 29)

　　'걸쭉한' 표현들, '거친' 농담, '탁한' 억양을 금지하는 길든 언어, 검열이 본성이 된 언어는, 식욕이나 감정 (고함이나 눈물, 커다란 몸짓) 의

─────────────

29) 지배자의 관점에서는 기호를 단순히 뒤집음으로써 어려움과 '쉬움', '교정'과 되는 대로 하기, 문화와 자연의 논리 속에서 동일한 대립을 발견할 수 있을 것이다.

과도한 표현을 지양하고 신체의 탈자연화를 의도하는 모든 종류의 규율과 검열에 신체를 복속시키는 신체의 길들이기와 궤를 같이 한다. 반면에 버나드 락스가 관찰하였던, 단어 끝에 오는 r과 l을 발음하지 않는 것 같은(이는 '아무렇게나 하기'[30]의 결과라기보다는 '지나치게 하기'의 거부, 즉 다른 부분에서는 노력할지라도 지배적 코드가 가장 엄격하게 강조하는 부분에서는 너무 열심히 하지 않으려는 태도의 표현이다) '조음시의 이완'은 예의범절이 강요하는 검열, 특히 신체의 금기시되는 부분에 부과된 검열의 거부 및 '까놓고 말하기'와 결합한다. 까놓고 말하기의 대담함은 겉보기만큼 순진하지 않다. 왜냐하면 그것은 인간을 공통되는 본성, 배, 항문, 성기, 내장, 음식물과 똥으로 끌어내리면서 사회세계를 물구나무 세우기 때문이다. 바흐친이 묘사한 것 같은 민중축제, 그리고 무엇보다 혁명적 위기는 실로, 그것이 촉진하는 언어적 폭발을 통해, 일상적 질서가, 특히 피지배계급에게 부과하는 압력과 억압 — 겉보기에는 사소한 예의범절상의 제약과 통제로 나타나며, 시장의 객관적 긴장 정도에 따라 다채롭게 변화하는 말하는 방법(예법의 공식들)과 몸가짐을 통해, 계급과 성, 그리고 연령에 따른 위계들을 인식시키는 — 을 소환한다.

---

30) '악센트'를 사회적 위치의 강력한 예측지표로 삼는 근거인, '조음 스타일'과 생활양식 간의 직관적으로 포착된 관계는 피에르 지로처럼 이 관계를 중시하는 소수의 분석가들에게 오해의 여지없이 가치판단을 강요한다. "이 느슨한, 무기력하고 후줄근한 '악센트'", "'부랑자' 악센트란, 담배를 문 채 입가로 말을 뱉는 사내의 악센트이다", "이 늘어지고 흐느적거리는, 게다가 지극히 저속하고 일그러지며 상스러운 형태의"(P. Guiraud, *Le français populaire* (Paris, PUF, 1965), pp. 111~116). 하비투스 — 자연이 된 역사 — 의 표현들이 모두 그렇듯이, 발음, 더 일반적으로 언어에 대한 관계는 자신의 자연스러운 진실 속에 있는 사람을 일상적인 지각 앞에 드러낸다. 하지만 계급 인종주의는 체화된 속성들을 근거로 사회적 차이들을 자연화하려는 경향을 잘도 정당화한다.

피지배계급의 관점에서 지배적 스타일의 채택이 사회적, 성적 정체성의 부정, 계급귀속성의 한 요소인 남성적 가치들의 포기처럼 보인다는 점은 이해할 수 있는 일이다. 반면에 여성은 남성만큼 자신의 계급과 과격하게 결별하지 않고도 지배계급의 문화에 동화될 수 있다. '아가리를 (크게) 연다'는 것은 복종('아가리를 닥치고 있기')을 거부한다는 것, 동원을 위한 조건인 온순함의 표시를 나타내지 않는다는 것이다. 지배적 스타일의 채택, 특히 규범에 맞는 발음처럼 뚜렷한 특질의 채택은 말하자면 자신의 남성성에 대한 이중부정이다. 우선 규범에 맞는 발음을 배우려면 온순함이 요구되는데, 온순함이란 노동의 성적 분업(그리고 성적 노동의 분업)에서 여성에게 할당되는 성향이기 때문이고, 게다가 이 온순함은 여성적이라고 여겨지는 성향들을 지향하기 때문이다.

입을 벌리는 정도, 억양, 리듬같이, 하비투스의 심층적 배열을, 더 엄밀하게 말하자면 신체적 헥시스를 가장 잘 표현하는 조음상의 특질에 주의를 환기시키면서, 자생적 사회언어학은 차이의 음운론이 어떤 계급 또는 계급분파에 전형적으로 나타나는 조음적 특질들을 선택하거나 해석함에 있어서, 그것들의 변별적 가치 및 사회적 가치의 잣대가 되는 다른 체계들과의 관련을, 그리고 동시에 그 특질들의 근원에 있으면서 그것들을 사회적 조건 안에 새겨진 필요성의 미학과 도덕의 표현으로 만드는, 원래부터 종합적인 단위인 신체적 헥시스와의 관련을 잊지 말고 고려해야 함을 보여준다.

(특히 음운론의 영역에서) 예외적으로 날카로운 지각을 지닌, 훈련된 언어학자는 보통의 행위자들이 보지 못하는 곳에서 차이를 감지할 수 있다. 게다가 통계적 측정의 필요성 때문에 (단어 끝에 오는 r 발음이나 l 발음의 탈락처럼) 눈에 잘 띄지 않는 차이를 잣대로 삼아야 하는 처지에서,

그는 분석적 지각으로 기울어진다. 그런데 분석적 지각의 논리는 일상적인 삶에서 분류적 판단이나 동질적 집단의 경계설정의 기초가 되는 지각의 논리와 매우 다르다. 언어학적 특질들은 화자의 사회적 속성들(신체적 헥시스, 생김새, 화장, 옷 등)로부터 결코 명백하게 독립적이지 않으며, 음운론적 특질(또는 어휘상의 특질이나 여타의 특질)은 언어의 다른 층위들에 대해 결코 자율적이지 않다. 그리고 어떤 언어를 '민중적'이라고, 또는 어떤 사람을 '교양 없다'고 분류하는 판단은, 모든 실천적 단언이 그러하듯, 그 자체로는 의식의 수면 위로 떠오르지 않는 지표들 전체에 의지한다. (농민들의 r 발음이나 미디 지방의 *ceusse*[31])처럼) 스테레오타입에 의해 지시되는 사람들의 비중이 더 크기는 하지만.

집단이 집단적 필요의 변형인 미덕을 주입하는 것과 경제적, 사회적 세계와의 관계를 구성하는 '선택들'이 의지와 자각에서 부분적으로 벗어난 영구적 조립의 형태로 몸에 새겨지는 것은 주로, 대개 시간적 규칙을 함축하는 신체적이고 언어적인 훈련과 검열을 통해서이다. 신체의 사용과 언어의 사용, 그리고 아마도 시간의 사용 사이에 긴밀한 조응이 존재하는 것은 이 사실과 관련이 있다.[32]

1980년 여름

---

31) [역주] 대명사 *ceux*를 *ceusse*로 발음하는 것.

32) 그러므로 대혁명 시기에 구상되고 제3공화정하에서 실현된 공화주의적 학교(*École républicaine*)처럼, 민중계급의 하비투스를 완벽하게 가공하려 했던 학교제도가 언어(지방어의 폐지 등), 신체(보건, 소비 ―검소함― 등), 시간(계산 ―경제적 ―, 절약 등)과의 특정한 관계의 주입을 중심으로 조직되었던 것은 우연이 아니다.

부록

# '민중적'*이라고 하셨나요?

**POPULAIRE** [pɔpylɛʀ]. Adj. (Popleir, XIIe ; lat. Popularis).

■ 1° 인민에게 속하는, 인민에게서 나오는. Gouvernement populaire 인민정부. « Les politiques grecs qui vivaient dans le gouvernement populaire 인민정부 아래 있었던 그리스 정치 »(몽테스키외). V. Démocratique 민주적인. Démocraties populaires 인민민주주의. Insurrection, manifestation populaire 인민봉기, 대중시위. Front populaire 인민전선: 좌익세력(공산주의자, 사회주의자 등)의 연합. Les masses populaires 인민대중.

■ 2° 민중에게 고유한. Croyance, traditions populaires 민간신앙, 민중전통. Le bon sens populaire 일반상식. ―[언어학] 민중에 의해 만들어지고 사용되며 부르주아지나 교양 있는 사람들 사이에서는 거의 사용되지 않는. Mot, expression populaire 속어, 속된 표현. Latin populaire 통속 라틴어. Expression, locution, tour populaire 속된 표현, 관용구, 문체.

□ 민중이 사용하는(그들로부터 나왔든 아니든). Roman, spectacle populaire 대중소설, 통속적 볼거리. Chansons populaires 대중가요. Art populaire 대중예술(V. Folklore 민속의). ―(사람) 대중에게 호소하는. « Vous ne devez pas avoir de succès comme orateur populaire. 당신은 대중 연설가로 성공하기 어렵겠군요 »(모르와) □ 서민들로 이루어진, 서민이 드나드는. Milieux, classes populaires 서민적 환경, 서민계층. « Ils ont trouvé une nouvelle formule: Travailler pour une clientèle franchement populaire. 그들은 새로운 비법을 발견했다: 완전히 서민적인 고객을 위해 일하는 것 »(로맹). Origines populaires 서민 출신. V. Plébéien 평민의. Bals populaires 서민적인 무도회. Soupes populaires 극빈자를 위한 무료급식.

■ 3°(1559) 인기 있는, 일반 대중이 좋아하는. Henri IV était un roi populaire 앙리 4세는 인기 있는 왕이었다. Mesure populaire 인기 있는 정책. « Hoffmann est populaire en France, plus populaire qu'en Allemagne 호프만은 독일에서보다 프랑스에서 더 인기 있다 »(고티에).

■ 4° [대용어] (옛) Le populaire 민중.

□ 반의어 Impopulaire 인기 없는.

―《프티 로베르 사전》, 1979

---

\* 제 1부의 부록인 "Vous avez dit 'populaire'?" 는 *Actes de la recherche en sciences sociales*, 46(mars 1983), pp. 98~105에 수록되었다.

멀리서든 가까이서든 '민중'(*peuple*)이라는 단어를 건드리는 어떤 관념에 대한 비판적인 분석은 지시된 현실에 대한 상징적 공격과 즉각 동일시될 가능성이 크며, 따라서 '민중'을 옹호할 의무가 있다고 느끼는 사람들, 그리하여 (상황이 우호적일 때는 특히) '훌륭한 대의'의 방어가 가져다줄 이윤[1]을 확보해야 한다고 느끼는 사람들 모두에 의해서 즉시 뭇매를 맞기 쉽다. 이러한 까닭에 '민중적'(*populaire*)이라는 마술적인 부가형용사(*épithète*)[2]를 포함하는 관용구들은 검토와 비판으로부터 보호받는다. 이는 '민중언어'도 마찬가지이다. 한 가족을 이루는 다른 관용구들('민중문화', '민중예술',[3] '민중신앙' 등)과 마찬가지로 상대적으로만 정의되는 이 개념은 — 특히 학교제도가 수행하는 승인 및 제재와 결합된 강요와 주입의 지속적인 작용에 의해서 — 올바른 언어에서 배제된 것 전체를 가리킨다.

속어 또는 '비관습적인 프랑스어' 사전이 분명하게 밝히고 있는 것처럼, '민중적'이라 일컫는 어휘들은 표준어 사전에서 배제된 단어들의 집합 외에 다른 게 아니다. 이 단어들에는 부정적인 '용도표시'가 따라다닌다. 〔친〕(*fam.*), 친숙한(*familier*), "즉, 일상적인 구어와 격식 없는 문어에서 통용되는"; 〔민〕(*pop.*), 민중적인(*populaire*), "즉, 도시의 민중적 환경에서 통용되지만, 교양 있는 부르주아지들은 잘 쓰지 않거나 기피하는."[4] 생산의 사회적 조건을 잊지 않도록 이 '비관습적인' '민중언어'— 〔민〕이라고 편리하게 줄여 부르기로 하자 — 를

---

1) 과학적인 관찰이 가져다주는 이윤이 아주 빈약한 데 비해서 — 손해일 때도 있다 — 그 비용은 특히 높다고 하는 사실은 이 주제에 대한 인식수준과 무관하지 않다.
2) [역주] 사람, 사물의 내재적 속성을 나타내는 형용사.
3) [역주] *culture populaire*와 *art populaire*는 각각 대중문화, 대중예술이라고 번역할 수도 있다.
4) Petit Robert, 1979, p. xvii.

엄격하게 정의하려면, '민중적 환경'이나 '통용되는'이라는 표현이 의미하는 바를 명확히 해야 할 것이다.

'민중적 계급들', '민중', '근로대중' 같은 가변적 개념들은 그 지시대상을 — 예를 들어 선거기간에 — 농민이나 자영업자, 사무직이 포함되도록 확장하거나, 아니면 반대로 산업노동자 특히 금속노동자(와 그들의 공식적 대표)로 한정할 수 있다는 사실에서 그 정치적 힘을 얻는다. 마찬가지로 '민중적 환경'이라는, 막연히 확장가능한 개념이 학자들의 생산물 안에서 발휘하는 신비화 효과는, 마치 심리학의 투사검사처럼, 각자가 자신의 이해관계, 편견, 사회적 환상에 맞추어 그것을 조작할 수 있다는 사실에서 생겨난다. '민중언어'의 화자와 관련하여 모든 사람들이 '환경'을 떠올리는 것은 이렇게 해서이다. 그들은 표준어 사전에서 단호하게 벗어난 은어의 생산과 유통에 '거친 환경'이 어떤 역할을 한다고 믿는다. 그들은 또 '민중적'이라는 단어가 거의 자동적으로 연상시키는 도시의 토박이 노동자들을 잊지 않고 포함시키는 반면, 아무 설명 없이 농민을 제외해 버린다(농민은 지방적인 존재이므로 그들의 언어는 방언에 속한다고 생각하는 것일까?). 그러면서 소상인들, 특히 — 민중주의적 상상력이 거리를 두는 게 틀림없는 — 술집 주인들을 포함시켜야 하는지에 대해서는 자문해 보지도 않는다. 어법이나 문화에서 그들은 이론의 여지없이 사무원이나 엔지니어보다 노동자와 훨씬 가까운데도 말이다(바로 여기 이 잡동사니 보따리 같은 개념들의 가장 소중한 기능이 있다). 아무튼 분명한 것은, 관찰보다는 카르네5)의 영화에 더 빚지고 있는 이러한 환상이, 고향을 등진 자들의 향

---

5) [역주] 마르셀 카르네(Marcel Carnée, 1906~1996). 시적 리얼리즘의 전통을 만들었다고 평가받는 프랑스의 영화감독. 〈안개 낀 부두〉(1938), 〈천국의 아이들〉(1945) 등의 걸작을 남겼다.

수 어린 민속학적 성찰을 민중의 '진정한' 대표자들 중에서도 가장 '순수한' 자들로 향하게 하면서, 아무 검토 없이 이민자들, 상상적인 프롤레타리아에서 차지하는 것보다 산업노동자 인구에서 더 중요한 비중을 차지하는 스페인, 포르투갈, 알제리, 모로코, 말리, 세네갈 출신의 노동자들을 배제한다는 점이다. 6)

이른바 '민중문화'를 생산하고 소비한다고 간주되는 인구들에 대해 유사한 검토를 해 본다면, 암묵적인 정의들이 거의 언제나 감추고 있는, 부분적 정합성 속의 혼란을 다시 발견할 수 있다. '민중언어'의 경우 핵심적인 역할을 하는 '환경'이 여기서는 룸펜프롤레타리아처럼 배제된다. 반면에 농민의 배제는 더 이상 자명하지 않다. 노동자와 농민의 불가피한 공존이 아무 어려움 없이 이뤄지는 것은 아니지만 말이다. '민중예술'의 경우, '민중예술과 전통을 위한 박물관'이라는, 민중적인 것의 또 다른 객관화를 검토하면 알 수 있을 텐데, '민중'은 적어도 최근의 시대까지는 농민과 시골의 장인들에 국한되었다. '민중의학'[민간의학]이나 '민중종교'[민간신앙]에 대해서는 또 무슨 말을 할 것인가? '민중적 언어'가 '거친 환경' 없이 안 되는 것처럼, 여기서는 농부와 농사꾼 아낙네가 반드시 필요하다.

[민]으로 분류되는 것들을 '언어'로 취급하려고 애쓰는 사람들, 즉 일반적으로 표준어(langue légitime)에 적용되는 엄격함을 가지고 [민]을 기술하거나 사용하려는 이들은, 언어학자이든 작가이든, 표준어에 가장 익숙하지 않은 화자들이 그들끼리 일상적으로 사용하는 어법과 거의 아무 관계가 없는 인공물을 생산할 운명이다. 7) 그리하여 '현저한 빈도와 기

---

6) 국가사회주의가 *völkisch*[민속적]라는 단어를 사용할 때 이와 유사한 의식적, 무의식적 배제가 수행한 역할에 대해 우리는 알고 있다.

간'을 갖고 있다고 평가된 단어만을 수록하는 사전의 지배적인 모델에 부합하기 위해, '비관습적인 프랑스어' 사전의 저자들은 전적으로 텍스트에 의지하여8) 선택된 것들 안에서 선택을 행하고 빈도에 손을 대면서, 문제의 어법들을 본질적으로 변형한다. 화자들과 긴장도가 상이한 시장들을 구별하게 해 주는 것이 바로 빈도인데도 말이다.9) 그들은 무엇보다 민중계급의 말하기처럼 **문학적 의도가 없는 말하기**를 (녹취하는 게 아니라) 글로 옮기려면 발화가 이뤄진 상황, 심지어는 사회적 조건으로부터 벗어나야 한다는 것을 잊고 있으며, 또한 '참신한 것'에 대한 관심이 혹은 단순한 선택적 재수집이, 표준어에서도 발견되는 것을 모두 배제하면서 빈도들의 구조를 뒤집는다는 것을 잊고 있다.

---

7) Cf. H. Bauche, *Le langage populaire, Grammaire, syntaxe et vocabulaire du français tel qu'on le parle dans le peuple de Paris, avec tous les termes d'argot usuel* (Paris, Payot, 1920) ; P. Guiraud, *Le français populaire* (Paris, Presses Universitaires de France, coll. "Que sais-je?", no 1172, 1965). 또한 동일한 관점에서 H. Frei, *La grammaire des fautes* (Paris-Genève, Slatkine Reprints, 1971).

8) Cf. J. Cellard et A. Rey, *Dictionnaire du français non conventionnel* (Paris, Hachette, 1980), p. viii.

9) 예를 들어 가장 긴장도가 낮은 시장에서 수집된 언설 — 여자들끼리의 대화 — 에서는 은어를 거의 찾아볼 수 없다는 사실을 지적하는 것으로 충분하다. 그런 경우 은어는 여성 화자가 남자의 말을 인용할 때에만 나타나며('내 앞에서 당장 꺼져') 즉시 다음과 같은 설명이 붙는다. "도시물을 먹은 건방진 젊은이라서 그런 식으로 말하는 거죠. 맞아요, 좀 건달기가 있죠. 모자는 항상 비딱하고 말이죠!" 조금 뒤에 이 여성 화자는 술집 주인의 말을 인용하면서 '쩐'(*pognon*) [돈(*argent*)의 은어]이라는 단어를 사용한다(cf. Y. Delsaut, "L'économie du langue populaire", *Actes de la recherche en sciences sociales*, 4 juillet 1975, pp. 33~40). 경험적인 분석은 (관찰자의 정의를 강요하는 대신에) 어떤 단어가 은어에 속하는지 아니면 표준어에 속하는지에 대해 화자들이 가지고 있는 느낌을 확인하는 데 집중해야 할 것이다. 이는 무엇보다 '오류'로 기술된 많은 특징들 — 잘못 자리 잡은 차별화 감각의 산물 — 을 이해할 수 있게 해 준다.

만일, '민중적인 것'의 계열에 속하는 개념들이, 정합성과 확실성의 결여에도 불구하고, 오히려 그 때문에, 심지어 학자들의 언설에서까지 그토록 쓸모 있다면, 이는 그 개념들이 사회적 주체들이 사회세계에 대한 일상적인 지식을 얻기 위해서 신화적 이성의 논리에 따라 만들어내는 혼란스러운 재현의 그물에 단단히 붙들려 있기 때문이다. 사회세계에 대한 시각은, 특히 타자들에 대한 지각, 그들의 신체적 헥시스에 대한, 몸의 형태와 부피에 대한, 특히 얼굴에 대한, 하지만 또 목소리에 대한, 발음과 어휘에 대한 지각은 실로, 서로 연결되어 있지만 부분적으로 독립적인 대립들에 따라 조직된다. 이 대립들이 어떤 것인지 감을 잡고 싶다면, 언어 속에 퇴적되고 보존된 표현 자원들을, 특히 표준어 구사자들이 다른 사람들을 분류하고 그들의 자질(qualité)을 평가하기 위해 사용하는, 쌍을 이루는 형용사들의 체계를 조사해야 한다. 이 체계 속에서는 지배자들에게 귀속되는 속성들을 가리키는 용어가 언제나 긍정적 가치를 띠고 나타난다. 10)

사회과학이 사회세계의 일상적 지식을 다루는 과학에 특별한 자리를 내주어야 한다면, 이는 단지 비판적 의도에서, 일상적 단어들과 그 단어들이 구성하는 대상들을 통해 쉽게 침투하는 온갖 전제들을 사회세계에 대한 사유로부터 제거하기 위해서만이 아니다. 이는 또한 사회과학이 스스로를 구성하기 위해 맞서야 하는 — 그리고 우선 객관화해야 하는 — 이 실천적 지식이, 과학이 탐구하고자 하는 세계 자체에 그 일부로서 통합되어 있기 때문이다. 행위자들의 세계관을 만드는 데 기여하고, 그리하

---

10) 차별성과 저속함에 대한 무수한 동어반복적이고 순환적인 정의들이 그렇듯이, 표준어가 제자리를 맴도는, 아니 헛도는 것 같은 모습으로 지배자들에게 유리하게 돌아가는 것은 이렇게 해서이다.

여 그들의 행위, 특히 이 세계를 보존하거나 변형하려는 행위에 방향을 제시함으로써, 실천적 지식은 세계를 만드는 데 기여한다. 그러므로 행위자들이 다른 사람들의 반응을 예측하고, 자기들에 대하여 원하는 이미지를 강요하기 위해 작동시키는, 자생적 사회언어학을 과학적으로 엄밀하게 연구한다면, 우리는 무엇보다 언어적 실천에서, 개별적이든 집단적이든, 자생적이든 제도화되었든, 의식적 개입의 대상 혹은 산물의 많은 부분을 이해하게 될 것이다. 예를 들어, 강조된, 또는 눈에 띄는 언어학적 특징들을 불완전하거나 잘못된 것으로(특히, '… 라고 말하세요, … 라고 말하지 마세요' 형태의 언어적 관습에서), 아니면 반대로 품위 있고 돋보이는 것으로 지목하는 데서 출발하여, 언어적 차이들과 사회적 차이들의 일치에 대한, 부분적으로 언어 자체에 기록된('파리 말씨', '마르세유 말씨', '변두리 말씨' 등) 실천적 지식을 기반으로 발화자들이 스스로에게 강제하는, 아니면 — 학교나 집에서 — 강요받는 온갖 종류의 교정이 그러하다. 11)

'민중언어'의 개념은 위와 아래('하층'의 언어), 섬세한 것과 거친 것('거친 말들') 또는 걸쭉한 것('걸쭉한 농담'), 고상한 것과 저속한 것, 드문 것과 평범한 것, 단정한 것과 흐트러진 것, 한마디로 문화와 자연 — '덜 익은 언어'(*langue verte*) 12)니 '날것 상태의 말들'(*mots crus*) 13)이니 하는 표현을 쓰지 않는가? — 의 카테고리에 따라 사회세계를 구

---

11) 자생적 사회언어학과 그것이 촉발하는 혹은 인도하는, 가족 또는 학교의 고의적 개입이 언어의 유지 또는 변형에 일정한 역할을 수행한다고 할 때, 언어적 변화에 대한 사회언어학적 연구는, 특히 교육적 실천을 지배하는, 이런 종류의 언어적 관습 또는 당위를 무시할 수 없을 것이다.

12) [역주] 은어를 가리킴.

13) [역주] 외설적인 표현을 가리킴.

조화하는 이원론적 분류법 적용의 산물이다. 어법들의 연속체 속에 뚜렷한 단절을 도입하는 것은 이 신화적 카테고리들이다. 지배적인 화자들의 느슨한 어법 — 〔친〕(fam.) — 과 피지배적인 화자들의 긴장된 어법 — 보슈(Bauche)나 프라이(Frei) 같은 관찰자들이 〔민〕(pop.) 으로 분류한 것 — 이 부분적으로 겹친다는 사실, '민중언어'라는 부정적 집합 속에 싸잡아 던져지는 어법들이 극히 다양하다는 사실은 여기서 무시된다.14)

하지만, 상징적 지배의 일상적 효과이기도 한, 일종의 역설적 반복에 의해서, 피지배자들 자신이, 아니면 최소한 그들 중 일부가, 이 이분법의 원리들을 그들의 고유한 사회세계에 적용하기에 이른다(강한 / 약한, 복종하는; 지적인 / 감각적인, 관능적인; 단단한 / 무른, 부드러운; 곧은, 솔직한 / 비꼬인, 교활한, 나쁜 등). 이 원리들은 언어에서 지배적인 대립들 체계의 기본구조를 그들의 방식으로 재생산한다.15) 사회세계에 대한 이러한 재현은 남성다움과 양순함, 힘과 연약함, 진짜 남자, '거친 녀석들'(les durs), '사나이'와 여성적인, 여성화된, 멸시당하며 복종할 운명인 그 밖의 사람들의 대립을 통해, 지배적 시각의 핵심

---

14) '민중언어' 개념의 기초에 있는 이분법을 받아들이면서도, 앙리 보슈(Henri Bauche)는 "부르주아적 어법이 친숙하게 사용되었을 때 저속한 어법과 많은 공통점을 보임"(op. cit. p. 9)을 관찰한다. 그는 또 "은어 — 다양한 은어들 — 와 민중언어의 경계선은 종종 결정하기 어렵다. 민중언어와 친숙한 언어의 경계나, 엄밀하게 말하면 민중이 아니지만 교육 또는 교양이 결핍된 사람들, 서민과 하층민, 한마디로 '부르주아'들이 저속하다고 여기는 사람들의 언어와 순수한 의미의 민중언어의 경계 역시 불분명하다"고 쓴다(op. cit. p. 26).

15) 비록, 검토를 요구하는 복잡한 이유에서, 지배적 시각이 중요한 위치를 부여하고 있지 않지만, 남성적인 것과 여성적인 것의 대립은 (머리와 배의 안티테제에 따라) 변덕스럽고 쾌락을 갈구하는 '암컷'으로서의 '민중'이라는 가장 전형적인 대립들이 생겨나는 원리이다.

을 답습한다. 16) 대표적인 '민중언어'가 되어 있는 은어는 '민중언어' 자체에 그것을 낳은 분할의 원리들을 적용하는, 이 같은 반복의 산물이다. 언어적 규범의 준수가 남성성을 의심하게 만드는, 인정과 복종의 어떤 형식을 내포한다는 막연한 느낌은, 17) 스타일을 만드는 차별적 편차의 능동적인 추구와 결합하여, '오버하는 것'에 대한 거부와 표현성의 추구로 이어지는데, 전자가 지배적인 어법의 가장 뚜렷한 특징들, 특히 가장 긴장된 발음이나 구문형태에 대한 배척으로 나타난다면, 후자는 — 특히 성과 관련된 — 지배적인 금지령의 위반과 일상적 표현형태로부터 차별화하려는 욕구에 기초를 둔다. 18) 언어적이건 아니건, 공식적인 규범들의 위반은 지배자들, 그리고 물론 지배 그 자체에 맞서는 것만큼이나, 그 규범들에 복종하는 '평범한' 피지배자들에 맞서서 이뤄진다. 언어적 방종은 재현노동(*travail de représentation*)의 일부이자, '거친 녀석들', 특히 청소년들이 그들 자신 및 다른 사람들에게 '사나이'의 이미지를 부과하기 위해 제공해야 하는 미장센(*mise*

---

16) '망나니들'(*vrais de vrais*)의 말하기에 대한 찬양이 양가성을 띠는 것은 이 때문이다. 거기서 표현되는 세계관과 '진짜 거친' 사나이의 미덕을 자연스럽게 연장하면, '민중적 우파'(cf. Z. Sternhell, *La droite révolutionnaire, 1885~1914. Les origines françaises du fascisme*(Paris, Seuil, 1978))라고 불렸던, 인종주의와 민족주의와 권위주의의 파시스트적 조합과 만나게 된다. 그리하여 우리는 셀린느의 경우가 대표하는 명백한 기묘함을 좀더 잘 이해한다.

17) 학교를 다니는 기간이 길어짐에 따라, '거친' 캐릭터는 오늘날 학교에서부터, 학교가 요구하는 모든 형태의 복종에 맞서서 만들어지는 것 같다.

18) 이는 모든 '가난한 사람들'이 흑인이나 황인처럼 서로 닮았다고 믿으며, 차이의 가능성(전략, 창의성, 능력 등에서)뿐 아니라, 차이를 추구할 가능성도 무의식적으로 배제하는 계급 인종주의의 효과 중 하나이다. 포퓰리즘을 특징짓는 '민중'에 대한 무차별한 찬양은 이리하여 '토박이'들이 어리석고 바보스럽고 조야하다고 여기는 표현들 앞에서 경탄으로 넋을 놓는 지경에 이른다. 아니면, 그게 그거지만, '공통된' 것에서 일상적인 것만을 뽑아서 일상적인 말하기를 대표하는 것으로 제시한다.

*en scène*) 의 일부이다. 감정에 굴복하거나 여성적 감수성의 연약함에 끌려가기를 거부하는, 어떤 일에나 초연하고, 어떤 일도 할 수 있는 사나이 말이다. 그러므로 은어적 어휘들의 심오한 '의도'가 거기 있다고 분석가들이 주장하는, 정서적, 도덕적, 미학적 가치들의 체계적인 평가절하는 무엇보다 귀족주의의 확인이다. 비록 그것이 폭로되면서 차별성, 즉 특수한 차이를, 풍자와 조소와 패러디를 통해 공통의 젠더, 즉 생물학적 보편성으로 환원하는, 피지배자들의 공통된 성향과 조우한다 하더라도 말이다.

  '저속한' 언어의 (지배자들이 보기에도) 변별적 형태인 은어는 차별성을 추구한 결과이지만, 이 차별성은 지배받는 차별성이며, 따라서 역설적 효과들을 생산하기 마련이다. 이 효과들을 이해하고 싶다면, 그 것들을 '민중언어 (또는 문화)'에 대한 일반적 성찰을 지휘하는, 저항이냐 복종이냐의 양자택일 속에 가두려 들지 말아야 한다. 사실, 모든 지배받는 위치에 내재하는, 목적에 반하는 효과들(*effets de contre-finalité*) 을 간파하려면, 신화적 시각의 논리에서 벗어나는 것으로 충분하다. 차별성에 대한 피지배적 추구가 피지배자들로 하여금 그들을 차별하기 위한 구실들, 즉 그들을 저속한 자들로 지목하고 피지배자로 만드는 구실들을 긍정하도록 이끌 때, 이것을 저항이라고 할 수 있을까? 이는 낙인찍힌 집단이 그 낙인을 그들의 정체성의 기초로서 요구하는 것과 마찬가지이다. 하지만 역으로, 그들이 저속함의 표시들을 버리려고 애쓰면서 (주류 사회로의) 동화를 가능하게 해 줄 것 같은 요소들을 습득하려고 한다면, 이것은 복종이 아닐까?

  '민중언어'와 다른 모든 언어들의 잣대인 '올바른' 언어를 대립시키는 이원론적 사고방식의 귀결들을 피하려면, 언어적 생산의 모델로 돌아가서, 어법들의 극단적 다양성이라는 원리를 재발견해야 한다. 이러한 다양성은 언어적 하비투스와 〔언어〕 시장이 상이한 계급들 사이의 가능한 조합의 다양성에서 비롯된다. 하비투스의 결정요소들 가운데, 한편으로 지배적인 시장들에 내재하는 검열을 (이중적 의미에서) 인정하는 경향, 또는 몇몇 자유시장이 제공하는 강제된 자유를 이용하는 경향이라는 측면에서, 그리고 다른 한편으로 이런저런 사람들의 요구를 만족시키는 능력이라는 관점에서 의미 있게 보이는 것으로는 다음을 들 수 있다. 우선 성(sexe)은 있을 수 있는 다양한 시장들과의 — 그리고 특히 지배적 시장과의 — 매우 다양한 관계의 원천이다. 다음으로 세대(génération), 즉 가족과 학교가 만들어내는, 언어능력의 세대적 양식이 있다. 그리고 사회적 위치(position sociale)가 있는데, 이는 특히 노동환경의 사회적 조성 및 그것이 촉진하는 (피지배자들과의) 사회적으로 동질적인 교환들 또는 (지배자들과의 — 예를 들면 서비스 종사자들의 경우) 불균일한 교환들에 의해 규정된다. 그 밖에 사회적 출신(origine sociale), 농촌 출신과 도시 출신, 토박이와 뜨내기, 종족적 출신(origine ethnique)을 꼽을 수 있다.

올바른 말하기 방법의 채택이 함축하는 굴복과 순종에 대한 거부는 당연히 남자들, 그중에서도 이민자 가정 출신의 청소년처럼 가장 젊고, 지금 현재, 또는 잠재적으로, 경제질서 및 사회질서에 가장 덜 통합된 층에서 가장 뚜렷하게 나타난다. 미래에 대해 더 이상 기대할 게 없는 자들이 미래와 맺는 관계는 힘의 도덕 속에서 확인되는데, 목숨을 건 게임, 알코올, 중독성이 강한 마약, 폭력에 대한 숭배에서 절정에 이르는 이 도덕은 기실, 필연성을 미덕으로 만드는 방법에 지나지 않는다. 현실주의와 냉소주의의 공공연한 표방, 여성적인, 또는 여성화된 감상주의와 동일시되는 감정과 감수성에 대한 거부, 자기에게나 남에게나 똑같이 적용되며 파리아(paria) 귀족주의의 절망적 만용으로 귀착되는 단호함의 의무는 도덕성과 감수성이 아무 짝에도 쓸모없는 세계, 비참과 정글의 법칙, 차별과 폭력이 지배하는 출구 없는 세계에서 자신의 입장을 갖는 방식의 하나이다.[19] 일탈을 의무로 만드는 도덕은 언어적 규범을 포함하여 공식적인 규범들에 대한 노골적인 저항을 강요한다. 하지만 그러한 저항은 엄청난 긴장을 대가로 유지되며, 특히 청소년들에게는 집단의 지속적 지지가 있어야 한다. 가능성에 맞추어 기대를 조절하게 하는 민중적 현실주의로서, 이 도덕은 방어와 생존의 메커니즘을 구성한다. 남들이 합법성의 경계 안에서 획득하는 만족을 획득하려면 법의 바깥으로 나가야 하는 사람들은 반란의 비용에 대해 너무나도 잘 알고 있다. 폴 윌리스(Paul E. Wilis)가 잘 지적했듯이, (예를 들어 경찰을 비롯한 공권력 앞에서의) 허세는 (양성 간의 위계만이 아니라) 위계와 관련된 것 일체에 대한 심층적인 순응주의와 공존할 수 있다. 게다가 남들의 이목이 강요하는 과시적인 강인함은 연대와 애착에 대한 그리움을 배제하지 않는다. 패거리의, 고도로 검열된 교류에 의해 충족되며 또 억압되는 이러한 그리움은 포기의 순간에 표현되거나 혹은 누설된다.[20] 은어는 경제자본과 문화자본이 가장 부족한 남자들이 그들의 남성적 정체성에 대해, 그리고 가혹함이 지배하는 사회세계 전체에 대해 갖는 — 본질적으로 여성적인(또는 여성화된) 약함과 복종에 대항하여 세워진 — 시각을 예시적으로, 나아가 이상적으로 표현한다.[21] 고유하게 정치적인 시각은 이러한 시각

---

19) 이민자 가정 출신의 '거친' 청소년들은, 그들이 경제적으로나 문화적으로 가장 박탈당한 가정 출신의 청소년들의 반란—많은 경우 학업에 대한 어려움, 실망, 실패에 토대를 두고 있는—을 학교로 상징되는, 하지만 또한 일상적인 인종주의로 상징되는 '프랑스' 사회에 대한 전면적 거부로까지 밀고 나간다는 점에서, 어떤 극한을 대표한다.

20) P. E. Willis, *Profane Culture* (London, Routledge and Kegan Paul, 1978), 특히 pp. 48~50.

21) 분류의 원리와 그것이 적용되는 장의 크기를 단적으로 보여주는 예로서, 어느 (광부 출신인) 석공의 말을 인용해 보겠다. 그는 (친족용어의 성분분석에 사용된 기

과 더불어 구성되며, 의미를 갖는다. 상징적 강요효과와 더불어, 은어가 원래 환경의 경계를 넘어서 퍼지는 이유가 바로 여기 있다.

그렇다 하더라도, 빌려온 단어들 또는 표현들이 일상적 교류의 평범한 말하기에 사용될 때 겪는, 기능과 의미에서의 심층적 변화를 무시하지 않도록 주의해야 한다. '거친 녀석들'의 귀족적 냉소주의의 가장 전형적인 산물 중 일부는 이리하여 일상적 사용 속에서 일종의 중립화된, 중립화하는 규약으로 기능하면서, 남자들에게 엄격하게 절제된 방식으로 애정, 사랑, 우정에 대해 말하는 것을, 아니면 그저 사랑하는 사람들, 부모나 아들, 아내에 대해('사모님', '대비마마', '마나님'같이 빈정거리는 단어를 써서, '내 아내'나 아내의 이름같이 너무 친밀하게 느껴지는 지칭을 피하면서) 언급하는 것을 허용한다.[22]

올바른 언어와 관련된 성향들의 위계에서 반대편 극단에 있는 것이 아마도 여성들 중에서도 가장 젊고 교육수준이 높은 층일 것이다. 이들은 직장생활이나 결혼생활을 통하여 문화적, 경제적 자본이 약한 사람들의 세계에 접하지만, 지배적인 시장의 요구에 예민하며, 또 그러한 요구에 반응할 능력이 있기에, [언어적으로] 프티부르주아지에

---

법들을 본 따서 고안된 어떤 테스트에서) 직업의 명칭을 분류하고 이렇게 생성된 집합들에 이름을 붙이라고 하자, 그에게는 텔레비전 진행자가 대표적이었던 고소득 직종들을 손짓으로 가리키며 "전부 호모들"이라고 말했다(Enquête Yvette Delsaut, Denain, 1978).

22) 일반적으로, 성적인 것에 대한 노골적인 언급이나 감정을 생리적인 차원으로 투영하는 것은 과장 또는 반어에 의한 완곡어법의 효과가 있다. 곡언법과는 반대로, 덜 말하기 위해 더 말하는 것이다. 그래서 이 어휘들은 채록과 문자화에 의해 시장이 바뀌면, 의미가 완전히 바뀐다.

속한다. 세대효과로 말하자면, 학교제도에 대한 접근양식의 세대적 변화 — 이는 연령대별 차이를 가져오는 중요한 요소임이 분명하다 — 의 효과와 혼동되기 쉽다. 하지만 학교에 다니는 것이 언어능력의 평준화 효과를 가져 오는지는 확실하지 않다. 학교교육에 그런 역할이 주어져 있다고 하더라도 말이다. 우선, 학교가 강제하는 표현규범의 수용은 과제물이나 시험, 특히 쓰기에 국한될 수 있다. 게다가 학교는 학업성취도가 비슷한 학생들을 한데 묶는 경향이 있다. 이는 사회적으로 동질적인 학생들을 한데 묶는 결과를 가져온다. 그래서 교육기관 간의 위계 및 [문과, 이과, 실업계 따위의] 계열 간의 위계, 한마디로 출신계층의 위계를 따라 위에서 아래로 내려갈수록, 교육행위의 산물들에 더욱 강력하게 맞서는 효과를 동료집단이 행사하는 경향이 있다. 마지막으로, 역설적이지만, 사회적으로 가장 박탈당한 계급의 아이들, 특히 북아프리카 출신 이민자 가정의 자녀들이 배치되는 하위 계열들은 학교제도에서 벗어남으로써 사회질서에서도 벗어난,[23] 그리하여 아무 일도 하지 않고 책임도 지지 않는 시기의 연장 속에 놓인, 동질적이고 오래가는 청소년 집단들을 만들어내면서, '탈선문화'의 발달에 훌륭한 환경을 제공하는데, 이 탈선문화는 무엇보다 올바른 언어의 규범에서 벗어난 말하기 속에서 표현된다.

언어적이고 문화적인 규칙을 완전히 무시할 수 있는 사람은 없다. 올바른 언어 구사능력이 있는 사람과 대화할 때마다, 공식적인 상황일 경우 특히, 피지배자들은 그들의 언어적 생산물에 가장 불리하게 작용하는 가격형성 법칙을 몸으로 겪으면서 깨닫기 마련이다. 그들은 침묵을 지키든지 아니면 교정을 위해 절망적으로 노력해야 한다. 그들

---

23) 이것과 유사한 조건은 군대에서나 발견될 법하다. 군대는 지금까지 은어적인 말하기를 생산하고 주입하는 주요 장소 중의 하나였다.

은 지배적 규범에 완전히 종속된 시장(법정, 의료기관, 학교 등을 상대로 할 때처럼)에서 완전히 해방된 시장(감옥이나 젊은이들의 패거리 속에 있을 때처럼)에 이르기까지, 자율성의 정도가 상이한 시장들에 직면한다. 언어적인 반-규범을 내세우는 것, 그리하여 지배적 시장 특유의 관습과 예의를 무시하면서 언설을 생산하는 것은 고유한 가격형성 법칙에 의해 지배되는 자유시장(*marchés francs*)의 경계 안에서만 가능하다. 다시 말해서, 배제된 자들의 소굴이자 피난처로서, 지배자들을 사실상 배제하는, 적어도 상징적으로 배제하는, 피지배계급의 고유한 공간 안에서, 이 시장에서 인정되는 언어적이고 사회적인 능력을 갖춘 사람들을 상대로 할 때만 가능하다. '뒷골목'의 은어는, 문화적 정당성의 기본원리들을 현실적으로 위반하면서, 그저 다를 뿐 아니라 대립하는, 문화적이고 사회적인 정체성을 결과적으로 승인한다. 은어가 표현하는 세계관은 피지배계급의 (남자) 구성원들이 계급 내적인 언어교환에서, 특히 카페에서의 대화처럼, 이 교환의 가장 세련되고 절제된 형태 속에서 지향하는 극한을 나타낸다. 그러한 교환을 지배하는 힘과 남성성이라는 가치는, 정치와 더불어, 지배적인 어법과 행동양식에 대한 효과적인 저항원리들 중 하나이다.

내부시장들은 얼마나 긴장되어 있는지, 그리고 어느 정도 검열을 수행하는지에 따라 구별된다. 시장의 긴장이 감소할수록, 그리고 화자들의 언어능력이 감소할수록 (은어 중에서) 가장 기교를 부린 형태들의 빈도가 감소한다는 가정이 가능하다. (가족 간의 대화를 비롯한) 사적이며 친밀한 대화에서 가장 적고, (남자들끼리의) 공적인 대화에서 가장 많다고 말이다. 전자의 경우, 올바른 말하기 규범으로부터의 독립성이 지배적인 말하기의 관습과 예법을 거의 완전히 무시할 수 있는 자유로 나타난다. 반면 후자는 카페에서의 대화에서 볼 수 있듯이, 입씨름이나 경쟁적인 과시 같은 스타일의 추구를 강제한다.

엄청나게 단순화되기는 했지만, 이 모델은 생산자들 특성들의 상이한 조합에 대응하는 상이한 언어능력과 상이한 등급의 시장 간의 관계 속에서 실천적으로 생성되는 언설의 극단적 다양성을 보여준다. 뿐만 아니라, 체계적인 관찰프로그램(*programme d'une observation méthodique*)을 구상하고, 언어자본이 가장 부족한 화자들의 언어 생산물이 포함된 가장 의미심장한 사례들을 있는 그대로 구성하게 해 준다. 이러한 사례로는 우선 가장 긴장된 — 즉, 공적인 — 자유시장에서 달인들이 제공하는 언설형태, 특히 은어가 있다. 그리고 두 번째로, 지배적인 시장을 위해 생산된 표현들, 즉 지배자와 피지배자의 사적 교환이나 공적 상황들을 위한 생산물들이 있는데, 위협이나 침묵의 효과에 의해 당황하고 흐트러진 형태 — 대부분의 경우, 피지배자들에게 남겨진 유일한 표현형태 — 를 띠곤 한다. 마지막으로 친밀하고 사적인 교환을 위해 생산된 언설들, 예를 들면 여자들끼리의 대화가 있다. 언어적 생산물을 단지 생산자들의 특징에 의해 분류한다면 이 마지막 카테고리의 언설들은 '민중언어' 속에 들어가야 할 테지만, 언제나 〔거기서〕 배제된다.

상대적으로 긴장된 시장이 발휘하는 검열효과는 어떤 카페들처럼 (최소한 어떤 시간에는) 사실상 민중계급의 성인남자에게만 개방된 공공장소에서 교환되는 말들이 매우 의례화되어 있고 엄격한 규칙에 복속된다는 사실에서 볼 수 있다. 사람들이 선술집에 가는 것은 그저 술을 마시기 위함이 아니라, 오락에 끼기 위해서이다. 참가자들에게 일상의 압박에서 벗어나 자유를 느끼게 해 주며, 화기애애하고 넉넉한 분위기를 만들어내는 집단적 여흥 말이다(술의 역할은 여기서 보조적인 것에 지나지 않는다). 사람들은 웃고 웃기기 위해 거기 있다. 각자는 재주껏 농담과 재치 있는 말을 던져야 한다. 아니면 최소한 남들의 성공적인 농담에 감탄사와 웃음을 보내면서 잔치에 기여해야 한다('어이

쿠, 저런!'). 분위기를 띄우는 재주는 매우 귀한 자본이다. 이런 재주
가 있는 사람은, 끊임없는 탐구와 노력을 통해, 승인된 사교성의 어떤
형태를 완성시키는 '유쾌한 사람'의 이상에 도달할 수 있다. 이리하여
수완 좋은 술집 주인은 변함없이 중심적인 자신의 위치 덕택에 얻어
듣고 또 풀어놓을 수 있는, 이 시장에 어울리는 표현적 관례들, 농담,
재담, 말장난에 통달함으로써, 또한 놀이의 규칙이나 손님들 각각의
개성, 이름과 별명, 괴벽, 나쁜 버릇, 그가 종종 덕을 보기도 하는 장
기와 재주에 대해 특수한 지식을 쌓음으로써, 그의 손님들이 추구하
고 또 만들어내야 하는, 사교적으로 흥분된 분위기를, 격려와 독촉 혹
은 진정하라는 은근한 요청을 통해 불러일으키고 유지하며 끌어가는
데 필요한 원천을 얻는다. 24) 제공되는 대화의 질은 참여자들의 질에
달려 있으며, 참여자들의 질 자체는 대화의 질에, 즉 그 한가운데 있
으면서 상업적 관계를 부인할 줄 아는 사람에게 달려 있다. 그는 스스
로를 평범한 참여자로서 교환의 원 가운데 위치시키려는 의지와 능력
을 ─ '주인이 돌리는 한 잔'과 단골손님에게 제공하는 주사위놀이를
통해 ─ 확인함으로써, 멋진 인생에 대한 집단적 숭배의식에서 사람
들이 기대하는, 경제적 속박과 사회적 제약의 일시정지에 기여한
다. 25)

---

24) 소매상, 특히 술집 주인은, 그의 직업적 요건의 일부인 사교성의 미덕을 갖고 있다
면 더욱더, 지위와 관련된 노동자들의 적대의 대상이 아니다(진정한 문화적 장벽
에 의해 노동자들로부터 격리된, 지식인들 또는 문화자본을 갖춘 프티부르주아지
의 성원들과는 대조적으로). 그는 경제적인 유복함과 그러한 유복함이 가져다주
는 여유 덕택에, 어떤 상징적 권위를 누릴 때가 많다. 이 권위는 심지어 정치적인
영역에서도 관철된다. 비록 카페에서의 대화에서 이런 주제는 암묵적으로 금기시
되지만 말이다.
25) 카페 주인 외에도 상인들, 특히 직업적 수다쟁이이자 재담꾼인 노점상과 장돌뱅이
들, 그리고 서로 다른 상호작용의 구조에 대응하는 상이한 스타일로, 푸줏간 주인

당연한 일이지만, 이 시장에서 유통되는 언설은 규칙과 원리를 모르는 사람에게나 완전히 자유롭고 자연스럽다는 인상을 준다. 외부에서 보면 무절제한 감흥의 토로 같은 달변은 그 자유로움에서 아카데믹한 달변의 즉흥성보다 더하지도 덜하지도 않다. 그러한 달변은 효과를 추구하고, 청중과 그들의 반응에 주의를 기울이며, 호의와 칭찬을 얻기 위해 수사학적 전략 사용을 잊지 않는다. 그것이 의지하는 표현과 창조의 틀은 이미 검증된 것이지만, 그런 틀을 갖지 못한 사람들에게는 분석의 예리함과 심리학적, 정치적 명징성이 섬광을 발하는 것 같은 느낌을 준다. 그 수사학이 허용하는 엄청난 중언부언에 의해, '훌륭한 교육'의 불가피한 발현인, 형식과 의례적 문구들의 반복에 부여된 중요성에 의해, 알려진 세계의 구체적 이미지에 대한 체계적 의존에 의해, 집단의 근본적 가치를, 형식의 쇄신 속에서도 재확인하는 강박적인 고집에 의해, 이 언설은 심층적으로 안정적이고 견고한 세계관을 표현하고 강화한다. 행위자 집합 하나하나에 그 본질을, 그리하여 위치와 서열을 할당하는, 이 끈기 있게 재확인되며 집단적으로 보증되는 자명한 이치들의 체계 속에서, 성적 분업에 대한 표상은 중심적 자리를 차지한다. 아마도 남성성에 대한 숭배, 즉 투박함과 육체적 힘, 여성적인 세련됨에 대한 선택적 거부 속에서 확립된, 거친 무례함에 대한 숭배는, 상인들처럼, 경제자본이 풍부하든, 그렇지 않든, 문화자본이 부족하다고 스스로 느끼는 사람들이 문화적 열등성에 맞서 싸우는 가장 효과적인 수단일 것이다. 26)

---

과 이발사가 노동자들의 일시적인 기여보다 훨씬 더, 독창적인 표현의 생산에 기여하는 게 아닌지 확인할 필요가 있다.

26) 이러한 표상은 남자에게 어떤 사회적 본성을 할당한다. 고통과 슬픔을 잘 견디고, 남을 잘 믿지 않으며, 감정과 심약함을 거부하고, 억세고 고집스럽고 '고지식하며', 솔직하고 신의가 있고 '의지해도 좋다' 등. 가혹한 생존조건은 아무튼 이런 본

자유시장들의 집합 안에서 맞은편 극단에 있는, 친숙한 사람들 간의, 특히 여자들끼리의 교환시장은 기교나 효과에 대한 고려가 거의 없다는 점에서 구별된다. 그래서 거기서 유통되는 언설은 형식적인 면에서도 카페에서 공식적으로 교환되는 언설과 다르다. 이 언설이 올바른 언설과 관련하여 규정되는 것은 거부가 아닌, 박탈의 논리 속에서이다. 공적이고 공식적이든, 아니면 사적이든, 지배적인 시장들은 경제적으로나 문화적으로 가장 박탈된 사람들에게 너무나 어려운 문제들을 제기한다. 그래서 '민중언어'의 지지자들이 암묵적으로 채택하는, 화자들의 사회적 특성에 기초한 어법의 정의에 머무를 경우, 이 언어의 가장 빈번한 형식은 침묵이라고 말해야 할 정도이다. 사실, 말투를 고치려고 애쓰지 않고 지배적 시장들에 맞설 필요성에서 생겨나는 모순은 다시 한 번 성적 분업의 논리에 따라서 해결된다. 남자란 모름지기 자기 자신에게 충실할 의무와 권리가 있고, 이 권리/의무가 그의 정체성의 구성요소이며, 남자로서의 체면을 지키기 위해 침묵을 지키는 게 허용된다는 생각이 (무엇보다 그 점을 아쉬워하는 척하는 여자들에 의해) 받아들여지고 있으므로('그 사람은 원래 그래'), 의사를 맞이하여 증상을 설명하고 치료법에 대해 의논한다든가, 학교선생이나 사회복지사를 상대로 교섭하는 것과 같이, 까다로운 상황들에 직면하여 필요한 노력을 기울이는 역할은 본래 유연하고 복종적이라고 사회적

───────────

성을 남자에게 부과한다. 하지만 동시에 남자는 그러한 본성을 선택할 의무가 있다고 스스로 느낀다. 왜냐하면 그것은 여성적인, 연약하고, 부드럽고, 온순하고, 복종적이며, 불안정하고, 변덕스럽고, 민감하고, 감각적인 '본성'(및 여성화된 '본성의 역행')에 대항하여 정의되기 때문이다. 이 구분의 원리는 고유한 적용의 장, 즉 양성 간의 관계의 영역을 넘어서 매우 일반적인 방식으로 작동하면서, 남자들에게 그들의 정체성에 대해, 나아가 다른 사회적 정체성들에 대해, 그리하여 사회질서 전체에 대해, 엄격하고 경직된 시각, 한마디로 본질주의적 시각을 부여한다.

으로 정의되는 여성에게 지워진다. 27) 그리하여 엉터리 단어, 특히 의학용어처럼, 틀리지 않으려고 헛되이 노력하거나, 돋보이려고 엉뚱하게 신경 쓴 결과 생겨난 '오류'들, 프티부르주아들이 — 또한 '민중언어'의 문법이 — 가차 없이 지적하는 잘못들은 대개 여자들에게서 나온다(그리고 그녀들은 '자기네' 남자들에게 조롱당한다. 잘난 척하고 꾸미기 좋아하는 여자의 '본성'을 확인시키면서). 28)

사실, 이런 경우에도 온순함의 표현은 얼마간 이중성을 띠며, 그것을 종속적 지위에서 나오는 마지못한 존경의 표시로 바꾸어 놓는 작은 신호들, 즉 사소한 거절, 약간의 빈정거림이나 거리두기에도 공격성으로 돌변할 위험을 안고 있다. 너무나 불평등한 사회관계 속에 들어가면서, 여봐란 듯이 지나치게 적합한 말씨와 몸가짐을 택하는 사람은 강요된 복종이나 타산적인 굽실거림같이, 선택적 경의를 경험하거나 염두에 두어야 하는 제약에 직면한다. 공손한 말씨와 단정한 옷차림이라는 지배적 규범에 분명하게 순응해야 하는 하인의 이미지가 모든 지배자와 피지배자의 관계에 들러붙어 있으며, 특히, '수고비'가 제기하는, 풀 수 없는 문제들이 말해 주듯이, 서비스의 교환에 들러붙어 있다. 서비스 기능을 담당하는 사람들에게서 그토록 빈번하게 나타나는, 지배자들 및 그들의 생활양식에 대한 양가감정은 불안해하며 순응하는 성향과 어깨를 으쓱하며 지배자들을 낮추어보고 편하게 행동하려는 노력 사이에서 균형을 맞추는데, 무례함과 비굴함 중 하나

---

27) 이러한 행동이 여성의 교육수준에 따라, 그리고 아마도 부부의 교육수준의 차이에 따라 달라진다는 점은 말할 필요도 없다.

28) 이러한 논리에 따라, 여성은 언제나 오류(*tort*) 속에, 즉 그들의 — 뒤틀린(*tordue*) — 본성 속에 있게 된다. 여기에 해당되는 예는 무수히 많다. 어떤 교섭을 위임받은 여성이 성공적으로 그것을 처리한다면, 이는 일이 너무 쉬웠기 때문이고, 만일 실패한다면, 처신하는 법을 모르기 때문이다.

를 택할 수밖에 없는, 언어자본이 가장 결핍된 사람들이 지배적인 표현양식과 맺는 관계의 진실과 한계를 표상하는 것은 이러한 양가감정이다.[29] 역설적이지만, 그들이 가장 관습적인 언어, 하지만 그들의 감각으로는 심각한 문제를 이야기하기에 적당한 유일한 언어를 선택할 수 있는 것은 — 예컨대 사랑을 고백하거나, 장례식에서 애도를 표현할 때와 같이 — 스스로를 우습다거나 비굴하다고 느끼지 않고도 고상하게 행동하는 것을 정당화해 주는 엄숙한 상황에서이다. 다시 말해, 지배적인 규범들이 상투적이고 판에 박힌 말을 버리고 감정의 힘과 진지함을 표현하기를 요구하는 경우이다.

이렇듯 피지배자들의 언어적이고 문화적인 생산은 자유시장이 제공하는 통제된 자유를 이용하는 혹은 지배적 시장이 부과하는 제약들을 수용하는 그들의 성향과 태도에 따라 달라지는 것처럼 보인다. 이는 모든 범주의 생산자들에 의해 모든 시장을 위해 생산된 어법들 전체를 고려할 때 얻어지는 다면적 현실 속에서, '민중'에 대해 말할 권리와 의무가 있다고 느끼는 자들 각자가 그의 관심과 환상을 객관적으로 뒷받침하는 무언가를 발견할 수 있는 이유를 설명한다.

---

29) 접근할 수 없다고 여겨지는 사람에게 (욕설, 험담, 성적 도발 등으로) 상징적 오염을 가하려는 시도는 우월성을 인정한다는 고백의 가장 지독한 형태이다. 장 스타로뱅스키 (Jean Staribinski) 가 브레이 양(孃)에 대한 하녀들의 수다 ― cf. J. J. Rousseau, *Confessions*, Ⅲ, in *Œuvres complètes* (Paris, Gallimard, Pléiade, 1959), pp. 94~96 ― 를 분석하면서 잘 보여주었듯이, "상스러운 수다는 계급 간 차이를 메우기는커녕, 유지하고, 심화시킨다. 자유분방하고 불손한 색채 아래 천박함이 넘쳐나는 그러한 수다는 열등성의 자기 확인에 불과하다." Jean Starobinski, *La relation critique* (Paris, Gallimard, 1970), pp. 98~154.

제 2 부              사회제도와 상징권력

# 서론

    사회과학은 고유명사, 보통명사, 제목, 기호, 약어 등을 포함하는, 이미 명명되고 분류된 현실들을 다룬다. 자신이 그 논리와 필요성을 알지 못하는 구성행위를 저도 모르게 떠맡는 위험을 피하고 싶다면, 사회과학은 명명(*nomination*)이라는 사회적 작업들과 그것들을 완성하는 임명의례를 연구대상으로 택해야 한다. 좀더 깊게는, 사회현실을 구성하는 데서 말이 차지하는 몫을, 그리고 모든 집합적 투쟁(*lutte de classes*)의 한 차원으로서 분류(*classement*)를 둘러싼 투쟁이 집합 형성에 미치는 영향을 검토해야 한다. 이런 집합의 예로는 연령집단, 성별집단, 사회계층 외에도 씨족, 부족, 종족, 민족이 있다.

    언어에, 좀더 일반적으로는 표상들에, 상징적인 것에 고유한 현실 구성력을 부여하는 신칸트주의 이론은 사회세계에 관한 한 지극히 정당하다. 사회적 행위자들의 사회세계에 대한 지각을 구조화하면서, 명명행위는 그러한 사회세계의 구조를 만드는 데 기여하며, 이는 그것이 널리 인정될수록, 즉 권위를 얻을수록 더욱 그러하다. 모든 사회적 행위자는 이 명명하는 권력, 세계에 이름을 붙임으로써 세계를 만드는 권력을 얻을 수 있는 데까지 얻고 싶어 한다. 험담, 중상모략, 비방, 모욕, 칭찬, 규탄, 비판, 시비걸기, 찬양은, 축하이든 유죄선고이든, 공인된 권위의 주관 아래 격식을 갖추어 이뤄지는 집합적 명명행위가 남겨놓은 나날의 잔돈푼일 따름이다. 보통명사 속에 집단 전체의 상식, 합의(consensus), 동의(homologein), 한마디로 공적인 명명 —(학위와 같이) 공적인 자격이 권한을 위임받은 자에 의해 부여되는 것은 이러한 행위를 통해서인데 — 이 담보하는 모든 것이 들어 있다면, 이와 대조적으로, 모욕이 의지하는 '특질 명사'(noms de qualité — '얼간이', '개새끼')는 이디오스 로고스(idios logos)[1]로서, 그 말을 생각해낸 사람에게만 미치는 매우 제한된 상징적 효력만을 갖는다.[2] 그러나 이 둘은 모두 수행적(performative)[3]이라고, 아니면 더 간단하게 주술적이라고 할 만한 의도를 공통적으로 가지고 있다. 명명이 그러하듯, 모욕 또한 크건 작건 사회적 기반을 가진 임명(institution)과 지위박탈(destitution)의 행위에 속한다. 이러한 행위들을 통해서 개인은 자신의 이름으로, 아니면 수적인 면에서나 사회적인 면에서 다소간 중요한 어떤 집단의 이름으로, 누군가에게 당신은 이러저러한 속성을 가졌다고 통고하고, 또한 그럼으로써 그에게 당신은 이제 당신에게

---

1) [역주] 발화자만이 의미를 분명히 알 수 있는 개념을 뜻한다.

2) 모욕에 관한 언어학적 논의로는 N. Ruwet, *Grammaire des insultes et autres études* (Paris, Le Seuil, 1982) ; J-C. Milner, *Arguments linguistiques* (Paris, Mame, 1973).

3) [역주] 오스틴은 발화 자체가 발화되는 문장이 표상하는 행위를 구성할 때, '수행적 발화'(perfomatif)라는 용어를 사용한다. 예를 들어, '당신에게 떠나는 것을 허락합니다'라는 문장의 발화는 그 자체로서 떠나는 것을 허락하는 행위를 구성한다. 이하의 텍스트에서 사용된 '수행적'이란 형용사는 이러한 의미로 소급된다.

할당된 사회적 본질에 걸맞게 행동해야 한다고 통고하는 것이다.

간단히 말해서 사회과학은 사회적 세계에 대한 이론 안에 이론의 효과에 대한 이론을 포함시켜야 한다. 이론의 효과는 사회세계를 바라보는, 다소간 권위 있는 방식을 부과하는 데 기여함으로써, 이 세계의 현실을 만드는 데 기여한다. 단어, 하물며 격언이나 속담, 그리고 모든 상투적이거나 관례적인 표현형태들은 인식의 프로그램들이다. 일상적인 상징투쟁의 다소간 의례화된 갖가지 전략들은, 대규모의 집단적 명명의례들이 그렇듯이, 좀더 분명하게는, 고유하게 정치적인 투쟁에서 시각들(visions)과 예측들(prévisions)의 충돌이 그렇듯이, 사회세계에 대한 특정한 시각(vision)을, 즉 사회세계의 구분들(divisions)을 부과하는 사회적으로 인정된 권력으로서의 상징적 권위에 대한 열망을 감추고 있다. 과학 자체가 불가피하게 연루되기 마련인, 정당한(légitime) 시각을 받아들이게 하려는 투쟁 속에서 행위자들은 그들이 가진 상징자본의 양, 다시 말해 그들이 집단으로부터 받는 인정에 비례하여 권력을 보유한다. 말이나 글이 갖는 수행적 효력을 근거 짓는 권위는 하나의 페르키피(percipi), 즉 인지되고 인정된 존재이다. 페르키피는 페르키페레(percipere) 4)를 부과할 수 있다. 그것도 상식의 기초를 이루는, 사회세계의 의미에 대한 합의를 공적으로 부과하듯이, 만인 앞에서 만인의 이름으로 스스로에게 부과할 수 있다.

---

4) [역주] 페르키페레(percipere)는 라틴어 동사로서 점령하다, 움켜쥐다, 그러모으다, 받다 등의 의미가 있으며, 여기서부터 인지하다, 겪다, 이해력에 의해서 모으다, 인식하다 라는 의미로 확장된다. 페르키피(percipi)는 이 동사의 수동부정형으로서, 인지되다, 인식되다 라는 의미이다. 이 글의 맥락에서는 페르키피가 '인정받은 존재'를 뜻하고, 페르키페레는 '인정하는 행위'를 뜻한다. 인정받은 존재는 공적으로 스스로에게 인정을 부여함으로써 타인에게 인정을 강요할 수 있다는 것이 이 대목의 요점이다.

수행적 주술의 신비는 이렇듯 (교회법학자들이 애지중지하는 말장난에 따르면) 대리의 신비(*mystère du ministère*) 속에서, 다시 말해서 재현/대표(*représentation*)의 연금술 속에서 해결된다. 집단을 대표하여 말하고 행동할 전권을 부여받았으며, 무엇보다, 슬로건의 주술에 힘입어, 집단에 대해 그렇게 하도록 권한을 위임받은 대변인은 이러한 위임(*procuration*)을 통해서만 존재하는 집단의 대체물이다. 의인화된 집단으로서, 그는 분리된 개인들의 단순한 집적상태로부터 끌려나온 하나의 가상적 인격을 구현하며, 집단으로 하여금 자신을 거쳐서 '한 사람인 것처럼' 행동하고 말할 수 있도록 허용한다. 그 대신에, 그는 집단의 이름으로 말하고 행동할 권리와, '스스로 마치' 자신이 구현한 집단 자체인 듯 행동할 권리, 그가 영혼과 육체를 부여한 직무(*fonction*)와 자신을 동일시할 권리를 갖는다. 이리하여 그는 구성된 몸체에 생물학적 몸체를 부여한다. 스타투스 에스트 마기스트라투스(*Status est magistratus*), [5] '짐이 곧 국가나라'. 또는, 같은 말이지만, 세계는 나의 재현이다.

---

5) [역주] 직역하면 '정부의 형태는 집정관과 같다(집정관에 의해 결정된다)'이다.

# 제1장

# 권위 있는 언어*

## 의례상의 담론이 효력을 갖기 위한 사회적 조건들

가령 내가 조선소에서 배 한 척을 발견하고 그 위로 걸어 올라갔다고
상상해 보자. 나는 술병을 뱃머리에 깨며 "이 배의 이름을 스탈린호(號)
라 한다"라고 선언한 후, 굄목을 걷어차 버렸다. 난처한 사실은 내가 그
배의 이름을 짓는 사람으로 정해지지 않았다는 것이다.

— J. L. Austin, *How to do Thing with Words*

말이 갖는 권력에 대한 순진한 의문은 언어의 사용에 대한, 즉 말이
이용되는 사회적 조건에 대한 질문이 애초에 소거되었다는 사실 속에
논리적으로 함축되어 있다. 소쉬르는 내적 언어와 외적 언어를 구분
하고, 언어과학과 언어의 사회적 사용에 관한 과학을 구분하는 급진
적인 입장을 제시한 바 있다. 그러나 이를 받아들여 언어를 자율적 대
상으로 다루는 순간, 필연적으로 말의 권력을 그것이 있지도 않은 곳
인 말 속에서 찾는 상황에 처하게 된다. 사실, 표현들이 발화 내 행위
를 만드는 힘(*illocutionary force*)은 말 속에서 발견될 수 없다. '수행적
발화'(*performatifs*)와 같이, 말 안에 이러한 힘이 지시되어(*indiquée*) 있
거나, 나아가 이중적인 의미에서 재현/대표(*représentée*) 되는 경우에도

---

* "Le langage autorisé. Les conditions sociales de l'efficacité du discours rituel"은
*Actes de la recherche en sciences sociales*, 5-6(novembre 1975), pp. 183~190에 발표
되었고, 이어서 *Ce que parler veut dire*, pp. 103~119에 수록되었다.

말이다. 상징교환이 순수한 의사소통의 관계로 환원되고, 메시지의 정보내용이 커뮤니케이션 내용과 다르지 않게 되는 것은 예외적으로만 — 즉, 실험이라는 자의적이고 인위적인 상황에서나 — 가능하다. 말의 권력이란 대변인에게 위임된 권력(*pouvoir délégué*) 외에 아무것도 아니며, 대변인의 말은 — 다시 말해, 그가 말하는 내용과 말하는 방식은 — 기껏해야 하나의 증언, 다른 무엇보다도 그에게 부여된 위임보증(*guarantie de délégation*)에 대한 증언일 따름이다.

오스틴(또는 그 뒤를 이은 하버마스)에 의해 완성된 형태로 나타난, 발화의 효력의 원천을 담론 자체에서, 즉     이런 표현을 써도 좋다면 — 발화의 고유하게 언어적인 실체에서 찾는 잘못의 근원은 이와 같다. 언어적 표명이 갖는 권력을 언어학적으로 이해하려 할 때, 제도의 언어(*language d'institution*)[1]가 갖는 논리 및 효력의 근원을 언어 속에서 찾을 때, 권위가 언어의 외부로부터 온다는 사실은 잊힌다. 호머의 서사시에서 연설하려는 웅변가가 넘겨받는 스켑트론(*skeptron*)은 이 점을 구체적으로 상기시킨다.[2] 언어는 기껏해야 이러한 권위를 재현/대표할 뿐이다. 언어는 그것을 드러내며, 상징한다. 모든 제도의 담론, 즉 〔제도로부터〕 권한을 부여받은 대변인이, 제도의 위임이 그 한계를 지정하는 권위에 기대어, 공식석상에서 스스로를 표현하는 공적 발화에는 특유의 수사학이 있다. 관례화, 상투화, 중립화같이, 사제나 교사의 언어, 좀더 일반적으로는, 모든 제도의 언어에 나타나는 문체상의 특징들은 이들 위임된 권한의 소지자들이 경쟁의 장에서 차지하는 위치로부터 흘러나온다. 언어에 대한 순수하게 내재적인

---

1) [역주] 기관의 언어, 또는 임명의 언어라고도 번역할 수 있다.
2) É. Benveniste, *Le vocabulaire des institutions indo-européennes* (Paris, Éditions de Minuit, 1969), pp. 30~37.

접근이 불가피하게 초래하는 난점들을 피하기 위해, 사람들은 말하곤 한다. 특정한 상황에서 특정한 화자가 언어를 사용하는 방식에는 그의 스타일과 수사학, 사회적으로 형성된 그의 인격 전체가 관여하게 될 터인데, 이리하여 그의 말에는 특정한 콘텍스트와 결부된 '함의들'(connotations)이 달라붙으며, 그의 담론은 잉여의 기의(signifié)를 얻게 된다고, 그의 담론이 '발화내적 수행력'을 갖는 것은 이렇게 해서라고. 하지만 이런 말만으로는 부족하다. 사실 언어의 사용은, 그러니까 무엇을 쓰고 말하느냐와 어떻게 쓰고 말하느냐는 발화자의 사회적 위치에 달려 있다. 그리고 발화자의 사회적 위치는 그가 제도의 언어에, 공식적인, 교리에 합치되는, 올바른 말에 접근할 수 있는 정도를 결정한다. 수행적 언명을 사실의 기술이나 확인으로 위장하는[3] 사칭자들(masqueraders)의 단순한 기만과, 제도의 권위를 업고 같은 일을 하는 자들의 허가된 기만 사이에 존재하는 차이 전체는 정당한 표현수단에 접근할 수 있는 정도, 다시 말해 제도의 권위에 대한 참여 여부에 의해 생겨난다. 대변인이란 스켑트론을 건네받은 사기꾼인 것이다.

만일 오스틴이 언급했듯이 '상태를 기술하거나 어떤 사실을 확인'하는 데 그치지 않고 '행동을 수행하는' 발화가 있다면, 그 말이 갖는 힘은 그것이 발화자 자신의 자격으로 언명되는 것이 아니라는 사실에서 비롯된다. 발화자는 그 말의 '담지자'일 뿐이다. 공식 대변인이 말을 통해 타인들에게 영향을 미치고, 또 그들의 일을 통해 사물 자체에 영향을 미치는 것은 그의 발화 속에 그에게 위임장을 주고, 그를 대리인(fondé de pouvoir)으로 만들어 준 집단의 축적된 상징자본이 집약되어 있기 때문이다. 사회물리학의 법칙은 겉보기에만 물리학의 법칙을 벗

---

3) J. L. Austin, *op. cit.*, p. 40.

어난다. 아무 일도 하지 않고 남들을 일하게 하는 — 모든 주술적 행위의 목표는 이것이다[4] — 특정한 슬로건들의 힘은 집단적 노력을 통해 축적된 자본으로부터 나오는 것이며, 그 자본의 효과적인 사용은 사회적 주술의 의례들을 규정하는 전반적인 조건에 종속된다. 수행적 발화가 성공적으로 이뤄지기 위해 충족되어야 할 조건들은 대부분 발화자 — 그의 사회적 기능이라고 하는 편이 낫겠다 — 의 적절성과 발화 내용의 적절성으로 환원된다. 수행적 발화는 그것을 말할 '권력'이 있는 사람에 의해 말해지지 않을 때마다, 혹은 좀더 일반적으로 "특정한 인물이나 상황"이 "문제의 질차를 내세우는 데 적절한 인물과 상황"[5] 이 아닐 때마다 실패할 운명이다. [6] 하지만 가장 중요한 점은 아마도 권위 있는 행위(actes d'autorité) 또는, 결국 같은 말이지만, 권한이 부여된 행위(actes autorisés)에 지나지 않는 사회적 주술의 성공적인 작용이 사회적 의례를 구성하는 상호의존적 조건체계의 결합에 의존한다는 점이다.

다양한 형태의 논증, 수사학, 문체론의 고유하게 언어적인 논리에서 그것들의 상징적 효력의 원천을 발견하려는 온갖 노력은 담론의 속성들과 그것을 언표한 사람의 속성들, 그리고 그에게 그러한 언표를 허락한 제도의 속성들이 맺는 관계를 분명히 하지 않는 한, 실패할 수

---

4) 주술행위는 어떤 조건 아래서 사람에게 미치는 말의 작용(말에 의한 행위)을 자연으로 확장한다. 사회적 행위에서 여기에 해당하는 것은 위임의 한계 너머에서 말을 통해 행하려는 시도이다(자신의 교구 바깥에서, 사막에서 말하기).

5) J. L. Austin, op. cit., p. 64.

6) [역주] 오스틴에 따르면 어떤 진술이 수행적인 힘을 갖기 위해서는 (다시 말해서 그것이 언표하는 것을 실행하기 위해서는), 반드시 ① 적절한 맥락 안에서 그것을 하라고 지시한 사람에 의해 발화되어야 하며, ② 특정한 관습을 따라야 하며, ③ 발화자의 의도를 고려해야 한다.

밖에 없다. 수행적 발화의 특징을 밝히려 한 오스틴의 시도는 그가 자신이 하고 있다고 생각하는 일을 정확하게 하지 않았다는 점에서 한계가 있으며, 또 그 때문에 흥미롭기도 하다. 그가 그 일을 완성하지 못한 이유도 여기에 있다. 그는 언어철학에 기여한다고 믿으면서, 특정한 종류의 상징적 표현들에 대한 이론을 만든다. 권위 있는 담론은 그러한 표현들의 계열적인 (*paragmatique*) [7] 형태일 뿐이다. 그 표현들이 갖는 특수한 효력은 그것들이 그 자체 내에 권력의 원천을 가지고 있는 것처럼 보인다는 사실로부터 나온다. 하지만 현실적으로 권력은 그것들이 생산되고 수용되는 제도적 조건 속에 존재한다.

권위 있는 담론(강의나 설교 등)은 단순히 이해되는 것으로는 부족하며(담론이 이해되지 못했지만 힘을 잃지 않는 경우도 있다), 권위 있는 담론으로서 인정받을 때만 고유한 효과를 발휘한다는 점에 그 특수성이 있다. 이러한 인정은 — 이해가 뒤따르든 아니든 — 특정한 조건에서만, 즉 올바른 사용을 규정하는 조건들에서만 자연스럽게 주어진다. 우선 권위 있는 담론은 그것을 언표하는 것이 당연하다고 여겨지는 사람, 스켑트론을 쥐고 있는 사람, 사제나 교사, 시인 등과 같이 이러한 특정한 부류의 담론을 생산할 자격과 능숙함을 갖추었다고 알려져 있으며 그렇게 인정받는 사람에 의해 언표되어야 한다. 또한 그것은 적절한 상황, 즉 적절한 수용자 앞에서 이뤄져야 한다(각료회의에서 다다이스트 시를 읽을 수는 없다). 끝으로 그것은 (통사론적, 음성학적으로) 적절한 형식에 따라 이뤄져야 한다. 전례적(*liturgique*)이라고 부를 수 있는 조건들, 즉 권위의 공적 표현형식을 다스리는 지침들 전체,

---

7) [역주] 언어학에서 계열 (*paradigm*) 은 발화연쇄의 같은 지점에서 상호 대체가능한 사항들의 집합을 가리킨다. 예를 들자면 "나는 잠옷을 입었다"와 같은 문장에서 잠옷 대신 들어갈 수 있는 바지, 윗도리, 마고자, 두루마기 등의 집합이다.

예식에서 지켜야 할 에티켓, 몸짓들의 규약, 의례의 공식적 규칙은 조건들의 체계에서 하나의 요소, 가장 두드러지는 요소에 지나지 않는다. 가장 중요하고 대체불가능한 조건은 오인이나 믿음에 의해 인정이 이뤄지도록 하는 것, 즉 공인된 담론에 권위가 부여되도록 권한을 위임하는 것이다. 의례가 효력을 갖기 위한 형식적 요건에만 초점을 맞출 경우, 의례가 기능하기 위해, 그리고 성사(聖事)가 유효하면서(valide) 동시에 효과적이기(efficace) 위해 충족되어야 하는 의례적 조건들은 이 의례의 인정을 생산하기 위한 조건들이 갖추어지지 않는 한 결코 충분히 않다는 점을 간과하게 된다. 권위 있는 언어는 결코 그것이 다스리는 대상들과의 공조, 다시 말해 그러한 공모를 낳는 사회적 기제의 도움 없이는 기능할 수 없으며, 그러한 공모의 토대는 곧 모든 권위의 기반이기도 한 오인이다. 오스틴뿐만 아니라 상징체계에 대한 모든 엄격하게 형식주의적인 분석이 품고 있는 오류의 심각성을 밝히기 위해서는, 권위 있는 언어가 올바른 언어의 극한일 뿐이며, 그것의 권위 역시 올바른 언어에 대한 지식과 인정의 계급별 분포를 낳는 사회적 조건 속에 존재한다는 사실을 보이는 것만으로 충분하다. 그러한 권위는, 계급 인종주의가 기대하듯이, 발음의 구별을 낳는 일련의 운율법이나 조음상의 변이에 혹은 통사적 복잡성이나 어휘의 풍부함 속에, 다시 말해 담화 그 자체의 본질적 속성 안에 존재하는 것이 아니다.

전례(典禮)의 위기가 그것과 서로 기대고 있는 의례담론의 위기와 동시에 발생한다는 사실은 이러한 분석을 확증해 주는 일종의 실험이나 마찬가지이다. 교회의 위기에서 야기된 현실적 분석 및 비판은, 의례의 생산 및 재생산을 맡고 있었던 제도처럼 일관되고 획일적인 체계 안에 견고하게 결합되어 있던 전례의 구성요소들 — 행위자, 도구, 계기, 장소 등 — 을 분해하였다. 이에 비추어 볼 때, 수행적 언설이 타당성과 효력을 갖는 조건에 대한 오스틴의 분석은 그것의 순수하게 형식적인 정교함 속에서 몹시 밋밋하고 빈곤해 보인다. 전통적 전례에 위배되는 사례들을 분개한 어조로 열거한 를롱의 보고서는[8] 의례담론이 인정받기 위해 혹은 의례담론으로서 이해되고 수용되기 위해 이행되어야 할 제도적 조건들의 전반적 상을 사진원판처럼 뒤집힌 채로 확인시켜 준다. 의례가 기능하고 작용하기 위해서는 무엇보다 스스로를 정당한 것으로서 제시하는 동시에, 그렇게 지각될 수 있어야 한다. 판에 박힌 상징들의 기능은 바로 행위자가 개인으로서 자신의 이름과 권위에 기대어서가 아니라, 위임받은 집행자의 자격으로 행동함을 보여주는 데 있다. "두 해 전, 이웃의 어느 죽어가는 노부인이 내게 사제를 모셔다 달라고 부탁했습니다. 사제가 오긴 했으나 영성체를 가져오지 않았습니다. 그는 그대로 병자성사를 올린 후 부인에게 입을 맞췄습니다. 만일 삶의 마지막 순간에 내가 사제를 찾게 된다면, 그것은 입맞춤을 받기 위해서가 아니라 영원을 향해 떠나는 데 필요한 도움을 청하기 위해서입니다. 사제가 행한 그러한 입맞춤은 다분히 온정주의적 행동일 뿐, 신성한 성직자의 행동이라 할 수 없습니다."

의례적 상징체계는 그 자체로서가 아니라 언제나 자신의 대리인으로 —연극용어를 쓴다면— 분하여 작용한다. 성사(聖事)에서 사용되는 말과 몸짓을 다스리는 통일된 전례의 규약이 엄격하게 지켜질 때, 사제를 '구원이라는 재화를 다룰 독점적 권리'의 보유자로 만들어 주는 위임계약은 드러나며 완성된다. 이와 달리 예복, 라틴어, 성지와 성물 같은 성직의 모든 상징적 부속물들을 포기한다면, 이는 교회를 매개로 사제와 신도를 묶어 주던 오랜 위임계약의 파기를 드러내는 것이

---

8) [역주] 원서에는 이 보고서에서 발췌한 문장들이 왼쪽 페이지에 실려 있으나, 번역본에서는 이 장(章)의 끝에 부록으로 덧붙였다.

다. 〔이에 대한〕 신도들의 분개는 〔구원이라는 재화를〕 다루도록 권력을 부여받은 제도만이 의례에 효력을 부여하는 조건들을 갖출 수 있다는 사실을 일깨운다. 전례의 사용을 인가하고 통제하며, 그 실행을 위임받은 사람들의 적합성을 보장함으로써 시공을 막론한 전례의 통일성을 보장하는 제도. 전례의 위기에서 존망의 갈림길에 놓여 있는 것은 이러한 제도가 기능하기 위해 갖추어져야 할 조건들의 체계 전체이다. 〔성사에 사용되는〕 언어의 위기는 이렇듯 올바른 발화자와 수신자의 생산을 보장하는 메커니즘이 위기를 맞았음을 보여준다. 신도들이 화를 내는 것도 무리가 아니다. 그들은 의례의 무질서한 다양화를 제도의 위기와 결부시키고 있다. "교구의 사제들은 각자 작은 교황 또는 작은 주교가 되었으며, 신도들은 혼란에 빠져 있다. 이러한 변화의 급류 앞에서 많은 사람들은 더 이상 교회가 반석이며 진리를 소유한다고 믿지 않는다."[9]

전례의 다양화는 사제와 교회를 결속시키고 또 그 교회를 통해 다시 사제와 신도를 결속시키던 위임계약이 재정의되고 있음을 단적으로 드러낸다. 신도들과 사제집단의 일부는 이를 극적인 방식으로 체험하는데, 이는 다른 이유가 아니라, 그것이 교회 내 역학관계(특히, 고위 사제와 보통 사제 간의)의 변화를 드러내기 때문이며, 이러한 역학관계는 성직의 재생산(성직자의 '소명'의 위기) 및 평신도 일반의 재생산('탈기독교화')을 규정하는 사회적 조건의 변화와 관련되어 있기 때문이다.

전례의 위기는 성직 ─ 그리고 성직자들의 장(場) 전체 ─ 의 위기로 소환되며, 후자는 다시 종교적 믿음의 위기로 소환된다. 그것은 일종의 준실험적 해체를 통해, 의례의 참여자들 전체에게 행복한 마음으로 그것을 수행할 수 있게 해 주었던 '지복(至福)의 조건들'을 폭로한

---

9) R. P. Lelong, *op. cit.*, p. 183.

다. 그리고 이 객관적이고 주관적인 행복이 이러한 조건들에 대한 완전한 무지 위에 자리 잡고 있었음을 뒤늦게 보여준다. 그러한 무지는 사회적 의례들에 대한 통념적 관계(rapport doxique)¹⁰⁾를 정의하면서, 그것들의 효과적인 수행에 가장 결정적인 조건이 된다. 의례의 수행적 주술은 집단의 이름으로 그것의 실행을 맡은 종교적 대리인이 집단과 그 자신을 연결하는 일종의 매개체 노릇을 하는 경우에만 온전히 작용한다. 그를 매개로 하여, 수행적 발화 안에 갇힌 주술적 효력을 스스로에게 행사하는 것은 바로 이 집단이다.

말의 상징적 효력은 거기에 종속되는 사람이 그 말을 하는 사람에게 권한을 인정하는 경우에만, 그리고 같은 말이 되겠지만, 바로 그러한 인정에 의해서 자신이 그 효력의 발생에 기여하고 있다는 사실을 깨닫지 못하는 경우에만 작용한다. 성직의 기초에 있는 이 믿음 위에, 성직자들이 전도하고 보증하는 믿음과 신비보다 훨씬 더 뿌리 깊은 이 사회적 허구 위에, 말의 상징적 효력 전체가 자리 잡고 있다.¹¹⁾ 종교적 언어와 그 수행적 효력이 직면한 위기를, 흔히 생각하는 것과는 달리, 특정한 재현적 질서의 붕괴로 환원할 수 없는 이유가 바로 여기에 있다. 이러한 위기는 일련의 사회관계들의 해체와 더불어, 그 해체과정의 일부로서 나타나는 것이다.

---

10) [역주] 부르디외에 따르면, 객관적인 사회질서와 사람들이 내면화한 주관적인 분류체계 사이에 거의 완벽에 가까운 조응이 일어날 때, 자연세계와 사회세계는 마치 자명한 것처럼 나타난다. 이처럼 기존의 세계를 당연한 것으로 받아들이게끔 하는 실천적, 무의식적 신념체계가 doxa이다. 여기서는 통념으로 번역하였다.

11) 종교 특유의 의례는 사회적 의례의 특수한 경우에 지나지 않는다. 사회적 의례에서 주술의 힘은 의례에 수반되는 담론과 의식내용(특수한 경우, 신앙과 종교적 표상들) 속에 있는 게 아니라, 의례 자체의 구성요소로서, 의례를 가능하게 하고 (무엇보다 의례가 함축하는 신앙과 표상 속에서) 사회적으로 효과를 갖게 하는 사회적 관계의 체계 속에 있다.

부록

# 성체성사 전례의 변화
## 또는 곤경에 처한 수행적 효력

* 아래 인용문들은 모두 를롱(R. P. Lelong)의 책 《엄숙한 영성체의 흑서》(*Le dossier noir de la communion solennelle*, Paris: Mame, 1972)에서 발췌한 것이다(페이지를 괄호 안에 표시하였다). 대괄호 안에 들어 있는 숫자는 신자들이 지적한 전례상의 오류가 다음 중 어디에 해당되는지를 표시한다. [1] 행위자의 오류; [2] 장소의 오류; [3] 시간의 오류; [4] 속도의 오류; [5] 행위의 오류; [6] 언어의 오류; [7] 복장의 오류; [8] 도구의 오류.

"솔직히 말해 저희는 교회본당을 내버려 두고 집이나[2] 공소[2] 등, 사람들이 모인 곳 아무데서나[2] 성체성사를 하도록 장려하는 것에 매우 당혹감을 느낍니다. 그런 데서는 평신도[1]가 쟁반을 내밀면 각자 손으로 밀떡을 집어 듭니다[1]."(p.47)

"교회에 기도를 드리러 가라고 하면 언제든 갈 수 있죠. 하지만 성사(聖事)가 없어진 교회에서[2] 기도하는 게 무슨 의미가 있겠어요? 기도는 집에서도 할 수 있는데요."(p.48)

"우리는 더 이상 성당에서 미사를 드리지 않습니다. 대신 누군가의 집에서[2] 그걸 하지요."(p.59)

"B의 교구에서 우리는 별로 환영받지 못합니다. 우리는 '몇몇 젊은 사제들'의 기상천외한 언동들을 참아내야 합니다. 작년에 그들은 성체성사가 없어지기만을 기다리면서 경건한 첫 영성체를 스포츠센터에서[2] 거행하기로 했습니다. 모든 사람을 충분히 수용할 수 있는 크고 멋진 성당이 두 군데나 있는데 말이죠."(p.66)

"어머니는 ACI(Action Catholique Internationale, 가톨릭 국제행동)의 부속사제가 부엌 식탁에서[2] 미사를 집전하기를 원한다고 하자 황당해하셨어요."(p.90)

어떤 어머니는 유감스러워하며 나에게 이렇게 말하였다. "신부님, 본당에서처럼 아침에[3] 성체성사를 하고 다른 의식을 하나도 하지 않는 것[5]에 대해서는 또 어떻게 생각하세요? 식탁에서 먹고 마시면서 하루가 다 지나갈 텐데요."(p.87)

"이 근처의 몇몇 교구에서는 더 이상 아무것도 하지 않아요. 우리 본당에서는 오후에[3] 신앙고백을 하는데, 한 시간도 안 걸려요. 그것 말고는 미사나 영성체도 없고요[5]. 아이들은 그 다음날[3] 미사를 보러 오지요."(p.87)

"어떤 신부들은 (어떤 교구에서는 신부들이 전부 그 모양입니다, 마치 전염이라도 된 것처럼) 감실에서 영성체를 꺼내거나 갖다 놓을 때 무릎을 꿇는다든지 가볍게 머리를 숙이는 것 같은 존경의 표시를 전혀 하지 않습니다[5]. 이걸 어떻게 생각해야 할까요?"(p.82)

"옛날에는 '저희를 시험에 들게 하옵시고'라고 했거든요. 그런데 요즘은 '우리를 유혹에 굴복하게 하지 말고', 아니면 '우리를 시험에 빠뜨리지 말고'라고 합니다[6]. 끔찍하죠. 저는 그런 식으로 말하고 싶지 않습니다."(p.50)

" '성모이시여, 저는 당신을 경배하옵니다'라고 해야 할 것을, 요즘은 오래된 고딕성당에서도 '마리아여, 나는 너를 경배한다'라고 합니다. 이렇게 반말을 하는 건[6] 우리 프랑스어의 정신에 어울리지 않습니다."(p.86)

"격식을 갖춘 성체성사라고요. 그건 결국 이틀간의 '묵상'(*réco*)1)[6] 끝에, 토요일 오후 5시에[3] 평복을 입고[7] 신앙고백을 하는 것에 지나지 않습니다(미사도 없고[5] 성체성사도 없이). '사적인' 영성체에서는 신앙고백도 없이[5] 빵조각으로[8] 하는 걸요."(p.87)

"하지만 저는 당신이 '서서 하는' 것[5], 영성체를 받는 사람들의 이 서두르는 태도[4]에 대해서 벌써 한마디 하셨어야 한다고 생각합니다. 그건 충격적이에요."(p.49)

"그건 예측을 못해요. 보좌신부가 아무 때나[3] 걸어 나오거든요. 모든 일이 순식간에 끝나죠. 주머니에서[5] 밀떡을 꺼내 가지고, 자, 어서 합시다! 평신도가[1] 금박을 입힌 약통[8]이나 파우더통[8]에서 영성체를 꺼내지 않는 것만 해도 다행이죠."(p.120)

"성체성사에서 그는 일부러 다음과 같은 방법을 택했습니다. 신도들이 제단 뒤에 반원을 그리며 서 있고, 밀떡을 담은 쟁반이 손에서 손으로 넘어가는 겁니다. 그러고 나서 사제 자신이 성작(聖爵)을 꺼냅니다. (매주 일요일 ─ 저는 하나님이 그날을 주일로 삼으셨다고 믿습니다.) 손으로 성체배령을 한다는 걸 저 스스로 받아들이기가 힘들어서[5] ('주의 그릇을 만지는 자여, 경건하라' … 그럼 주를 직접

---

1) [역주] *récollection*(묵상)의 은어.

만지는 것은?) 저는 입으로 영성체를 모시기 위해 장황하게 이야기하고 입씨름을 벌여야 했습니다."(pp.62~63)

"저는 올겨울에 몸이 아파서 몇 주 동안 성체성사를 할 수 없었습니다. 그래서 회복된 후 성당에 갔는데, 손으로 영성체를 모시거나[5] 성배로 성체배령을 하는 것[5]을2) 제가 받아들일 수 없었기 때문에 성체성사를 거절당했습니다[5]."(p.91)

"영성체를 하는 소녀의 할아버지는 밀떡의 크기[8]에 아연실색했습니다. 각각이 '허기를 달랠 만한' 크기였으니까요."(p.82)

"제가 갔던 어떤 성당에서는 미사를 집전하는 신부가 현대음악가들을[1] 초청했어요. 음악에 대해서는 잘 모르지만, 연주를 아주 잘했어요. 하지만, 제 변변찮은 소견을 말씀드린다면, 그런 음악이 기도에 도움이 될 것 같지 않더군요."(pp.58~59)

"올해는 우리 성체배령자들이 성서도 묵주도 없이[8], 알지도 못하는 찬송가가 몇 곡 적힌 종이 한 장만 갖고 있었어요. 게다가 제대로 된 성가대도 없었구요.[1]"(p.79)

"그러므로 저는 우리가 너무나 가볍게 여기는 것, 준성사(準聖事)3)[8](교회 입구의 성수, 오늘날에는 축성을 생략하는 게 보통인, 부활절 직전의 일요일에 쓰는 회양목 가지)라든가 (사라진 것이나 다름

---

2) [역주] 로마 가톨릭에서 평신도는 포도주를 받지 않고 밀떡만으로 영성체를 한다.
3) [역주] 칠성사(七聖事) 외에 예수가 제자들에게 준 능력으로 어떤 물건, 사람, 장소 등에 축복하는 것을 말한다.

없는) 성령과 성모와 성목요일의 "무덤들"4)에 대한 경배같이, 저녁 미사와는 양립하기 어려운 — 심지어 불가능한 — 것들을 위해 탄원의 말을 덧붙입니다. 그렇게 아름다운 가사가 있는데도 더 이상 아무도 부르지 않는 그레고리안 성가와 예전의 삼천기도(三千祈禱)5)에 대해서도 마찬가지입니다."(p.60)

"최근 프랑스 각지로부터 '성직에 대한 의욕'을 가진 젊은 사람들이 모여들었던 수도원에서의 일입니다. 사제가 미사를 드리면서 어떤 장식도 성기(聖器)도 사용하지 않았습니다[8]. 그는 평복을 입고[7] 평범한 식탁에서[2] 평범한 빵과 포도주[8], 그리고 평범한 식기들을[8] 사용했습니다."(p.183)

"우리는 신성모독에 가까울 정도로 당혹스러운 미사를 텔레비전에서 보았어요. 릴(Lille)에서의 일이었는데, 여러 개의 작은 식탁에 사람들이 둘러앉아 있고, 여자들이[1] 바구니에 담아서[8] 영성체(?)를 나눠 주더군요. 재즈음악에다가[5] 또…. 이제부터 저는 이런 말도 안 되는 의식을 따르지 않기로 했어요."(p.158)

"여자들이[1] 보면대에 놓인《사도행전》을 공개적으로 읽고, 성가대에는 아이들이 거의 없거나 아예 없으며[1], 심지어 알랑송(Alençon)에서처럼 여자들이[1] 영성체를 나눠주기도 합니다."(p.44)

"보좌신부가 모자라기는커녕 오히려 남아도는 것 같은 성당에서 평

---

4) [역주] 부활절 전 목요일에 만찬미사를 마친 뒤 성체를 옮겨두는 장소를 말한다. 이 장소는 그리스도의 무덤을 상징한다.
5) [역주] 예수승천축일 3일 전의 기도.

신도들이[1] 공짜사탕처럼 영성체를 나눠주지 않나 하면 … ."(p.49)

"성체성사 시간이 되었을 때 한 여자가[1] 자리에서 일어나더니 성작을 쥐고 포도주의 형태로[8] 참석자들에게 영성체를 나눠주었습니다."(p.182)

## 제 2 장

# 임명의례*

통과의례라는 개념으로써 아놀드 반 게넵은 매우 중요한 하나의 사
회현상에 이름을 붙였으며, 나아가 그것을 묘사하였다. 나는 그가 그
이상으로 대단한 것을 했다고는 생각하지 않는다. 그의 이론에 새로
운 활기를 불어넣었으며, 의례의 국면들을 구분하는 데 그치지 않고
좀더 명시적이고 체계적인 묘사를 제시했던 빅터 터너 같은 이들도
마찬가지이다. 사실 내가 보기에 여기서 한 걸음 더 나아가려면, 통
과의례 이론에 대해 그 이론이 스스로는 제기하지 않는 질문들을 제
기해야 하며, 특히 의례의 사회적 기능에 대해, 의례가 합법적으로
통과할 수 있게, 또는 침범할 수 있게 해 주는 선 혹은 경계에 대해 물

* "Les rites d'institution"(1981년 10월 뇌샤틀에서 열린 '오늘날의 통과의례'에 관한
콜로키엄에서 행해진 강연을 옮겨 적은 것)은 *Actes de la recherché en sciences
sociales*, 43(juin 1982), pp. 58~63에 실렸고, *Ce que parler veut dire*, pp. 121~134
에 재수록되었다.

어야 한다. 우리는 실로 이 이론이 — 예컨대 아동기에서 성인기로의 — 시간적 이행에 강조점을 두면서, 통과의례의 핵심적인 효과 가운데 하나를 은폐하는 것은 아닌지 자문해야 한다. 의례를 겪은 사람들을, 아직 겪지 않은 사람들이 아니라, 어떤 형식으로도 겪지 않을 사람들로부터 분리하는, 그리하여 의례에 관련된 사람들과 관련되지 않은 사람들 사이에 항구적 차이를 확립하는(instituer) 효과가 그것이다. 내가 통과의례보다는 공인의례(rites de consécration), 또는 정당화 의례(rites de légitimation), 아니면 그저 — 임명(institution)이란 단어를 '상속자의 임명'(institution d'un héritier)이라고 할 때처럼 능동적 의미로 사용하면서 — 임명의례(rites d'institution)라고 말하려는 이유가 여기에 있다. 왜 한 단어를 이렇게 다른 단어로 바꾸어 놓는가? 나는 푸앵카레를 원용하고 싶다. 그는 수학적 일반화를 '다른 것들에 같은 이름을 주는 기술'로 정의했다. 그는 또 단어의 선택이 결정적으로 중요함을 역설했는데, 그에 따르면, 언어가 잘 선택되었다면, 이미 알려진 대상에 관한 논증들은 온갖 새로운 대상들에 적용될 수 있다. 내가 제시하려는 분석들은 엘리트 학교들의 기능에 대한 분석의 결과를 일반화한 것이다("Epreuve scolaire et consécration sociale", Actes de la recherche en sciences sociales 39, septembre 1981, pp. 3~70 참조). 이 얼마간은 까다로운 연습문제를 가지고, 나는 사회적 의례들, 여기서는 임명의례들의 불변하는 속성들을 끌어내려고 시도할 것이다.

임명의례에 대해 말한다는 것은 모든 의례가 임의의 경계를 공인하거나 정당화하는 경향이 있음을, 다시 말해서 그 임의성을 깨닫지 못하게 하거나, 올바른, 자연적인 것으로 인식하게 하는 경향이 있음을 지적한다는 것이다. 혹은, 같은 이야기가 되겠지만, 모든 의례는 사회질서와 정신적 질서를 구성하는, 어떤 대가를 치르고라도 지켜야 할 경계들 — 예를 들면 혼례에서 남녀의 구별 같은 — 의 침범을 격식을 갖추어, 즉 정당하면서도 비일상적인 방식으로 수행하는 경향이 있다고 말하는 것이다. 사회질서의 기초가 되는 어떤 구분선의 통과를 엄숙하게 표시하면서, 의례는 관찰자의 주의를 통과로 이끈다(통과의례라는 말이 여기서 생겨난다). 중요한 것은 선인데도 말이다. 이 선은 실제로 무엇을 나누는 것일까? 물론 선을 넘기 이전과 넘은 이후를 나눈다. 할례를 받지 않은 아이와 받은 아이, 또는 할례를 받지 않은 아이들 전체와 할례를 받은 어른들 전체. 하지만 사실 더욱 중요한 것은, 그리고 간과되는 것은, 이 선이 할례의 대상이 되는 집단들 전체, 소년들, 어리거나 어른인 남자들과, 그렇지 못한 집단들, 즉 소녀들과 성인여자들을 나누어 놓는다는 점이다. 그러므로 〔의례의 과정 속에는〕 하나의 감추어진 집합이 있다. 임명된(institué) 집단은 바로 이 감추어진 집합과 관련하여 정의된다. 의례의 주된 효과는 전혀 감지되지 않고 지나간다: 남자들과 여자들을 다르게 취급함으로써, 의례는 차이를 공인한다. 남자를 남자로, 즉 할례 받은 존재로 확립하고(instituer), 여자를 여자로, 즉 이러한 의례적 실행의 대상이 아닌 존재로 확립하면서, 의례는 차이를 확립한다. 카빌리족(族)의 의례에 대한 분석은 이 점을 분명하게 보여준다. 할례는 〔그것을 치른〕 소년을 그의 유년 시절이나 아직 유년기에 머물러 있는 다른 소년들과 분리시킨다기보다는, 여자들과 여성적인 세계로부터, 즉 어머니, 그리고 어머니와 결부된 모든 것으로부터 분리시킨다. 습기, 여물지 않은 것, 날것, 봄〔春〕, 우유, 싱거운 것 등. 여기서 잠깐 짚고 넘어가자면, 임명이 사회적인 성격의 특질들을 할당하면서 그것들이 자연적인 성격을 띤 것처럼 나타나게 하듯이, 임명의례는 논리적으로, 피에르 상리브르(Pierre Centlivres)와 뤽 드 외쉬(Luc de Heusch)가 관찰한 바와 같이, 남성적인 것과 여성적인 것의 구분처럼 순전히 사회적인 대립들을 일련의 우주론적인 대립 속에 통합하는 경향이 있다. 남자와 여자의 관계는 태양과 달의 관계와 같다는 식으로 말이다. 이는 사회적 관계를 자연화하는 매우 효과적인 방법이다. 이리하여, 성적으로 구별된 의례들은 성차를 공인한다. 이런 의례들은 정당한 차별을 통해, 또는 임명을 통해, 사실상 단순한 차이를 구성한다. (그 자체가 하나의 분리를 행하는) 의례 속에서 완성된 분리는 공인(公認)의 효과를 낳는다.

하지만 우리는 공인한다는 것이, 그리고 차이를 확립한다는 것이 무엇을 의미하는지 정말로 이해하고 있는 걸까? 차이의, 주술적이라고 부를 만한 신성화는 어떻게 이뤄지는 것이며, 그 기술적 효과는 무엇인가? 설정(constitution)의 행위를 통해 — 양성을 갈라놓는 차이처럼 —이미 존재하는 차이를 사회적으로 확립한다는 사실은 단지 상징적 효과만 갖는가? 상징적 증여라고 말할 때와 같은 의미에서, 다시 말해 아무것도 아니라는 의미에서? 라틴어에는 물고기에게 헤엄을 가르친다는 속담이 있다. 임명의례는 바로 그런 것이다. 임명의례는 이렇게 말한다: 이 남자는 한 명의 남자다. 이 말은 그리 자명하지 않은 주장, 즉 그가 진정한 남자라는 주장을 함축한다. 이 주장은 가장 보잘것없는, 가장 약한, 한마디로 가장 여성적인 남자를, 자연적이고 본질적인 차이에 의해, 그 어떤 남성적이고, 위대하며, 강한 여자와도 구별되는 온전한 남자로 만들고자 한다. 이 경우에 확립한다(instituer)는 것은 곧 공인한다(consacrer)는 것, 즉 어떤 사물들의 상태를, 이미 존재하는 질서를, 사실로서, 법적-정치적 의미에서의 헌법(constitution)으로서 승인하고(sanctionner) 지킨다(sanctifier)는 것이다. (기사나 국회의원 또는 대통령 등의) 서임(invesititure 또는 지명, 공천)은 (이미 존재하던 것이든 아니든) 어떤 차이를 인지하게(connaître)하고 또 인정하게(reconnaître) 함으로써 그것을 승인하고 지키는 행위로 이뤄진다. 이렇게 해서 그 차이는 임명된 행위자와 나머지 사람들에 의해서 인지되고 인정된 사회적 차이로서 존재하게 되는 것이다. 간단히 말해서, 전(前) 자본주의 사회는 물론 우리 사회에서도 (졸업 장은 부적만큼이나 주술적이다) 가장 근본적인 사회현상들을 이해하고 싶다면, 사회과학은 임명의례들이 상징적으로 효력이 있다는 점을 고려해야 한다. 다시 말해, 이 의례들에 속하는, 현실의 재현에 작용 함으로써 현실에 작용하는 권력을 고려해야 한다. 예를 들어 서임은 그것을 받은 사람을 실제로 바꾸어 놓음으로써 완전히 현실적인 상징 적 효력을 발휘한다. 우선 그것은 서임을 받은 사람에 대한 다른 사람 들의 생각을, 그리고 대개는 행동까지 바꾸어 놓는다(이러한 변화들 중에서 가장 눈에 띄는 것은 사람들이 그를 경칭으로 부르고, 그에 걸맞은 존경을 표시한다는 점이다). 또한 그것은 동시에 서임받은 사람이 스스 로에 대해 갖는 이미지와 이러한 이미지에 부합하기 위해 그가 취해 야 한다고 믿는 행동들을 바꾸어 놓는다. 이런 논리에 따라 우리는 영 어로 *credentials*〔신임장〕이라고 하는, 명망이나 신뢰를 나타내는 사회 적 직위의 효력을 이해할 수 있다. 귀족의 작위나 학위 같은 이런 직 위는, 그것의 가치에 대한 믿음의 폭과 깊이를 증가시킴으로써, 그 소지자의 가치를 영구히 증가시킨다.

임명은 무에서(*ex nihilo*) 차이를 창조하는 사회적 주술행위이다. 하 지만 가장 빈번한 것은 양성 간의 생물학적 차이나 연령차 같은, 이미 존재하는 차이들을 어떤 의미에서 이용하는 것이다. 장자상속법에 따라 상속자를 지명하는 경우가 후자에 해당된다. 이런 의미에서 임 명은, 뒤르켐이 종교에 대해서 그렇게 말했듯이, '기초가 튼튼한 정 신착란'이자, 현실 속에 그 기초를 가지고 있는(*cum fundamento in re*) 상징적 충격이다. 사회적으로 가장 효력이 있는 구별들은 객관적인 차이들 위에 자리 잡고 있다는 느낌을 주는 것들이다. (예를 들면 '자연 적인 국경선'의 관념이 그러하다.) 하지만, 사회계급의 경우에서 보듯이, 우리가 다루는 것은 거의 언제나 연속체들, 연속적인 분포들이다. 이는 구별의 상이한 원칙들이 결코 완전히 겹쳐지지 않는 상이한 구분들을 만든다는 사실에서 기인한다. 그럼에도, 사회적 주술은 언제나 연속된 것과 함께 불연속적인 것을 생산하기에 이른다. 그 대표적인 예가 나의 성찰의 출발점인 선발시험이다. 선발시험은 아슬아슬하게 합격한 사람과 바로 그 뒤의 사람 사이에 일생에 걸쳐 작용하는 엄청난 차이들을 만들어낸다. 한 명은 에콜 폴리테크닉1)의 생도가 되어 그에 따르는 온갖 혜택을 누리겠지만, 다른 한 명은 별 볼일 없는 사람이 될 것이다. 귀족의 (정당한 차별로서의) 구별을 기술적으로 정당화하기 위해 사용할 수 있는 기준들 가운데 어떤 것도 여기에 완전히 들어맞지 않는다. 예를 들어 검술실력이 아무리 초라해도 귀족은 귀족이다(시대와 국가에 따라 많거나 적게 그의 이미지가 손상되긴 하겠지만). 역으로, 검술이 아무리 뛰어나도 평민은 평민이다(이처럼 전형적인 귀족의 기예를 훌륭하게 연마함으로써 '귀족적'이라는 평판을 얻기는 하겠지만). 몸가짐이라든가, 우아함이라든가, 귀족을 정의하는, 시대에 따라 다른 기준들 각각에 대해서도 같은 말을 할 수 있다. 정체성의 확립은, 작위이든 낙인이든('넌 … 에 불과해'), 이름을, 즉 하나의 사회적 본질을 부여하는 것이다. 그리고 하나의 본질을, 능력을, 확립하고 할당하는 것은 그럴 것이 틀림없음(또는 그럴 의무)이기도 한, 그럴 권리를 부과하는 것이다. 이는 누군가에게 그가 누구인지를 알려주는(*signifier*) 일이며, 그가 그에 따라 어떤 식으로 행동해야 할지 알려주는 일이다. 직설법은 여기서 명령법이기도 하다. 명예의 도덕은 '과연 남자로군'과 같은 상투적 표현의 발전된 형태에 불과하다. 임명한다는 것은 사회적 정의를, 정체성을 부여하는 것이며,

---

1) [역주] 엔지니어를 양성하는 최고 교육기관.

동시에 한계들을 부과하는 것이다. '노블레스 오블리주'는 플라톤의 타 헤아우투 프라타인(*ta heautou prattein*), 즉 '너의 본질에 부합하게 행동하라'를 반영하는 것 외에 아무것도 아니다. 그러니까 한마디로, 귀족의 경우에는, 체통을 잃지 말라는 것, 자신의 지위에 어울리게 행동하라는 것이다. 고상하게 행동하는 것은 귀족의 몫이다. 그리고 사람들은 귀족에게서 고상한 행동의 근원을 발견하는 것만큼이나, 고상한 행동에서 귀족의 근원을 발견할 수 있다. 오늘 아침 나는 신문에서 다음과 같은 문장을 읽었다. "아누아르 사다트 대통령의 사망으로 슬픔에 잠긴 이집트 국민에게 화요일 저녁 연방의회를 대표해 조의를 표하는 것은 연방대통령 쿠르트 뷔르글러의 소임입니다."[2] 권위 있는 대변자는 집단의 이름으로 말하는 것이 자신에게 돌아오는, 또는 자신의 소임인 사람이다. 이는 그의 특권이자 의무이며, 고유한 권한, 한마디로 그의 소관(*compétence*, 보통 능력이라고 번역되는 이 단어를 법률용어로 사용했을 때의 의미에서)이다. 격식을 갖춘 범주화 행위로서 임명행위는 자신이 지명하는 것을 만들어내게 된다. 사회적 본질은 이러한 임명행위가 만들어내는 사회적 권한들(*attributions*)의 합, 또는 속성들(*attributs*)의 합이다.

이와 같이, 임명행위는 커뮤니케이션 행위이지만, 그중에서도 특별한 종류이다. 임명행위는 어떤 사람에게 그 사람의 정체성을 알린다. 하지만 이는 그것이 그에게 그 정체성을 표현하는 동시에 부과한다는 의미에서 그러하다. 이러한 부과는 모든 사람 앞에서 그것을 표현함으로써(*kategoreisthai*,[3] 이는 어원상 공개적으로 드러낸다는 의미이

---

2) [역주] 연방대통령이 마땅히 조의를 표해야 한다는 의미, 또는 그럴 것이라는 의미. "고상하게 행동하는 것은 귀족의 몫이다"라는 위의 문장에서와 동일한 "~의 몫이다, ~에게 속한다"(*appartenir*)는 동사가 사용되었으므로 직역했다.

다), 그리고 그가 무엇이고 무엇이어야 하는지를, 권위를 가지고 그에게 고지함으로써 이뤄진다. 이것은 일종의 저주인 ('신성한'이라는 의미의 라틴어 *sacer*에는 '저주받은'이라는 의미도 있다) 모욕, 즉 희생자를 그에게 운명처럼 작용하는 비난의 말 속에 가두려는 시도 속에서도 관찰된다. 하지만 그보다는 서임 또는 명명에서 더 잘 찾아볼 수 있다. 그 대상자에게 하나의 사회적 정의 속에 등록된 속성들 전체를 돌리는, 고유하게 사회적인 귀속판단.[4] 임명의례가 가장 '현실적인' 효과들을 생산하는 것은 지위할당 효과('노블레스 오블리주')의 매개를 통해서이다. 임명된 당사지는 주어진 정의(定義)에 부합하는 혹은 주어진 직무를 감당할 수 있는 사람이 되도록 촉구받는다고 느낀다. (얼마간 임의적 기준에 따라) 상속자로 지명된 사람은 집단 전체, 특히 그의 가족에 의해 그렇게 인식되고 그에 걸맞은 대우를 받는다. 그리고 이렇듯 달라지고 남다른 대우는 그로 하여금 자신의 본질을 실현하도록, 그의 사회적 본성에 어울리게 살아가도록 격려한다. 사회과학자들은 가장 뛰어난 과학적 성취는 가장 명성 있는 교육기관 출신 연구자들의 것임을 확인하였다. 이는 그들에게는 주관적 열망의 수준이 높다는 사실에 의해 대부분 설명되는데, 이러한 주관적 열망은 그것을 집단적으로, 다시 말해 객관적으로 인정하고, 특정한 행위자 집합(남자들, 그랑제콜 학생들, 이름난 작가들 등)에 귀속시키는 데서 생겨난다.

---

3) [역주] *kategoreisthai* (Κατηγορεισθαι) 는 표현하다, 뜻하다, 입 밖에 내다 등의 의미를 지닌 동사인 *kategorein* (Κατηγορειν) 의 수동부정형이다. 여기서부터 확장되어 *kategorein*은 '누구에 대해서 무언가를 주장하다', '주어에 어떤 속성을 귀속시키다' 라는 의미를 갖게 된다. 아리스토텔레스는 카테고리라는 말로 존재의 양식들 가운데 하나로서의 기본속성들(양, 질, 시간, 장소)을 가리켰다.

4) [역주] 귀속판단(*jugement d'attribution*) 은 논리학 용어로서 어떤 속성이 주어진 대상에게 속하는가 아닌가에 대한 판단을 말한다.

이 행위자들에게 그러한 열망은 단지 권리 또는 특권으로서 주어지고 인정될 뿐 아니라 (거만한 참칭자들의 권리주장과는 대조적으로), 부단한 강화와 격려, 그리고 질서에 대한 호소를 통해, 의무로서 지정되고 부과된다. 나는 스누피가 개집 지붕에 앉아 "최고라는 걸 알면서 어떻게 겸손해질 수 있겠어?" 라고 말하는 슐츠의 만화를 생각하고 있다. 우리는 이렇게 말해야 한다. 최고라는 것, 아리스토스(aristos)5) 라는 것이 공적으로 알려져 있을 때 — 이는 공식화하기(officialisation)의 효과이다 — 우리는 겸손해질 수 없다고.

'네 자신이 되어라.' 이것이 모든 임명행위의 수행적 주술에 함축된 공식이다. 명명, 서임에 의해 할당된 본질은 진정한 의미에서 하나의 예언(fatum)이다(이는 또한, 아니 특히, 가족들이 어린 아이에게 끊임없이 쏟아붓는 명령(injonctions)에도 적용된다. 이런 명령은 명시적일 수도 암묵적일 수도 있고, 계층에 따라, 그리고 같은 계층 안에서도 성별과 친족집단 안에서의 서열에 따라, 그 의도와 강도가 달라진다). 마찬가지로, 사회적으로 결정된 운명은 모두, 긍정적이든 부정적이든, 인정이든 낙인이든, 죽음을 가져온다(mortel)는 의미에서 치명적(fatal)이다. 왜냐하면 그것은 사람들에게 한계를 정해 주고 그것을 인식하게 함으로써, 그들을 그 안에 가두기 때문이다. 자중하는 상속자는 상속자답게 행동할 것이다. 마르크스의 경구에 따르면, 유산이 그를 상속할 것이다. 다시 말해 그는 물건들에 투자되고, 그가 소유하게 된 물건들에 의해 소유될 것이다. 물론 돌발적인 경우들이 있다. 자격이 없는 상속자, 소명을 저버린 사제, 체통을 잃은 귀족, 상것들과 어울리는 부르주아 등. 그러나 한계, 성스러운 경계선은 다시 발견된다. 중국의 만리장

---

5) [역주] aristos는 '좋다'는 뜻을 지닌 그리스어 agathos의 최상급이다. '귀족정치'라고 번역되는 aristocracy는 어원상 '가장 뛰어난 자들에 의한 통치'란 의미다.

성에 대해 오웬 라티모어(Owen Lattimore)는 이렇게 말했다. 그 성벽의 기능은 외지인이 자국 영토로 들어오는 것을 막는 데만 있는 게 아니라, 자국민이 외부로 나가는 것을 막는 데도 있다고. 모든 주술적 경계선의 기능 역시 그러하다. 여성과 남성의 경계선이든, 아니면 입학시험에 합격한 사람과 떨어진 사람의 경계선이든, 거기에는 그 안에 있는 사람들, 선이 갈라놓는 두 부분 중에서 좋은 쪽에 있는 사람들이 이탈하는 것, 품위를 잃는 것, 낙오하는 것을 막는 기능이 있다. 파레토가 말하길, 엘리트들은 '몰락'(dépérissement)을 더 이상 믿지 않을 때, 그들의 기백(moral)을 잃고 도의(morule)를 잃을 때, 잘못된 방향으로 선을 넘을 때, 몰락할 운명에 처한다. 통과의, 위반의, 직무유기의, 사임(démission)의 시도를 지속적으로 저지하는 것, 이는 임명행위의 기능들 중 하나이기도 하다.

특권을 유지하기 위해서는 [특권을 가진 자에게 걸맞은] 영구적인 성향을 습득해야 하는데, 이는 희생을 내포한다. 모든 귀족제도는 선택된 자들에게 이러한 희생을 받아들이도록 하는 데 상당한 에너지를 소비해야 한다. 지배자들의 무리가 교양의 편에 있을 때, 즉 거의 언제나 금욕의, 긴장의, 집중의 편에 있을 때, 임명의 업무는 자연의, 또는 반문화의 유혹을 고려해야 한다. (나는 다음과 같은 지적을 괄호 안에 넣고 싶다. 임명의 업무를 말하면서, 그리고 영구적인 성향을 새겨 넣는 다소간 고통스러운 일을 임명이라는 사회적 작업의 본질적 요소로 삼으면서, 나는 임명(institution)이라는 단어에 그 온전한 의미를 부여하고 있을 뿐이다. 앞에서 나는 푸앵카레를 원용하며, 단어 선정의 중요성을 상기시켰다. 그랬던 만큼, 다음을 지적하는 일이 내게는 불필요하게 느껴지지 않는다. 구성하고 창설하며 나아가 발명하는, 그리고 교육을 통해 영구적인 성향들, 습관들, 사용방식들로 이끄는 개시행위(acte inaugural)라는 관념을 얻기 위해서는 인스티투에레(instituere)와 인스티투티오(institutio)[6]의 다양한 의미들을 한데 모으는 것으로 충분하다). 지위에 어울리지 않는 행동을 하려는 시도를 영구히 막기 위해 보편적으로 채택되는 전략은 차이를 자연화하는 것, 주입과 체화를 통하여 그것을 하비투스의 형태로 제2의 자연으로 만드는 것이다. 이는 모든 부정적 의례에서 금욕적 실천들, 나아가 육체적 고통에 주어지는 중요성을 설명한다. 뒤르켐에 따르면 이러한 의례들은 평범하지 않은 사람들, 한마디로 뛰어난 사람들을 만들어내려는 목적을 지닌다. 이는 또한 장차 '엘리트' 집단의 일원이 될 사람들에게 일률적으로 부과되는 훈련(죽은 언어의 학습, 오랜 고립의 경험)의 역할도 설명해 준다. 모든 집단은 육체를 기억의 저장소처럼 취급하면서, 자신의 가장 귀중한 짐들을 거기에 맡긴다. 많은 심리학 실험이 보여준 바와 같이, 입사의례가 가혹하고 고통스러울수록 제도(*institution*)에 대한 사람들의 애착이 커진다는 사실을 안다면, 어느 사회에서나 입사의례에서 육체적 고통이 사용된다는 점이 이해될 것이다. 자의적인 경계를 영구적으로 부과하기 위한 주입작업은 문화적 자의성을 구성하는 결정적 단절들 ─ 남성/여성과 같이 기본적 대립쌍들 속에서 나타나는 단절들 ─ 을 한계에 대한 감각(*sens des limites*)이라는 형태로 자연화하는 것을 겨냥한다. 한계에 대한 감각은 어떤 사람들에게는 그들의 지위에 어울리게 처신하고 거리를 유지하도록, 또 어떤 사람들에게는, 그들의 박탈감마저 박탈하면서, 자기 자리를 지키고, 현재의 모습에 만족하며, 그들이 되어야 하는 모습이 되도록

---

6) [역주] *instituere*는 ~안에 놓다(*placer dans*), 배치하다(*disposer*), 정비하다(*aménager*), 수립하다(*établir*) 등을 의미하는 동사이다. 여기서부터 준비하다(*préparer*), 설립하다(*instituer*), 토대를 만들다(*fonder*) 등으로 의미가 확장된다. *institutio*는 이 동사에서 파생되어 배치(*disposition*), 정비(*aménagement*), 형성(*formation*), 지도(*instruction*), 교육(*éducation*)의 의미를 가지며, 원칙(*principe*), 방법(*méthode*), 원리(*doctrine*)의 의미도 갖는다.

한다. 영구적인 성향들은 계급적 취향으로서 각인되는 경향이 있다. 의복이나 신체적 헥시스(hexis), 7) 또는 언어와 같이 사회적 위치를 표시하는 외적 기호들을 '선택'하는 원칙으로서, 계급적 취향은 모든 사회적 행위자를 변별적 기호들(signes distinctifs)의 소지자로 만드는데, 사람들을 명시적인 금지나 눈에 보이는 장벽만큼 확실하게 갈라놓기도 하고 결합시키기도 하는 차별의 기호들(signes de distinction)은 그 하위범주에 지나지 않는다(나는 계급내혼을 염두에 두고 있다). 장식이나 제복, 견장, 배지 등, 신체에 대해 외부적인 기호들 이상으로, 몸에 새겨진 기호들은 자신의 위치를 잊은 사람들, 스스로를 망가한 사람들에게 제도가 그들에게 할당한 자리를 상기시키는, 질서회복 명령의 기능을 맡는다. 이러한 몸에 새겨진 기호로는 방식(manière)이라 불리는 모든 것, 말하는 방식 — 악센트 —, 걷거나 서 있는 방식 — 걸음걸이, 자세, 몸가짐 —, 먹는 방식 등과, 취향이라고 불리는, 의도적이든 아니든, 변별적 차이들의 놀이에 의해 사회적 지위를 알리기로 되어 있는 모든 실천들의 생산원리가 있다.

임명이 실현하는 범주적 귀속성 판정(jugement catégorique d'attri-bution)의 위력은 어떠한 실천적 반박에도 견딜 수 있을 만큼 크다. 칸토로비츠(Kantorowicz)의 '왕의 두 몸'에 대한 분석을 떠올려 보자. 책봉된 왕은 질병과 어리석음과 죽음에 노출된 필멸의 존재인 생물학적 왕이 죽은 후에도 살아 있다. 마찬가지로 〔프랑스 최고의 공과대학인〕

---

7) [역주] 옛날 사전들은 ἕξις(hexis)을 habitus로 번역하였다. 이 단어는 흔히 존재의 양식(manière d'être) 또는 영구적인 성향(disposition permanente)으로 번역되며 δια-θεσις(diathesis), 즉 일시적인 성향(disposition passsagère)이나 παθος(pathos), 즉 단순한 우연(simple accident)과 대립적으로 사용된다. 이 단어는 또한 맥락에 따라 소유(possession)를 의미할 수도 있는데, 이 경우 반대말은 박탈을 나타내는 στερεσις(stérésis)이다.

에콜 폴리테크닉 생도가 수학에서 형편없는 점수를 받는다면, 사람들은 그가 일부러 그랬거나 자신의 지적 에너지를 다른 곳에 쏟았다고 생각할 것이다.

성취(*achievement*)에 대해 귀속(*ascription*)[8]이 갖는 자율성 — 이번만은 여기서 탈코트 파슨즈를 떠올릴 수 있다 — , 행위에 대해 사회적 존재가 갖는 자율성은 겸양전략(*stratégies de condescendance*)의 사용가능성에 의해 가장 잘 드러난다. 나는 이 단어로 정의(定義)를 따르는 데서 나오는 이득과 위반에서 비롯되는 이득을 동시에 누릴 수 있게 해 주는, 한계에 대한 상징적 위반을 가리키고자 한다. 겸양전략은 사회적 정의의 부인(否認)을 아주 멀리까지 밀고 나가면서도 여전히 〔행위자가〕 사회적 정의를 통해 인지되는 것을 허용한다. 예를 들어 마부의 엉덩이를 툭툭 두드리는 귀족에 대해서 사람들은 '소탈한 사람'이라고 말할 것이다. 물론 이 말은 귀족치고는 그렇다는 뜻이다. 다시 말해 본질적으로 우월한 사람, 원칙상 그러한 행동을 하지 않을 사람으로서 그렇다는 것이다. 사실 이건 그리 단순하지 않으며, 여기서도 구별이 필요하다. 쇼펜하우어는 어디선가 '현학적인 희극성'에 대해 말한 적 있다. 무대 위의 가짜 말이 똥을 누는 식으로, 어떤 배역이 그 배역에 대한 관념 안에 등록되어 있지 않은 행동을 했을 때 유발되는 웃음이 그것이다. 쇼펜하우어는 교사, 특히 〈푸른 천사〉[9]에 나오는 운라트 같은 유형의 독일 교사들을 염두에 둔다. 그들에 대한 관념이 매우 편협하고도 완고하게 정의되어 있기 때문에 그들의 위반행위는

---

8) [역주] 원문에 영어로 표기.

9) [역주] 《운라트 선생》은 하인리히 만이 1905년에 쓴 소설이다. 완고하고 보수적인 김나지움 선생인 운라트가 학생들을 단속하러 카바레에 갔다가 무희에게 반해 타락의 길을 걷는다는 내용으로, 지식인의 위선을 풍자하였다. 1930년 〈푸른 천사〉라는 제목으로 영화화되었다.

명백하게 나타난다. 열정에 사로잡혀 우습게 보이리라는 것도 잊고, 위엄도 잃어버린 운라트 선생과는 달리, 명망 높은 사람들은 친히 내려옴으로써 일부러 경계선을 위반한다. 그들은 특권 중의 특권, 즉 특권을 지닌 채 자유롭게 행동하는 특권을 누린다.

언어의 사용과 관련하여 부르주아들, 특히 지식인들이 과소교정, 즉 불분명한 발음을 이용하는 것은 이렇게 해서이다. 이는 과잉교정을 선고받은 프티부르주아들에게는 금지된 것이다. 간단히 말해, 공인이 가져다주는 특권 가운데 하나는 그것이 인정받은 사람들에게 이론의 여지가 없으며 지울 수 없는 본질을 부여하면서, 다른 경우리면 금지되었을 위반을 허용한다는 사실에 있다. 자신의 문화적 정체성에 대해 확신하는 사람은 문화적 게임의 규칙을 가지고 놀 수 있다. 그는 불장난을 칠 수 있다. 차이코프스키나 거쉰은 물론, 아즈나부르(Aznabour)나 B급 영화를 좋아한다고 대담하게 말할 수 있는 것이다.

결혼식, 할례, 칭호나 학위의 수여, 기사의 서임식, 직위나 임무 또는 명예를 부여하는 의식, 서명이나 수결의 첨부 같은 다양한 사회적 주술행위가 성공적이기 위해서는 어떤 사람 또는 사물을 이러저러한 지위나 속성을 가진 것으로 확립한다는 의미에서의 임명(institution)이 집단 전체나 공인된 제도(institution)에 의해 보증되어야 한다. 그 행위가 단 한 사람에 의해 수행된다 할지라도, 그 사람이 그것을 하도록 정식으로 위임받았고, 또 인정된 형식으로, 즉 시간, 장소, 도구에서 올바르다고 여겨지는 관례에 따라 행하도록 위임받았다면, 그리하여 그 전체가 하나의 올바른, 즉 사회적으로 유효한, 그러므로 효과적인 의례를 구성한다면, 그러한 행위는 (행위자의 눈앞에 있을 수도 있는) 집단 전체의 믿음 안에, 즉 유효한 의례의 제도적 조건들을 인식하고 인정하도록 사회적으로 형성된 성향들 안에 기초를 가지고 있는 것이다(이는 의례의 상징적 효력이 —의례와 동시에 나타날 수도 있고, 그 후에 나타날 수도 있는데 — 그 수신자들이 어느 정도로 그것을 받아들일 준비가 되어 있는가 혹은 받아들일 의향이 있는가에 따라 달라진다는 점을 함축한다).

오스틴의 뒤를 이어 수행적 발화가 갖는 '발화내적 힘'을 말 자체에서 찾는 언어학자들은 바로 이러한 점을 잊고 있다. 자신의 신분을 속이는 사기꾼, 타인의 이름, 칭호, 권리, 명예를 팔아먹는 사람과는 대조적으로, 또 자격증 없이 교사나 교장 역할을 하는 조교나 임시교사 같은 단순한 대리인들과는 대조적으로, 합법적인 위임자, 예컨대 공식 대변인은 보증되고, 올바르다고 확인된 신뢰의 대상이다. 그의 현실은 겉모습대로이며, 그는 실제로 모든 사람들이 믿는 그대로이다. 왜냐하면 그의 현실은 — 그가 목사이든 의사이든 장관이든 — 그 자신의 확신 혹은 자신만의 주장에 기초한 것이 아니라(그 경우 언제나 냉대와 폄훼를 당할 위험이 따른다: 자기가 뭐나 된 줄 아나 보지? 무슨 생각을 하는 거지? 등), 임명/제도에 의해 보증되고, 자격증이나 계급장, 제복 또는 다른 표식들과 같은 상징들 속에 물질화된 집합적 믿음에 토대를 두고 있기 때문이다. 존경의 표시로, 예를 들어 누군가를 경칭(대통령이나 각하 따위)으로 부를 때, 사람들은 보편적으로 인정받고 있으며 따라서 만장일치(consensus omnium)에 토대를 두는 권위에 의해 수행된 임명의 개시적 행위를 반복하는 것이다. 경칭으로 부르는 일은 그렇게 불린 특정인에 대한, 그리고 특히 그를 임명한 제도에 대한 충성서약 혹은 인정의 표시로서의 가치를 갖는다(이것이 바로 예의를 정의하는 형식에 대한 존중과 존중의 형식들이 그토록 심오하게 정치적인 이유이다). 의례에 선행하는 모든 사람의 믿음은 의례가 효력을 갖기 위한 조건이다. 설교는 신앙을 가진 사람에게만 효과가 있다. 말의 주술이 이미 감겨 있는 용수철 — 성향(dispositions) — 을 풀어놓을 뿐이라는 점을 깨닫는다면, 상징적 효력의 기적은 사라질 것이다.

나는 다소 형이상학적으로 보일 우려가 있는 문제를 마지막으로 제기하면서 결론을 맺으려 한다. 만일 임명의례가 이 인간존재라고 하는, 존재이유가 없는 존재들에게 의미를, 또는 존재이유를 외견상으로라도 부여할 수 없다면, 그들에게 자신들이 어떤 기능을 혹은 단순히 어떤 중요성을 가지고 있다는 느낌, 그들이 중요하다는 느낌을 줌으로써 그들을 무가치함으로부터 끌어낼 수 없다면, 과연 그것은, 어떤 종류의 임명의례이든지간에, 자신에게 속한 권력을 행사할 수 있을까? (나는 가장 분명한 예로서 나폴레옹이 '딸랑이'라고 불렀던, 훈장이나 그 밖의 표식들의 경우를 생각하고 있다.) 임명의례가 만들어내는 진정한 기적은 아마도 그것이 인정받은 개인들에게 그들의 존재가 정당하다는, 그들의 실존이 무언가에 쓸모가 있다는 확신을 불러일으킨다는 사실 속에 있을 것이다. 하지만 일종의 저주와도 같이, 차별화하는, 차이를 만드는, 변별적인 상징권력의 본성은, 탁월한 계급이 대문자로 시작되는 '존재'에 접근함에 따라, 나머지 계급을 불가피하게 무(無) 속으로 혹은 최소한의 존재 속으로 떨어뜨린다.

# 제 3 장

# 기술하기와 처방하기*
## 정치적 효력의 가능조건과 한계

본래의 의미에서 정치적 행위가 가능한 것은 사회세계의 일부인 행위자들이 이 세계에 대해 (얼마간 들어맞는) 지식을 갖고 있기 때문이며, 이 지식에 작용을 가함으로써 사회세계에 작용을 가할 수 있기 때문이다. 이러한 작용은 사회세계에 대한 표상들을 (생각, 말, 그림, 연극 등의 형태로) 생산하고 부과하려 하는데, 이 표상들은 행위자들이 스스로에 대해 갖고 있는 표상에 작용함으로써 이 세계에 작용할 수 있다. 더 정확히 말해, 이러한 작용은 하나의 집단을 그 자신에게나 타자에게 가시적으로 만들어 주는 표상들을 생산하고 재생산하면서, 또는 파괴하면서, 그 집단을 ─ 그리고 그와 동시에 그 집단이 그들의 이해관계에 맞추어 사회세계를 변형하기 위해 기획할 수 있는 집합행

---

* "Décrire et prescrire. Les conditions de possibilité et les limites de l'efficacité politique"은 *Actes de la recherche en sciences sociales*, 30(mai 1980), pp. 69~74에 발표되었고, *Ce que parler veut dire*, pp. 149~161에 재수록되었다.

동을 ― 조직하거나 해체하려 한다.

경제적이고 사회적인 세계는 그 속에서 살아가는 행위자들의 인식 대상으로서, 그 작용이 기계적인 결정의 형태로 나타날 뿐 아니라, 인식효과의 형태로도 나타난다. 적어도 피지배자들의 경우에는 이 효과가 정치적 행위를 촉진하지 않는다는 점이 분명하다. 사회질서는 분류의 틀을 부과하며, 이 틀은 객관적인 분류에 맞추어 조정되어 있으면서 이 질서의 인정형식을 생산하는데, 이는 사회질서의 기초에 있는 임의성을 인식하지 못하게 만든다. 우리가 알다시피 사회질서의 영속성은 부분적으로 여기서 비롯되는 것이다. 분류의 틀이 객관적 분리와 조응하는 것, 또는 정신의 구조가 객관적 구조와 조응하는 것은 기성질서에 대한 원초적 지지의 원리를 이룬다. 달리 말하면, 정치적 전복은 인식의 전복을, 세계관의 전환을 전제한다.

하지만 기성질서에 반기를 드는 일은, 그리고 기성질서가 그 구조에 맞추어 만들어진 행위자들 안에 생성하는 성향 및 표상들과 결별하는 일은 그 자체가 비판적 담론과 객관적 위기의 조우를 가정한다. 이 위기는 객관적 구조와 그것의 산물인 신체화된 구조 간의 즉각적 조화를 파괴하면서, 일종의 실천적인 판단중지(époché)를, 즉 기성질서에 대한 기본적인 지지의 보류를 가져올 수 있다.

사회세계의 실재성은 사회세계에 대한 표상에 빚지고 있으므로, 이단적 전복은 이 세계의 표상을 변화시킴으로써 사회세계를 변화시킬 가능성을 활용한다. 아니, 좀더 정확하게 말하자면, 이단적 전복은 역설적 예견(미리 보기), 유토피아, 프로젝트, 프로그램 등을 사회세계를 자연질서의 일부로 이해하는 평범한 전망과 대립시킴으로써 그렇게 한다. 정치적 예견은 수행적 발화로서, 그 자체가 자신이 입 밖에 내는 것을 도래하게 하려는 예언(미리 말하기)이다. 입 밖에 냄, 미리봄, 미리 보게 함, 생각할 수 있는 일로 만듦, 그리고 특히 믿을 수 있는 일로 만듦, 그리하여 그 대상의 산출을 도울 수 있는 표상과 집합적 의지를 창조함에 의해, 정치적 예견은 자신이 고지하는 것의 실재성에 기여한다. 모든 이론은, 이론이라는 단어가 이미 말해 주듯이, 지각의 프로그램이다.[1] 이 말은 사회세계의 이론에 특히 잘 들어맞는다. 단어의 구조화하는 힘, 기술하는 척하면서 처방하는 능력, 또는 지적하는 척하면서 비난하는 능력이 그만큼 여지없이 드러나는 경우도 드물 것이다. 수많은 '사상논쟁'은 겉보기처럼 비현실적이지 않다. 행위자들이 스스로에 대해 만들어내는 표상을 수정함으로써 사회현실을 얼마나 많이 수정할 수 있는지 생각해 본다면 그렇다. 알코올중독을 유전적 결함으로 보느냐 도덕적 타락으로 보느냐 아니면 문화적 전통 혹은 스트레스 해소로 보느냐에 따라 그 사회적 실재가 얼마나 많이 달라지는가? (낙태, 약물남용, 안락사도 마찬가지다.) 가부장주의 같은 단어는 계산을 거부하고 지배관계를 찬양하는 자들 모두에게 의혹을 던지면서 덮쳐든다. 마법에 걸린 듯 조화로운 관계(가족이 대표적이다)를 모델로 삼는 위계적 관계로서, 서비스, 선물, 관심, 배려, 감정 등을 교환하면서 다양한 상징자본, 위광, 카리스마, 매력을 추구하는 관계들은 모두, 폭로하고 마법을 푸는 말들의 파괴적 작용에 유달리 취약하다. 하지만 (종교적이거나 정치적인) 언어를 구성하는 권력과 그것이 생산하는 지각과 사유의 틀이 가장 잘 드러나는 것은 위기상황에서이다. 이 비일상적이고 역설적인 상황은 비일상적인 담론을 요청하는데, 이 담론은 에토스의 실천적 원리이자 명시적인 원칙으로서 (거의) 체계적인 답변을 산출할 수 있어야 하며, 다른 한편 위기상황에서 나타나는, 전대미문의 온갖 기묘한 것들을 표현할 수 있어야 한다.

---

1) [역주] 이론(*théorie*)의 어원인 그리스어 *theoria*는 관조(*contemplation*)를 뜻한다.

이단적 담론은 일상적 질서와의 단절을 공개적으로 설교함으로써 상식의 세계에 대한 집착을 깨는 데 기여해야 할 뿐 아니라, 새로운 상식을 만들어내어야 하며, 또한 그때까지 억눌려왔고 이야기되지 않았으나 이제 대중적 선언과 집단적 인정에 의해 정당성을 부여받은, 집단 전체의 실천과 경험을 그 새로운 상식 안에 포함시켜야 한다. 집단 전체가 경청하는 언어는 언제나 승인된 언어, 이 집단이 권위를 부여한 언어이기 때문에, 실로 그 언어는 표현함과 동시에 표현된 것을 승인한다(이때 언어의 정당성의 원천인 집단은 그 언어의 권위 아래 있으며, 언어가 경험에 통일적인 표현을 제공하는 덕택에 집단으로서의 모습을 유지한다). 이단적 담론의 효력은 오스틴의 **발화내적 힘**처럼 언어에 내재한 주술적 힘에서 나오는 것도, 베버의 카리스마처럼 그 담론의 저자의 인격에서 나오는 것도 아니다. 이 두 개념의 가리개는 어떤 효과를 지시할 수 있을 뿐 그런 효과가 왜 생기는지 따지는 것을 방해한다. 이단적 담론의 효력은 언어와 집단적 성향의 변증법 속에서 찾아야 한다. 승인된 언어이기도 한 승인하는 언어와, 그 언어를 승인하는 동시에 그것의 사용을 스스로에게 승인하는 집단의 성향 사이에 존재하는 변증법 말이다. 이 변증법적 과정은 관련된 행위자들 각자 안에서 완성된다. 그리고 무엇보다 이단적 담론의 생산자에게서는 **발화노동** 속에서, 그 노동에 의해서 성취된다. 내재적인 것을 외재화하고, 명명되지 않은 것을 명명하려면, 말로 표현되지 않은, 반성 이전의 성향과, 관찰할 수 없고 말로 표현할 수 없는 경험에 객관화의 단초를 주려면, 발화노동이 필요하다. 그러한 경험과 성향은 말 속에서 자연스럽게 공동의 것이자 소통가능한 것으로 바뀌며, 그리하여 이치에 맞고 사회적으로 인가된 것으로 바뀐다. 발화노동은 또한 극화(*dramatization*) 노동 속에서 완성되는데, 후자는 전형적인 예언에서, 그리고 위반에서 특히 잘 나타난다. 예언은 통념에 대한 믿음을 손상시킨다. 한편 위반은 **명명할 수 없는 것을 명명**하고, 억압된 것의 귀환을 (누구보다 이단의 창시자 자신 안에서) 막는 제도화된 검열이나 내면화된 검열을 돌파하는 데 필수적이다.

표상, 특히 말, 구호, 이론의 효력은 집단의 성립에서 가장 잘 나타난다. 이론은 분할(*division*)[2]의 원리를 인식시킴으로써, 더 넓게는 세계관들과 정치적 분열들을 현실화하고 공론화하는 정치적 연극의 상징권력을 받아들이게 함으로써, 사회질서를 만드는 데 기여한다. (말이나 이론뿐 아니라 선언, 의례, 그리고 대립과 분열을 상징적으로 나타내는 모든 형식에서) 표상/재현의 정치적 작업은 그때까지 실천적 성향 또는 혼란스럽고 언표화되지 않은 경험(불편함, 분노 등)의 상태로 밀려나 있었던, 사회세계를 보는 법과 살아가는 법을 공적 담론이나 본보기가 되는 실천으로 객관화한다. 그리하여 행위자들이, 고립과 분열과 해체를 가져오는 특수한 상황들의 다양성을 넘어, 공동의 자산을 재발견하고, 비교불가능해 보였던 경험과 특성들 위에 그들의 사회적 정체성을 구성하는 것을 허용한다. 그런 경험과 특성들은, 적절한 구성원리가 없었기 때문에, 행위자들이 동일한 계급에 속해 있다는 지표로 해석되지 못한 채 그토록 오랫동안 비교불가능한 것으로 남아 있었다.

실천적 집단의 상태에서 임명된(*institué*) 집단의 상태(계급, 민족 등)로 이행하려면 먼저 분류의 원칙을 구성해야 하는데, 이 원칙은 이 집단의 성원 전체의 특징을 이루는 일군의 변별적 속성을 생산하면서, 동시에 성원 전체나 일부가 다른 자격으로 소유하며, 다른 구성의 기초가 될 수도 있을, 부적절한 속성들(국적, 나이, 성별 등)을 무효화할 수 있다. 그러므로 투쟁은 (사회적, 인종적, 성적) 계급형성의 원리

---

2) [역주] *division*을 맥락에 따라 분열, 분리, 또는 분할로 번역하였다.

를 이룬다. 모든 집단은 집단구성의 올바른 원리를 부과하기 위한 투쟁의 장소이며, 성이든, 연령이든, 교육이든, 재산이든, 모든 속성의 분포는 본래의 의미에서 정치적 투쟁과 분열의 기초로 사용된다. 이런저런 차이를 기초로 한 피지배계급의 형성은 큰 테두리의 속성이나 특질(남자, 노인, 프랑스인, 파리 출신, 시민, 동포 등)에 기초한 기존 집단들의 해체와 맞물려 있다. 이런 큰 테두리의 속성들은 상이한 상태의 상징적 세력관계 속에서, 관련된 행위자들의 사회적 정체성, 때로는 법적 정체성을 정의한다. 새로운 분할을 확립하려는 시도는 모두 이렇게 분할된 공간에서 지배적인 위치를 차지하면서 사회세계와 무반성적인 관계를 유지하는 데 이해관계를 갖는 자들의 저항을 고려해야 한다. 그들은 기존의 분할들을 자연스러운 것으로 받아들이거나 더 큰 단위(민족, 가족 등)의 존재를 단언하며 그러한 분할의 중요성을 부인한다.[3] 달리 말해, 지배자들의 이해관계는 합의, 또는 사회세계의 의미에 대한 기본적인 동의(이러한 동의에 의해 사회세계는 무반성적인 자연세계로 변환된다)와 연결되어 있는데, 이 동의의 근저에는 분할의 원칙에 대한 동의가 있다.

이단적 비판의 추진작업에 정통파의 저항작업이 대응한다. 피지배자들의 이해관계는 담론과 의식(conscience), 나아가 과학(science)과 연결되어 있다. 왜냐하면 피지배자들이 분리된 집단으로 스스로를 구성하거나 동원되면서 그들이 잠재적 상태로 보유하는 힘을 동원하려면 사회질서를 지각하는 범주들을 의문시해야 하기 때문이다. 이 범

---

3) 이는 '정치'를 정당들이나 정파들 간의 투쟁과 동일시하면서 비난하는 태도를 설명한다. 보수주의자들은 나폴레옹 3세에서 페탱에 이르기까지, 긴 역사에 걸쳐 끊임없이 이런 관점을 설파해왔다. M. Marcel, "Inventaire des apolitisme en France", in Association française de science politique, *La dépolitisation, mythe ou réalité?* (Paris, Armand Colin, 1962), pp. 49~51 참조.

주들은 사회질서의 산물로서, 피지배자들에게 이 질서에 대한 인정을, 나아가 복종을 강요한다.

피지배자들은 지배적 분류법을 수용함에 따라, 심지어 주관적으로, 사회적 정체성을 박탈당한다. 이 박탈당한 정체성을 재전유하기 위해서는 상징혁명이 필요하지만, 그들이 이전의 투쟁을 통해 축적한 비판능력과 전복의 힘이 감소한 상태라면, 그리고 그 결과 그들 자신을 정의하는 속성들, 특히 부정적 속성들에 대한 자각이 약해져 있다면, 그들은 그만큼 그러한 혁명을 수행하기에 부적합하다. 자기들의 결핍을 의식하는 데 필요한 문화적이고 경제적인 조건이 결핍되어 있으며, 자기들이 가진 인식의 도구가 허용하는 인식의 한계 속에 갇혀 있기에, 하층 프롤레타리아와 프롤레타리아화한 농민들은 질서의 전복을 꾀하는 담론과 행위 속에, 이 질서의 기초에 있으며 그들 자신이 희생자이기도 한, 논리적 분할의 원리들을 끌어들이곤 한다(종교전쟁들을 참조하라).

반면에 더 이상 독사(doxa)의 침묵을 복원할 수 없는 지배자들은 이단적 담론의 존재 자체에 의해 위협당하는 모든 것의 대용품을, 순전히 반동적인 담론을 통해 생산하려고 애쓴다. 그들은 사회세계의 현상태에서 아무 문제를 발견하지 못한다. 그래서 이 세계가 그들에게 부과하는 필요성과 자명성의 감각을, 상식의 투명함과 단순함이 각인된 담론을 통해, 보편적으로 부과하려고 한다. 그들은 현 상태를 내버려 두면 그만이다. 그래서 탈정치화된 정치적 담론 속에서 정치를 취소하는 데 골몰한다. 이 담론은 중립화, 아니 그보다는 부인의 산물로서, 독사의 원초적 무구함을 복원하고자 하는데, 사회질서의 자연화를 지향하는 만큼, 언제나 자연의 언어를 빌려온다.

이 정치적으로 무표인 언어를 특징짓는 것은 불편부당의 수사학인데, 이 수사학은 대칭, 균형, 중용의 효과로 유표화되고, 품위와 점잖음의 에토스에 의해 지지되며, 격렬한 논쟁의 회피와 은근함, 상대방에 대한 존중의 천명, 한마디로 말해 정치적 투쟁이 투쟁이라는 사실을 부정하는 모든 것에 의해 확인된다. 이 (도덕적) 중립성의 전략은 과학성의 수사학에서 자연스럽게 완성된다.

이 프로토독사(protodoxa)에 대한 향수는 모든 종류의 보수주의에서 나타나는 '선량한 민중'(보통 농민의 모습으로 구체화되는)에 대한 숭배 속에서 아주 순진하게 표현되는데, 정통적 담론은 특유의 완곡어법('순박한 사람들', '겸손한 계급' 등)을 통해 그들의 핵심적 속성이 기성질서에 대한 복종임을 잘 지적한다. 실로, 정치 장에서 일어나는 정통과 이단의 투쟁은 (정통과 이단을 모두 포함하는) 정치적 테제들 전체, 즉 정치 장 안에서 정치적으로 발화될 수 있는 것들의 집합과 (장 안에서 벌어지는) 논쟁의 바깥에 있는 것, 즉 담론의 범위 바깥에 있으며, 독사의 상태로 버려져서, 정치적 선택을 놓고 서로 싸우는 사람들조차 토론이나 검토 없이 받아들이는 모든 것의 대립을 은폐한다.

각각의 행위자가 사회공간 안에서 자신이 처한 위치와 조건의 진실을 오류 없이 인식하기 위한 원칙을 스스로 발견할 수 있다면, 아니면 그 반대로 이 동일한 행위자들이 다양한 담론과 분류(계급, 종족, 종교, 성별 등) 속에서, 또는 동일한 분류원칙의 산물에 대한 상반된 평가 속에서 갈피를 잡지 못한다면, 사회세계에 대한 인식을 놓고 벌어지는 투쟁은 성립되지 않을 것이다. 알로독시아(allodoxia)[4])에 아무

---

4) [역주] 독사와도 관련되는 그리스 철학의 용어인 알로독시아는 원래 한 존재를 다른 존재로 잘못 인식한다는 의미이다. 부르디외 사회학에서도 이는 어떤 사물을 다른

한계가 없다면, 지각의 오류, 아니 그보다는 표현의 오류가 무제한적이라면, 또한 다양한 담론 안에서, 그리고 제시된 다양한 분류 안에서 모든 행위자가 사회공간의 구조나 이 공간을 실제로 조직하는 구분의 성격과 분포의 양상, 그 공간 안에서 각각의 행위자가 갖는 위치(따라서 그들의 성향) 등과는 무관하게, 동등한 정도로 스스로를 인식한다면, 투쟁의 결과는 완전히 예측불가능할 것이다.

미리보기효과 또는 이론의 효과(어떤 설명이건 설명에 의해 실현되는, 구분의 원칙을 받아들이게 하는 효과라고 해 두자)는 에토스의 조용한 자명성과 로고스의 공적 표명 사이의 괴리에서 비롯되는 불확실성의 여백에서 작용한다. 실천의 질서와 담론의 질서 사이의 거리에 의해 가능해지는 알로독시아 덕택에, 매우 다른, 때로는 대립하는 입장들 속에서 동일한 성향을 식별할 수 있다. 이 말이 의미하는 바는, 과학은 이론효과를 발휘하기 마련이지만 이는 완전히 특수한 형식 속에서만 그러하다는 것이다. 일관되고 경험적으로 검증된 담론 속에서, 그때까지 무시된, 다시 말해 억압되었거나 암묵적이었던 것을 표명하면서, 과학은 사회세계에 대한 표상을 변형하며, 그리하여, 이 변형된 표상에 맞게 실천들을 바꿀 수 있는 만큼, 사회세계 자체를 변형한다. 그러나 역사를 최대한 거슬러 올라가 계급투쟁의 첫 발현, 나아가 어느 정도 정교하게 다듬어진 계급투쟁'이론'의 출현을 살펴본다 하더라도, 엄격하게 계급이나 계급투쟁에 대해 이야기할 수 있는 것은 마르크스 이후이며, 심지어 계급투쟁이론에 따른 사회관을 대대적으로 내세우는 것이 가능한 정당의 창설 이후이다. 마르크시즘의 이름으로

것으로 인지함으로써 인식과 평가의 오류를 범한 상태를 뜻한다. 더 자세한 설명은 스테판 올리브지의 《부르디외, 커뮤니케이션을 말하다》에 실린 이상길, "부르디외 사회학의 주요개념" 참조.

계급과 계급투쟁을 마르크스 이전의, 전자본주의 사회에서 찾으면서 과학주의적 실재론과 경제주의를 조합하는, 완전히 전형적인 오류를 범하는 사람들도 있지만 말이다. 이들은 계급을 사회세계의 현실 자체에서 찾는 마르크스주의 전통으로 매번 기울어지는데, 이 사회현실은 대개 그 경제적 차원으로 축소된다.[5] 역설적이지만, 역사 속에서 유례없는 이론효과를 발휘한 마르크스주의 역사이론과 계급이론은 이론효과에 대해서 한 줄도 할애하지 않았다. 현실이자 의지인 계급(또는 계급투쟁)은 의지인 만큼 현실이며, 현실인 만큼 의지이다. 정치적 실천과 표상(특히 계급의 구분에 대한 표상)은 부분적으로, 계급투쟁이론에 오랫동안 노출되었던 사회에서 특정시점에 관찰되고 측정되는, 이론효과의 산물이다. 물론 이론효과의 상징적 효력은 계급투쟁이론의 토대가 몸에 새겨진 객관적 속성들이라는 사실, 그래서 이 이론은 복잡하게 배열된 정치적 감각에 맞닥뜨린다는 사실에 부분적으로 빚지고 있다. 한 집단이 스스로에 대해 생각하고 자신의 고유한 현실을 표상하기 위해 사용하는 범주들은 이 집단의 현실을 구성하는 데 기여한다. 이는 사회현실을 구성할 때 준거가 된 노동자 운동과 이론의 역사 전체는 주어진 시점에서 바라본 이 운동의 현실 속에 현전함을 의미한다. 사회세계를 지각하는 범주들과 이 범주들에 따라 구성된 집단들은 다름 아니라 사회세계의 역사를 만드는 투쟁 속에서 구성되는 것이다.[6]

---

5) 마르크스주의 이론가들의 저술에서는 언제나 사회학주의적 과학주의와 자생주의적 의지론 간의 긴장이 나타나는데, 이는 다음의 사실과 관련이 있는 것 같다. 문화생산의 노동분업에서 그들이 어떤 위치에 있느냐에 따라, 그리고 사회계급들이 어떤 상태로 나타나느냐에 따라, 이론가들이 조건으로서의 계급을 강조하기도 하고, 의지로서의 계급을 강조하기도 한다는 점이다.

6) 그러므로 역사(특히 사고범주들의 역사)는 정치적 사고를 획득하기 위한 조건들

엄밀하게 사실만을 확인하는 과학적 진술이라도 처방의 기능을 하면서 고유한 이론효과를 발휘하여 자신이 예고하는 사건의 도래를 촉진함으로써 검증을 도울 수 있다. '개회를 선언한다'는 관용어와 '두 계급이 존재한다'는 명제는 사실확인적 언술로도, 수행적 언술로도 이해될 수 있다. 계급, 지역, 국가의 실재를 긍정하거나 부정하는 것과 같이, 실재에 대한 다양한 표상의 실재성에 대해 혹은 실재를 만들어내는 표상의 능력에 대해 입장을 표명하는 정치적 명제들은 모두 이런 이유로 비결정적이다. 과학은 각 입장들의 현실성을 측정하는 객관적 척도를 제공함으로써 이러한 논쟁을 단칼에 정리하고자 할 수 있는데, 그 경우 논리적으로 과학이 할 수 있는 일은 투쟁이 발생하는 공간, 각축하는 여러 세력을 어떻게 재현하고 그들 각각에게 주어진 성공의 기회를 어떻게 표상하느냐가 바로 싸움거리인 공간을 기술하는 것뿐이다. 그러한 작업에서 과학은 현실에서 쟁점이 되는 측면들에 대한 '객관적' 평가가 모두 현실적 효과를 아주 잘 발휘할 수 있다는 점을 잊지 말아야 한다.

예측이 예측한 사람의 마음속에서만 작동하는 게 아니라 사회적 실현의 현실성 속에서도 작동할 수 있다는 것을 어떻게 간과하겠는가? 예측은 자기실현적 예언, 즉 기존질서의 공인이라는, 그야말로 정치적 효과를 발휘하는 수행적 표상으로 작동할 수도 있고(예측이 널리 받아들여질수록 효과도 강력하다), 반대로 엑소시즘으로 기능하여 그 자신의 실현을 막는 행위를 이끌어낼 수도 있다. 군나르 뮈르달이 잘 보여주었듯이 경제학의 키워드들은, '경제적인', '자연적인', '공정한'('합리적인'을 여기 덧붙여야 할 것이다) 같은 관념은 말할 것도 없고, '원리', '균형', '생산성', '조정', '기능' 같은 용어나, 좀더 중요하고 항상 따라다

가운데 하나를 구성한다.

니는 '효용', '가치', '실제비용' 또는 '주관적' 같은 개념에 이르기까지, 언제나 서술적인 동시에 처방적이다. 7)

아무리 중립적인 과학이라도 중립적이지 않은 효과들을 생산한다. 따라서 한 사건의 확률함수가 취한 값을 확정하고 공표하는 것만으로도, 다시 말해 포퍼가 지적했듯이, 그 사건의 발생 경향이라는, 사물의 본질에 깃든 객관적 속성을 확정하고 공표하는 것만으로도, 행위자들이 거기에 대비하거나 순응하도록 만듦으로써, 아니면 반대로 개연성에 대한 지식을 이용하여 사건의 발생을 가능한 한 저지하도록 이끎으로써, 그 사건의 '존재주장'(라이프니츠의 표현을 빌자면)을 강화하는 데 기여한다. 그러므로 적대적인 계급이냐 위계화된 계층이냐 하는, 사회분화를 바라보는 두 시각의 교과서적 대립을, 모든 혁명전략에 있어 중차대한, 다음의 문제로 바꾸어 놓는 것으로는 충분하지 않다. 주어진 시점에 피지배계급이 스스로 목표를 정할 능력이 있는 적대적 권력을 구성하느냐, 다시 말해 동원된 계급이 되느냐, 아니면 위계화된 공간 안에서 가장 낮은 위치를 점하면서 지배적 가치와의 거리에 의해 정의되는 층위를 구성하느냐? 다른 말로 하자면, 계급 간의 투쟁이 기성질서의 전복을 꾀하는 혁명적 투쟁이냐 아니면 피지배자들이 지배자들의 속성을 가지려 애쓰는, 따라잡기의 성격을 띤 경쟁적 투쟁이냐? 이 문제에 대답하는 데 있어서, 주어진 시점의 행위자들의 실천과 성향에만 근거를 두면서 두 가지 전망 중 어느 것을 강화할 수도 약화시킬 수도 있는 행위자나 조직의 존재 또는 비존재를 무시한다면, 즉 각각의 가능성이 갖는 객관적 기회에 대한 어느 정도 현실주의적 예측(이런 예측과 기회 자체는 현실에 대한 과학적 지식의 영향을 받

---

7) G. Myrdal, *The Political Element in the Development of Economic Theory* (New York, Simon and Schuter, 1964), spéct., pp. 10~21.

는데)에만 근거를 둔다면, 그만큼 현실의 논박에 취약하고 비과학적인 답변도 없을 것이다.

이론효과는 구분의 원칙을 강제할 수 있는 행위자들이나 조직들, 이렇게 말해도 좋다면, 현실의 어떤 측면을 특권화하고 다른 측면을 무시하는 체계적 경향을 상징적으로 생산하거나 강화할 수 있는 행위자들이나 조직들에 의해서, 바로 현실 안에서 작동될 수 있는데, 명료화와 객관화가 현실에 뿌리박고 있을수록, 그리고 머릿속의 구분이 현실의 구분과 일치할수록, 이 효과가 더욱 강력하고 지속적이리라는 가정이 어느 모로 보나 가능하다. 바꿔 말하면, 한 집단이 스스로를 규정할 때 명시적으로 사용하며 그 안에서 스스로를 인식하는 분류적 속성들이 그 집단을 구성하는 행위자들이 객관적으로 지니는 속성들 (그리고 축적된 사회적 생산물의 전유도구들의 분포 안에서 그들의 위치를 규정하는 속성들)과 일치할 때, 상징적 구성행위가 동원하는 잠재력은 더욱 커진다.

사회적 메커니즘은 교육제도의 작동과 연결된 문화적 상속의 메커니즘처럼, 아니면 경제재화나 재화시장의 통합과 연동된 상징적 지배의 메커니즘처럼, 기성질서의 재생산을 보장하는 경향이 있다. 하지만 사회적 메커니즘의 과학은, 이 메커니즘의 작동을 (이중적 의미에서) 합리화하는 기회주의적 방임에 이용될 수 있는 만큼이나, 완전히 반대되는 목표를 지향하는 정치의 토대로도 이용될 수 있다. 방임주의와도, 무지와 절망의 의지주의와도 결별하면서, 이 메커니즘에 대한 지식으로 무장하여 그것을 멈추게 하려는 정치, 개연성을 인식하면서도 운명론적 포기나 무책임한 유토피아주의로 기우는 게 아니라, 거부당한 가능성의 실현법칙을 과학적으로 이해함으로써 개연성에 대한 거부의 기초를 만들어나가는 정치가 그것이다.

제 3 부　　　　　　　상징권력과 정치 장

# 제1장

# 상징권력에 대하여

상징연구의 전반적인 상태를 검토하는 이 텍스트는 원래 국제학술 회의라는 특수한 상황에 맞추어서 쓴 것이다(시카고, 1973년 4월). 그러므로 이 텍스트는 (학문의 역사를 포함하여) 역사에도 상징이론에도 속하지 않는다. 특히 이것을 유사-헤겔주의적인 구성물(그렇다면 이 텍스트는 연속적인 지양을 통해 '최종이론'에 이를 수도 있겠지만)로 간주해서는 안 될 것이다. 마르크스가 말했듯이 '사상의 이주'가 아무 손상 없이 이뤄지는 경우는 드문데, 그 이유는 이러한 이주에 의해 문화생산물이 그것을 의식적, 무의식적으로 규정하는 이론적 준거체계/참조체계로부터 분리되기 때문이다. 다시 말해, 고유명사나 '-이즘'들이 표지판처럼 늘어선 생산의 장으로부터 문화생산물이 분리되기 때문인데, 문화 생산물이 장을 규정하는 힘은 장이 문화생산물을 규정하

* "Sur le pouvoir symbolique"는 *Annales*, 32/3(mai-juin 1977), pp. 405~411에 발표되었다.

는 힘보다 약하다. 이런 까닭에, '이주'의 상황은 여느 때라면 암묵적인 상태로 남아 있을 준거지평을 눈앞에 드러내는 데 각별한 힘을 발휘한다. 자명한 이야기지만, 이 수출품을 다시 가져오는 일은 단순화의 위험과 객관화의 모험을 동시에 내포한다.

어쨌거나, 예전에는 권력이 눈이 아플 만큼 분명히 보이는 곳에서도 그것을 인지하지 않으려는 태도가 지배적이었다면, 요즘은 도처에서 권력을 발견하는 것이 일반적이니만큼, 다음의 지적은 쓸모없지 않을 것이다. 권력을 두고 '중심이 어디에나 있으면서 어디에도 없는 원'이라고만 말하지 말고(이는 권력을 해체하는 또 다른 방법이다), 권력이 가장 없을 법한 곳, 가장 눈에 띄지 않는 곳, 다시 말해 권력이 인정받는 곳에서 권력을 찾을 줄 알아야 한다. 상징권력은 사실상 자기들이 권력을 견딘다는 것, 또는 권력을 행사한다는 것을 알고 싶어 하지 않는 자들의 공모 속에서만 행사되는, 보이지 않는 권력이다.

## 1. 구조화하는 구조로서의 '상징체계'(예술, 종교, 언어)

신칸트주의 전통(훔볼트-카시러나 언어학의 영역에서 그 미국적 변이에 해당하는 사피어-워프)은, 마르크스가 인식의 '능동적 측면'이라고 말한 것(《포이어바흐에 관한 테제》)을 인정하면서, 다양한 상징적 소우주들인 신화, 언어, 예술, 과학을 인식의 도구이자 대상세계를 구성하는 도구로, '상징형식'으로 취급한다. 그 연장선상에서, 하지만 좀 더 순수하게 역사적 의도를 가지고, 파놉스키는 원근법(*perspective*)을 역사적 형식으로 간주하지만, 그렇다고 거기서 더 나아가 생산의 사회적 조건을 체계적으로 재구성하지는 않는다.

뒤르켐은 명시적으로 칸트의 전통에 서 있다. 하지만 그는 선험주

상징수단

| 구조화하는 구조로서 | 구조화된 구조로서 | 지배의 도구로서 |
|---|---|---|
| 객관적 세계를 인식하고 구성하는 도구 | 소통의 수단 (언어 또는 문화 對 담론 또는 행동) | 권력 |
|  |  | 분업 (사회계급) 이데올로기적 분업 (육체노동/정신노동) 지배의 기능 |
| 상징형식 주관적 구조들 (모두스 오페란디) 칸트-카시러 | 상징대상 객관적 구조들 (오푸스 오페라툼) 헤겔-소쉬르 | 이데올로기 (對 신화, 언어) 마르크스 베버 |
| 사피어-워프 문화주의 | 뒤르켐-모스 분류의 사회적 형식 | 레비스트로스 (기호학) | 정당한 문화생산을 독점하기 위해 경합 하는 전문가 집단 |
| 의미: 주체들의 의견일치로서의 객관성(합의) | 의미: 의사소통의 산물이자 의사소통 조건으로서의 객관적 의미 | |

상징 형식의 사회학: 인식형이상학적(*gno-séologique*) 질서에 대한 상징권력의 기여.
의미 = 합의, 즉 독사(*doxa*)

정치적 폭력(지배)에 대한 상징폭력〔정통(*orthodoxie*)〕의
특수한 기여로서 이데올로기적 권력지배의 분업

의와 경험주의의 양자택일에서 벗어나, 인식의 문제에 '실증적'이고 '경험적'인 대답을 하고자 하였기에, 상징형식의 사회학의 기초를 만들다 — 카시러는 자신이 '상징형식'이라는 개념을 '분류형식'의 등가물로 사용한다고 분명하게 말한다. 참고: E. Cassirer, *The Myth of the State*(New Haven, Yale University Press, 1946), p. 16. 뒤르켐과 더불어, 분류형식은 보편적(초험적) 형식이 아닌 사회적 형식, 즉 자의적이고(특정한 집단과 관련된다는 의미에서) 사회적으로 결정되는 형식이 된다(파놉스키도 드러나지 않게 이런 노선을 취한다).[1]

이러한 관념론적 전통에서는 세계의 의미의 객관성이 구조화하는 주체들의 합의에 의해 규정된다[지각(*sensus*)=합의(*consensus*)].

## 2. 구조화된 구조로서의 '상징체계'
### (구조적 분석을 정당화하는 것)

구조적 분석은 방법론적 도구인데, 이를 통해 신칸트주의적 야심의 실현, 즉 각각의 '상징형식' 특유의 논리를 포착하는 것이 가능해진다. 신화를 읽으면서 신화 자체만을 참조하는 구조적 분석은 셸링이 소망했던 순수하게 토테고릭(*tautégorique*)[2] 한 — 알레고릭(*allégorique*)과 반대되는 의미에서 — 독서를 행하면서, 상징 산물 하나하나에 내재한 구조를 추출하고자 한다. 하지만 의식의 생산활동에, 모두스 오

---

1) 우리는 하이데거가 상기시켰던 *kategoreisthai*의 어원적 의미 — 공개적으로 비난한다는 — 로 돌아가려 한다. 동시에 우리는 사회적 범주(*categorie*)의 전형적인 예인 친족용어(호칭)를 염두에 두고 있다.

2) [역주] 토테고릭은 동일한 것을 다른 말로 표현하는 것이다. 셸링은 신화가 우의적 (*allegorical*)이지 않고 토테고릭하다고 주장했다.

페란디(*modus operandi*)에 강조점을 두는 신칸트주의적 전통과 달리, 구조주의 전통은 오푸스 오페라툼(*opus operatum*), 즉 구조화된 구조를 특권화한다. 이는 구조주의의 창시자인 소쉬르가 언어를 어떻게 표상했는지를 보면 쉽게 알 수 있다. 구조화된 체계로서 언어(랑그)는 근본적으로 발화(파롤)의 이해가능 조건으로, 또는 소리와 의미 간의 안정된 관계를 설명하기 위해 구축해야 하는 구조화된 매개체로 취급된다 — 음운론(*phonologie*)과 음성학(*phonetique*)의 대립에 정확히 대응하는 도상해석학(*iconologie*)과 도상기술학(*iconographie*)의 대립을 통해 파놉스키는, 예술작품의 심층적 구조들을 추출하려는 그의 노력과 더불어, 이 전통 속에 자리 잡는다.

## 첫 번째 종합

인식과 소통의 도구인 '상징체계'들이 구조화하는 권력을 행사하는 것은 다름 아니라 그 자체가 구조화되어 있기 때문이다. 상징권력은 현실을 구성하는 권력으로서, 인식형이상학적(*gnoséologique*) 질서를 확립한다. 세계(특히 사회세계)의 즉각적 의미는 뒤르켐이 논리적 순응주의(*conformisme logique*)라고 불렀던 것, 즉 '인식주체들 간의 합의를 가능하게 해 주는, 시간, 공간, 수, 원인의 단일한 개념'을 전제한다. 뒤르켐 — 또는 그 뒤를 이은 래드클리프-브라운 — 은 '사회적 연대'가 가능한 것은 상징체계가 공유되기 때문이라고 주장했는데, 이런 접근은 상징의 사회적 기능(구조기능주의적 의미에서)을 분명하게 지적한다는 장점이 있다. 이는 구조주의자들이 말하는 소통기능으로 환원되지 않는, 그야말로 정치적 기능이다. 상징들은 '사회통합'의 대표적 도구인 것이다. 인식과 소통의 도구로서(축제에 대한 뒤르켐의 분석을 참조하라), 상징들은 사회세계의 의미에 대한 합의를 가능하게 만들어

주는데, 이러한 합의는 무엇보다 사회질서의 재생산에 기여한다. '논리적' 통합은 '도덕적' 통합의 조건인 것이다.[3]


## 3. 지배도구로서의 상징생산

마르크스주의 전통은 상징체계의 정치적 기능을 특권화하면서, 그것의 논리적 구조와 인식형이상학적 기능을 (엥겔스가 법과 관련하여 '체계적 표현'에 대해 언급하기는 했지만) 한쪽에 제쳐 둔다. 이런 기능주의는 (뒤르켐이나 래드클리프-브라운식의 구조기능주의와는 아무 공통점이 없다) 상징생산을 지배계급의 이해관계와 결부시켜서 설명한다. 집단적인 생산물이며 집단적으로 전유되는 신화와는 대조적으로, 이데올로기는 특수한 이해관계에 봉사하면서 그것을 보편적이고 집단 전체가 공유하는 이해관계인 것처럼 보이게 만든다. 지배문화는 (지배계급의 구성원들이 서로 직접적으로 소통하고 다른 계급의 구성원들과 스스로를 구별하는 것을 가능하게 해줌으로써) 지배계급의 현실적 통합에 기여한다. 그리하여 사회의 가상적 통합에, 즉 피지배계급의 동원해제(허위의식)에 기여하며, 또한 차별(위계들)을 확립하고 정당화함으로써 기성질서의 정당화에 기여한다. 소통의 기능을 내세우며 분할의 기능을 숨김으로써 지배문화는 바로 이러한 이데올로기적 효과를 만들어내는 것이다. 통합하는 문화(소통의 매개체)는 분리하는 문화(차

---

3) 신현상학적 전통(슈츠, 피터 버거)과 민속방법론의 특정 형태는 세계(특히 사회세계)의 통념적 경험(*expérience doxique*, 후설), 즉 사회세계를 당연한 것(슈츠의 표현을 빌면 *'taken for granted'*)으로 경험하는 일이 가능해지기 위한 사회적 조건의 문제를 생략함으로써, 동일한 가정들을 받아들인다.

별의 도구)이자, (하위문화라고 일컫는) 다른 문화들로 하여금 스스로를 지배문화와의 거리라는 관점에서 재정의하도록 강요함으로써, 차별들을 정당화하는 문화이다.

## 두 번째 종합

세력관계를 소통의 관계로 환원하는 '상호작용론적' 오류의 모든 형태를 비판하려면 다음을 지적하는 것만으로는 부족하다 — 소통의 관계는 언제나 권력관계라는 것, 이 권력관계는 선물이나 포틀라치처럼 상징권력의 축적을 허용한다는 것, 또한 이 권력관계의 형식과 내용은 이 관계에 참여하는 행위자들(또는 제도들)에 의해 축적된 물질적, 상징적 권력에 의존한다는 것 등. '상징체계'가 지배를 받아들이게 하는, 또는 정당화하는 정치적 기능을 수행하는 것은 어디까지나 구조화되어 있으며 구조화하는 인식과 소통의 도구로서이다. 상징체계는 그 토대에 있는 세력관계에 자신의 고유한 힘을 보태줌으로써 한 계급에 의한 다른 계급의 지배(상징폭력)를 보장하며, 베버의 표현대로, '피지배자 길들이기'에 기여한다.

다양한 계급과 계급분파들은 각자의 이해관계에 부합하는 방식으로 사회세계를 정의하기 위하여 그야말로 상징투쟁을 벌인다. 그리하여 이데올로기적 입장들의 장(場)은 변형된 형태로 사회적 위치들의 장을 재생산한다.[4] 계급과 계급분파들은 이러한 투쟁을 나날의 상징적 갈등 속에서 직접 수행할 수도 있고, 상징생산의 전문가들(직업적 생산자들)을 내세워 대리전을 벌이게 할 수도 있다. 이때 이 대리전의

---

[4] 지배자들의 이데올로기적 입장은 재생산의 전략으로서, 지배계급 안에서, 그리고 바깥에서, 계급지배의 정당성에 대한 믿음을 강화하는 경향이 있다.

전리품은 정당한 상징폭력(베버를 참조하라)의 독점, 즉 사회현실을 인식하고 표현하는 자의적인(하지만 그렇게 인식되지 않는) 도구(분류 체계)를 부과하는(나아가 주입하는) 권력의 독점이다. 상징생산의 장은 계급 간 상징투쟁의 소우주이다. 생산자들은 생산 장 내부의 투쟁에서 자기들의 고유한 이해관계를 방어함으로써 (오직 그런 방법으로만) 외부 집단들의 이해관계에 봉사한다.

지배계급은 위계화 원리들의 위계를 둘러싼 투쟁의 장소이다. 권력이 경제자본에서 나오는 지배분파들은 스스로 상징생산에 참여하든가 아니면 보수논객의 중개를 통해서 지배를 정당화하는데, 이 보수논객들은 부가적으로만 지배자들의 이익을 대변하며, 후자로부터 위임받은, 사회세계를 정의하는 권력을 자기들의 이익을 위해 전용하곤 한다. 한편 피지배분파(성직자, '지식인', '예술가' 등, 시대에 따라 달라진다)는 언제나 자기들에게 현재의 지위를 가져다준 특수한 자본을 위계화 원리들의 위계 맨 꼭대기에 놓는 경향이 있다.


4. 구조화되어 있기에 구조화하는 지배도구들, 전문가가
   이데올로기의 생산을 정당하게 독점하기 위한 투쟁 속에서,
   또 그러한 투쟁을 위해 생산하는 이데올로기의 체계들은
   오인가능한 형식 아래, 이데올로기 생산의 장과
   사회계급 장의 상동성을 매개로,
   사회계급 장의 구조를 재생산한다


'상징체계'는 사회 전체에 의해 생산되고 전유되느냐 아니면 전문가 집단에 의해, 좀더 정확히 말하면 상대적으로 자율적인 생산과 유통의 장에 의해 생산되느냐에 따라 근본적으로 구별된다. 신화가 종교

(이데올로기) 로 변형되는 역사적 과정은 종교적 의례와 담론의 전문 생산자 집단이 생겨나는 과정, 즉 종교적 분업의 진전과 분리할 수 없다. 종교적 분업 자체는 사회적 분업의 한 차원으로서, 계급분화와 궤를 같이 하며, 상징생산의 도구를 보통사람들의 손에서 빼앗는 결과를 가져온다. 5)

이데올로기의 구조와 기능의 특화는 생산과 유통의 사회적 조건에 빚지고 있다. 이데올로기는 일차적으로 전문가들 — 각별하게 여겨지는 능력(종교적 능력, 예술적 능력 등) 을 독점하려고 경쟁하는 무리들 — 을 위해 기능하며, 이차적, 부수적으로 비전문가를 위해 기능한다. 이데올로기가 언제나 이중적으로 규정된다는 점을 잊지 말자. 이데올로기는 그것이 대변하는 계급이나 계급분파들의 이해관계뿐 아니라 그것을 생산하는 자들의 특수한 이해관계나 생산의 장에 특수한 논리에서도 비롯된다. 전자가 논리적 정당화의 기능(fonction de sociodicée) 과 관련된다면, 후자는 일반적으로 '창조'와 '창조자'의 이데올로기로 변형되어 나타난다. 이데올로기의 이 전형적인 특징을 기억한다면 이데올로기적 생산물을 그것이 봉사하는 계급의 이해관계로 난폭하게 환원하는 오류('마르크스주의적' 비판에서 빈번하게 나타나는 '비약' 현상) 를 피할 수 있을 것이다. 또 그러면서도 이데올로기의 생산을 자율적이며 자기생성적인 총체로 간주하는 관념론적 환상 — 이는 순수하게 내적인 분석(기호학) 을 정당화한다 — 을 극복할 수 있을 것이다. 6)

---

5) 전문 생산 장의 존재는 정통(*orthodoxie*) 과 이단(*hétérodoxie*) 의 투쟁이 나타나기 위한 조건이다. 정통과 이단은 모두 통념(*doxa*), 즉 토론되지 않은 것과는 구별된다.

6) 이데올로기의 이중규정성을 기억한다면, 이데올로기를 신화로, 다시 말해 집단적 작업의 미분화된 산물로 간주하면서 그것을 생산해낸 장의 특성(예를 들면 신화적 전승을 비의적으로 재해석하는 그리스의 전통) 을 간과하는 민속학주의(특히 고대 사상의 분석에서 잘 나타난다) 역시 피할 수 있다.

이데올로기 생산의 장 본연의 이데올로기적 기능은 이데올로기 생산의 장과 계급투쟁 장의 구조적 상동성 위에서 거의 자동적으로 완수된다. 두 장의 상동성은 자율적 장의 특수한 전리품들을 위한 투쟁이 자동적으로 계급 간의 경제적, 정치적 투쟁의 완곡화된(*euphémisées*) 형태를 만들어내게끔 한다. 바로 이 구조와 구조의 조응 속에서 지배담론 본연의 이데올로기적 기능이 완수되는 것이다. 지배담론은 구조화되어 있으며 구조화하는 매개체로서, 기성질서를 자연스러운 것으로(정설로) 받아들이도록 강제하는데, 이는 사회구조에 맞추어 객관적으로 조정된 정신구조와 분류체계를 위장된 방식으로 (다시 말해 그 자체로 인식되지 않게) 강제함으로써 이루어진다. 조응이 체계 대 체계로만 이뤄진다는 점 때문에, 보통사람들은 물론 생산자들도, 다음의 사실을 놓치기 쉽다. 내적 분류체계가 철저히 정치적 분류학을 알아보기 힘든 형식 아래 재생산한다는 것, 그리고 전문화된 각각의 장에 딸린 특수한 공리계는 분업의 근본원리의 (장의 특수한 법칙에 부합하는) 변형이라는 것(예를 들면, 대학의 분류체계는 사회구조의 객관적 분화, 특히 이론과 실천의 분업을 알아보기 힘든 모습으로 동원하면서, 사회적 속성들을 자연적 속성들로 전환한다). 본연의 이데올로기적 효과는 바로 정치적 분류체계를 철학적, 종교적, 법적 분류학의 정당한 외관 아래 강제하는 데서 생겨나는 것이다. 상징체계의 고유한 힘은, 상징체계 안에 표현되는 세력관계가 의미관계라는, 오인하기 쉬운 형식 속에서만 나타난다는 바로 그 사실(자리바꿈)에서 비롯된다.

상징권력은 발화에 의해 소여를 구성하는 권력이자, 세계상을, 그리하여 세계에 대한 행위를, 결국 세계를, 보게 하고, 믿게 하며, 공고히 하고, 변형하는 권력이다. 상징권력은 특수한 동원효과를 통해, (물리적, 경제적인) 강제에 의해 획득된 것의 등가물을 획득하게 해 준다는 점에서 주술에 가깝다. 그런데 상징권력이 효과를 발휘하는 것은 그것이 인정될 때, 즉 그 임의성이 인식되지 않을 때에 한해서이다. 이는 상징권력이 '수행적 힘'의 형태로 '상징체계' 안에 내재하는 게 아니라, 권력을 행사하는 사람과 이를 견디는 사람 간의 특정한 관계 속에서, 그 관계에 의해 정의됨을 뜻한다. 다시 말해 상징권력은 신념이 생산되고 재생산되는 장의 구조 자체 속에서 정의된다.[7] 말과 구호의 권력, 질서를 유지하거나 전복하는 권력을 생산하는 것은 그 말의 정당성에 대한 신념 및 그 말을 하는 사람의 정당성에 대한 신념인데, 그 말 자체는 이러한 신념을 만들어내지 못한다.

상징권력은 하위의 권력으로서, 다른 권력형태의 변형, 즉 알아보기 힘들게 모습이 바뀌고 정당화된 형태이다. 사회관계를 에너지 모델에 따라 역학관계로 볼 것이냐 아니면 사이버네틱 모델에 따라 의사소통 관계로 볼 것이냐 하는 양자택일에서 벗어나려면, 우리는 다양한 종류의 자본들을 상징자본으로 변환하는 법칙, 특히 은폐와 변형(한마디로 완곡화)의 작업을 지배하는 법칙을 기술해야 한다. 완곡화 작업은 역학관계에 사실상 포함된 폭력을 부인-인정하게 만들며, 그리하여 역학관계를, 에너지의 손실 없이도 실제적 효과를 가져오는 상징권력으로 변형하는데, 역학관계의 진정한 연금술적 변화는 이렇게 해서 보장되는 것이다.[8]

---

7) 권력의 상징(옷, 지팡이 등)은 객체화된 상징자본에 지나지 않으며, 그 효력은 동일한 조건에 복속된다.

8) 이 상징부과권력을 파괴하려면 그 자의성을 간파해야 한다. 다시 말해 그 객관적 진실을 폭로하고, 잘못된 신념을 말소시켜야 한다. 이단적 담론은 정설(통념의 가상적 복원에 지나지 않는)이 제시하는 거짓 증거들을 파괴하고 그 동원해제의 권력을 제압할 때만 동원과 전복의 상징권력, 즉 피지배계급의 잠재적 권력을 활성화하는 권력을 갖게 된다.

# 제 2 장

# 정치적 재현 / 대표*

"의향은 상황 속에, 인간의 습속과 제도 속에 표현되어 있다. 체스의 기술이 존재하지 않는다면 내게는 체스를 하려는 의향이 생기지 않을 것이다"[1] 라고 비트겐슈타인은 간파하였다. 정치적 의향은 정치적 게임의 특정한 상황과의 관계 속에서만 생겨난다. '정치적 게임이 어떤 시점에 제공하는, 행위와 표현기술 세계의 특정한 상황'이라고 말하는 편이 더 정확할 것 같다. 어디서나 그렇듯이 여기서도, 암묵적인 것에서 명시적인 것으로의 이행, 주관적 인상에서 객관적 표현으로의 이행은, 또는 공개적 담론이나 행동을 통한 천명으로의 이행, 공식화 또는 정당화의 한 형식이다. 벤베니스트가 지적했듯이, 프랑스어에

---

\* "La représentation politique"은 *Actes de la recherche en sciences sociales*, 36-37 (février-mars 1981), pp. 3~24에 실린 논문의 수정본이다.

1) L. Wittgenstein, *Philosophical Investigations* (New York, Mcmillan, 1953), 337번째 문장, p. 108.

서 권리와 관련된 단어들이 모두 말하다(dire)라는 동사를 어원으로 삼는 것은 우연이 아니다.

정치적 (생산의) 장은 사실 보통사람들이 접근할 수 없는 장소이다. 여기서 정치적 효력과 정당성을 갖는 지각과 표현의 형식들이 이 장에 관여하는 전문가들의 경쟁을 통해 생산되며, '소비자'의 위치로 격하된 평범한 시민들에게 제공된다. 평범한 시민들에게 정치를 하기 위한 사회적 능력이 부족할수록, 그리고 정치적 행위나 담론을 생산하기 위한 적절한 수단이 결여되어 있을수록, 그들에게 남는 것은 무조건적인 위임밖에 없다.

스스로 정치적 의견을 갖거나 정치적 행동을 할 수 있다고 믿는 계층의 경우, 위임이 의미하는 박탈을 감수할 때는 양가감정이나 망설임이 없지 않다. 이는 지식인들이 선호하는 정당이나 운동이 계속 분열을 겪는다는 사실에서도 드러난다. 압력집단이나 협의체 또는 정당-협의체²)를 만드는 데 만족하는 제조업과 유통분야 대기업의 중역들은 그들대로, 정치의 세계에 대해 반드시 부정적이지는 않더라도 양가적 이미지를 갖는다. 한편으로 정치의 세계는 기성질서에 문제를 제기하는 장소인데, 기업인들은 문제제기를 별로 좋아하지 않는다. 다른 한편으로 정치인은 집단적 심판과 투표로 신임을 받아야 하는 데다가 그들의 기능에는 '봉사'의 차원이 있다. 기업인들이 뒤로

---

2) 주요 목표가 선거준비라는 점에서 일반적 협의체와 구별되는 조직을 정당-협의체라고 불러도 좋을 것이다. 이런 조직은 목표가 한정되어 있고, 한정된 성격의 참여를 요구한다는 점이나 (활동가가 아닌 유권자로 이뤄진) 지지기반의 사회적 구성이 매우 다양하다는 점에서 협의체에 가깝지만, 선거준비라는 특수한 기능을 반복적으로 수행하기 위해 영속성을 갖추고 있다는 점에서 정당에 가깝다(오스트로고르스키 (Ostrogorski)가 묘사한 이상적인 정당이 특정한 대의와 한정된 요구조건을 가지고 임시로 만들어진 일시적 조직, 다시 말해 협의체라는 사실은 특기할 만하다).

물러난 결과 보수정당의 의원들은 보통 (다른 경력, 특히 공무원 경력을 통해 자본을 축적한 뒤에) 정치를 두 번째 경력으로 삼는 사람들이거나 직업생활에서 완전한 성공을 이루지 못하고 대안으로 정치에 뛰어든 사람들로 이루어진다.

경제적, 문화적으로 가장 박탈당한 계층의 경우, 이들은 정당에 가입하든가 탈퇴하든가 하는 양자택일뿐이다. 정당은 상설조직으로서, 그것이 대표한다고 주장하는 사람들, 하지만 (사생활로의 후퇴와 개인적 안녕의 추구에 의해) 언제나 원자화된 불연속성 속으로, 또는 좁은 의미의 요구투쟁의 특수성 속으로 떨어질 위험이 있는 사람들에 대해, 그들이 동원된, 또는 동원가능한 계급으로서 계속 실존한다는 것을 끊임없이 재현해야 한다. 이들의 입장에서 정치의 시장은 가장 독과점이 심한 시장이다. 그들은 권력의 추구를 지향하는 상설조직으로 이해되는 정당을 필요로 한다. 활동가들과 유권자들에게 생각과 행동의 프로그램을 제공하면서, 포괄적인 사전 지지를 요구하는 조직 말이다. 하지만 어떤 집단이 지속적으로 그리고 정치적으로 스스로를 재현하려면, 그리하여 하나의 집단으로서 존재하려면, 조합주의적이거나 정세적인 이해득실에서 비교적 벗어나 있는 상설조직이 필요하다고 하더라도, 그런 조직에서 '하찮은' 멤버들은 설 곳을 잃을 수 있다는 사실을 어떻게 무시하겠는가? 바쿠닌(Bakounine)이 말했듯이, '자리 잡은 혁명정당'의 모순은 트뢸치가 묘사한 신교교회의 모순과 똑같다. 박탈당한 자들이 일괄적으로 그들이 선택한 정당에 무한한 신임을 주는 피데스 임플리시타(*fides implicita*), 즉 포괄적이고 전면적인 위임의 결과, 어떤 메커니즘이 제멋대로 작동하기 시작하는데, 이는 박탈당한 자들에게서 기구에 대한 제어능력을 모두 빼앗는 경향이 있다. 그리하여 아이러니하게도 정치자본의 집중은, 애써 막지 않는 이상(별로 그럴 것 같지 않지만), 경제자본의 집중에 맞서 투쟁하는 것을 목표로 삼는 정당들 안에서 가장 심하다.

그람시는 각국의 공산당 지지자들이 천년왕국적인 신앙절대주의나 당과 당 지도부에 대한 섭리론적 표상으로 기우는 경향이 있다고 여러 차례 지적하였다. "우리 당 안에 있는 한탄할 만한 위험의 또 다른 측면은 모든 개별적 활동의 불모화, 당원 대중의 수동화, 어찌되건 모든 것을 생각하고 내다보는 사람이 있을 거라는 어리석은 확신이다."[3] 그는 또 이렇게 말하였다. "이 절대적으로 열악한 조건에 초조해져서, 대중은 모든 주권과 권력을 완전히 양도한다. 그리하여 조직과 조직기의 인격은 그들에게 유일자가 된다. 이는 교전 중인 군대에게 용병대장의 인격이 공동의 안녕을 구체화하고 승리와 성공을 보증하는 것과 마찬가지이다."[4] 역으로 로자 룩셈부르크는 — 희망사항(wishful thinking)의 차원에서 — 지도층의 의식적이고 지속적인 노력에 의해 당이 스스로 권력을 제한하는 것에 대해 이야기한 바 있다. 지도층은 그들에게 위임장을 준 대중의 의지를 따르기 위해 스스로 물러날 줄 알아야 한다. "이른바 사회민주주의 '지도자들'의 유일한 역할은 대중에게 역사적 사명을 깨닫게 하는 것이다. 민주주의에서 '우두머리들'의 권위와 영향이 증가하는 것은 그들이 이런 의미에서 수행하는 교육작업에 비례해서이다. 달리 말하면, 무분별한 대중을 이끄는 지도자라는 지금까지의 역할을 깨뜨릴 때, 지도자로서의 속성마저 버릴 때, 대중을 지도자로 만들 때, 그리고 자신들은 대중의 의식적 행위의 집행기구가 될 때, 우두머리들의 위엄과 영향은 그만큼 커지는 것이다."[5] 이 문제에 대한 다양한 '이론가들'의 입장 — 그람시가 그랬

---

3) A. Gramsci, *Écrits politiques*, t. Ⅱ (Paris, Gallimard, 1974), p. 265.

4) A. Gramsci, *op. cit.*, Ⅱ, p. 82.

5) R. Luxembourg, *Masse et chefs* (Paris, Spartacus, 1972), p. 37.

듯이 오르디네 누오보(Ordine Nuovo)의 '자발주의'와 공산당에 대한 논문의 '중앙집중제'를 오갈 수 있는 — 6) 속에는 객관적 변수들('대중'의 교육수준과 정치의식의 수준, 주어진 정세에서의 그들의 성향에 대한 직접적 경험) 못지않게 장의 효과 및 장 안에서 대립의 논리가 작동하는데, 이 둘을 구별하는 일은 흥미로울 것이다.

당을 지배하는 자, 당의 존립에 이해관계를 같이 하는 자, 당으로부터 특수한 이윤을 보장받는 자는 제도화된 정치적 관심의 생산과 부과를 독점하고 있기에, 대리인의 관심을 투표자들의 관심으로 바꾸어 놓을 수 있다. 이렇게 보편성의 외관을 띠고 투표로써 인정받은 대리인의 관심이 투표자들의 표현되지 않는 관심과 일치하지 않음을 완벽하게 증명하는 것이 불가능한 이상 그러하다. 투표자의 정치적 관심, 다시 말해 정치적으로 표현되고 인정된 관심을 생산하는 도구를 대리인이 독점하고 있으므로, 그러한 증명이 불가능한 것은 당연하다. 관심의 불일치를 드러내는 방법은 능동적 기권뿐인데, 투표자들의 이같은 선택은 정치와 정치가 제안하는 연례행사에 불과한 행위들 앞에서의 무능력과, 정치기구 앞에서의 무능력이라는, 이중적 무능력에 대한 반항에 뿌리를 내리고 있다. 때로는 반의회주의의 형태를 취하며, 온갖 권위적 '포퓰리즘'을 향해 우회하는 탈정치주의는 근본적으로 정치가들의 독점에 대한 항의인데, 이는 과거에 성직자의 독점에 대한 종교적 저항이 그랬던 것과 비슷하다.

---

6) A. Gramsci, *Écrits politiques*, I, pp. 389~403.

## 능력, 판돈, 그리고 특유한 이해관계

예술의 경우와 마찬가지로 정치에서도, 다수의 박탈은 고유하게 정치적 생산수단이 전문가들의 손에 집중되는 것과 상관관계가 있을 뿐 아니라, 이러한 집중의 결과로 일어나기도 한다. 전문가들이 정치게임 속에 뛰어들었을 때 조금이나마 성공할 기회를 갖는 것은 그들이 특유한 능력을 보유한다는 조건에서다. 사실 정치 장에 참여할 때 요구되는 행동과 사고의 양식만큼 부자연스러운 것도 없다. 종교적, 예술적, 과학적 하비투스가 그러하듯, 정치가의 하비투스는 특별한 훈련을 전제로 한다. 그 훈련은 물론 첫째로 과거와 현재의 전문가들이 정치적 작업을 통해 생산하고 축적한 특유한 지식 덩어리(이론, 문제 설정, 개념, 역사적 전통, 경제학적 자료 등)를 얻는 데, 또는 어떤 언어나 정치적 수사학 — 보통사람들과의 교제에 불가결한 호민관의 수사학이나 전문가들끼리의 교제에 필수적인 논객의 수사학 — 의 터득처럼, 좀더 일반적 능력을 얻는 데 필요한 수련이다. 하지만 그 훈련은 또한, 그리고 무엇보다, 고유한 시련과 통과의례를 수반하는 입문과정이다. 시련과 통과의례는 정치 장에 내재한 논리의 실천적 터득을 가져다주는 한편, 이 장에 핵심적 가치, 위계, 검열에 대한, 또는 각각의 정파 안에서 장의 구속과 통제가 띠는 특유한 형태에 대한 사실상의 복종을 강요한다. 이 말이 의미하는 바는, 특정 시점에 시장에 제공된 정치담론 — 그것의 총체는 정치적으로 말해지고 생각될 수 있는 것의 집합을, 말할 수 없음과 생각할 수 없음의 영역으로 내던져진 것들과 대립적으로 정의하는데 — 을 온전히 이해하려면, 낙인찍기에서 지속적인 정상화 행위에 이르기까지, 정치 생산 전문가들의 생산과정 전체를 분석해야 한다는 것이다. 낙인찍기가 전문가의 직책을 맡는 데 요구되는 능력, 그리고 전문가의 기능을 수행하기 위해 받아야 하는 특수하거나 일반적인 교육에 대한 암묵적 정의에 따라 행해진다면, 정상화 행위는, 특히 신참자가 게임의 규칙에 위배되는 방식으로 솔직하게 말하고 자유롭게 행동할 수 있게 된 시점에, 집단의 연장자들의 공모 속에서 강요된다.

박탈은 사회적으로 '정치적'이라고 인정되는 담론과 행위의 생산도구를 생산하는 수단이 집중되는 현상과 연관이 있는데, 전일제로 일하는 정치전문가들의 거대한 관료제가 나타나면서, 그리고 정치가, 정치분석가, 언론인, 고위 공무원 등, 사회세계에 대한 생각과 표현의 틀의 직업적 생산자들을 선발하고 양성하는 일을 맡은 기관들(프랑스의 경우 시앙스 포나 국립행정학교)이 나타나면서 이데올로기 생산의 장이 자율성이 커지고, 그와 동시에 정치 생산 장의 작동규칙 및 그 규칙에 적응하는 데 필요한 지식과 노하우가 체계화됨에 따라, 박탈도 계속해서 커져왔다. 이러한 목적에 맞추어 정비된 특수한 기관에서 교수되는 '정치과학'은 정치의 세계가 요구하며 전문가들이 실천적 상태로 소유한 능력의 합리화이다. 정치과학은 이 실천적 터득의 효율성을 증대시키는 것을 목표로 삼으면서 여론조사나 공공관계, 정치마케팅 등의 최신기법을 활용한다. 동시에 정치적인 문제들을 전문가들이 지식과 정치적 이익의 이름으로 해결해야 하는 전문적 사안으로 지정하고, 이 실천적 터득을 과학성으로 포장함으로써 그것에 정당성을 부여한다. 엘리트주의적 여론이론이 그 예인데, 여론조사를 구상하거나 분석할 때, 또는 기권에 대해 의례적으로 한탄할 때 거의 언제나 작동하는 이 이론은 여론주도층(opinion makers)에 대한 조사에서 순진하게 본색을 드러낸다. 여론주도층에 대한 조사는 물의 흐름과 같은 '확산'에 대한 유출론적 철학에서 영감을 얻으면서, 의견이 샘솟는다고 여겨지는 원천까지, 즉 '의견을 만드는 사람들' 중에서도 '엘리트'까지, 그들이 어떻게 그런 의견을 갖게 되었는지 결코 묻지 않은 채, 의

견의 유통망을 따라 거슬러 올라가려고 한다. 7)

　정치 생산 장의 자율화는 십중팔구 진입비용의 상승을 수반하며, 특히 일반적 능력, 나아가 특수한 능력과 관련된 요구조건의 강화를 수반한다. 이는 [정치 생산 장에서] 단순한 활동가보다는 시앙스 포나 국립행정학교같이 특화된 기관에서 훈련받은 전문인력의 비중이 증가하는 이유를 설명해 준다. 8) 정치 생산 장이 자율화됨에 따라, 전문가와 일반인 사이의 직간접적인 상호작용보다는 정치 장의 내적 법칙들이 더 큰 효과를 갖게 된다(특히 전문가들끼리의 경쟁이 강화된다). 9) 이것이 의미하는 바는, 정치적 입장, 강령, 개입, 선거담론 등을 이해하기 위해서는, 일반인들의 요구를 아는 것 못지않게, 장이 경쟁적으로 제시하는 입장들 ─ 이 입장들 각각의 대표자들은 일반인('지지기반')을 대리한다고 선언한다 ─ 의 세계를 아는 것도 중요하다는 것이다. 입장을 갖는다는 것은 입장이라는 단어10)가 훌륭하게 말해 주듯

---

7) 예를 들어 C. Kadushin, "Power, Influence and Social Circles: A New Methodology for Studying Opinion Makers", *American Sociological Review*, XXXⅢ, 1968, pp. 685~699.

8) 이러한 진화과정이 어느 정도까지 교육수준의 전반적 상승에 의해 저지되는 것은 사실이다. 정치와 맺는 다양한 관계들을 설명하는 변수 중에서 교육자본이 결정적인 중요성을 갖느니만큼, 교육수준의 전반적 상승은 이러한 경향과 모순을 일으키며, 조직에 따라 정도의 차이는 있겠지만, 기층의 압력을 강화할 것이다. 그에 따라 무조건적인 위임 역시 줄어들 것이다.

9) 단지 유능해서가 아니라, 예의에 대한 감각과 정치적 관록을 갖추고 있기에 선택된 전문가들이, 구경꾼으로 전락한 시청자들 앞에 맞서서, 두 챔피언의 극화되고 의례화된 대결의 형태로 '계급투쟁'을 실현하는 TV 토론은 문자 그대로 정치적인 게임의 자율화 과정이 무엇으로 귀결되는가를 단적으로 상징한다. 정치적 게임은 여기서 어느 때보다도 자신의 테크닉과 위계와 내적 규칙 속에 갇혀 있다.

10) [역주] 보통 '입장'으로 번역하는 *prise de position*의 문자 그대로의 의미는 '자리 잡기'이다.

이, 차이에 의해, 차이 속에서, 즉 차별적인 격차 속에서, 상대적으로만 의미를 갖는 행위이다. 11) 이러한 논리가 가장 잘 드러나는 것은 (예를 들면 정당 내부의) 경쟁자 간의 대립이 문학 장이나 예술 장에서의 대립의 형태를 취할 때, 즉 옛 것과 새 것, 노장파와 소장파, 의고주의와 현대주의 사이의 공허한 양자택일로, 세대 간의 갈등이라는 외양을 띤, 가진 자와 요구하는 자의 갈등으로 표현될 때이다.

노련한 정치가는 그의 입장이 갖는 객관적 의미와 사회적 효과를 실천적으로 꿰뚫고 있는 사람이다. 그가 그럴 수 있는 것은 현실적이거나 잠재적인 입장들의 공간을 혹은 이 입장들의 원리를, 다시 말해 장 안에서의 객관적 위치들의 공간과 그 위치 점유자들의 성향들의 공간을 꿰뚫고 있기 때문이다. 다양한 위치의 다양한 점유자들에게서 가능한 입장과 불가능한 입장, 있을 법한 입장과 있을 법하지 않은 입장을 알려주는 이 '실천감각' 덕택에, 그는 '어중간한' 입장(정치 장의 공간에서 반대편에 있는 사람과 원치 않는 만남을 가져야 하는 입장)을 피하고 적절한 입장을 '선택'할 수 있다. 정치가들에게 다른 정치가들의 입장을 예측하도록 해 주는 이 정치적 게임의 감각은 그들 자신을 다른 정치가들에게 예측가능한 존재로 만들어 주는 것이기도 하다. 예측가능하다는 것은 책임감이 있다는 것, 영어로 *responsible*하다는 것이다.

---

11) 공동 프로그램 실현에 관한 논의에 공산당의 이름으로 참가한 적 있는 어느 고위 공무원은 한 인터뷰에서, 공산당 대표의 경쟁적 공약 제시가 '앞서 가려는' 조바심, 차별화에 대한 관심 탓이라고 반복해 말했다. "그들[지도자들]로서는, 사회당과의 차별성을 보여주는 것이 절대적으로 필요했습니다. 그래서 그들은 '더 멀리, 더 왼쪽으로' 가야 한다고 믿었지요. (…) 최저임금제는 사회당이 금세 양보했으니, 계열사 문제를 일부러 부각시켰던 겁니다. 저는 그게 의도적이었다고 봅니다. 지도부는 사회당과의 차별화를 원했습니다. 사회당이 28%의 표를 얻고 공산당은 22%로 정체된 상황에서 연정을 원하지 않았던 거지요"(T. Roucaute, *Le PCF et les sommets de l'État de 1945 à nos jours* (Paris, PUF, 1970), pp. 175~181).

즉, 유능하고 진지하고 믿을 수 있다는 것, 한마디로 게임의 공간구조
가 그에게 할당한 역할을 꾸준하고 일관성 있게 연기할 준비가 되어
있다는 뜻이다.

게임 자체에 대한 근본적인 지지만큼 정치적 게임에서 절대적으로
요구되는 것은 없다. 게임에 대한 일루지오(*illusio*), 연루(*involvement*),
몰입(*commitment*), 투자는 게임의 산물이자 작동조건이다. (탈정치화
의 무관심과 무기력 속으로 떨어지는 대신에) 게임에서 쫓겨나고 거기서
얻어지는 이익 — 단순한 놀이의 즐거움이든, 상징자본의 소유와 연
결된 온갖 물질적, 상징저 이득이든 간에 — 익 분배에서 배제될 위험
을 무릅쓰면서 게임에 투자하는 특권을 가진 자들은 게임에 참여한다
는 사실에 내포된 암묵적인 약속을 받아들인다. 해볼 만한 게임이라는
인정이 그것인데, 이러한 인정의 결과 그들은 일종의 원초적 공모
(*collusion originaire*) — 공개적인 합의이든 비밀스러운 합의이든, 어떤
합의보다 훨씬 강력한 — 에 의해 한데 묶인다. 게임의 입문자들은 게
임과 전리품에 대한 근본적인 집착에 의해, 게임과 게임을 규정하는
불문율에 대한 존중에 의해, — 그들이 독점하고 있으며 수익성을 보
장받기 위해서는 계속되어야 하는 — 게임에 대한 기본적인 투자에 의
해, 자기들끼리 연결되어 있는데, 게임 자체가 위협받을 때만큼 이 연
대가 분명하게 드러나는 순간은 없다. 12)

---

12) 일루지오(*illusio*)는 경제주의적인 의미와는 다른 의미에서, 이해관심을 뜻하기도
한다. 게임이 만들어내는 게임을 위한 관심, 고유하게 사회적인, 즉 사회적으로
구성되고 가공된 리비도는 차이(*difference*)를 만들도록, 즉 이러나저러나 마찬가
지라고 생각하는 사람('나는 아무래도 상관없어')의 무관심(*indifference*)에서 벗어
나도록 하면서, 게임에의 참여를 이끈다. (경제적인) 이해관심은 경제적으로 구
성된 경제적인 게임이 요청하는 고유하게 경제적인 일루지오로서, 가능한 이해관
심 또는 리비도의 형식들 가운데 특수한 경우일 뿐이다.

어떤 형태이든 공모에 의해 연결된 집단(예를 들면 동료집단)은 그 집단의 내밀한 신념과 관련된 모든 것에 대해 말을 아끼고 비밀을 지키라는 핵심적인 명령을 내린다. 그런 집단은 집단의 신념이 외부에 표방될 때 냉소주의의 표현을 극도의 폭력으로써 규탄한다. 하지만 입문자들 사이에서는 냉소주의가 전적으로 허용된다. 왜냐하면 정의상 냉소주의는 집단의 가치에 대한 근본신념을 건드릴 수 없기 때문이다. 가치를 대하는 자유로운 태도는 가치에 대한 보충적 증언으로 경험되곤 한다. 전형적인 예는 정치인이, 특히 여느 때는 정치인들에 대한 실망스러운 소문과 일화를 실어 나르느라 바쁘던 정치적 언론인이, ―정치가들의 독점의 조건이자 산물인― 민중과 프티부르주아의 정치허무주의를 정치적 실존으로 이끌면서 '판을 깨려는' 사람들을 대할 때 보이는 분노이다.

콜루쉬13)가 프랑스 대통령 후보로 나섰을 때, 정치전문가들은 즉시 한 덩어리가 되어 그를 푸자디즘14)의 우두머리라고 비난하였다. 하지만 파리 희극의 테마에서 생-세레의 서적상의 전형적인 토픽의 흔적을 찾으려 한들 헛일이다. 그 토픽은 스탠리 호프만의 고전적 연구에 따르면, 민족주의, 반지성주의, 반파리주의, 인종주의적이고 파시스트적인 외국인 공포증, 중간계급에 대한 찬양, 도덕주의 등이다. 15) '현명한 관찰자들'

---

13) [역주] 본명은 미셸 콜루치(Michel Colucci). 프랑스의 희극배우이다. 1981년 프랑스 대통령 선거에 출마했다. 참고로 부르디외는 이 선거에서 무소속 콜루쉬(Coluche) 후보를 공개 지지했다.

14) [역주] 1953년 서적상 출신 푸자드가 일으킨 반의회주의적 극우운동. 중소상공업자의 세부담이 불공평하다고 주장하며 납세거부 투쟁을 전개하였으며, 중소상공업자, 농민, 기타 근대화에 소외되었던 계층의 호응을 얻어 1956년 국민의회 선거에서 유효투표수의 12%를 차지하였다. 반유대주의, 외국인 배척주의를 드러내는 등, 파시즘과의 유사성이 지적되고 있다.

이 어떻게 (콜루쉬의 '강령'에 의하면) '한 번도 정당에 의해 대표된 적이 없는' '소수자들의 후보', '동성애자, 흑인, 아랍인' 등의 대표자를 '외국인 거류자'와 '밀수꾼과 남색가로 이뤄진 무국적 마피아'16)를 상대로 싸우는 소상인들의 수호자와 혼동할 수 있었는지는 이해하기 힘든 일이다.

푸자디즘의 사회적 기반은 잘 알려져 있지 않다. 하지만 이 운동이 프티부르주아계층, 특히 비교적 나이가 많고 사회경제적 변화로 위협받는 지방의 소상인과 장인들 속에서 주요 부대와 가장 충실한 원군을 발견했다는 것은 분명하다. 그런데 IFRES와 IFOP가 각각 작성한 보고서는 콜루쉬의 입후보에 공감을 표시한 사람들이 모든 면에서 그와는 반대되는 특징들을 보여준다는 결론으로 수렴한다. 콜루쉬의 입후보를 지지하는 경향은 나이와 반비례해서 증가하며, 가장 낮은 연령대(특히 남자)에서 정점에 달한다. 콜루쉬의 입후보가 언어도단이라고 생각한 사람은 65세 이상 중에서도 일부(3분의 1 정도)에 지나지 않았다. 콜루쉬를 지지하는 경향은 또한 거주도시의 크기와 비례해서 증가하였다. 시골의 마을이나 소도시에서는 미미하였던 지지율이 대도시와 파리 근교의 인구밀집지역에서 가장 높아졌다. 조사기관이 둘 다 막연하고 상호비교가 어려운 카테고리를 사용하긴 했지만, 모든 점으로 미루어 이 아노미적인 후보자에게 가장 뚜렷한 호의를 표시한 사람들은 지식인과 예술가, 노동자, 사무원 등인 반면, 가장 분명한 거부는 상공업에 종사하는 자영업자들 사이에서 나타났다고 말할 수 있을 것 같다. 이는 콜루쉬에게 쏠린 표들이 주로 좌파(공산당보다는 사회당에서 훨씬 많이 빠져나갔다) 그리고 생태주의자들과 투표거부주의자들에게서 나왔다는 사실을 고려하면 쉽게 이해된

---

15) S. Hoffmann, *Le movement Poujade*, Cahiers de la fondation nationale des sciences politiques(Paris, A. Colin, 1956), pp. 209~260.

16) S. Hoffmann, *op. cit.*, p. 246.

다. 콜루쉬가 아니라면 누구에게 투표하겠느냐는 질문에 대해 우파에 투표하겠다고 응답한 비율은 저조했으며(특히 노동자계층에서), 사회당에 투표하겠다고 말한 사람이 매우 많았다(물론 기권하겠다고 한 사람이 가장 많았다). 콜루쉬의 지지자들이 여자보다 남자가 훨씬 많았다는 사실은 이러한 선택이 지위상의 무력함과 연관된 단순한 무관심이 아닌, 능동적인 투표거부주의의 표현임을 짐작케 한다.

이처럼, 전문가들, 정치가들과 언론인들은 '판을 깨는 사람'의 입장을 저지하려고 애썼다. 일반인들은 그에게 대거 진입권리를 부여했지만 말이다(일반인들은 3분의 2가 콜루쉬의 입후보에 원칙적으로 찬성했다). 아마도 이는 이 유별난 참가자가 게임을 진지하게 생각하지 않으면서 게임에 끼어듦으로써, 게임의 토대 자체를, 즉 평범한 참가자들의 믿음과 신용을 위협했기 때문일 것이다.


## 사회세계의 극장

전문가들 간의 투쟁은 사회세계를 바라보는 시각(vision)과 사회세계를 구획하는(di-vision) 원리를 유지하거나 변형함으로써 이 세계를 유지하거나 변형하려 하는 상징투쟁의 대표적인 형태이다. (기성의 분류를 정당화함으로써 영속시키는) 제도들과 (사회세계의 구획이 신체에 각인된 결과인) 분류체계들(système de classements)의 유지 또는 변형을 통해 계급(classes)을 나누는 기존의 선을 유지하거나 변형하려는 투쟁이라고 말하면 좀더 정확할 것이다. (분류체계들은 사회세계의 규칙이 신체에 각인된 결과이며, 기성의 분류를 정당화함으로써 제도들은 영속성을 얻는다.) 이러한 투쟁은 각각의 사회구성체 안에서 정치 본연의 게임을 조직하는 특수한 논리에 의해 사회적으로 가능해진다. 한편으로는 사회세계의 정당한 구획원리의 구상과 전파가, 다른 한편으로는 객관화된 권력의 도구들(객관화된 정치자본)의 사용이 소수의 통제 아래 놓이는 것은 이 정치적 게임을 통해서이다. 그러므로 전문가들의 투쟁은 보게 하고, 믿게 하며, 예측하고, 처방하며, 인식하게 하고 인정하게 하는, 본질적으로 상징적인 권력을 둘러싼 투쟁의 형태를 띤다.

정치 장은 재현의 권력, 또는 시위의 권력이 행사되는 특권화된 장소 중 하나이다. 재현 또는 시위의 권력은 실천적 형태로, 즉 암묵적이며 내재적으로 존재하는 것을 온전히, 즉 객관화된 형태로, 모두가 직접 볼 수 있게, 공적이고, 공표된, 공식적인, 따라서 권위가 부여된 상태로 바꾸는 데 기여한다. 사회세계 및 이 세계에 대한 시각과 관련된 모든 것에 행사되는 이 권력은 사회세계를 바라보는 원리, 또는 구획하는 원리에 적용될 때, 그리하여 기성의 원리들을 강화하거나 변형하면서(페미니즘이 양성의 구분원리를 변형하는 것처럼) 새로운 대립들을, 형태와 바탕, 전경과 후경, 작동중인 것과 잠재적인 것을 위계화하는 새로운 방식들을 출현시킬 때, 지각된 것을 분류하고 다시 묶는 새로운 원리를 제시하고, 그리하여 새로운 집단의 구성원리를 제시할 때 가장 큰 힘을 발휘한다.

집단들이 구경거리, 제의, 행진(판-아테네 축제의 행진 같은), 행렬, 퍼레이드, 시위 속에서 스스로를 제시하는 극화의 행위가, 집단이 스스로를 대상으로서 조직하고 또한 그들의 자기 이미지를 조직할 때의 구획원칙을 객관화하고 표현하는 기초적 형태를 이루는 것은 이렇게 해서이다. 대의기구들(심의회, 코르테스, 17) 삼부회, 구제도하의 고등법원 등)은 십중팔구 민족과 그 구조에 대한, 상상되었거나 객관화된 일차적 재현들의 토대로 사용된다. 서열과 비중을 가시화하는 (그리고 이

---

17) *cortes*: 스페인, 포르투갈의 의회

런 이유로 삼부회의 개최시에 그렇듯이 토론의 대상이 되는) 제의처럼, 이 차원 평면 위에 공간적으로 투시된 도식은 대표된 (위에서 아래로, 또는 오른쪽에서 왼쪽으로 늘어선 줄로 표현된) 집단들의 위계를 드러내며, 경우에 따라서는 본질적인 것, 즉 대표되고 명명된 집단의 존재 자체를 지우지 않고도 그들의 수적 비중을 나타낸다. 18) 마찬가지로, 근대적인 대의제하에서 국회는 정치 장의 공간적 투영이자, 정치적 장면에 의해 극화된 표현을 얻는 사회 장 전체의 공간적 투영이라고 할 수 있다. 이는 대의기구의 구조가 ─ 특히 좌우의 대립이 ─ 사회구조의 범주적 표현으로 제시되면서, 사회세계의 구분원리(특히 계급구분의 원리)처럼 머릿속에서 작동하는 경향이 있다는 것을 의미한다. 19)

의회민주주의하에서 시민들의 지지(투표, 후원금)를 얻기 위한 투쟁은 공적 권한에 대한 권력의 분포를 유지하거나 전복하기 위한 투쟁이기도 하다. 객관화된 정치적 자원들, 즉 법, 군대, 경찰, 공공재원, 행정기구 등의 정당한 사용을 독점하려는 투쟁이라고 말해도 좋을 것이다. 이러한 투쟁을 수행하는 주체로는 정당이 대표적이다. 정당은 이 승화된 형식의 내전을 수행하기 위해 특별히 정비된 전쟁기구로서, 처방적 예측을 통해, 사회세계의 현재와 미래에 대해 동일한 시각을 공유하는 행위자들을 최대한, 그리고 지속적으로 동원한다. 이 지속적

---

18) 집단의 수적 비중을 나타낸다는 생각은 (1788년 12월 27일 제 3신분 대표 수가 두 배로 늘어났을 때의 삼부회 '선거도'(*tableau d'élection*)를 나타낸 판화가 그러한 예인데) 수와 수적 대표성이라는 관념(cf. 1인 1표)이 서열이라는 관념을 따라잡고 있음을 전제로 한다.

19) 어떤 의회에서나 볼 수 있는, 보수주의자들이 의장의 오른쪽에, 자유주의자들이 왼쪽에 앉는 전통은 제헌의회로 거슬러 올라간다. 삼부회 이후 사람들은 의회의 구성원들 ─ 복장에 의한 구별을 거부하고 그들의 사상에 따라 모여 앉은 ─ 을 오른쪽에 앉은 왕당파와 왼쪽에 앉은 혁명파, 또는 오른쪽과 왼쪽으로, 나중에는 우파와 좌파로 구분하기 시작했다.

인 동원을 보증하기 위해서 정당은 한편으로 시민들의 지지를 최대한 얻어낼 수 있게끔 사회세계에 대한 표상을 구상하고 제시해야 하며, 다른 한편으로 (권력의 자리이건 아니건) 그것을 유지하는 사람들을 유지시켜 주는 자리들을 차지해야 한다.

이처럼, 사회세계에 대한 아이디어의 생산은 언제나 사실상 권력 획득의 논리, 즉 최대다수의 동원이라는 논리에 종속된다. 정당한 표상의 구상에서 교회적 생산양식에 특권이 부여되는 것은 이런 까닭이다. 교회적 생산양식 안에서 (발의, 기본방침, 강령 등의) 제안들은 즉시 특정한 집단에 대한 찬성으로 귀결되며, 아이디어와 집단을 동시에 조작할 수 있는 전문가들, 집단을 만들어내는 것이 가능한 아이디어를 생산하고, 또 집단의 충성을 확보하는 방식으로 그 아이디어를 조작할 수 있는 전문가들에 의해서만 제시된다. 대의원의 숫자를 갖고 하는 놀음처럼 집단의 생산을 직접 통제하는 절차와 방법들은 말할 것도 없고, 집회(meeting)의 수사학, 즉 의회에서 어떤 '발의'를 '통과시키는' 것을 가능하게 해 주는 발언, 기안작성, 조작의 기술이 예컨대 이 지극히 특수한 사회적 기술 속에 들어간다.

정치 장에서 일어나는 모든 것의 특수한 자율성과 효력을 과소평가하고, 정치의 고유한 역사를 (정치적 행위자들을 일종의 꼭두각시로 만드는) 경제적, 사회적 힘의 부대현상쯤으로 취급하는 것은 잘못이리라. 이는 표상의, 그리고 그것이 객관화에 힘입어 불러오는 신념의, 고유하게 상징적인 효력을 간과하는 일일 뿐 아니라, 정권의 고유하게 정치적인 권력을 망각하는 일이기도 하다. 경제적이고 사회적인 힘에 아무리 종속되어 있을지라도, 정권은 사물과 사람을 다스리는 도구에 작용함으로써, 이 힘에 대해 현실적인 영향력을 갖는다.

정당과 '계급'의 관계, 정치조직들 간의 투쟁과 '계급' 투쟁의 관계는 기표와 기의의 문자 그대로 상징적 관계이다. 표상(représentation)

을 제공하는 대표자들(représentants)과 재현되고 대표된(représentés) 행위, 행위자, 상황의 관계라고 하는 편이 나을지 모르겠다. 기표와 기의의 일치, 재현된 세계와 표상의 일치는 외부적 압력이 만드는 기계적 제약이나 유권자의 요구에 맞춘 의식적 조정의 결과이기보다 정치적 극장의 구조와 재현된 세계의 구조 사이에, 사회적 투쟁과 이 투쟁이 정치 장에 나타날 때의 승화된 형식 사이에 존재하는 상동성의 결과다.

일국 수준의 정치 장은 문학 장이나 철학 장이 그렇듯이 고유한 역사와 독특한 기관들을 갖는다. 노동자나 '관리자'처럼, 상이한 유럽 국가들의 사회공간에서 상응하는 위치를 점유한 인구집단들을 '대표'하는 조직들의 정치적 전략과 표상들 사이에는 큰 차이가 있는데 — 공산당의 '볼셰비키화' 같이 동질화하는 효과들에도 불구하고 그렇다 —, 이는 일국적 정치 장의 특수한 필요성들을 반영한다. 사실 이 차이들은 대표된 인구집단의 객관적 속성의 차이만큼이나 정치적 공간의 특수한 전통(예를 들면 공산당이나 마르크스주의 전통의 무게)에 빚지고 있는 게 분명하다. 더구나 대표된 인구집단의 객관적 속성의 차이는 그 자체가 전통의 차이와 관련이 있다. 예컨대 상이한 나라의 산업노동자들이 얼마나 스스로를 '계급'으로 생각하고, 다른 사회부문과 자신들의 관계를 '계급투쟁'의 시각에서 개념화하느냐는 전통의 문제이다.

다양한 전문가 집단들이 장 내부의 경쟁이 강요하는 특수한 관심을 충족시키려고 애쓰면서, 그 과정에서 자연스럽게 사회공간에서 그들과 상동적 위치를 점유한 사람들의 관심을 충족시킬 수 있다면, 이는 다름 아닌 정치적 공간과 사회공간 전체 사이에 존재하는 상동성 덕택이다. 역으로 전문가들은 그들이 대표한다고 자부하는 사람들의 관심에 가장 잘 들어맞는 입장을 취하면서도 여전히, 내놓고 이야기하지는 않더라도, 대표자로서의 특수한 관심, 다시 말해 정치 장의 내부공간을 구성하는 위치들과 대립들의 구조가 그들에게 할당하는 관심의 충족을 추구한다. 대표되는 자들이 대표자들을 결정하는 원인('압력집단' 등)이자 목적인(지켜야 할 '대의', 봉사해야 할 '이해관계' 등)으로 개념화될 때, 양자의 표면적 관계는 대표자들 간의 경쟁관계를 보이지 않게 숨긴다.

막스 베버가 옳았다. 그는 유물론자답게 단도직입적으로 "정치를 '위해' 정치'로' 먹고살 수 있다"[20]고 말했다. 하지만 아주 엄밀하게 이야기하자면, '정치를 위해 살아간다는 조건으로 정치로 먹고살 수 있다'고 해야 한다. 정치에 헌신하고, 그리하여 자신에게 위임장을 준 사람들에게 헌신하는 대리인들의 범주를 결정하는, 정치에 대한 특수한 종류의 투자는 실로 전문가들끼리의 관계 속에서 규정된다.[21] 더 정확히 말해, 정치적 서비스를 전문적으로 파는 사람들(정치인, 정치 저널리스트 등)과 고객의 관계는 언제나 그들끼리의 경쟁관계에 의해 매개되며, 어느 정도 완전히 결정된다. 그들이 고객의 이익에 봉사하는 것은 그런 봉사를 통해 스스로에게 봉사하는 만큼만이다. 즉, 정치장의 구조 안에서 그들의 위치가 사회 장의 구조 안에서의 지지자들의 위치와 일치할수록, 그들은 지지자들의 이익에 정확히 봉사한다. 두 공간이 일치하는 정도는 크게 경쟁의 치열함, 즉 무엇보다 정당 또는 정파의 숫자에 달려 있다. 예컨대 다양한 정당들로 하여금 새로운 고객을 끌어들일 수 있게 그들의 프로그램을 수정하도록 제약을 가하면서, 다양하고 새로운 생산물의 제공을 촉진하는 것은 이 숫자이기 때

---

20) M. Weber, *op. cit.*, II, p. 1052.

21) "어떤 진영에서나 기회주의자들은 잡다한 당파의 이미 확보된 이익을 옹호하면서, 그리고 물론 대중의 정치적 지배에 따르는 이익을 더욱 열심히 옹호하면서, 프롤레타리아트의 단결을 저해한다"(A. Gramsci, *Écrits politiques*, 1권(Paris, Gallimard, 1974), p. 327).

문이다. 그 결과, 전문가들이 생산하는 정치담론은 언제나 이중적으로 결정되며, 전혀 고의적이라 할 수 없는 어떤 이중성의 영향을 받는다. 이 이중성이 고의적이지 않은 이유는 그것이 한편으로는 참조하는 세계(서로 경쟁하는 전문가들의 세계와 일반인의 세계)의 이중성에서, 다른 한편으로는 내부적 투쟁의 비밀스러운 목표와 외부적 투쟁의 대중교육적 목표에 동시에 봉사해야 할 필요성에서 비롯되기 때문이다.

지지자들로 이뤄진 대규모의 청중과 경쟁자들로 이뤄진 소규모의 청중을 동시에 겨냥하는 정치담론의 구조적 이중성의 한계는 소련의 혁명적 전통이 '이솝의 언어'라고 부른 것에서 발견된다. 혁명가들이 차르 체제의 검열을 피하기 위해 의존했던 이 간접적 언어는 볼셰비키 당 안에서 스탈린 지지자와 부하린 지지자 간의 갈등을 계기로, 즉 '당에 대한 충성심'이 있다면, 공산당 정치국(*Politiburo*) 또는 중앙위원회 내부의 갈등이 정당 외부로 새어나가지 않게 해야 하는 상황에서 다시 나타났다. 악의 없는 외관 아래 '충분히 교양 있는 활동가'라면 누구나 읽을 수 있는 진실을 숨긴 채, 이 언어는 수용자에 따라 두 개의 상이한 독해의 대상이 되었다.[22]

대중에게는 완전히 낯설고 접근불가능한 문제들, 평범한 시민의 경험 속에는 지시대상이 없는 개념들과 담론들, 그리고 장에 입문하지 않은 사람들은 알아채지 못하며, 다양한 조직들 혹은 동일한 조직 내의 다양한 '경향'이나 '흐름'들 사이의 갈등관계 또는 경쟁관계가 아니라면 존재할 이유가 없는 세세한 구별과 미묘한 차이, 섬세함과 까다

---

22) Cf. S. Cohen, *Nicolas Boukharine, la vie d'un bolchevik*(Paris, Maspero, 1979), pp. 330, 435.

로움으로 이뤄진, 이런 종류의 비의적 문화만큼 장의 효과를 분명하게 표현하는 것은 없다. 그람시의 증언을 다시 인용해 보겠다. "우리들은 대중으로부터 멀어져 있다. 우리와 대중 사이에는 착각과 오해, 복잡한 말장난의 장막이 쳐져 있다. 우리는 결국 무슨 짓을 해서라도 자리를 지키려는 사람들처럼 보이게 될 것이다."[23] 사실 이 고유하게 정치적인 문화가 최대다수에게 접근불가능한 상태로 남아 있는 이유는 그것을 표현하는 언어가 복잡해서라기보다는, 그 문화 속에 표현되는, 정치 장을 구성하는 사회관계가 복잡해서이다. 이 인위적으로 만들어낸 원로원의 투쟁은, 게임의 바깥에 있는 사람이 보기에는 불가해하다기보다 존재이유가 없는 것이다. 게임에서 '아무 흥밋거리도 발견하지 못하는' 그 사람은 문제의 담론, 프로그램, 기본방침, 발의 또는 혁명을 표현하는 두 가지 어법, 또는 두 낱말 사이의 이런저런 구별이 왜 그런 논쟁을 일으키는지 이해하지 못한다. 왜냐하면 그는 그런 구별을 야기하는 대립들의 원리에 찬성하지 않기 때문이다. [24]

## 편차들의 체계

이렇듯, 장의 구조, 그리고 장의 구조에 의해 그 형태와 전리품이 결정되는 경쟁은, 유권자로 묘사되는 고객과의 직접적이고 유일하게 인정된 관계가 기여하는 만큼이나, 입장들의 결정에 기여한다. 장 안

---

23) A. Gramsci, *op. cit.*, t. Ⅱ, p. 225.
24) 이 폐쇄효과와 그것이 낳는 비의주의의 특수한 형태를 결정하는 변수들 중 하나로는, 흔히 관찰되는, 정치기구의 상근자들이 다른 상근자들과만 교류하는 경향이 있다.

에서의, 그리고 거기서 벌어지는 경쟁 속에서의 특정한 위치와 결합된 관심들과 제약들을 매개로 해서 말이다. 입장들의 생산은 경합하는 조직들과 행위자들 전체에 의해 경쟁적으로 제시되는 입장들의 체계로부터 결코 완전하게 독립적이지 않다. 정치적 문제설정이란 생산자들 (또는 소비자들) 각자의 선택권 앞에 객관적으로 주어지는 이 가능성의 공간을 말한다. 그것은 주어진 시점에서 장을 구성하는 위치들 전체에 현실적으로 제안되는 입장들의 집합이라는, 극히 구체적인 형태를 띤다. 정당들은, 그 안의 '경향들'이나 '흐름들'과 마찬가지로, 관계적으로만 존재한다. 그러므로 특정한 정당 또는 정파의 본질이 무엇인지, 동일한 장 안에서의 경쟁자들과 비교했을 때 그 정당 또는 정파가 독립적으로 주장하는 것은 무엇인지 규정하려고 애써 보아야 헛일이다. 예술이나 문학 또는 철학에서의 운동들과 마찬가지로, 정치운동들은 대립관계 안에서, 그 관계에 의해서만 존재하고 또 존속하는 것이다. 그리고 이 관계는 그 운동들을 경쟁하는 운동들과 맺어주는 투쟁 자체의 효과에 의해서 끊임없이 갱신된다. 개념들을 관련된 '-이즘' 속에서 절대적으로 정의하려는 시도가 모두 실패로 돌아가는 까닭이 여기에 있다. 로젠베르크의 뒤를 이어 '보수주의'를 정의하려고 한 독일의 역사학자들이 그러한 예이다. 그들은 보수주의가 그 상대적 가치를 보존하기 위해 실질적인 알맹이를 끊임없이 바꾸었다는 점을 간과하였다. 이는 역설적이게도 그 생산자와 사용자들이 역사성을 간과해온 '역사 유물론'의 '개념들'에서 특히 진실이다. 역사 유물론의 개념들은 그 존재와 내용을 자신의 생성배경이 된 갈등에 곧잘 빚지고 있다. 분석의 무기이자 배척의 무기, 인식의 도구이자 권력의 도구로서, 마르크스 연구의 전통에 의해 모든 맥락으로부터 자유롭고 어떤 전략적 기능도 갖지 않는 순수한 개념적 구성물로 취급되면서 불멸의 지위를 얻은 이 모든 '-주의'의 개념들은 "대개 정세와 연계되어 있고, 성급한 일반화로 얼룩져 있으며, 신랄한 논쟁의 흔적이 남아 있다." 그런 개념들은 "불일치 속에서, 다양한 흐름의 대표자들 사이의 격렬한 대립 속에서"[25] 태어난다.

모든 정치 장은 (미국식 양당제에서처럼, 각각이 문자 그대로 하나의 장을 구성하며, 그 안에서 다시 유사한 대립이 생겨날 수 있는) 두 극의 대립을 중심으로 조직되는 경향이 있기 때문에, 양끝에 자리 잡은 집단들 또는 독트린들의 관계, '기성정당'과 '운동정당', '급진주의자들'과 '보수주의자들', '좌파'와 '우파'의 관계는 불변하는 속성들을 보여준다. 두 극의 상대적 힘과 관련시켜본다면, 그리고 정당이든 정치인이든 각각 점유자들의 속성(특히 중앙으로 수렴하는 경향이나 극단을 향해 발산하는 경향) 및 그러한 경향과 불가분인, 중립지대, 중간적, 매개적 위치의 점유 여부를 결정하는, 양극 사이의 거리와 관련시켜 본다면, 현실적인 유형학이 기록하는 정당들의 속성이 즉시 이해된다. 전체로서의 장은 다양한 수준의 편차들의 체계로 정의되며, 제도 안에서든 행위자 안에서든, 또 행위 안에서든 그것이 생산하는 담론 안에서든, 모든 것은 대립과 구별의 게임을 통해 상대적으로만 의미를 갖는다. 그리하여 예컨대 '좌파'와 '우파'의 대립은, 상이한 두 시점에 (또는 상이한 두 장소에서) 각각의 위치를 차지한 사람들이 입장을 부분적으로 수정하는 것을 대가로, 변형된 구조 속에서도 유지된다. 양차대전 사이에 합리주의, 즉 진보와 과학에 대한 믿음은 프랑스에서나 독일에서나 좌파의 전유물이었던 반면, 민족주의적이고 보수적인 우파는 비합리주의와 자연숭배에 빠지는 경향이 있었다. 하지만 오늘날 합리주

---

25) G. Haupt, "Les marxistes face à la question nationale: l'histoire du problème", in G. Haupt, M. Lowy et C. Weill, *Les marxistes et la question nationale, 1848~1914* (Paris, Maspero, 1974), p. 11.

의는 진보, 기술, 그리고 기술관료제에 대한 믿음을 토대로 삼아, 두 나라에서 모두 보수주의자들의 새로운 교의의 핵심이 되었다. 반면에 좌파는 자연에 대한 (생태학적) 숭배, 지역주의, 어떤 종류의 민족주의, 절대적 진보라는 신화에 대한 거부, '사람'의 옹호 등, 원래 그 반대편 극에 속했던 이데올로기적 테마와 실천들로 옮겨가고 있다.

장 전체를 구성하는 이원론적, 또는 삼원론적 구조가 각각의 지점에서, 즉 정당이나 파벌의 내부에서 동일한 이중논리에 따라 똑같이 재생산되는 일이 가능하다. 내적이면서 동시에 외적인 이 이중논리는 전문가들의 특수한 이해관계를 현실적이거나 가상적인 유권자들의 현실적이거나 가상적인 이해관계와 관련시킨다. 내적 대립의 논리가 가장 분명하게 드러나는 것은 가진 게 없고, 그 때문에 정당에 일체를 위임하는 유권자들을 고객으로 삼는 정당들 안에서이다. 입장들이 표명되는 위치들의 위상기하학만큼 그 입장들을 잘 설명해 주는 것도 없다. 다음은 그람시의 관찰이다. "러시아로 말하자면, 나는 분파들과 경향들의 지형도 속에서 라덱(Radek), 트로츠키 그리고 부하린이 왼편에 있었고, 카메네프(Kamenev)와 스탈린이 오른편에 있었음을 언제나 알고 있었다. 레닌은 중간에 있으면서 상황 전반에 걸쳐 중재자 역할을 했다. 물론 현재 통용되는 정치언어 속에서 그렇다는 것이다. 이른바 레닌주의적 핵심은 알다시피, 이 '지형도상의' 위치들이 절대적으로 가상적이며 가짜임을 주장한다."[26] 실로 모든 것이, 장 안에서 위치들의 분포가 역할의 배분을 함축한다는 듯이 진행된다. 인물들 각자가 가장 멀리 떨어진 위치의 점유자들 및 가장 가까운 위치의 점유자들 — 전자와는 다른 방식으로 위협적인 — 과의 경쟁에 의해서만이 아니라, 자신의 입장과 그들의 입장 간의 논리적 모순에 의해서,

---

26) A. Gramsci, *op. cit.*, t. Ⅱ, p. 258 (강조는 부르디외).

현재의 입장으로 인도 내지는 소환되기라도 하는 것 같다.

이렇듯, 자유주의적 전통과 권위주의적 전통의 대립처럼, 자주 반복적으로 나타나는 어떤 대립들은 폭력과 권위에 맞서 싸우기 위해 규율과 권위, 심지어 폭력에 의지해야 하는 혁명운동의 근본적 모순을 이데올로기적 투쟁의 평면 위에 옮겨 쓴 것에 지나지 않는다. 이단적 교회에 대한 이단적 이의제기, '기성의 혁명권력'에 대항하는 혁명, '자생적' 형태를 띤 '자유주의적' 비판은 당을 지배하는 자들에 맞서서 당 내의 '권위주의적' 전략과 정치 장 전체에서 당이 취하는 '반권위주의적' 전략 사이의 모순을 이용하려고 애쓴다. 심지어 마르크스주의를 권위적이라고 비난하는 무정부주의 운동 안에서도[27] 유사한 형태의 대립이 발견된다. 강력한 무정부주의적 조직의 기초를 마련하는 데 전념하면서 개인과 소집단의 무제한적 자유에 대한 요구를 뒷전으로 밀쳐놓는 '강령주의적' 사고와 개인을 완전한 독립상태로 두고자 하는 '종합주의적' 사고의 대립이 그것이다.[28]

하지만 여기서 다시 한 번, 정치 장 안에서 지도자들이 점유한 위치와 사회공간의 하위영역에서 그들의 잠재적이거나 현재적인 지지자들이 점유한 위치의 상동성 덕택에, 내부의 갈등과 외부의 갈등이 조우한다. 예컨대 노동자 운동의 경향 하나하나가 노동자 세계의 상응하는 부문에 호소력을 갖는 한에서(단지 그만큼만) 이 세계의 현실적인 분열과 모순은 노동자 정당의 분열과 모순 속에서 자신의 대응물을

---

27) 알다시피 바쿠닌이 출범시킨 운동들 — 예를 들면 민족적 우애회(*la Fraternité nationale*) — 에서는 지도조직에 대한 절대복종이 요구되었다. 바쿠닌은 '활동적인 소수'라는 '블랑키적' 아이디어를 내심 지지하기도 했다. 하지만 마르크스와 논쟁을 벌이면서 그는 권위주의를 비난하고 대중의 자발성과 연합의 자율성을 찬양한다.

28) J. Maitron, *Le movement anarchiste en France* (Paris, Maspero, 1975), t. Ⅱ, pp. 82~83.

발견할 수 있다. 조직되지 않은 하층 프롤레타리아트의 이해관계는 (특히 그들이 종족적으로 낙인찍히고 투표권도 없는 외국인들로 이루어져 있을 때) 장의 특정한 상태에서 자생주의, 궁극적으로는 초혁명적인 의지론과 중앙집중주의 간의 투쟁의 무기이자 목표가 될 때만, 정치적 대표성에 접근할 기회를 얻을 수 있다. 자생주의와 의지론은 둘 다 자생적 행동이 조직화에 앞서거나 조직화를 넘어서는, 프롤레타리아트의 가장 덜 조직된 분파를 특권화하는 쪽으로 나아간다. 반면에 ('관료적-기계적'이라는 비난을 듣는) 집중주의에서는 조직, 즉 정당이 투쟁에 앞서거나 투쟁을 제약한다.

정치 생산 장에 대한 분석, 그중에서도 '좌파정당들'이나 '노동자 운동'의 하위 장에 대한 분석은 혁명적 행동, 자본주의의 미래, 당과 대중의 관계 등에 대한 상이한 시각들, 나아가 대립하는 시각들이 당 기구 내의 위치(중심적이고 지배하는 위치이거나 주변적이고 지배받는 위치)와 밀접하게 연결되어 있으며, 이 위치들 자체는 — 인정받는 지식인들과 '독학자들'의 대립에서와 같이 — 문화자본의 소유에 긴밀하게 의존함을 보여줄 것이다. 예를 들어 마르크스주의의 객관적, 과학적, 결정론적 측면을 강조하는 경향과 경제주의는, 대개 '독학자'인, 다시 말해 철학이나 경제학 분야에서 전문적인 자격증이 없는 '활동가'나 '선동가'보다는, '이론가들' 속에서 조우한다(투간-바라노프스키나 사회민주당 내의 '경제주의자들'). '집중주의'와 '자생주의'의 대립, 더 일반적으로 '권위주의적 사회주의'와 '자유주의적 사회주의'의 대립은 지식의 보유자들에게 '운동'의 방향성을 권위적으로 규정할 권리를 부여하는 쪽으로 기울어지는 과학주의적, 경제주의적 경향을 남몰래 변주하는 것처럼 보인다. 아마도 바쿠닌과 마르크스의 대립의 근원이 바로 여기에 있을 것이다. 주관주의적 자생주의와 과학주의적이고 결정론적인 객관주의의 대립, '행동가'와 '학자'의 대립이 마르크스의 삶 전체를 가로지르고 있으며, 후반으로 갈수록 그 선은 '학자' 쪽에 더 큰 몫을 남겨놓는다.

## 구호와 생각-힘

자율화의 경향과 적대적인 작은 분파들로 무제한적으로 쪼개지는 경향은 정치 장 안에 (또는 이 장의 이런저런 영역, 예컨대 당 기구 내에) 자리 잡고서 권력을 위해 경쟁하는, 특수한 이해관계를 갖는 집단의 구성 속에 객관적 잠재성의 상태로 기입되어 있으며, 내부투쟁의 결과가 이 투쟁에 가담한 행위자들이나 기관들이 장 외부에서 동원할 수 있는 힘에 달려 있다는 사실에 의해, 많거나 적게 상쇄된다. 달리 말해, 분열의 경향은 어떤 담론의 힘이 그 내적 속성보다는 그것이 발휘하는 동원력에 달려 있다는 사실, 즉 그 담론 속에서 스스로를 인식하고, 그 담론을 통해 자신의 이해관계를 (어느 정도 변형되고 알아보기 힘든 형태로) 표현하는 강력한 다수가 그 담론을 얼마나 인정하느냐에 부분적일망정 좌우된다는 사실에서 자신의 한계를 발견한다.

단순한 '사상의 흐름'은 그 사상이 전문가들의 서클을 벗어나 인정받을 때만 정치운동으로 바뀔 수 있다. 내부투쟁의 필요성이 전문가들에게 강제하는 전략들은 공언된 차이를 뛰어넘어, 장 안에서의 상이한 위치와 연결된, 하비투스와 이해관계의 차이 (좀더 정확히 말하면 경제자본과 학력자본의 차이 및 사회적 궤적의 차이)를 객관적 기초로 삼을 수 있는데, 이러한 전략들은 장 바깥에 있는 집단들의 (때로는 무의식적인) 기대와 만날 때만 성공할 수 있다. 종파주의적 분열의 경향이 끊임없는 경쟁이 요구하는 강제들에 의해 상쇄되는 것은 이렇게 해서이다. 내부투쟁에서 승리하기 위해서 전문가들은 (대중적인 성공이 평가의 하락을 초래할 위험이 언제나 존재하는 과학 장이나 예술 장에서와는 달리) 전적으로 내부적이지는 않은 힘들에 호소하도록 강제된다. 전위적인 소집단들이 지식 장의 전형적인 논리를 정치 장에 부과할 수 있는 것은 그들에게는 아무 기반이 없고, 따라서 제약도 없으며, 또한 힘도 없기 때문이다. 분열에서 생겨났으며 분열을 통해 번식할 운명인 소집단들, 그러니까 '대표성'의 거부를 발판으로 삼는 이 파벌들은 기술적으로나 도덕적으로 완전한 자질을 갖고 있다고 공언하기 위해, 권력과 효율성의 상실을 대가로 지불한다. 순수한 교회(*ecclesia pura*), 가장 순수하고 급진적인 전통('영구혁명', '프롤레타리아 독재' 등)에 충실함으로써 정치의 달인으로서 자신들의 탁월함을 보여줄 줄 아는 '정통파'와 '순수주의자들'의 세계는 이러한 자질에 의해 정의된다.

정치인은 정치적 게임에서 쫓겨날 위험을 무릅쓰고, 권력에 참여하지 못한다면 최소한 권력의 분배에 영향을 미치는 자리에 끼겠다는 야심을 포기하면서까지, 배타적인 미덕을 위해 헌신할 수 없다. 하물며 정당의 지도자나 정당 자체가 그럴 수는 없다. 교회가, 의로운 자이든 불의한 자이든, 모든 신도에게 제도의 은총을 퍼뜨리며, 죄지은 자들을 무차별하게 신성한 계율의 회초리로 다스리는 것을 사명으로 삼듯이, 정당은 불복하는 자들을 최대한 많이 자신의 대의 아래 끌어들이는 것을 목표로 삼는다(공산당이 선거기간 동안 '진보를 믿는 모든 공화주의자들'에게 호소하는 것이 좋은 예이다). 마찬가지로 정당은 그 기반을 확장하고 경쟁 정당으로부터 유권자들을 빼앗아오기 위해서 노선의 '정통성'을 굽히거나 어느 정도 의식적으로 프로그램을 모호하게 만드는 것을 서슴지 않는다. 그 결과, 개별 정당 안에서는 정당의 힘을(따라서 정당을 지배하는 사람들의 힘을) 키우기 위해 필요한 타협, 하지만 정당의 독창성을 희생시키는, 다시 말해 애당초 가지고 있던 독특하고 참신한 입장의 포기를 대가로 하는 타협을 거부하는 사람들과, 정당을 강화할 방법을 찾는 사람들, 곧 거래와 양보, 심지어 정당의 원래 입장 중 너무 '배타적'으로 보일 수 있는 요소들에 대해 체계적인 물타기를 해가면서라도 지지층을 확대하려는 사람들 사이에 꾸준한 투쟁이 생겨난다. 전자는 정당을 지식 장의 논리 쪽으로 견인한다. 이 논리를 극단적으로 밀고 나가면 정당은 일시적으로 모든 힘을 잃을 수 있다. 후자는 정치적 실존의 조건인 **현실정치**(*Realpolitik*)의 논리를 내세운다.

유권자들은 그들의 선거전략 속에서 동일한 양자택일에 직면한다. 그들은 직합하지만 별로 힘이 없는 (소집단 등) 대표(정당, 국회의원 등)와 결함이 있지만 바로 그 때문에 힘이 있는 대표 — 망라하는 정당(*catch-all party*)이 그 패러다임인 — 중 하나를 골라야 한다. 이는 적어도 정상적인 시기에는 (위기의 시기는 고립된 개인이 정치적으로 떠오르는 데 유리할 수 있다) 수적인 미약함을 정치적인 미약함과 동일시하는 바로 그 논리가 타협의 선택을 강요하면서, 독창적인 제안 대신 이미 확인된 입장에 결정적으로 손을 들어줄 수 있음을 의미한다.

정치 장은 그러므로 권력을 향한 경쟁의 장소인데, 이 경쟁은 일반인을 향한 경쟁, 그것도 어느 정도 넓은 범위의 일반인을 대신하여 말하고 행동할 권리를 독점하기 위한 경쟁을 매개로 완성된다. 대변인은 일반인 집단의 말을 — 즉, 대부분의 시간에서 그들의 침묵을 — 자기 것으로 만들 뿐 아니라, 그들의 힘 역시 자기 것으로 만든다. 그들에게 정치 장에서 합당하다고 인정되는 말을 빌려줌으로써, 대변인 자신도 생산을 도왔던 힘 말이다. 그가 제시하는 생각들의 힘은 과학의 영역에서처럼 그 참값에 의해 측정되는 게 아니라(물론 부분적으로 그 힘은 자신이 진리를 쥐고 있다고 믿게 하는 대변인의 능력에서 나오지만), 그 생각들 안에 숨겨진 동원력에 의해, 다시 말해, 반박의 부재나 침묵을 통해서일지언정 그 생각들을 인정하는 집단의 힘, 공간적 결집이나 목소리의 결집으로 표현되는 그 힘에 의해 측정된다. 정치 장 — 정당화의 심급들을 정당화하는 심급을 정치 장 안에서 찾는 것은 헛일이다 — 이 언제나 타당성 인정의 두 기준, 즉 과학과 투표 사이에서 흔들리는 것은 이 때문이다. 29)

정치에서 '말하기는 행하기다'. 좀더 정확히 말하면, 말하기는 말하는 것을 행할 수 있다고 믿게 함으로써 행하는 수단을 얻는다. 사회세계를 구획하는 원리들과 바라보는 원리들 — 이 원리들은 구호가 그렇듯이, 집단들을 만들어내고 이를 통해 사회질서를 만들어냄으로써 고유한 검증을 수행한다 — 을 인식하게 하고 인정하게 함으로써, 말하기는 행하기가 되는 것이다. 정치적 발언은 — 정치적 발언은 원래 이렇게 정의된다 — 발언하는 사람을 완전히 구속한다. 왜냐하면 그것이 만들어내는 약속은 정치적으로 책임을 지는 행위자나 행위자 집단이 했을 때만, 다시 말해 그것을 지킬 수 있는 집단이 했을 때만, 진정한 의미에서 정치적이기 때문이다. 정치적 발언이 행위의 등가물이 되는 것은 이런 조건에서이다. 약속이나 예측의 참됨은 말하는 사람의 진실성뿐 아니라 그의 권위에도 의존한다. 다시 말해 자신의 진실성과 권위를 믿게 할 수 있는 그의 능력에 달려 있다. 토론의 대상인 미래가 집합적 의지와 행위에 달려 있다는 것을 인정한다면, 이러한 행위를 촉발할 수 있는 대변인의 생각-힘(idéa-force)은 그것이 고지하는 미래를 참으로 만드는 권력을 가졌기에, 반증불가능하다. (모든 혁명적 전통에서 진리의 문제가 자유의 문제나 역사적 필연의 문제와 떼놓을 수 없게 얽혀 있는 것은 아마도 이 때문이리라. 미래, 즉 정치적 진리가 정치

---

29) 여론조사가 전문가적 판단이 필요한 질문과 활동가적 소망을 묻는 질문을 번갈아 던지면서, 기술관료적 과학과 민주주의적 의지라는, 대립하는 두 정당성 원칙 사이의 모순을 보여주는 것은 우연이 아니다.

적 책임자들과 대중의 행위에 달려 있다고 — 어느 정도로 그러한지 밝혀야 겠지만 — 가정한다면, 카우츠키를 비판한 로자 룩셈부르크는 옳았다. 로자 룩셈부르크에 의하면 카우츠키는 일어날 법한 것이 일어나도록 힘을 보태면서, 해야 할 일을 하지 않았다. 그 반대를 가정할 경우, 로자 룩셈부르크는 가장 있을 법한 미래를 예측하지 않았으므로 틀렸다고 해야 한다.)

어떤 사람이 입 밖에 내면 '무책임한 말'이 될 것도 다른 사람이 입에 올리면 합리적인 전망이 된다. 정치적인 의제, 프로그램, 공약, 전망 또는 예측('우리는 선거에서 이길 것이다')은 결코 논리적으로 검증하거나 반증할 수 없다. (집단의 이름으로든 자신의 책임으로든) 그것을 표명한 사람이 그것을 역사적으로 참이 되게 할 능력이 있는 만큼만 그것은 참이 되는 것이다. 이는 한편으로는 말을 현실로 바꾸기 위한 행동의 성공가능성을 현실주의적으로 평가하는 능력과, 다른 한편으로는 자신의 진실성에 대한 믿음, 그리하여 성공의 가능성에 대한 믿음을 불러일으키면서 거기에 이르는 데 필요한 힘들을 동원하는 역량과 뗄수 없게 연결되어 있다. 달리 말하면, 대변인의 말은 상징화, 재현, 표출의 행위를 통해 집단의 힘이 생산되는 데 기여하며, 자신의 '발화 내적 힘'을 그 힘에 (특히 수적인 힘에) 부분적으로 빚지고 있다. 이 고유하게 상징적인 힘의 근원은 표현과 설명의 작업 속에 있다. 그것을 듣는 사람들을 잠재적으로, 또는 현실적으로 동원하면서, 그 덕택에 생산되는 힘을 고스란히 발화에 투여하는 작업, 그러면서 집단에게 스스로를 발견하게 해 주는 작업 말이다. 이는 약속의, 또는 예측의, 전형적으로 정치적인 논리 속에 잘 드러나 있다. 진정한 자기실현적 예언(self-fulfilling prophecy), 대변인이 집단에게서 의지를, 계획을, 희망을, 한마디로 미래를 빌리면서 하는 말은, 듣는 사람들이 그 말을 자기 것으로 생각하는 만큼, 그래서 그 말에 상징적일 뿐 아니라 물질적이기도 한 힘, 그 말의 자기실현을 돕는 힘(투표나 후원, 갹출, 자원

봉사, 투쟁 등의 형태로)을 제공하는 만큼, 말해지는 것을 수행한다. 생각이 생각-힘이 되어, 집단의 감춰진 힘을 동원하거나 약화시킬 수 있는 신념이나 구호 속에 자국을 남기기 위해서는, 그 생각이 책임 있는 사람들에 의해 설파되는 것으로 충분하기 때문에, 오류는 언제나 결함으로, 토착적 표현을 빌면 '배신'으로 나타나기 마련이다.

## 신용과 신뢰

정치자본은 상징자본의 한 형태이자, 무수한 신용거래에 — 사회적으로 받을 자격이 있다고 지명된 사람(또는 물건)에 행위자들이 (한편으로는 그 사람/물건이 이미 갖고 있다고 인정되는) 권력을 이체하는 행위에 — 기반을 둔 신용이다. 상징권력은 벤베니스트가 분석한 피데스(*fides*)[30]와 같은 방식으로 사물 속에 (특히 권력을 상징하는 물건, 왕좌, 지팡이, 왕관 속에) 객관화될 수 있는 객관적 권능으로서, 그것에 복종하는 사람이 그것을 휘두르는 사람 안에서 식별하는 권력이자 후자에게 승인하는 권력이다. *credere* — 신용(*crédit*)의 어원 — 는, 벤베니스트에 따르면, "문자 그대로 *kred*, 즉 주술적인 힘을, 자신을 보호해 줄 거라고 생각되는 물건 속에 놓는다는 것이며, 따라서 그 물건을 믿는다는 것이다."[31] 일종의 부적이나 마찬가지인 정치적 인간은 집단에 대한 그의 본래 주술적인 권능을 그가 그 집단에 제공하는 표상 — 그 집단 자체 및 그 집단과 다른 집단들 간의 관계에 대한 표상 — 에 대한

---

30) É. Benveniste, *Le vocabulaire des institutions indo-européennes*, t. I (Paris, Éditions de Minuit, 1969), pp. 115~121.

31) *Ibid*.

집단의 믿음으로부터 얻는다. 일종의 합리적 계약(강령)에 의해 유권자들과 결속된 대리인인 그는 흔히 말하듯 '그에게 희망을 의탁하는' 사람들과 주술적인 동일시 관계에 의해 묶여 있는 챔피언이기도 하다. 정치인이 의혹, 험담, 추문, 한마디로 신뢰를 위협하는 모든 것에 특히 취약한 이유는 그의 특수한 자본이 순수한 신탁증권(valeur fiduciaire)으로서 사물이나 제도 속에 얼마간 완전하게 객관화된 집단적 표상에 좌우되기 때문이다(뒤에서 보겠지만, 그의 자본이 위임에서 생겨난 것이 아닐 때 더욱 그러하다). 정치논쟁의 폭력성이나 대개 인격을 겨냥하고 심지어 캐리커처(caricature)를 써서 외모를 겨냥하기도 하는 도덕적 비난에 대한 지속적 의존은 생각-힘의 신용이 부분적으로 그 생각-힘을 공언하고 그럼으로써 보증하는 사람의 신용에서 나온다는 사실, 그러므로 문제는 순수하게 논리적 주장을 통해 그 생각을 반박하는 것이 아니라, 그 저자의 신용을 깎음으로써 그 생각 역시 신용을 잃게 하는 것이라는 사실에 의해 설명된다.

이 지극히 불안정한(labile) 자본은 신용을 축적하고 평판의 손상을 피하기 위한 부단한 노동을 대가로 해서만 유지된다. 여론의 재판정에 끊임없이 세워지는 공적 인물들이 가차 없는 불가역성의 법칙을 피하여, 라이벌의 비망록에 기록될 만한 것은 하나도 말하거나 행하지 않으려 하고, 현재나 과거에 천명한 소신과 모순되거나 일관성을 훼손하는 말은 하나도 흘리지 않으려 하면서 보여주는 온갖 조심성과 침묵, 그리고 은폐가 여기에서 기인한다. 노련한 정치가의 특징인 극단적인 조심성은 특히 언어의 완곡한 정도('상투적 구호')로써 측정되며, 정치자본의 극단적으로 부서지기 쉬운 특성에 의해 설명된다. 이런 특성은 정치가라는 직업을 매우 위험한 직업으로 만드는데, 이는 특히 위기의 시기에 그러하다. 드골이나 페탱의 경우에서 보듯이, 위기의 시기에는 성향이나 가치관의 작은 차이가 완전히 배타적인 선택의 근거가 될 수 있다. 부분적으로 통합된, 복수의 분류기준에 의존하는 것이 허용되는 일상적 상황과 달리, 비일상적 상황은 단 하나의 기준에 따라 조직된, 본래, 그리고 배타적으로 정치적인 분류체계를 강요하면서, 타협이나 모호함, 양다리 걸치기, 복수 가입 등의 가능성을 없애 버리기 때문이다.

정치인들은 그들이 진지하고 사리사욕이 없다는 인상을 주는 데 도움이 되는 것이라면 뭐든지 각별한 관심을 기울이는데, 이는 이러한 자질이 그들이 각인시키려 하는 세계관, 그들이 사명감을 가지고 전파하는 '생각'과 '이상'의 궁극적인 보증처럼 여겨지기 때문이다. (이런 이유로 정치인은 저널리스트와 공모관계에 놓인다. 저널리스트는 대규모의 전파수단인 미디어에 영향력을 가지고 있기 때문에 온갖 종류의 상징자본에 대해서도 권력을 갖는다. 그는 최소한 몇몇 정치적 국면에서는 어떤 정치인 또는 어떤 운동이 중요한 정치세력이 되는 것을 통제할 수 있고, 더 흔하게는 평판을 쌓거나 무너뜨리는 데 기여할 수 있다. 하지만 평론가가 그렇듯이, 자기가 남들을 위해 하는 것을 자기 자신을 위해서는 할 수 없기에, 남을 돋보이게 하는 역할을 맡아야 할 팔자다. 그리하여 그는 — 돋보이게 하는 자로서의 가치에 비례하여 — 그가 도움을 주는 사람들과 양가적인 관계를 유지하면서, 경탄 어린, 비굴한 복종과 배신자의 원한 사이에서 균형을 잡는다. 자기가 만든 우상이 한 걸음이라도 헛디디면 자기 의견을 말하려고 준비하면서 말이다.)

## 정치자본의 종류

'독점체제의 은행가'[32]는 그람시가 노조간부들을 두고 썼던 표현이지만, 정치인에게도 어울린다. 정치인이 정치 장 안에서 갖는 특수한 권위 — 토착적 표현으로는 '정치적 무게' — 는 개인의 자격으로든, 선출에 의해서든, 아니면 과거의 투쟁을 통해서 축적된 정치자본을 무엇보다 기구 안팎의 직책의 형태로, 그리고 이 직책을 맡은 활동가의 형태로 보유하는 조직(정당, 노조)의 대리인으로서든, 그가 쥐고 있는 동원력에서 나온다(프랑스 사회당 소속 의원들과 공산당 소속 의원들 간의 근본적인 대립의 근원에는 두 형태의 정치자본의 대립이 있다. "사회주의자인 시장들이 자신들의 '명망' — 그 명망의 기초가 가문의 위광이건, 직업적 유능함이건, 이런저런 활동의 명목으로 행해진 봉사이건 — 을 들먹이는 반면, 공산주의자들의 3분의 2는 스스로를 우선, 그리고 무엇보다 정당의 대표자로서 평가한다"33)). '명망'이나 '인기' 같은 인격자본은 그 사람 자체가 알려져 있고 인정받는다는 사실('이름'이 있다, '명성'이 있다)뿐 아니라, '좋은 평판'을 얻고 유지하는 조건인 몇 가지 특수한 자질들의 소유에 토대를 두고 있으며, 다른 영역에서(특히 자유전문직처럼 자유시간이 많고 어떤 종류의 문화자본 — 변호사라면 유창한 언변 — 의 소유를 전제로 하는 직종) 쌓은 명망자본을 바꾸어서 만든 경우가 많다. 이 저명함이라는 인격자본은 보통 일생에 걸쳐서 느리고 꾸준하게 축적된다. 반면에 막스 베버가 '카리스마'를 논할 때 염두에 두었던, 영웅적, 또는 선지자적이라는 수식어를 붙일 수 있는 인격자본은 위기

---

32) "이 우두머리들은 독점체제의 은행가가 되었다. 경쟁에 대해 암시하기만 해도 그들은 공포와 절망으로 미쳐 버린다"(A. Gramsci, *op. cit.*, t. II, p. 85). "노조 지도자가 대표하는 사회적 유형은 여러 가지 면에서 은행가와 비슷하다. 통찰력이 있고 주식시장과 계약의 전반적 흐름을 어느 정도 정확하게 예측할 줄 아는 유능한 은행가는 직장에서 신망을 얻으며, 예금자들과 어음할인 중개인들을 끌어들인다. 사회적 힘들과 맞서 투쟁하면서 가능한 결과를 예측할 줄 아는 노조 지도자는 대중을 그의 조직으로 끌어들이고 은행가가 된다"(*op. cit.*, p. 181).

33) D. Lacorne, *Les notables rouges*(Paris, Presses de la foundation nationale des sciences politiques, 1980), p. 67.

의 시기에, 제도나 기구들이 남겨둔 공백과 침묵 속에서 이뤄지는 개시적인 행동의 산물이다. 방향을 제시하는 선지자적 행동은 그 고유한 성공이 위기의 언어에, 그리고 그 성공 덕택에 가능해진 동원력의 시초 축적에 가져다주는 확증에 의해, 회고적으로 스스로를 정초하며 정당화한다.[34]

그 소유자가 죽으면 사라지는 (비록 유산을 둘러싼 싸움이 일어나기는 하지만) 인격자본과는 대조적으로, 정치적 권위라는 위탁된 자본은, 목사나 교수, 더 일반적으로는 공무원의 자본이 그렇듯이, 기관만이 보유하고 통제하는 자본을, 일시적이며 제한적으로 이체한 것이다(물론 갱신이 가능하고, 때로는 종신토록 가능하지만).[35] 정당이 바로 그런 기관이다. 정당은 간부와 활동가들 덕택에 역사적으로 인정과 충성이라는 상징자본을 축적하였으며, 정치적 투쟁을 위해, 그리고 정치적 투쟁을 통해, 활동가와 지지자와 동조자를 동원할 수 있고 (표를 얻고 그리하여 상근자들을 계속 둘 수 있게 해 주는 자리들을 얻는 데 필수적인) 선전작업을 조직할 줄 아는 상근자들의 상설조직을 갖추었다. 정당이나 노조를 귀족적 클럽이나 지식인 집단과 구별시켜 주는 이 동원기구를 떠받치는 것은 본래의 의미에서 조직의 관료제, 즉 조직이 제공하는, 자체 내의 혹은 공공기관의 자리들 및 그에 딸린 이익들이나 특유의 채용, 양성, 선발전통과 같은, 객관적 구조만이 아니다. 정당에 대

---

34) 드골의 모험이 여기 해당될 것이다. 하지만 사회적이고 정치적인 공간에서 완전히 반대되는 지점에서도 못지않은 예를 발견할 수 있다. 드니 라코른느에 따르면 개인적 명성을 누리는 공산주의 성향의 의원들은 지역의 인물로서 그들의 지위를 거의 언제나 제2차 세계대전에서의 영웅적 행동에 빚지고 있다(D. Lacorne, *op. cit.*, p. 69).

35) 하지만 이런 경우에도 정치적 사명은, 앞에서 본 바와 같이, 언제나 인격 전체를 저당 잡는다는 점에서, 단순한 기술관료주의적 기능과 구별된다.

한 충성심이든, 아니면 지도자들, 상근자들, 활동가들이 그들의 일상적 실천과 고유하게 정치적인 활동 속에서 작동시키는, 사회세계를 구획하는 내면화된 원리이든, 성향들 역시 그 토대에 있는 것이다.

공천(*investiture*)은 정당이 공식후보를 공식적으로 선거에 바치는 고유하게 주술적인 임명(*institution*) 행위로서, 정치자본의 이전을 표시한다. 공천은 중세의 서임(*investiture médiévale*), 즉 봉토나 땅의 상속을 성대하게 축하하는 의식과 보기보다 공통점이 많다. 분명한 것은 공천이 시간, 노력, 복종, 심지어 신앙심을 오랫동안 바치는 데서 확인되는, 제도와 그 수호자들에 대한 근본적 헌신의 대가 이상이 될 수 없다는 점이다. 정당이 교회와 마찬가지로 재산을 헌납하고 수도원에 사는 사람들을 맨 앞에 두곤 하는 것은 우연이 아니다. 행위자와 제도의 주고받기를 지배하는 법칙은 다음과 같이 정리될 수 있다. 제도는 제도에 모든 것을 준 사람들에게 제도에 대한 권력을 위시하여 모든 것을 준다. 그런데 그들이 제도에 모든 것을 준 까닭은 제도 밖에서는 자신들이 아무것도 아니기 때문이며, 그들이 모든 것을 빚지고 있는 제도에 의해, 그리고 제도를 위해 갖게 된, 자기들의 정체성을 포기하면서 스스로를 부인하지 않고서는 제도를 부인할 수 없기 때문이다. 여기서 우리는 미헬스를 인용할 수 있다. "어떤 정당을 가장 고집스럽게 수호하는 자들은 그 정당에 가장 의존하는 자들이다."[36] "풍부한 돈줄을 갖춘 정당은 가장 부유한 당원들의 물질적 지원을 거절하면서 당 내에서 그들의 입김이 너무 세지는 것을 방지할 수 있을 뿐 아니라, 정당에 밥줄이 달려 있는 만큼 충성스럽고도 헌신적인 당직자 무리를 얻을 수 있다."[37] 아니면 그람시를 인용해도 좋을 것이다. "오늘날 협

---

36) R. Michels, *op. cit.*, p. 101.
37) R. Michels, *op. cit.*, p. 105.

동조합, 직업소개소, 노동자 주택, 시청, 신용금고의 대표자들은, 당 내에서 소수이긴 하지만, 법원보다, 기자들보다, 교수들보다, 변호 사들보다 위에 있다. 후자는 공허하며 접근불가능한 이데올로기적 기 획을 추구하기 때문이다."[38]

간단히 말해 정당은 정당에 투자한 사람들을 공천한다.[39] 이 투자 는 정당에 대한 봉사로 이뤄지는데, (모든 '가입 테스트'가 그렇듯이) 그 심리적 비용이 높을수록, 그리하여 제도에 대한 심리적 투자를 촉진 하는 데 적당할수록 높이 평가된다. 이처럼 심리적 의존이 물질적 의 존에 중첩되므로, 제도적 권위라는 자본의 환수를 비롯한 배제가 사 회적이고 심리적인 도산 또는 파탄의 형태를 띠는 것은 이해할 수 있는 일이다. (이러한 배제가 종교적 파문이나 제사에서의 배제처럼 '배제된 자 와의 관계를 거부하는 형태로' '쓰라린 사회적 보이콧'을 수반하는 경우에는 더욱 그러하다.)[40]

사제의 '직책의 카리스마'나 '제도적 은총'과 견줄 만한, 직책이라는 정치자본을 투자받은 사람은 제도가 임명행위를 통해 그에게 발부한 것 외에 어떤 '자격'도 갖고 있지 않을 수 있다. 게다가 제도는 (대변인 이나 총무같이) 가장 눈에 띄는 위치나 (텔레비전이나 라디오의 '쇼'나 기 자회견같이) 주목도가 높은 자리에 대한 접근을 통제함으로써, 개인적 명성에의 접근을 통제하기도 한다. 위탁된 자본의 보유자는 그럼에도 교묘한 전략을 통해 인격자본을 획득할 수 있는데, 이 전략은 소속의 유지 및 그와 관련된 이익의 보존이 가능한 한, 제도와 가급적 거리를

---

38) A. Gramsci, *op. cit.*, t. Ⅱ, p. 193.

39) [역주] *investir*에는 투자한다는 의미와 공천한다, 임명한다는 의미가 모두 있다.

40) M. Weber, *op. cit.*, t. Ⅱ, pp. 880, 916. 여기서 추방된 자의 경험과 파계한 자 의 경험 사이에 유사성이 존재함을 알 수 있다.

유지하는 것이다. 그러므로 당 집행부가 미는 당선자는 유권자에 의지하는 것 이상으로 집행부에 의지한다. ('낙하산 공천'의 경우에 — 너무나 — 자주 볼 수 있듯이) 그는 집행부에 빚지고 있으며, 집행부와의 관계가 끊기면 〔선거에서〕 진다. 마찬가지로, 정치가 '전문화'하고 정당이 '관료화'함에 따라, 정치적 동원권력을 위한 투쟁은 점점 더 두 단계의 경쟁이 되는 경향이 있다. 집행부 안에서 전개되는, 집행부에 대한 권력을 둘러싼 전문가들끼리의 경쟁 결과에 따라, 평신도들을 정복하기 위한 투쟁에 참여할 수 있는 사람이 선택되는 것이다. 이는 사회세계를 바라보는 원칙들의 구상과 유포를 독점하기 위한 투쟁이, ('자유로운 지식인들'을 비롯한) 독립적인 소규모 생산자들을 사실상 배제하면서, 점점 더 협소하게 전문가들 및 생산과 유포의 거대한 단위들에게 남겨지도록 만든다.


## 정치자본의 제도화

정치자본의 위탁은 이런 종류의 자본이 상설기구들 속에 객관화되어 있다는 것, 즉 정치적 '기계들' 속에, 자리와 동원의 도구들 속에 물질화되어 있다는 것, 그리고 특수한 전략과 메커니즘에 의해 지속적으로 재생산되고 있다는 것을 전제로 한다. 그러므로 정치자본의 위탁은 정당 자체에, 그리고 어느 정도 당에 종속된 조직들 안에, 또한 당이 직간접적으로 통제하는 지방과 중앙의 권력기관들(시의회, 기업 운영위원회 등) 및 이 기관들과 공생하는 기업들의 네트워크 전체에 이런저런 자리의 형태로 객관화된 정치자본을 적지 않게 축적해온, 오랜 정치적 사업의 산물이다("자치단체장 자리는 사회당이 가진 수단, 인력, 영향력의 핵심이다〔…〕. 사회당이 이 자리들을 차지하면 당은 어떻게든 유지된다. 그러니까 단체장 선거는 사회당에게 큰일이다. 유일하게 심각한 일이라고 할 수도 있다. 이데올로기, 원칙의 선언, 행동계획, 강령, 논쟁, 토론, 대화, 이 모든 게 물론 중요하다(…). 하지만 지역적 수준에서 당은 권력을 잡고 있다, 아니면 최소한 그렇다는 환상을 갖고 있다. 시의회 선거에서는 더 이상 장난을 치지 않는 이유가 바로 여기에 있다. 사람들은 구체성을 되찾는다. 이론적인 장광설 따위는 집어치우고 각자 자기 지역구를 지키는 것이다. 격렬하게, 인정사정없이, 끝까지."41)). 정치자본의 객관화는 사람들에 대한 직접적인 지배와 개인적 투자전략('몸으로 때우기')을 매개된 지배, 즉 직책의 보유자들을 그들이 보유한 직책을 관리함으로써 영속적으로 관리하는 방식으로 대체하면서, 선거에 의한 제재로부터 상대적 독립성을 보장한다. 위치들에 대한 이러한 새로운 정의는 그 점유자들의 위치 속에 나타난 새로운 속성들과 대응한다. 사실 정치자본이 차지하거나 유지해야 할 자리들의 형태로 제도화할수록, 기구에 소속되는 데 따르는 이익은 커진다. 이는 〔정당 발전의〕 초기단계나 — 혁명기 같은 — 위기 시에 일어나는 것과는 반대이다. 후자의 경우에는 〔당에 소속되는 데 따르는〕 위험은 크고 직접적이며, 이익은 멀고 불확실하다.

정치적 사업의 주기 속에서 앞으로 나아갈수록, 안정된 상근직의 제공은, 그것이 보장하는 관련된 특권들과 더불어, 충원에 큰 효과를 발휘한다. 흔히 '관료화'라는 막연한 말로 가리키는 변화는 이 점을 생각하면 쉽게 이해된다. 여기서 다시 한 번 그람시를 인용할 수 있다. "조합조직의 정상적 발전은 조합주의가 예견한 것과 완전히 반대되는 결과를 낳을 것이다. 조합의 지도자가 된 노동자들은 노동자적 자질과

41) P. Guidoni, *Histoire du nouveau Parti socialiste* (Paris, Tema-Action, 1973), p. 120.

계급정신을 잃고, 지적으로 게으르며 도덕적으로 타락했거나 타락하기 쉬운, 프티부르주아 공무원의 속성들을 획득한다. 조합주의 운동이 더 많은 대중을 껴안으며 확대될수록, 공무원주의는 더욱 퍼져나간다. "42) 정치자본의 제도화 과정이 전전될수록, '마음'을 얻는 사업은 자리를 얻는 사업에 종속되며, 오직 '대의'에 대한 충성심에 의해 서로 연결되어 있는 활동가들은 점점 더 베버가 말한 '성직록'을 얻는 데 만족한다. 다시 말해 혜택과 이득을 주는 집행부에 영구적으로 매인 식객처럼 된다. 그들은 집행부가 자기들 덕택에 얻은 물질적이고 상징적인 전리품의 일부를 나누어 주면서 그들을 붙드는 한(미국 정당의 엽관제(spoil system)에서와 같이), 집행부에 붙어 있다. 달리 말하면, 동원기구의 몸집이 커질수록, 기구의 재생산 및 기구가 제공하는 자리들의 재생산과 관련된 긴급한 요청들의 무게도 커진다. 일단 이 자리를 차지한 사람들은, 기구의 공언된 목적들의 달성이 가져오는 이익에 비해 계산상으로나 현실적으로나 계속 커지기만 하는, 물질적이고 상징적인 이익들에 의해, 이러한 요청들에 묶이게 된다. 그리하여, 이해할 수 있는 일이지만, 권력을 잃을까 봐 걱정하면서, 아니면 그저 존립을 걱정하면서, 정당들이 강령을 희생시키는 일이 너무나 자주 일어난다. 그 강령 덕택에 그들이 권력을 잡았다고 하더라도 말이다. 43)

---

42) Cf. A. Gramsci, *op. cit.*, t. Ⅲ, pp. 206~207.

43) 이러한 분석은 교회의 경우에도 적용된다. 교회의 정치자본이 기관들 속에, 그리고 이건 최근의 경우이지만, (교육, 언론, 청년운동 등의 영역에서) 교회가 관리하는 직책들 속에 객관화됨에 따라, 교회의 권력은 교리의 주입과 '영혼의 치유'에 점점 덜 의존하는 경향이 있다. 그리하여 교회의 권력은 '주일미사에 참여하는 신도'의 숫자나 '부활절 예배만 보는 신도'의 숫자보다는 교회가 직접 관리하는 직책과 인력의 숫자에 의해 더 잘 측정된다. (이는 종교지도자들의 정치적 성향, 특히

직접적인 경쟁 안에 놓여 있는 정당들 또는 정치지도자들 간의 관계에서만큼 집행부 또는 집행부 안의 자리들의 재생산, 그리고 집행부가 보장하는 권력과 특권의 재생산에 대한 관심이 적나라하게 드러나는 경우는 없다. 예를 들어 프랑스 공산당과 사회당은 때에 따라 연합하거나 연합을 깨는 데 이해관계를 갖는다. 하지만 그들은 자기들이 택한 전략을 지지자들 전체 또는 일부가 승인하거나 승인하지 않음에 따라 생겨나는 상징적 이득 또는 손실 역시 고려해야 한다. 그리하여 집행부들끼리의 투쟁은 주로 집행부에 대한 시각, 특히 연합 또는 분열의 책임에 관한 시각을 둘러싸고 벌어지게 된다. 1978년 선거연합의 실패와 선거패배에 대해 양당 집행부 및 지도자들이 내놓은 분석과 선언들을 주의 깊게 읽어 본다면, 분열의 이유에 대해서 분열된 의견을 내놓는 집행부들이 분열된 집행부들의 이해관계에 분열의 원인이 있다는 시각에 대해서만큼은 일치단결하여 반대하고 있음을 알 수 있다. 경쟁자와 경쟁자의 지지자들을 ─ '아래로부터의 연합' 전략에 따라 ─ 병합하는 것을 제외하면, 그들은 사실 분열을 재생산할 때만 스스로를 변함없이 재생산할 수 있다는 공통점을 갖는다.


## 장과 기구들

한 덩어리로 보이지만 다양한 이해관계와 경향이 대결하는 장소인 정치적 사업을 제외하면,[44] 정당들은 그 지지자들이 문화적으로 빈

---

공공권력과 그들의 관계가, 오늘날 국가재정으로 유지되는 교직처럼, 교회의 사회적 존립의 물질적 기반에 영향을 줄 수 있는 모든 것에 의해 직접적으로, 그리고 전적으로 결정된다는 점을 설명한다.)

곤할수록, 그리고 충성이라는 가치에 집착할수록, 그리하여 무조건적이고 영구적인 위임으로 기울어질수록, 정치 장의 논리 속에 기입된 전략적 요구들에 즉시 대답할 수 있는 집행부의 논리에 따라 움직이게 된다. 역사가 길고 객관화된 정치자본이 풍부한, 그래서 '기득권을 지키려는' 관심이 더욱 강력하게 전략을 결정하는 정당일수록 그러하며, 투쟁을 위해 일부러 개조한 정당일수록, 즉 동원기구의 군사적 모델에 따라 조직된 정당일수록 그러하고, 간부와 상근자들에게 경제자본과 문화자본이 부족할수록, 그래서 그들이 더욱 전적으로 당에 의존할수록 그러하다.

여러 세대에 걸친 정치적 충성은 정당들에게 상대적으로 안정된 지지층을 보장해 주면서 선거를 통한 제재의 효과를 떨어뜨린다. 지도자들을 일반인의 통제에서 벗어나게 해 주는 피데스 임플리카가 여기에 결합하면, 민중의 옹호를 가장 소리 높여 천명하는 정당이야말로 수요의 제약과 통제로부터 가장 독립적이고, 전문가들끼리의 경쟁이라는 유일한 논리를 (때로는 갑작스럽고 역설적인 변절을 대가로 치르면서) 가장 마음대로 따를 수 있는 정치적 사업이라는 역설적인 결과가 생겨난다. 45) 당 내의 투쟁에 일반인들이 개입하게 하거나, 그들에게

---

44) 이는 겉보기에는 가장 비우호적인 예인 볼셰비키 당에서 관찰된다. "1917년이든 그 뒤이든, '민주집중제'라는 이름으로 알려진, 공언된 정치적, 조직적 통일성의 이면에는 단일한 볼셰비키 철학도 정치 이데올로기도 없었다. 반대로 당은 주목할 만큼 다양한 관점을 제공했다. 단어의 문제에서 근본적인 선택을 둘러싼 갈등에 이르기까지 이견이 존재했다"(S. Cohen, *op. cit.*, 1979, p. 19).

45) 민중적 가치체계가 지조('대쪽 같음', '고지식함'), 신의, 자기편에 대한 충성, 자기다움의 고수('나는 원래 그런 사람이오', '아무도 내 마음을 바꿀 수 없소') 같은 미덕에, 다른 세계에서는 경직되었거나 미련하다고 여겨질 수도 있는 성향에 어떤 중요성을 부여하는지 안다면, 우리는 정치적 소속을 여러 세대에 걸친 조건의 변화를 견뎌낼 수 있는 일종의 유전적 속성처럼 만드는 충성심의 효과가 민중계급에

호소하는 것, 한마디로 내부의 불협화음을 바깥으로 새어나가게 하는 것은 근본적으로 잘못이라는 볼셰비키의 도그마를 받아들이는 정당이라면 더욱 그렇다.

마찬가지로, 상근자들은 그들의 직무가 시간과 돈을 빼앗는 대가로 정치판에 끼어드는 것을 가능하게 해 줄 때, 정당에 대한 의존도가 가장 높아진다. 그들은 이제 자유시간을 얻으려면 당에 기대는 수밖에 없다. 명사들이 넉넉한 수입 덕택에, 더 정확히 말하면 그들이 수입을 얻는 방식, 즉 일하지 않거나, 간헐적으로 일하면서 얻는 방식 덕택에 누리는 여가 말이다. 상근자와 단순한 지지자(어쩌다 투표하는 자는 말할 것도 없고)의 대립은 불변하는 요소들로 이루어져 있는 것 같지만, 사실 당에 따라서 매우 다른 의미를 띤다. 이는 자본의 분포, 특히 여가의 계급적 분배를 매개로 해서이다. 알다시피, 직접민주주의가 사회경제적 분화 앞에서 무너지는 것은 그 결과 생겨나는 자유시간의 불평등한 분배를 매개로 해서이다. 무보수 또는 미미한 보수로 공무를 맡을 수 있을 만큼 여가를 누리는 사람들에게 유리하게, 행정적 책임의 집중이 이뤄지는 것이다. 여가라는 변수는 정계나 노조에, 더 넓게는 어느 정도 정치적 성격을 띠는 책임 있는 자리에 참여하는 정도가 직업에 따라 다르다는 사실을 설명하는 데도 도움이 된다. 그래서 막스 베버는 대형 의료기관이나 자연과학 연구기관의 원장들은 대학총장직을 거의 맡지 않으며, 그런 직책에 적합하지도 않다는 데 주목하였다.[46] 또 로버트 미헬스는 정계에 발을 들인 학자들은 "그들의 학문적 능력이 천천히, 하지만 꾸준하게 저하되는 것을 감수해야 한다"[47]

---

게 특히 강력하게 작용하면서 좌파정당들에게 이득을 가져다준다는 점을 이해할 수 있을 것이다.

46) M. Weber, *op. cit.*, t. II, p. 698.

고 지적하였다. 덧붙이자면, 정치나 행정에 시간을 할애하지 않아도 되는 사회적 조건에서는 이러한 활동이 약속하는 세속적인(temporels) 이익에 대한 귀족적, 선지자적 경멸이 나타날 때가 많은데, 이는 (행정적, 정치적) 기구에 속한 지식인과 '자유로운' 지식인, 주교와 신학자, 학장이나 총장 또는 연구행정가와 연구자 간 관계의 몇몇 구조적 상수들을 더 잘 이해하도록 해 준다.

여기에 더하여, 상근자들이 정당에 들어가기 전에 가지고 있었던 경제자본과 문화자본이 보잘것없을수록 정당에 전적으로 의존하게 된다는 사실을 안다면, 우리는 노동자 계급 출신의 상근자들이 당에 대해, 예전의 종속상태로부터의 해방을 의미하는 그들의 위치뿐 아니라, 그들의 교양에 대해서도, 한마디로 현재의 그들을 이루는 모든 것에 대해서, 부채의식을 갖는다는 점을 이해할 수 있을 것이다. "우리처럼 정당생활을 하는 사람은 향상될 수밖에 없거든요. 저는 초등학교 졸업장만 갖고 시작하였고, 당은 저에게 스스로를 교육할 것을 요구했지요. 공부하고, 책을 뒤지고, 읽어야 하지요. 거기 몸을 담가야 해요. 그게 의무인 거죠! 안 그랬다면 … 저는 시대에 뒤떨어진 완고한 사람이 되었을 겁니다. 그래서 저는 얘기하죠. '활동가는 당에 모든 것을 빚지고 있다'고."[48] 드니 라코른느가 확증했듯이, 당성(黨性)과 당원의 자부심은 사회당 소속 상근자들보다는 공산당 소속 상근자들에게서 더욱 뚜렷하게 나타난다. 전자는 중간계급과 상류계급 출신이 많고, 특히 교원 출신이 많아서 당에 전적으로 빚지고 있는 사람이 그만큼 적다.

규율과 훈련은, 분석가들이 그 중요성을 과대평가할 때가 많지만,

---

47) R. Michels, *op. cit.*, p. 155.
48) D. Lacorne, *op. cit.*, p. 114.

강요된 복종이나 선택된 복종의 성향 속에 있는 공모 없이는 완전히 무력한 것이다. 행위자들이 기구 속에 도입한 이러한 복종의 성향 자체는 기구의 직책들에 새겨진 이해관심에 의해, 그리고 유사한 성향들과의 연합에 의해 끊임없이 강화된다. 어떤 하비투스들은 기구의 논리 속에서 비로소 완성되고 번창한다고, 일률적으로 말해도 좋을 것이다. 아니면 역으로, 기구의 논리가 어떤 하비투스들에 새겨진 경향들을 '이용'한다고 말할 수도 있다. 우리는 한편으로는 기구와 그 지배자들이 규율을 부과하고 이단자들과 반대자들을 복종시키는 데 사용하는, 모든 감호기관에 공통된 기법들을, 다른 한편으로는 수혜자들의 묵인 속에서만 작동하는, 기관들 및 그 위계들의 재생산을 보장하는 메커니즘을 예로 들 수 있을 것이다. 군사적 기계화에 용수철과 톱니바퀴를 제공하는 성향들을 열거하고 분석하는 작업은 한없이 계속될 수 있다. 노동자 계급 출신의 상근자들을 ― 일종의 자생적인 즈다노비즘이나 노동자 조합주의(corporatisme ouvriériste)에 대한 정당화 내지는 알리바이로 사용되기에 적당한 ― 어떤 형태의 반지식인주의로 기울어지게 하는, 문화에 대한 예속적 관계가 문제이건, 아니면 '종파들'을 (역사적 의미에서의) 스탈린주의적 관점, 즉 감시자의 관점에서 바라보는 데서, 그리고 역사를 음모의 논리, 또는 죄의식의 논리 속에서 사고하는 데서 이득을 얻는 원한(ressentiment)이 문제이건 말이다(지식인의 불안정한 위치 속에 기입되어 있는 죄의식은 사르트르가 《아덴 아라비아》 서문49)에서 훌륭하게 그려낸, 변절자의 아들인 변절자, 즉 피지배계급 출신의 지식인에게서 가장 심하게 나타난다). 이러한 성향이 객관적으로 조율되어 있다는 사실을 간과한다면, 우리는

---

49) 《아덴 아라비아》(Aden Arabie)는 폴 니장(Paul Nizan, 1905~1940)의 첫 작품이고, 1960년 개정판에 사르트르가 서문을 썼다.

기구의 조작이 극단적인 '성공'을 거두는 경우들을 이해하지 못할 것이다. 예를 들어 지식인을 노동자주의로 기울어지게 하는, 다양한 형태의 사회적 참상 묘사주의가 자생적 즈다노비즘에 덧붙여져서, 박해받는 자를 박해하는 자의 공범으로 만드는 사회적 관계들의 성립을 촉진하는 경우가 그러하다.

아무튼, 대부분의 공산당에 강제되는 볼셰비키식의 조직모델이 민중계급과 당의 관계 속에 새겨져 있는 경향들을 철저히 밀고 나간다는 사실은 변함이 없다. 현실적 투쟁이든 재현된 투쟁이든, 투쟁을 목적으로 정비된 기구(또는 총체적 기관)의 토대에는 행위자들(여기서는 활동가들)이 공동의 대의를 위해 '일사불란하게' 움직이도록 해 주는 규율이 있는데, 공산당은 이러한 기구로서 자신이 기능하기 위한 조건을 영구적 투쟁에서 발견한다. 정치 장에서 벌어지며, 〔공산당이〕 마음껏 활성화하거나 격화시킬 수 있는 투쟁 말이다. 실로, 막스 베버가 관찰했듯이 "다수 인간의 복종이 합리적으로 일치하도록 보장하는"[50] 일을 맡고 있는 규율은 투쟁 속에서, 토대는 아니더라도 정당화를 발견한다. 그렇기 때문에 규율의 정당성을 복원하기 위해서는 현실적이거나 잠재적인 투쟁을 환기시키고, 나아가 어느 정도 인위적으로 그것을 되살아나게 하면 그만이다.

로버트 미헬스는 '투쟁적인 민주정당'의 조직과 군사조직 사이에 긴밀한 대응관계가 존재하며, 사회주의적 용어의 상당수는 (특히 베벨과 엥겔스의 경우) 군대의 은어에서 빌려온 것임을 지적하였다. 그는 또한, 규율과 집중화에 이해관계를 갖는[51] 지도자들이, 자신들의 위치가 위협받을

---

50) M. Weber, *op. cit.*, t. Ⅱ, p. 867.
51) R. Michels, *op. cit.*, pp. 129, 144.

때마다, 공동의 이익이라는 주술과 '군사적 질서의 논리'에 호소하기를 잊지 않는다는 것을 관찰하였다. "전술적 이유에서, 그리고 적의 면전에서 단결하기 위해서라고 하지만, 정당의 지지자들이 결코 당수에 대한 신뢰를 철회해서는 안 된다는 것이다. 애초에 신뢰한 것은 그들의 자유였지만 말이다."[52] 하지만 군사화 전략이 완성되는 것은 스탈린 덕택이다. 스티븐 코헨이 지적했듯이, 볼셰비키적 사상에 대한 스탈린의 유일하게 독창적인 기여가 바로 군사화 전략이고, 따라서 그것은 본질적으로 스탈린주의적 성격을 띤다. 개입의 영역들은 '전선'이 되고(철학의 전선, 문학의 전선 등), 문제들과 목표들은 '이론적 소대들'이 '공격'해야 하는 '요새'가 된다. 이러한 군사적 사고는 물론 이분법적이다. 하나의 집단, 하나의 사상 조류, 하나의 개념만이, 다른 모든 것을 격파하기 위해 정통으로 격상되는 것이다.[53]

현실적이든 가상적이든, 투쟁의 상황은 기구 내에서 지배자들의 위치를 강화한다. 활동가들은 역할의 공식적 정의에 따라 할당된 호민관의 기능을 포기하고, 중앙 지도부의 명령과 구호가 **집행되게끔** 하는 일을 맡은, 단순한 '간부'가 된다. '유능한 동지들' 덕택에, 그들은 '승인의 민주주의'(démocratie de ratification)에 헌신해야 하는 운명이다. 지도자들의 권위주의와 지지자들의 이익보다 집행부의 이익을 더 앞세우는 그들의 태도에 맞선 공산당 내부의 투쟁이, 그것이 억제하려는 경향을 도리어 강화하는 결과를 낳을 때가 많다면, 이는 지도자들이, 특히 가장 가까운 경쟁자들과의 정치적 투쟁을 환기시키거나 심지어 발명하는 것만으로도, 규율로의 소환, 즉 투쟁의 시기에 강제되

---

52) R. Michels, *op. cit.*, p. 163.
53) Cf. S. Cohen, *op. cit.*, pp. 367~368, 388.

는, 지도자들에 대한 복종으로의 소환이 가능해지기 때문이다. 반공주의에 대한 비난이 집행부를 장악한 자들의 수중에 있는 절대적인 무기가 되는 것은 이렇게 해서이다. 반공주의에 대한 비난은 비판을, 나아가 객관화를 평가절하하며, 외부에 맞선 단결을 강요한다.

이 전투조직의 논리를 가장 잘 보여주는 것이 부하린이 묘사하였던 '누가 반대하는가?'의 절차이다. 조직의 성원들을 소환하여 '누가 반대하는가?'라고 질문한다. 그러면 다들 반대자가 되는 것을 두려워하기 때문에, 지명된 사람이 서기로 임명되고, 제안된 해결책은 채택된다. 그것도 언제나 만장일치로 말이다.[54] '군사화'라고 불리는 과정은 조직이 직면한 '전쟁'의 상황 — 상황에 대한 재현의 작업을 통해 생산가능한 — 을 구실 삼아서, 반대자가 되는 것에 대한 두려움을 끊임없이 생산하고 재생산할 수 있다는 사실 속에 존재한다. 반대자가 되는 것에 대한 두려움이야말로 군사적이며 군사화하는 모든 규율의 궁극적 기초인 것이다. 반공주의가 존재하지 않는다면, '전시공산주의'는 반공주의를 발명할 것이다. 모든 내부적 반대는 적과의 내통으로 여겨지기 때문에, 군사주의에 대한 반대는 군사적 복종의 소질을 지닌 포위된 '우리'의 만장일치를 강화할 뿐이다. 정통과 이단, 찬성론자와 반대론자가 맞서는 투쟁의 장의 역사적 동학은, 반감과 동조의 만장일치가 일으키는 열광의, 아니면 반대로 배제나 파문에 대한 불안의, 정신신체의학적 효과를 거의 합리적으로 이용하면서, '당성'(*esprit de parti*)을 그 용어의 가장 강한 의미에서 단체정신(*esprit de*

---

54) Cf. S. Cohen, *op. cit*, p. 185. 총회의 관행에 관한 어떤 민족지는 권위적인 강제의 절차들에 대해 무수히 많은 묘사를 제공한다. 이 절차들은 만장일치로 유지되는 만장일치를 무례를 범하지 않고 깨뜨리는 것이 실질적으로 불가능하다는 점에 의지한다(이미 작성된 리스트에서 어떤 이름 위에 줄을 긋거나, 거수투표에 기권하는 따위).

*corps*) 으로 만든다.

이처럼, '관념'과 '이상'을 위한 투쟁이자 권력을 위한 투쟁, 그리고 원하건 원치 않건 특권을 위한 투쟁으로서 정치투쟁이 갖는 양면성은 기성질서의 전복을 목적으로 정비된 모든 정치적 사업을 괴롭히는 모순의 근원이다. 사회세계를 짓누르는 필요들은 모두, 기구의 기계적 논리를 불러들이는 동원기능이 표현의 기능과 재현/대표의 기능('유기적 지식인'의 기능이자 계급의 '산파' 역할을 하는 정당의 기능)을 잠식하도록 만드는 데 기여한다. 기구에 속한 사람들의 직업 이데올로기는 언제나 후자의 기능을 다하고 있다고 주장하지만, 실제로 그것은 장의 변증법적 논리에 의해서만 보장된다. '위로부터의 혁명', 기구를 전제하며 동시에 생산하는 이 기구의 기획은 역사 자체인 이 변증법을 중단시키는 효과를 낳는다. 우선 정치 장 ― 어떤 투쟁들의 장에 관한, 그리고 이 투쟁들의 정당한 재현에 관한 투쟁들의 장 ― 안에서, 그리고 정당, 노조, 협회 등, 지지자들 전체는 아니라 하더라도 그 일부의 이익을 희생할 때만 일사불란하게 기능할 수 있는 정치적 사업 안에서.

# 제 3 장

# 위임과 정치적 물신주의*

> 지성의 귀족들은 인민에게 말하면 좋지 않은 진리들이 있다고 믿는다.
> 하지만 나, 혁명적 사회주의자이자 모든 귀족주의와 후견의 공공연한 적
> 인 나는, 그 반대로 모든 것을 인민에게 말해야 한다고 생각한다. 인민
> 에게 완전한 자유를 돌려주는 방법은 그것뿐이다.
>
> — 미하일 바쿠닌

위임은 한 사람이 다른 사람에게 권력을 주는 행위이다. 한 명의 위
임자가 대리인에게 자기 대신 말하고, 자기 대신 행동하고, 자기 대신
서명하는 것을 허용함으로써, 그에게 대리권을, 전권(*plena potentia
agendi*)[1]을 줌으로써, 권력을 이전하는 것이다. 그러므로 위임은 성
찰을 요구하는 복잡한 행위이다. 전권대사, 각료, 대리인, 대표, 대
변인, 사절, 국회의원은 어떤 사람이나 집단을 대표하기(*représenter*)
— 엄청나게 다의적인 단어이다 — 위해, 즉 그/그들의 이해관심을 드
러내고 강조하기 위해 직무, 임기, 위임장을 가진 자이다. 하지만 위
임이 곧 누군가에게 기능을, 임무를 지우면서 권력을 건네주는 것이

---

* "La delegation et le fétichisme politique"(1983년 6월 7일, Association des étu-
diants protestants de Paris〔프로테스탄트 대학생협회〕에서 연 컨퍼런스에서 발표
됨)은 *Actes de la recherchéen sciences sociales*, 52-53(juin 1984), pp. 49~55에 실렸
던 것이다.

1) [역주] 프랑스어의 *plein pouvoir d'agir*에 해당하는 라틴어.

라면, 어떻게 대리인이 그에게 권력을 준 사람에게 권력을 행사할 수 있는지 자문하지 않을 수 없다. 위임의 행위가 단 한 명에 의해, 단 한 명을 위해 이뤄진다면, 사태는 비교적 분명할 것이다. 하지만 한 사람이 한 무리 사람들의 권력을 위탁받았을 때, 그는 위임자들 각자를 뛰어넘는 권력을 지닐 수 있다. 그리하여 그는 말하자면, 뒤르켐주의자들이 자주 이야기하는, 사회적인 것의 초월성을 구현하게 된다.

그뿐 아니다. 위임하고 위임받는 관계는 대표하고 대표되는 관계의 진실을, 그리고 한 집단이 법적 인격이 될 수 있는, 즉 집단을 대신할 수 있는 구체적인 어떤 사람 — 교황, 서기장 등 — 에게 위임함으로써만 존재하는 상황의 역설을 감출 수 있다. 이 모든 경우에, 교회법 전문가들이 세운 방정식 — 교회는 곧 교황이다 — 에 따르면, 겉보기에는 집단이 자신을 대신하여 자신의 이름으로 말하는 사람을 만드는 것 같지만 — 이것이 위임이라는 용어에 담긴 생각이다 — , 실제로는 대변인이 집단을 만든다는 말 역시 진실에 가깝다. 대표가 존재하기 때문에, 대표가 대표(라는 상징적 행위를 수행)하기 때문에, 대표되고 상징되는 집단이 존재하는 것이고, 대표를 한 집단의 대표로서 존재하게 만드는 것이다. 이 순환적 관계 속에서 우리는 궁극적으로 대변인이 자기 원인(*causa sui*) [2] 으로 나타나며 스스로에게 나타낼 수 있게 하는 환상의 뿌리를 발견한다. 대변인은 그의 권력을 생산하는 것의 원인이다. 그에게 권력을 부여하는 집단은, 그가 그 집단을 구현하기 위해 거기 있지 않다면 존재하지 않을 테니까 — 어쨌든 대표되는 집단으로서 완전하게 존재하지 않을 테니까 — 말이다.

대표(*représentation*)의 이 원초적 순환은 은폐되어 있었다: 일군의

---

2) [역주] 자기 자신의 원인(*cause of itself*)이라는 의미의 라틴어. 스피노자 철학의 용어이기도 하다(실체는 무한하며 자기 자신의 원인이다).

문제가 그것을 대신하였는데, 가장 흔한 것이 의식을 획득하는 문제이다. 정치적 물신주의의 문제와, 개인들이 집단을 구성하는 대가로 그 집단에 대한 통제를 잃는 과정은 은폐되었다. 정치에는 이율배반이 내재하는데, 이는 개인들이 — 그들이 가진 게 없다면 더욱더 — [그들이 구성한 것을] 대변인에게 빼앗긴다는 조건에서만, 집단으로서, 즉 말할 수 있고 자신의 말에 귀 기울이게 할 수 있으며 이해받을 수 있는 세력으로서 스스로를 구성할 수 있다는 것이다. 정치적 소외에서 벗어나려면 언제나 정치적 소외를 무릅써야 한다. (사실 이 이율배반은 피지배자들에게만 실제로 존재한다. 단순화해서 말해도 좋다면, 지배자들이 언제나 존재하는 것과 달리, 피지배자들은 동원당하거나, 대표의 수단을 갖추고 있을 때만 존재한다. 거대한 위기들에 뒤따르는 복구의 시기를 제외하면, 지배자들은 자유방임과 독립적이고 고립된 행위자 전략에서 이익을 얻는다. 독립적이고 고립된 행위자들은 분별이 있기만 하다면, 합리적으로 행동하며 기성질서를 재생산하기 때문이다.)

위임의 작업은 잊히고 무시되면서, 바로 정치적 소외의 근원이 된다. 국가의 종복[장관](ministres de l'État)이나 제사의 봉사자[사제](ministres du culte)라는 의미에서의 봉사자들(ministres)[3]과 수임인들은, 물신주의에 대한 마르크스의 공식에 따르면, "고유한 삶을 살아가는 것처럼 보이는, 인간 두뇌의 산물"이다. 정치적 물신은 사회적 행위자들 덕택에 존재하게 되었는데도, 저 혼자 존재하는 것같이 보이는 사람들, 사물들, 존재들이다. 위임자들은 그들의 고유한 창조물을 사랑한다. 정치적 인물들 속에 있는 가치, 이 인간 두뇌의 산물이 인격의 신비로운 객관적 속성으로, 매력으로, 카리스마로 나타난다. 직무(ministerium)가 신비(mysterium)로 나타난다. 여기서 다시

---

3) [역주] ministre의 어원인 라틴어 minister는 종복(serviteur)을 의미한다.

마르크스를 인용할 수 있을 것이다. 물론 문자 그대로는 아니지만(*cum grano salis*) 말이다. 왜냐하면 물신주의에 대한 마르크스의 분석은 정치적 물신주의를 겨냥한 게 아니기 때문이다. 마르크스는 앞서 인용한 유명한 구절에서 "가치는 자기가 무엇인지 이마에 써놓고 다니지 않는다"라고 말하였다. 이것은 카리스마의 정의이기도 하다. 카리스마는 스스로에게 하나의 원리로 나타나는 권력이기 때문이다. 베버적인 정의에서 카리스마는, 선물, 은총, 마나 등, 그 자체에게서 고유한 토대인 어떤 것이다.

이처럼, 위임은 집단이 단체를 구성하는 데 필요한 것 전체, 즉 상설조직과 상근자들, 단어의 모든 의미에서, 그리고 우선 관료주의적(*bureaucratique*) 조직방식이라는 의미에서, 인감, 약칭, 서명, 서명이 있는 위임장, 스탬프 등을 갖춘 사무실(*bureau*)[4]을 마련하고(cf. 정당의 사무국) 스스로를 구성하려는 행위이다. 집단이 상설적인 대표조직을 갖출 때, 그리고 이 대표조직이 전권(*plena potentia agendi*)과 공증된 인감(*sigllum authenticum*)을 갖추어서, ─분리되고 고립되어 있으며 계속해서 바뀌는, 그들 자신을 위해서만 말하거나 행동할 수 있는 개인들로 이뤄진─ 계열체적(*sériel*)[5] 집단을 대신할 수 있을 때(누군가를 위해서 말한다는 것은 대신해서 말한다는 것이다), 그 집단은 존재한다. 한편 이렇게 해서 성립된 사회적 실재, 즉 정당, 교회 등이 개인에게 직무를 부여하는, 두 번째 위임행위가 있는데, 이것은 훨씬 더 드러나지 않게 이뤄진다. 여기에 대해서는 뒤에 자세히 이야기할 것

---

4) [역주] *bureau*에는 책상, 집무실, (관청, 회사의) 부서, (단체, 정당의) 사무국, 위원회 등의 의미가 있다. 관료주의로 번역되는 *bureaucracy*는 *bureau*에서 나왔다.
5) [역주] 개인들이 유기체를 이루지 못하고 병렬적으로 연결된 상태. 사르트르의 용어이다.

이다. 나는 일부러 관료주의적 직무라는 말을 쓴다. 비서—비서는 사무실과 잘 어울린다—, 각료, 서기장 등이 여기 해당된다. 대표를 지명하는 것은 더 이상 수임인이 아니다. 사무국이 전권을 가진 대표를 임명하는 것이다. 나는 이 일종의 블랙박스를 두 단계에 걸쳐서 살펴보려고 한다. 첫째는 원자화된 주체들을 사무국이 대신하는 과정이고, 두 번째는 비서가 사무국을 대신하는 과정이다. 이 두 메커니즘을 분석하는 데는 교회의 패러다임이 도움이 된다. 교회는, 그리고 교회를 통하여 그 구성원들은, '구원이라는 재화의 정당한 독점권'을 갖는다. 이 경우에 위임은 (일개 신자들이 아닌) 교회가 그 종복[사제]에게 자기를 대리하여 행동할 권한을 부여하는 행위이다.

대리(종복)의 신비는 무엇으로 이뤄져 있는가? 무의식적 위임에 의해—설명의 필요상, 나는 사회계약이라는 아이디어와 유사한 인공물을 만들면서, 마치 위임이 의식적인 것처럼 이야기해 왔다—수임인은 위임자들의 집단을 대신하여 행동할 수 있게 된다. 달리 말하면, 수임인은 그 집단과 일종의 환유의 관계를 맺는다. 그는 그 집단의 일부이면서, 집단 전체를 대신하는 기호로서 기능할 수 있다. 그는 형상화된(*in effigie*) 집단으로서, 대표/표상으로서, 위임자들의 존재를 지시하고 표현하는 수동적, 객관적 기호로 기능할 수 있다(엘리제궁이 CGT를 맞이하였다[6]고 말하는 것은 지시된 대상을 대신하여 기호를 맞이하였다고 말하는 것이다). 그뿐 아니라, 말하는 것, 대변인으로서 그가 누구이고 무엇을 하며 무엇을 대표하는지, 그가 대표한다고 스스로 표상하는 것이 무엇인지 말할 수 있는 것은 바로 기호이다. '엘리제궁이 CGT를 맞이하였다'고 말하면서, 우리는 조직의 구성원들 전체를

---

6) [역주] CGT는 노동총동맹(Confédération générale du travail)의 약자로 프랑스의 공산당 계열 노조단체이다. 엘리제궁은 대통령 관저이다.

두 가지 방식으로 표현하고자 한다. 대표자가 거기 있다는 사실을 통해, 그리고 경우에 따라서는 대표자의 발언을 통해. 그리하여 동시에 우리는 위임의 행위 자체에 어떻게 남용의 가능성이 기입되어 있는지를 보게 된다. 대부분의 위임행위에서 위임자들은 수임인에게 백지수표를 준다. 수임인이 어떤 문제에 대답하게 될지 그들이 잘 모를 때가 많아서 그에게 모든 것을 맡기는 것이라고 하더라도 말이다. 중세의 전통에서는 기관에 모든 것을 맡기는 위임자들의 믿음을 일컬어 피데스 임플리시타(*fides implicita*)라고 하였다. 이는 아주 쉽게 정치에 겹쳐 놓을 수 있는 멋진 표현이다. 사람들이 가진 게 없을수록, 특히 문화적인 면에서 그러할수록, 그들은 정치적 발언을 하기 위해 수임인들을 전적으로 신임하는 경향이 있고, 또 그러도록 제약을 받는다. 실로, 고립된 상태의, 침묵하는, 발언권이 없는, 자신의 말을 듣게 하고 따르게 할 능력도 권력도 없는 개인들은, 입을 다물고 있거나 아니면 대신 말하게 하거나, 둘 중 하나를 택해야 하는 처지이다.

극단적인 경우 피지배집단에서 대변인을 설정하는 상징적 행위, 즉 '운동'의 구성이 집단의 구성과 동시에 이뤄진다. 기호가 지시된 대상을 만든다. 기표(*signifiant*)는 기의(*signifié*)와 동일시된다. 후자는 전자 없이 존재할 수 없으며, 전자로 환원된다. 기표는 표시된(*signifié*) 집단을 표현하고 대표하는 것만이 아니다. 표시된 집단에게 존재하도록 통고하는(*signifier*) 것, 표시된 집단을 동원하면서, 가시적으로 존재하도록 불러오는 권력을 가진 것이 바로 기표이다. 기표는 특정한 조건에서, 위임에 의해 부여된 권력을 사용하여, 집단을 동원할 수 있는 유일한 것이다. 시위가 그것이다. "내가 대표하는 사람들을 보여줌으로써 내가 대표자라는 것을 보여주겠습니다"라고 대변인이 말할 때 (시위군중의 숫자는 언제나 논란의 대상이다), 그는 그에게 위임장을 준 사람들을 현시함으로써 자신의 정당성을 현시하는 것이다. 그런데 그가 시위자들을 현시하는 권력을 갖는 것은 어떤 의미에서 그 자신이 바로 그가 현시하는 집단이기 때문이다.

다른 말로 해서, 사르트르가 계열적(*sérielle*)이라고 불렀던 존재의 상태에서 벗어나 집단적인 존재에 접근하려면, 대부분의 경우 대변인을 통하는 것밖에 길이 없는 것이다. 우리는 이것을 프롤레타리아트나 교수들, 아니면 뤽 볼탕스키가 했듯이, 관리자층(*cadres*)[7]을 예로 들어 보여줄 수 있다. 사회적 주술 특유의 법적 허구(*fictio juris*)에 의해, 단순한 개별적 인격들의 집합(*collectio personarum plurium*)이 법인 (法人)으로, 사회적 행위자로 존재하도록 해 주는 것이 바로 '운동' 속의, '조직' 속의 객관화이다.

가장 일상적이고 평범한, 우리 눈앞에서 매일 벌어지는 정치에서 빌려온 예를 들어보겠다. 내 생각을 이해시키기 위해서, 지나치게 쉽게 이해될 위험을 무릅쓰고 말이다. 통속적인 반쪽짜리 이해는 진정한 이해의 장애물이다. 사회학에서 어려운 점은 오래전부터 잘 이해하고 있다고 믿어온 어떤 것을, 완전히 당황하고 혼란에 빠져, 다시 생각해 보는 일이다. 제일 쉬운 것을 진정으로 이해하기 위해서 때로 제일 어려운 것에서 출발해야 하는 것은 이 때문이다. 1968년 5월의 사건들 속에서 사람들은 그 '나날들' 내내 대학교수협의회 의장으로서 교수들을 대표하였던 베이예(M. Bayet) 같은 이의 출현을 지켜보았

---

7) [역주] *cadre*는 프랑스 특유의 사회적-직업적 범주로서, '간부' 또는 '관리자'로 번역할 수 있는데, 그 외연이 대기업의 임원에서 중소기업의 과장까지 걸쳐지는 폭넓은 개념이며, 경제자본과 문화자본이 상이한 사람들을 동일한 이름으로 호명하는 데서 생기는 특유한 이데올로기적 효과를 갖는다. 뤽 볼탕스키의 *Les Cadres. La formation d'un groupe social* (Paris, Les Éditions de Minuit, 1982)은 이 범주의 역사적 형성과 그 사회학적 의미를 부르디외적 시각에서 분석한 걸작이다. 영어판 제목은 *The Making of a Class: Cadres in French Society* (Cambridge and Paris: Cambridge University Press and the Maison des sciences de l'homme, 1987).

다. 하지만 당시에는 대학교수협의회에 일반회원이 거의 없다시피 하였다. 그러니까 이것은 누구의 제지도 받지 않고(여기서 우리는 단서를 달고자 한다. 지지자가 적을수록 반박도 적을 수 있다. 즉, 반박의 부재는 사실 지지자의 부재를 나타낸다), 법적 인격으로서, 어떤 집단의 이름으로 말할 수 있다는 사실에 의거하여, '자기 뒤에' 그 집단이 있다고 믿게 만들 수 있는(하지만 누구에게? 적어도 언론에게. 왜냐하면 언론은 대변인들을 인정할 뿐 아니라, 사실 대변인들밖에 알지 못하고, 나머지는 '여론'으로 간주하기 때문이다) 사람의 전형적인 월권행위이다. 이런 사람에 맞서서 무엇을 할 수 있을까? 공식적으로 항의할 수도 있고, 청원을 개시할 수도 있다. 공산당의 당원들이 자기들의 사무국을 없애고자 할 때, 그들은 규격화된 것으로, 반복으로, 기존의 집단, 대변인, 사무국에서 벗어나기 위해 어떤 집단, 대변인, 사무국을 갖추어야 하는 고립된 개인들의 지위로 돌아간다(대부분의 운동, 특히 사회주의 운동은 언제나 '분파주의'를 으뜸가는 죄악으로 비난해왔다). 바꾸어서 말해보겠다. 허가받은 대변인의 월권행위와 싸우고자 할 때, 무엇을 할 수 있는가? 물론 집단에 의한 온갖 형태의 압도에 저항하는 개인적 해결책들, 알버트 허쉬만(Albert Hirschman)이 말한 *exit*와 *voice*, 이탈과 항의[8]가 있다. 하지만 새로운 단체를 설립하는 것 역시 가능하다. 여러분이 당시의 신문과 잡지를 다시 읽어 본다면, 1968년 5월 20일경 인감, 사무실, 총무 등을 갖춘 또 하나의 교수협의회가 탄생하는 것을 볼 것이다. 우리는 여기서 벗어날 수 없는 것이다.

그러므로 위임이라는, 정치적이고 철학적인 의미에서의 이 원초적 설립행위는 다수 사람들의 집합, 또는 병렬된 개인들의 연속에 불과

---

8) [역주] Cf. Albert O. Hirschman, *Exit, Voice and Loyalty: Responses to Decline in Firms, Organizations and States* (Harvard University Press, 1972).

하였던 것을 법적 인격으로, 하나의 법인체(*corporatio*)로, 몸체로, 사회체 속에 구현되어 있으며 그것을 구성하는 생물학적 몸들을 넘어서는 신비로운 몸체로('*corpus corporatum in corpore corporato*') 만드는 주술 행위이다.

## 수임인의 자기 승인

월권이 어떻게 위임 안에 잠재적 형태로 들어 있는지, 누군가를 위해서 말하기, 즉 그의 이름으로 그에게 유리하게 말하기가 어떻게 그를 대신해서 말하기가 되는 경향이 있는지를 보여주었으므로, 나는 수임인이 스스로를 확립하는 데 사용하는 보편적 전략들을 환기시키고자 한다. 집단과 자신을 동일시하고 '내가 바로 집단이다', '내가 있으므로 집단이 있다'고 말할 수 있으려면, 수임인은 어떤 점에서 집단 속에서 스스로를 지우고, 자신의 인격을 집단에 바치며, '나는 집단에 의해서만 존재한다'고 부르짖고 주장해야 한다. 수임인의 월권은 불가피하게 겸손하다. 그것은 겸손을 전제로 한다. 소비에트 공산당의 중진들(*apparatchiks*)이 모두 가족 유사성을 지닌 것은 아마도 이 때문일 것이다. 집단의 권위를 전용하기 위해, 집단과 자신을 동일시하며, 그에게 권한을 준 집단으로 스스로를 환원하는 수임인의 구조적 기만이 존재한다. 하지만 나는 칸트를 인용하고 싶다. 《이성의 한계 내에서의 종교》[9]에서 그가 말하기를, 합리적 믿음이 아닌, 무조건적

---

9) [역주] Immanuel Kant, *La religion dans les limites de la simple raison*(Paris, Vrin, 1979), pp. 217~218. 임마누엘 칸트, 신옥희 옮김, 《이성의 한계 내에서의 종교》(이화여대 출판부, 2001).

믿음을 기반으로 삼는 교회에는 '봉사자'(ministri)가 없고 '명령을 내리는 고위 공무원들(officials)'만 있다. 그들은 프로테스탄트 교회처럼, '위계의 광휘 속에서 나타나지 않고' '그 같은 거만함에 대해 입으로 반대할 때에도, 성서에 대한 유일하게 권위 있는 주석가로 간주되기를 바라며', 그리하여 '교회의 봉사(ministerium)를 교회의 구성원들에 대한 지배(imperium)로 변형한다. 이 월권행위를 숨기기 위해, 봉사자라는 겸손한 칭호를 사용한다고 하더라도 말이다.' 대리의 신비는 종복이 자신은 그저 종복일 뿐이라고 주장하면서 그의 월권과 그것이 가져다주는 지배를 은폐한다는 조건에서만 작동한다. 위치에 속하는 것들을 사람을 위해 빼돌리는 일은 그것이 은폐될 때만 가능한 것이다. 이것이 곧 상징권력의 정의이기도 하다. 상징권력은 인정을 전제하는 권력, 즉 권력을 통해 행사되는 폭력에 대한 오인(méconnaissance)을 전제하는 권력이다. 그러므로 종복의 상징권력은 이 폭력의 대상이 되는 사람들이, 부인(否認)이 조장하는 오인의 결과로, 종복에게 제공하는 공모 속에서만 작동된다.


## 공화국의 발생

"한 무리의 사람들이, 그 한 명 한 명이 동의하는 가운데, 단 한 사람 또는 단 하나의 인격에 의해 대표될 때, 그들은 단 하나의 인격이 된다. 인격을 단일하게 만드는 것은 대표하는 자의 단일성이지 대표되는 자들의 단일성이 아니기 때문이다."[10] 《리바이어던》에서 홉스가

---

10) Th. Hobbes, *Léviathan*, intr., trad. et notes de F. Tricaud(Paris, Éd. Sirey, 1983), pp. 166~169 et 177~178.

'공화국의 발생'을 묘사한 대목은 대표에 의한 단일화 이론을 매우 간명하게 정식화한다. 고립된 개인들의 무리가 법적 인격의 지위에 접근하려면, 대표자가 제공하는, 그들의 다양성에 대한 통일된 표상 속에서, 법적 인격의 단일성을 구성하는 이미지를 발견해야 한다. 다른 말로 하자면, 그들은 단일한 대표 속에서 그들 자신의 모습을 발견함으로써, 스스로를 하나의 단위로 구성해야 한다.[11] 홉스는 13세기의 교회법 전문가들이 특히 교회와 관련하여 발전시킨 '단체'(corporation) 이론을 재발견 또는 답습하면서,[12] 다만 대표의 단일성에서 생겨나는 통합효과를 강조하였다. 대표는 여기서 전권을 가진 집단의 상징으로서의 대표를 의미한다. 대표는 한 몸(corpus unum)의 시각적 구현이며, 그 형상화된 표현(manifestation in effigie)이다.

이것은 니체의 《반(反)그리스도》에 잘 나와 있다. 이 책은 기독교에 대한 비판이라기보다는 수임인, 위임받은 사람, 구체적으로 가톨릭 의례의 봉사자에 대한 비판이다. 니체가 이 책에서 사제, 성직자의 기만, 그리고 수탁자가 스스로를 절대화하고 신성화하는 전략을 강박적으로 비난하는 것은 이 때문이다. 봉사자가 사용할 수 있는 첫째 기법은 자신을 꼭 필요한 존재로 보이게 하는 것이다. 칸트가 환기시켰듯이, 그는 주해와 올바른 해석의 필요성에 호소할 수 있다. 니체는

---

11) Cf. L. Jaume, La théorie de la 'personne fictive' dans le *Léviathan* de Hobbes, *Revue française de science politique*, vol. 33, n. 6, déc. 1983, pp. 1009~1035.

12) Cf. G. Post, *Studies in Medieval Thought, Public Law and the State, 1100~ 1322*(Princeton, Princeton University Press, 1964), 그리고 O. von Gierke, *Das deutsche Genossenschaftsrecht*(1868)(Graz, Akademische Druck -und Verlagsanstalt, 1954), 특히 t. 3(1881), paragraphe 8, Die Korporationstheorie der Kanonisten, pp. 238~277(이 참고문헌을 알려준 요하네스-미카엘 숄츠 (Johannes-Michael Scholz)에게 고마움을 표한다), 그리고 P. Michaud-Quantin, *Universitas*(Paris, Vrin, 1970).

이를 분명하게 지적한다. "복음서는 아무리 조심스럽게 읽어도 부족하다. 단어 하나마다 난관이 숨어 있는 것이다"(Nietsche, *Antéchrist*, p. 69). 니체가 말하려는 바는, 중개자〔사제〕가 자기를 반드시 필요한 통역자로 자체 공인하려면, 자신의 생산물에 대한 욕구를 생산해야 한다는 것이다. 그리고 이를 위해서는 자기만이 해결할 수 있는 어려움을 생산해야 한다. 수임인은 이렇게 해서 — 나는 다시 니체를 인용하고 싶다 — '신성한 존재로의 자기 변형'을 조작한다. 자기가 꼭 필요하다는 것을 증명하려고 수임인은 또 '비인격적인 헌신'의 전략에 의존한다. "'비인격적인 의무', 추상이라는 몰록(Moloch)[13] 을 위한 희생 제의만큼, 깊숙하고 철저하게 파산을 초래하는 것은 없다"(p. 19). 수임인은 스스로에게 신성한 과업들을 할당하는 자이다. "거의 모든 민족들에서, 철학자는 성직자의 발전된 유형에 불과하다. 그리고 기만적인 자기만족이라는, 이 사제로부터 물려받은 유산은 하나도 놀랍지 않다. 누구든 성스러운 과업, 예컨대 인간을 벌주고, 구제하며, 구원하는 일을 맡는다면 (…) 그 같은 과업에 의해 자기 자신 역시 구원되지 않겠는가?"(p. 21)

이 성직의 전략들은 모두 사르트르적 의미에서의 자기기만(*mauvaise foi*), 즉 자신에게 하는 거짓말을 기초로 삼는다. 자기에게 선한 것은 절대적으로 선한 것이라고 말하면서, 사물들의 가치를 결정하는 사제의 '성스러운 거짓말'(p. 41) 말이다. 사제는 "자기의 의지를 신이라고 일컫는" 자(p. 77)라고 니체는 말한다. (마찬가지로 우리는 정치가란 자기의 의지를 인민, 여론, 나라라고 일컫는 자라고 말할 수 있을 것이다.) 니체를 다시 인용하겠다. "율법, 신의 뜻, 성경, 계시 — 사제가 권력에 접근하고 권력을 유지하기 위한 조건들을 가리키는 단어들 —, 이 개

---

13) [역주] 산 아이를 제물로 요구한 셈족의 신. 끔찍한 희생을 요구하는 관습을 가리킴.

넘들은 모든 교회조직, 모든 형태의 성직자적, 또는 철학적-성직자적 지배의 토대에 있다"(p. 94). 니체가 말하려는 바는 위임받은 자들이 보편적 가치들을 자기들에게 귀착시킨다, 가치들을 자기네가 전유한다는 것이다. 그들은 '도덕을 징발한다'(p. 70). 그리하여 신, 진리, 지혜, 민족, 신탁, 자유 등의 관념을 독차지한다. 그들은 그것을 무엇의 동의어로 만드는가? 그들 자신의 동의어로 만든다. '나는 진리이니라'. 그들은 스스로를 성스럽게 만들고, 승인하며, 자신들과 단순한 속인들 사이에 경계선을 긋는다. 이리하여 그들은, 니체가 말하듯이, '모든 것의 잣대'가 된다.

성직자적 겸허함의 기능은 내가 신탁효과(effet d'oracle)라고 부르려는 것 속에서 가장 잘 확인된다. 집단의 이름으로 말하는 대변인은 신탁효과 덕택에, 부재하는 포착불가능한 것의 권위를 내세워 말하면서, 집단으로 하여금 말하게 한다. 성직자는 신 또는 민중의 이익을 위해 자신을 완전히 지워 버림으로써, 스스로 신이나 민중이 된다. 나는 무(無)가 될 때 — 이는 내가 무가 될 수 있기 때문, 즉 나를 말소하고, 나를 잊고, 나를 희생하고, 나를 바칠 수 있기 때문이다 — 전부가 되는 것이다. 나는 신 또는 민중의 수임인 외에 아무것도 아니다. 하지만 나는 전부의 이름으로 말하며, 그런 고로 나는 전부이다. 신탁효과는 완전히 인격의 분열이다. 개인에 속하는 인격, 즉 자아는 초월적인 비신체적 인격을 위해 말소된다('나는 나의 인격을 프랑스에 바치노라'). 성직에의 접근조건은 진정한 회심(métanoia), 또는 개종이다. 일상적 개인은 죽어서 비신체적 인격〔법인〕(personne morale)이 되어야 한다. 죽어서 제도(institution)가 되어라 — 이것이 임명의례(rites d'institution)가 하는 것이다. 역설적으로, 전부가 되기 위해 아무것도 되지 않는 자들은 관계의 항들을 뒤집을 수 있다. 그래서 그들 자신일 뿐이며 그들 자신을 위해서만 말하는 자들에게,

너희들은 법적으로나 현실적으로 아무것도 아니라고 비난할 수 있다 (헌신할 줄 모른다 등의 이유로). 이것이 활동가가 누리는 이윤 중 하나인 질책과 단죄의 권리이다.

한마디로, 신탁효과는 우리가 너무 빨리, 이해한다는 환상 — 우리는 모두 신탁을 해석하는 사제인 피티아(Pythie)[14]에 대해 들어본 적이 있다 — 을 갖는 현상들 중 하나이다. 하지만 우리는 누군가가 무언가의 이름으로 말하면서 그 말을 통해 바로 그것을 존재하게 만드는 상황들 속에서 이 현상을 인식하지는 못한다. 정치 속에서 날마다 작동하는 일련의 상징적 효력 전체는 이런 종류의 복화술사의 월권에 달려 있다. 민중의 이름으로 말하고, 또 말할 권리를 얻으면서 혹은 말하도록 허가받으면서, 민중에게 말하도록 만드는 복화술 말이다. 정치인이 '민중, 민중계급, 인민대중 등'에 대해 말할 때, 신탁효과, 즉 메시지와 메시지의 해석을 동시에 생산하고, '나는 다른 무엇'이라고 믿게 하는, 즉 민중을 단지 상징적으로 대신하는 대변인이, 그가 말하는 모든 것이 민중의 삶이자 진실이라는 의미에서, 정녕 민중 자신이라고 믿게 하는 효과를 낳지 않는 경우란 매우 드물다.

… 의 이름으로 말할 수 있다고 자처한다는 사실 속에 존재하는 월권은 직설법에서 **명령법**으로의 이행을 허가하는 것이다. 만일 나, 피에르 부르디외, 고립된 상태의 독특한 원자로서 나 자신을 위해서만 말하는 내가, 이러저러한 일을 해야 한다고, 정부를 전복해야 한다거나 퍼싱 미사일을 거부해야 한다고 말한다면, 누가 나를 따르겠는가? 하지만 내가 규정에 부합하는 조건들 속에서, '인민 대중의 이름으로', 하물며 '인민대중과 과학, 과학적 사회주의의 이름으로' 말하는 것처럼 보일 수 있다면, 이야기는 완전히 달라진다. 직설법에서 명령법으

---

14) [역주] 델포이 신전에서 신탁을 해석하는 무녀.

로의 이행은 — 풍속에 대한 과학을 도덕의 기초로 삼으려 했던 뒤르켐주의자들은 이를 잘 느끼고 있었다 — 식별되었거나 식별가능한 모든 제약의 근원인, 개인에서 집단으로의 이행을 전제한다. 수행성의 한계형식인 신탁효과는 허가받은 대변인이 그에게 허가를 내준 집단의 권위에 기대어, 인정된 강요를, 상징폭력을, 집단의 고립된 성원들 각각에게 휘두르는 것을 가능하게 해 준다. 내가 인격이 된 공동체, 인격이 된 집단이라면, 그리고 이 집단이 여러분도 속해 있는 집단이라면, 그래서 여러분을 규정하고, 여러분에게 정체성을 부여하여, 여러분을 정말로 교수나 프로테스탄트나 가톨릭 등으로 만든다면, 〔여러분은 나에게〕 복종하는 것밖에 도리가 없다. 신탁효과는 단수의 개인에 대한 집단의 초월성을 이용하는 것인데, 이는 어떤 의미에서 사실상 집단인, 한 개인에 의해 행해진다. 다른 집단을 창설하고, 이 새로운 집단의 대표자로 인정받기 위해서가 아닌 이상, 누구도 일어서서 '너는 집단이 아니야'라고 말하지 않기 때문에 이것이 가능하다고 하더라도 말이다.

모든 상징적 부과효과의 근원에는 이 집단적 진실의 독점의 역설이 있다. 나는 집단이다, 다시 말해 집단적 구속이다, 집단이 그 성원들 각각에 행사하는 구속이다. 나는 사람이 된 집단이다, 그리하여 나는 집단의 이름으로 조작하는 자이다. 나는 나에게 권위를 부여하는 집단을 내세워서 집단을 구속한다. (신탁효과에 기입된 폭력을 가장 생생하게 느낄 수 있는 것은 **총회**의 상황에서이다. 총회에서는 보통 권위가 부여된 대변인이, 그리고 위기 시에는 스스로 권위를 부여하는 전문적인 대변인이, 소집된 집단 전체의 이름으로 말한다. 이러한 상황은 전형적으로 **교회적**(*ecclésiales*)이다. 발언의 독점과, 거수투표나 조작된 갈채 같은 **강요된** 만장일치의 기술 때문에, 어긋나는, 불화하는 발언을 생산하는 것이 거의 물리적으로 불가능한 상황에서 우리는 이러한 폭력을 느낀다.)

우리와 나를 오가면서 대변인의 구조적 자기기만을 표현하는 수사학적 전략들, 이 이중게임에 대한 언어학적 분석이 필요할 것 같다. 상징적 영역에서 폭력의 사용은 모양잡기(coups de forme)로 나타난다. 언어학적 분석을 정치비판의 도구로 삼고, 수사학을 상징권력의 과학으로 만들려면 그것을 알아야 한다. 당의 중진인사가 상징폭력을 사용하고자 할 때, 그는 나에서 우리로 넘어간다. 그는 "나는 당신네 사회학자들이 노동자에 대해 공부해야 한다고 생각합니다"라고 말하지 않는다. "당신들이 그래야 한다고 우리는 생각합니다" 아니면 "사회적으로 그것이 요구됩니다"라고 말한다. 수임인의 '나', 수임인의 특수한 이해관심은 집단의 공언된 이해관심 뒤로 숨겨진다. 수임인은, 마르크스가 말했듯이, 자신의 관심을 집단의 관심인 것처럼 하기 위해서 그것을 '보편화'해야 한다. 더 일반적으로는, 추상적 언어의 사용, 정치적 수사학의 거창하고 추상적인 단어들의 사용, 헤겔이 잘 보았듯이, 자코뱅의 공포정치와 광신을 낳은, 추상적 미덕의 미사여구 집착증(로베스피에르의 서한에 나타난 끔찍한 미사여구를 읽어 보아야 한다), 이 모든 것에는 수임인의 주관적, 객관적으로 정당화된 월권의 토대인, 이중의 나(이중의 게임)의 논리가 있다.

나는 민중예술에 대한 논쟁을 예로 들고자 한다(나는 내 말이 잘 전달될 수 있을지 걱정스럽다). 여러분이 알다시피 민중예술, 프롤레타리아 예술, 사회주의적 리얼리즘, 민중문화 등에 대한 반복되는 논쟁이 있다. 사회학이 끼어들었다가 매번 함정에 빠지고 마는, 전형적으로 신학적인 논쟁이다. 왜? 왜냐하면 그것은 내가 조금 전에 설명한 신탁효과의 대표적 영역이기 때문이다. 예컨대 사람들이 사회주의적 리얼리즘이라고 부르는 것은 사실, 정치적 수임인들의 특수한 '나'를 [우리로] 대체하였을 때 전형적으로 나타나는 것이다. 즈다노프적인 '나' ─ 그의 이름을 언급하자면 ─, 즉 질서를 유지하려는, 특히 A급 지식인들을 누르면서 그렇게 하려는 프티부르주아적 B급 지식인들이 스스로를 민중으로 명명하면서 보편화하는 것이다. 사회주의적 리얼리즘에 대한 기초적 분석은 대문자로 시작하는 노동자 등, 극히 추상적인 우의적 도상학(*iconographie allégorique*)에 기초한 형식주의 내지는 아카데미즘 속에 사실 민중적인 것은 전혀 없음을 보여줄 것이다(비록 이 예술이, 매우 피상적으로 사실주의에 대한 민중적 요구에 화답하고 있긴 하지만). 이 형식주의적이고 프티부르주아적 예술—민중을 표현하기는커녕, 벌거벗은, 근육질의, 그을린, 낙관적인, 미래를 향하는 이 '민중'의 형태 속에, 민중에 대한 부정을 담고 있는—이 표현하는 것은 바로 사회철학이다. 현실의 민중에 대한 그의 현실적 공포를 저도 모르게 드러내며, 이상화된 민중, 손에 든 횃불, 대문자로 시작하는 인간성의 불꽃과 자신을 동일시하는, 이 프티부르주아 당 간부의 무의식적 이념 말이다. 민중문화나 그 밖의 것들에 대해서도 같은 논증을 할 수 있을 것이다. 이는 주어가 대체되는 전형적인 예들이다. 성직, 사제, 교회, 그리고 모든 나라의 당 간부(*apparatchik*)는—이것이 바로 니체가 말하려던 것인데—(그의 고유한 지배적 리비도(*libido dominandi*)에 의해 왜곡된) 자신의 세계관으로써, 자신이 대표한다고 간주되는 집단의 세계관을 대체한다. 오늘날 민중은, 다른 시대에 신이 그러했듯이, 사제들의 파벌싸움에 이용되고 있다.

## 상동성과 오인효과

하지만 이제 모든 이중게임 또는 '나'의 이중적 사용15)이 결과적으로 먹혀 들어가는 일이 어떻게 가능한지 자문해야 한다. 수임인의 이중게임이 드러나지 않는 것은 어찌된 일인가? 여기서 우리가 이해해야 하는 것은 대리의 신비의 핵심을 이루는 것, 즉 '정당한 기만'이다. 문제는 헌신적인 대표, 사심 없는 활동가, 희생정신이 충만한 지도자라는 순진한 표상에서 벗어나, 의식적이고 조직적으로 사칭하는 자로서의 내표라는 냉소적 시각으로 옮겨가는 것이 아니다. 이는 사세에 대한 13세기의 시각, 헬베티우스와 홀바흐의 시각으로, 명철해 보이지만 사실은 매우 순진한 것이다. 정당한 기만은 찬탈자가 의식적으로 민중을 속이는 냉소적 계산가가 아니라, 진지하게 자기를 자기가 아닌 다른 무엇으로 착각하는 사람일 때만 성공할 수 있다.

월권과 이중게임은, 이렇게 말해도 좋다면, 완전한 순진성 속에서, 완벽히 진지하게 작동하는데, 그 메커니즘은, 많은 경우에 수임인의 관심이 위임자들〔유권자들〕의 관심과 거시적으로 보았을 때 일치하며, 그래서 수임인은 자신에게 위임자들의 관심 외에는 다른 관심이 없다고 믿을 수 있고, 또 믿게 할 수 있다는 것이다. 이를 설명하려면 약간 복잡한 분석을 거쳐 우회해야 한다. 내가 장(場)이라고 부르는, 어떤 정치적 공간이 있고, 어떤 종교적 공간이 있다. 장이란 하나의 자율적인 우주, 게임의 공간으로서, 그 안에서 일정한 규칙들 아래 게임이 진행된다. 이 규칙들은 이웃의 장에서 진행되는 게임의 규칙들과는 다르다. 게임에 참여하는 사람들은, 그들에게 임무를 부여한 사

---

15) [역주] 원문은 *double jeu ou je*이다. *jeu* (놀이, 노름) 와 *je* (나) 의 발음이 비슷함을 이용한 말장난이다.

람들에 의해 규정되지 않는, 특수한 이해관심들을 갖는다. 정치공간에는 왼쪽과 오른쪽, 지배자들과 피지배자들이 있다. 사회공간 역시 지배자들과 피지배자들, 부자들과 가난한 사람들이 있다. 그리고 이 두 공간은 서로 조응한다. 상동성이 존재하는 것이다. 이것이 의미하는 바는, 대강 이야기하자면, 이 게임에서 왼쪽에 있는 사람 a와 오른쪽에 있는 사람 b의 관계는 또 다른 게임에서 왼쪽에 있는 사람 A와 오른쪽에 있는 사람 B의 관계와 같다는 것이다. a가 특수한 분쟁을 해결하기 위해서 b를 공격하려 할 때, A는 덩달아 그 덕을 보게 된다. 이 수임인들의 특수한 이해관심과 위임자들의 이해관심 간의 구조적 일치는 진지하고 성공적인 대리의 기적의 기초를 이룬다. 위임자들의 이해관심에 열심히 봉사하는 사람들은 그러면서 동시에 자기 자신에게도 봉사하는 것이다. 이것은 그들에게 득이 되며, 득이 된다는 사실은 이것이 작동하는 데 중요하다.

이해관심에 대해 이야기하는 이유는 이 개념이 단절의 기능을 갖기 때문이다. 이 개념은 모든 유형의 사제들의 직업적 이데올로기인, 무사무욕의 이데올로기를 깨부순다. 종교적, 지적, 정치적 게임에 참여하는 사람들의 이해관심은 경제 장에서 게임하는 기업가들의 이해관심과 아무리 다르다 해도, 그보다 덜 절박하지 않다. 이 모든 상징적 이해관심 ― 체면을 잃지 않는 것, 선거구나 교구를 뺏기지 않는 것, 라이벌의 말문을 막는 것, 상대 '계파'를 제압하는 것, 의장이나 회장직을 맡는 것 등 ― 에 봉사하고 복종하다 보면, 행위자들은 그들의 위임자들에게 봉사하게 된다 ― 물론 수임인의 이해관심과 위임자들의 이해관심 사이에 괴리가 생겨서 양자가 갈등하는 경우도 있지만 말이다. 아무튼 모든 게 무작위적으로, 또는 개별적 이해관심들의 순수한 총합의 논리에 따라 진행된다면, 게임 안에서의 위치가 그들에게 강요하는 것을 행하는 데 만족하는 행위자들이, 바로 그 때문에(*eo ipso*),

그에 더하여, 그들이 봉사하도록 되어 있는 사람들이자 그들이 이용하는 사람들에게, 상동성의 존재에 의해, 봉사하게 되는 경우가 아주 빈번하다. 환유의 효과는 당 간부의 특수한 이해관심의 보편화를, 수임인의 관심을 그가 대표하도록 되어 있는 위임자들의 관심으로 간주하는 것을 허용한다. 이 모델의 주요 장점은 수임인들이 냉소적이지 않다는 것(사람들이 흔히 생각하는 것만큼 그렇지는 않다는 것), 그들은 게임에 사로잡혀 있으며, 자신들이 이러저러한 일을 하고 있다고 진지하게 믿는다는 것을 설명한다는 데 있다.

이처럼 수임인과 위임자, 고객과 생산자가 구조적 상동성의 관계 속에 있는 경우는 많다. 지식 장이나 저널리즘 장도 그러한 경우이다. 〈누벨 옵세르바퇴르〉(Nouvel Observateur, 이하 누벨 옵스) 기자와 〈피가로〉(Figaro) 기자의 관계는 〈누벨 옵스〉 독자와 〈피가로〉 독자의 관계와 같다.[16] 〈누벨 옵스〉의 기자가 〈피가로〉의 기자에게 앙갚음을 하면서 기쁨을 느낄 때, 그는 〈누벨 옵스〉의 독자 역시 기쁘게 한다. 그게 그의 의도는 아니었지만 말이다. 이것은 매우 간단한 메커니즘이면서도, 봉사 또는 타산적 굴종으로서, 어떤 기능에 대한 타산적인 복종으로서의 이데올로기적 행위라는 일상적 표상을 반박한다. 〈피가로〉의 기자는 주교단의 삼류작가나 자본주의의 하인 따위가 아니다. 그는 무엇보다 〈누벨 옵스〉나 〈리베라시옹〉(Libération)에 대해 강박관념이 있는 저널리스트이다.

---

16) 〈누벨 옵스〉는 좌파 경향의 주간지이고, 〈피가로〉는 우파 경향의 주간지이다.

## 기구의 대표들

지금까지 나는 수임인과 위임자의 관계에 초점을 맞추었다. 이제 개별 수임인과 전체로서의 수임인들, 즉 고유한 이해관심과, 베버가 말했듯이, '고유한 경향들', 특히 재생산의 경향을 갖고 있는 기구의 관계를 검토할 차례이다. 전체로서의 수임인들, 사제단이나 정당 등이 그 고유한 경향들을 분명하게 드러낼 때, 기구의 이해관심은 기구에 대해 책임을 지기 위해 위임자들의 수임인이 되기를 그친 개별적인 수임인들의 이해관심을 두둔한다. 그리하여 기구에 대한 지식 없이는 수임인들의 속성과 실천을 이해하는 것이 불가능해진다. 관료기구의 근본법칙은, 가진 게 하나도 없고 기구의 바깥에서는 아무것도 아니기에 기구에 모든 것을 바치며 모든 것을 기대하는 자에게, 모든 것을 (특히 기구에 대한 권력을) 준다는 것이다. 더 거칠게 말한다면, 기구는 기구에 가장 집착하는 자에게 가장 집착한다. 왜냐하면 기구가 가장 잘 붙드는 것은 그런 자들이기 때문이다. 지노비에프, 당연하게도 이런 사정을 아주 잘 이해하였던, 하지만 가치판단 속에 갇혀 있었던 그는 이렇게 말했다. "스탈린의 성공원리는 그가 엄청나게 보잘것없는 사람이었다는 데 있다"(*Les hauteurs béantes*, [17] p. 306). 그의 말은 판결문에 가깝다. 그가 언제나 당 간부에 대해 하는 말에는 "극도로 하찮

---

17) [역주] 소련의 지식인이자 작가인 알렉산드르 지노비에프(Alexandre Zinoviev, 1922~2006)의 에세이로, 사회주의의 이상과 거리가 먼 소련의 일상생활을 풍자적으로 묘사하였다. 1976년 소련에서 출판되어 큰 반향을 일으켰으며, 이듬해 프랑스어로 번역되었다(*Les hauteurs béantes*, L'Age d'Homme, 1977). 지노비에프는 이 일을 계기로 교수직을 잃고 추방되어 독일에 정착하였다. 제목은 직역하면 '입을 벌린 고원'이라는 뜻이며, 이상향을 의미하는 '찬란한 고원'의 러시아식 말장난이다.

은, 그리고 그 때문에 대적할 수 없는 힘"(p. 307)이 있다. 이것은 멋진 공식이다. 하지만 조금 틀렸다. 왜냐하면 논쟁적인 의도가 ─ 이 정식화가 매력적인 것은 그 때문이지만 ─ 주어진 현실을 있는 그대로 이해하는 것을(현실을 수용한다는 말은 아니다) 방해하기 때문이다. 도덕적인 분노만 가지고서는, 아무런 독자적 가치가 없는 자들, 카리스마적 직관이 가장 평범하고 바보스럽다고 파악한 자들이 당 기구 안에서 성공한다는 것을 이해하지 못한다. 사실 그들은 가장 평범하기 때문이 아니라, 그들이 기구 밖에서는 가진 게 없기 때문에, 그들에게 기구로부터 자유로워지는 것이나 똑똑한 척하는 것을 허용해 주는 게 하나도 없기 때문에 성공하는 것이다.

그러므로 기구와 어떤 부류의 사람들 사이에는, 우연적이라 할 수 없는, 일종의 구조적 연대가 있다. 이 사람들은 무엇보다 부정적으로 규정된다. 문제의 장에서, 문제의 시점에, 갖고 있으면 유리한 속성들이 하나도 없는 사람들로 말이다. 더 중립적으로 표현하자면, 기구들은 확실한 사람들을 승인한다고 할 수 있다. 하지만 확실하다니, 왜? 왜냐하면 그들에게는 기구와 맞서게 해줄 만한 게 하나도 없기 때문이다. 1950년대의 프랑스 공산당과 '문화혁명' 당시의 중국에서 청년들이 상징적인 파수견 노릇을 하였던 것은 이렇게 해서이다. 청년은 열광, 순진함, 신념 등만을 의미하지 않는다. 사람들은 별생각 없이 청년에게 이런 속성을 부여한다. 하지만 내가 제시하는 모델에 따르면, 청년은 가진 게 없는 자이기도 하다. 그들은 신참자, 아무 자본도 없이 정치 장 안에 들어온 자들이다. 그들은 노장파와의 싸움에서 총알받이로 사용된다. 노장파는 당을 통해서든 자신의 힘으로든 자본을 갖기 시작했고, 이 자본을 당에 이의를 제기하는 데 이용하기 시작한 자들이다. 가진 게 없는 사람은 맹목적이다. 그는 기구가 그에게, 그의 맹목성에 비례하여, 즉 그의 가진 것 없음에 비례하여 많은 것을 줄수록, 기구에 맞설 이유가 적어진다. 1950년대에 겨우 스물다섯 살인 지식인 아무개가 당의 위임을 받고, 직권에 의해(ex officio), 아주 저명한 지식인들만이 가질 수 있을 청중을, 아무 비용도 들이지 않고 가진 것은 이렇게 해서이다.

이 기구의 철칙에, 내가 사무기구효과라고 부르려 하는, 또 하나의 과정이 겹쳐진다. 지금부터 그것을 아주 간략하게 언급할 것이다. 나는 볼셰비키화 과정에 대한 마르크 페로의 분석을 참조하고자 한다. 러시아혁명 초기부터, 모든 사람이 동네 소비에트와 공장위원회, 즉 자발적인 집단들에 참여했고 발언했다. 그 뒤, 상근자가 정해지자, 사람들은 전보다 덜 모이기 시작했다. 상근자와 사무기구로 구체화되는 제도화와 더불어 모든 게 뒤집힌다. 사무기구가 권력을 독점하는 경향을 보임에 따라, 회의에 참석하는 사람의 수도 줄어든다. 회의를 소집하는 것은 사무기구이다. 그리고 참석자들은 한편으로 대표자들의 대표성을 현시하고, 다른 한편으로 그들의 결정을 재가하는 구실을 한다. 평범한 성원들의 역할을 이렇게 축소시킨 뒤에, 상근자들은 그들에게 회의에 더 자주 오지 않는다고 타박한다.

권력이 수임인들의 손에 집중되는 이러한 과정은 위임과정의 이론적 모델이 묘사하는 것의 역사적 실현이다. 사람들이 모이고, 발언한다. 이어 상근자가 정해진다. 그리고 사람들은 덜 모인다. 그다음에 사무기구가 생겨나 특별한 능력을, 그 자신만의 언어를 발전시키기 시작한다. (여기서 연구의 관료주의의 발전을 지적해도 좋을 것이다. 연구자들이 있고, 이들에게 봉사하기로 되어 있는 과학행정가들이 있다. 연구자들은 후자의 관료적 언어 ─ '연구대상에 포함시킨다', '우선권을 준다' 등 ─, 요즘은 관료-민주주의적이 된 언어 ─ '사회적 수요' ─ 를 이해하지 못한다. 그래서 그들은 더 이상 참여하지 않고, 사람들은 그들의 불참을 비난한다. 하지만 어떤 연구자들은 자리를 지킨다. 시간이 많은 사람들이다. 그다음은 우리가 보는 바와 같다.) 상근자는, 그 명칭에 나타나 있다시피, 다른 사람들에게는 부차적이거나, 최소한 부분적인 활동에, 자신의 시간 전체를 바치는 사람이다. 그는 시간이 있다. 그것도 자신을 위한 시간이 있다. 그는 관료적 시간의 흐름 속에, 시간과 에너지를 대량으로 소비하는 반복 속에, 예언자적인, 즉 불연속적인 힘들을 용해시킬 수 있다. 수임인들이 권력을 그러모으고, 위임자들과의 관계의 역설적 전복에 기초한, 특수한 이데올로기 — 위임자들이 기권주의, 무기력, 공동의 이익에 대한 무관심에 빠져 있다고 비난하면서, 그것이 권력이 상근자들에게 집중된 탓이라고는 생각지 않는 — 를 발전시키는 것은 이렇게 해서이다. 모든 상근자들의 꿈은 지지기반도, 지지자도, 운동가도 없는 기구를 만드는 것이다. 그들은 불연속성에 맞서 영속성을 내세운다. 그들에게는 특수한 능력, 고유한 언어, 그들만의 문화, 고유한 역사, 즉 그들의 작은 관심사들의 역사에 기초한 당 간부의 문화가 있다(그람시는 어디선가 이렇게 말했다, 우리에게는 누구도 이해하지 못하는 흐름과 경향의 갈등, 비잔틴적인〔무익한〕논쟁들(*débats byzantins*)이 있다고). 그리고 특수한 사회적 기술이 있다. 이 사람들은 그들에게 문제를 제기하는 유일한 상황, 즉 유권자들과 대결하는 상황을 다루는 전문가들이 된다. 그들은 투표를 박수로 대체하는 등, 총회를 조작하는 방법을 안다. 또한 그들은 그들을 위한 사회적 논리를 갖는다. 왜냐하면, 이것도 논증하려면 길어질 터인데, 사태가 그들에게 유리한 방향으로 돌아가게 하려면 아무것도 하지 않는 것으로 충분하기 때문이다. 그들의 권력은 아무것도 하지 않고, 아무것도 선택하지 않는, 무기력한 선택 속에 존재할 때가 많다.

가치들 간 순위의 이 같은 전복이 핵심적 현상이라는 것을 여러분은 이해했을 것이다. 이러한 전복은 궁극적으로 기회주의를 활동가의 헌신으로 전환하는 것을 가능하게 해 준다. 자리들, 특권들, 그리고 그것을 차지하는 사람들이 있다. 자신들의 이해에 봉사하는 것에 죄책감을 느끼기는커녕, 그들은 자기들이 이 자리를 차지하는 것은 자기들을 위해서가 아니라고, 그것은 당을 위해서이고, 대의를 위해서라고 주장한다. 또한 그들은 그 자리를 지키기 위해, 이미 획득된 자리를 팽개쳐서는 안 된다는 규칙을 상기시킨다. 그들은 심지어 권력 앞에서의 도덕적 망설임을 기권주의나 비난받아 마땅한 일탈로 규정하기도 한다.

말하자면, 기구의 자기 신성화, 기구의 변신론(辯神論)이 존재한다. 기구는 언제나 옳다(개별적인 자아비판은 기구 그 자체가 문제시되는 상황을 막아주는 궁극적 방책이다). 가치들의 순위 전복은 정치적인 것 및 정치적 성직에 대한 자코뱅적 찬양과 더불어, 내가 처음에 말했던 정치적 소외가 인식되지 않게 하고, 그 반대로 정치에 대한 성직자적 시각을 강요하여, 정치게임에 들어가지 않는 사람들이 죄책감을 느낄 지경이 되게 한다. 달리 말하면, 우리는 운동가가 아니라는 것, 정치에 참여하지 않는다는 것이 영원히 속죄해야 할 일종의 과오라는 생각을 너무나 강력하게 내면화하고 있다. 그리하여 최후의 정치적 혁명, 정치적 성직자들에 맞선 혁명, 위임행위에 잠재적인 상태로 기입된 월권에 대항하는 혁명은 여전히 미완성으로 남아 있는 것이다.

# 제 4 장

# 정체성과 재현*

 

지역(*région*)의 개념, 나아가 '종족'(*ethnie*) 또는 '종족성'(*ethnicité*)의 개념('인종'을 대신하는 학술적 완곡어법에 지나지 않지만, 관행적으로 계속 사용되는)을 둘러싼 논쟁들이 빚어내는 혼란의 많은 부분은 다음 사실에서 비롯된다. 즉, 낙인이든 징표이든, 상식적인 범주요소(*catégorème*)[1]를 논리적 비판에 복속시키고, 일상적 판단의 실천적 원리들을 논리적으로 통제되고 경험적으로 근거지어진 과학의 범주들로 교체하려고 애쓰다 보면, 실천적 분류가 언제나 실천적 기능에 종속되어 있으며, 사회적 효과의 생산을 지향한다는 점을 잊고 만다

---

\* "L'identité et la représentation"은 먼저 *Ce que parler veut dire*, pp. 135~148에 실렸다. 이 텍스트는 "L'identité et la représentation: Éléments pour une réflexion critique sur l'idée de Région", in *Actes de la recherché en sciences sociales*, 35(novembre 1980), pp. 63~72를 손질한 것이다.

1) [역주] 카테고렘은 '범주적 표현' 또는 '어떤 대상을 이런저런 범주(카테고리)로 분류하게 하는 속성'을 말한다.

는 사실이다. 또한, 과학적 비판에 가장 많이 노출된 실천적 표상들 (예컨대 오크어의 단일성에 대한 지역주의 운동가들의 주장)은 그 표상들 이 묘사하거나 지시한다고 여겨지는 것을, 다시 말해, 객관주의적 비판이 그 표상들을 허상이나 모순처럼 보이게 하려고 참조하는 객 관적 현실을 생산하는 데 기여할 수 있다는 것이다. 하지만 더 근본적 으로, '지역적'이거나 '종족적'인 정체성의 '객관적' 판단기준을 찾는 사람은 다음 사실을 잊지 말아야 한다. 사회적 실천 속에서 이 기준 들(예를 들면 언어, 방언 또는 악센트)이 정신적 재현의 대상, 즉 행위 자들이 그들의 관심을 투자하고 또 전제들을 투어하는, 지가과 평 가, 인식과 인정행위의 대상이자, 사물(징표, 깃발, 표지판 등), 행 위, 또는 전략(이 속성들 및 그 속성들의 소유자에 대한 타인들의 표상을 결정하고자 하는, 계산된 상징조작의 전략들) 속에서의 객관적 재현의 대상이라는 사실이 그것이다. 바꾸어 말하면, 객관주의적 민족학자 또는 사회학자가 목록화하는 특성들과 기준들은, 그것들이 실천 속 에 있을 때 그대로 포착되고 평가된다면, 표식으로, 징표나 낙인으 로 작용할 뿐 아니라, 권력으로도 작용한다. 그렇기 때문에, 그리고 실천적으로 이를 무시할 수 있는 사회적 주체는 없기 때문에, (객관 적으로) 상징적인 속성들은, 아무리 부정적이라 해도, 그 소유자의 물질적 관심뿐 아니라 상징적 관심에 따라 전략적으로 이용된다.[2]

---

2) 상징 경제를 올바르게 사고하는 일의 어려움은 예를 들면, 이런 경우에 법칙이 되 다시피 한 문화적 관념론을 용케 피하면서 '종족적' 특성들의 전략적 조작에 주목하 는 패터슨 같은 저자가, 이 전략들의 근원에 있다고 여겨지는 관심을 좁은 의미의 경제적 관심으로 환원한다는 사실에서 볼 수 있다(O. Patterson, "Context and Choice in Ethnic Allegiance: A Theoretical Framework and Caribbean Case Study", in *Ethnicity, Theory and Experience*, ed. by N. Glazer et D. P. Moynihan(Harvard University Press, Cambridge, Mass., 1975), pp. 305~ 349). 분류투쟁 속에서 상징적 이익의 극대화 원리를 따르는 것들은 이렇게 해서

'지역적' 또는 '종족적' 정체성을 정의하기 위한 투쟁이라는 이 특수한 형태의 분류투쟁을 이해하려면, 표상과 현실 간의 대립, 자생적 사회학의 선관념들(*prénotions*)과 단절하기 위해 과학이 우선 작동시켜야 하는 이 대립을 뛰어넘어야 하며, 현실적인 것에 현실적인 것의 표상을, 좀더 정확히 말해 표상들의 투쟁을 포함시켜야 한다. 여기서 (표상으로 번역된) *représentation*은 마음속의 이미지라는 의미에서뿐 아니라, 이 이미지를 조작하기 위한 사회적 시위라는 의미에서(나아가 마음속의 표상을 수정하기 위해 시위들을 조직하는 일을 대표에게 위임한다는 의미에서) 사용된 것이다.

 지역적, 종족적 정체성과 관련된 투쟁, 다시 말해, 출신지역을 경유하여 출신과 연결되는 속성들(스티그마 또는 엠블럼) 및 이와 연관된 표식들(예컨대 악센트)을 둘러싼 투쟁은 분류투쟁의 특수한 사례이다. 분류투쟁은 보게 하고, 믿게 하며, 인식시키고, 인정하게 하며, 사회세계의 구분들의 규범적 규정을 강요하며, 이를 통해 집단들을 만들거나 해체하는 권력을 독점하려는 투쟁이다. 이 투쟁의 목표물은 실로, 분할(*di-vision*)의 원리들을 통해 사회세계에 대한 시각(*vision*)을 강요하는 권력이다. 집단 전체에 강요되면서 의미와 의미에 대한 합의를 만드는 원리들, 특히 집단의 통일성과 정체성에 대한 합의를 만들고 그리하여 집단의 정체성과 통일성을 현실로 바꾸어 놓는 원리들 말이다. 〔지역을 의미하는 프랑스어 단어인〕 *région*(*regio*)의 어원학적 탐구는, 에밀 벤베니스트가 보여주었듯이, 분할이라는 주술적 행위, 즉 진정으로 사회적인 행위의 원천으로, 자연적인 연속성 속에 법령에 의해 (성, 연령, 지역 등) 자의적인 불연속성을 도입하는 결정(*diacrisis*)의 원천으로 인도한다. 레제레 피네스(*Regere fines*)[3]는 '직선으로 경계선

---

모두 무시되고 만다.

을 그어' '내부와 외부, 신성한 왕국과 세속적 왕국, 자국의 영토와 타
국의 영토'를 분리하는 행위를 말한다. 이 종교적 행위를 수행하는 자
는 최고의 권위를 부여받은 자, 즉 신성한 금긋기(regere sacra) 을 맡은
왕(rex) 이다. 왕은 규칙들을 정해서 그 규칙들이 명하는 바가 존재하
도록 하고, 권위를 가지고 말하며, 집행하는 발언을 통하여, 언급되
는 대상을 존재로 호출한다는 의미에서 예언하고(pré-dire), 고지되는
미래가 도래하도록 만드는 일을 맡는다. 4) 레지오(Regio) 와 그 경계선
들(fines) 은 금을 그어 나라의, 영토의 둘레를 표시하고, 영토와 국경
에 대한 정당한, 인지되고 인정된 정의(끝, 경계 등을 뜻하는 라틴어
finis에는 정의(定義) 라는 의미도 있다) 를 부과하는, 다시 말해 사회세계
에 대한 정당한 구분(di-vision) 원리를 부과하는 권위적 행위의 죽은
흔적에 지나지 않는다. 법적 효력을 갖는 진리를 권위로서 확증하는
이 법적 행위는, 모든 상징권력이 그렇듯이 인정을 토대로 삼고서 언
표의 대상을 실존하게 하는, 인지의 행위이기도 하다(벤베니스트가 상
기시켰듯이, 아욱토리타스(auctoritas) 는 아욱토르(auctor) 5) 에게 부여된 생
산능력을 말한다 6)). 아욱토르(auctor) 는 존재하는 것에 대해 권위를
가지고 말하는 것만으로도, 존재에 대해 언표하는 것만으로도, 존재
에 변화를 가져온다. 사물이나 사태에 대해 권위를 가지고 말하는 것,

---

3) [역주] regere는 '지배하다', fines는 '경계선'의 의미를 지닌 라틴어이다. 벤베니스트
   에 따르면 왕을 뜻하는 라틴어 rex는 regere에서 왔는데, (법적, 종교적 행위로서
   의) '경계선을 긋는 행위'를 가리킬 때도 regere라는 단어가 사용된다(regere fines).
   이는 왕은 '경계선을 긋는 사람'임을 시사한다.

4) É. Benveniste, Le vocabulaire des institutions indoeuropéennes, II, "Pouvoir, droit,
   religion"(Paris, Éd. de Minuit, 1969), pp. 14~15(예언는 권력으로서의
   krainein에 대해서는 p. 41을 참조할 것).

5) [역주] auctoritas와 auctor는 각각 authority와 author의 어원이다.

6) É. Benveniste, op. cit., pp. 150~151.

즉 모든 사람 앞에서, 모두의 이름으로, 공개적이며 공식적으로, 말하는 것 자체를 통해, 그는 그것을 자의성에서 끌어내어 재가하고 절대화하며 공인한다. 그리고 그것을 존재할 자격이 있는 것, 사물들의 본성에 부합하는 것, '자연스러운' 것으로서 존재하도록 한다.

'자연적' 경계선들로 나뉜 '자연적' 지역들의 '자연적' 분류를 위한 기준이 존재한다고 주장할 사람은 오늘날 아무도 없다. 경계선은 어느 정도 '현실'에 근거한 구분의 산물일 따름이다. 이 구분이 어느 정도로 현실에 근거하느냐는 그것이 규합하는 요소들이 얼마나 많은 부분에서 얼마나 서로 비슷한가에 달려 있다(분류학이 유사하다고 간주하는, 동일하지 않은 요소들 사이의 변이의 한계에 대해서 여전히 토론이 필요한 것은 물론이다). 생각할 수 있는 다양한 기준들(언어, 주거형태, 경작법 등)에 따라 오려낸 '지역들'의 윤곽이 결코 완벽하게 일치하지 않는다는 관찰에 우리는 모두 동의한다. 게다가 '현실'은 이 끝에서 저 끝까지 사회적이다. 그리고 가장 '자연스러운' 분류의 토대가 되는 특징들은 조금도 자연적이지 않으며, 커다란 부분에서 자의적 부과의 산물이다. 다시 말해 정당한 경계설정을 위한 투쟁의 장에서 과거의 세력관계가 어떠했는가에 따라 달라지는 것이다. 경계선이라는, 이 법적 구획행위의 산물은, 그 자체가 문화적 차이의 산물인 것만큼, 문화적 차이를 만들어낸다. 역사가 만들어 놓은 것을 정치적 의지가 어떻게 해체할 수 있는지 보고 싶다면, 학교제도가 언어에 미친 영향을 생각해 보는 것으로 충분하다.[7] 그러므로 현실 속에 가장 잘 자리 잡고 있

---

7) 문화적 차이는 아마 누적적인 차이화의 역사적 변증법에서 생겨날 것이다. 폴 브와가 선거지리학의 예측을 뛰어넘는 정치적 선택을 하는 서부 농민들의 사례에서 보여주었듯이, 지역을 만드는 것은 공간이 아니라 시간, 즉 역사이다(P. Bois, *Paysans de l'ouest, Des structures économiques et sociales aux options politiques depuis l'époque révolutionnaire*(Paris La Haye, Mouton, 1960)). 유사한 논증을 베르베르

는 기준들을 제공한다고 자부하는 과학은 자신이 그저 분류투쟁의 어떤 상태를 기록하고 있다는 것을 잊지 말아야 한다. 즉, 이런저런 분류방식에 이해관계를 갖는 사람들, 그리고 자기들이 강제하려는 자의적인 분할의 근거로서 현실과 이성을 내세우기 위해, 과학적 권위에 호소하길 좋아하는 사람들 간의, 물질적이고 상징적인 세력관계의 상태를 기록한다는 것을 말이다.

지역주의 담론은 수행적 담론이다. 그것은 경계선을 새롭게 규정하고, 이렇게 구획된 지역을 지배적이며 잘못 알려진, 즉 인정되고 정당화된 정의(定義)에 대항하여, 인지시키고 인정하게 하려고 한다. 범주화 행위는, 인정된 권력에 의해 수행되었거나, 인정을 얻는 데 성공했을 때, 스스로 어떤 권력을 행사한다. '종족적'이거나 '지역적' 범주들은 친족의 범주들과 마찬가지로, 담론 속에서의 객관화를 통해 행사되는, 폭로의 권력과 구성의 권력을 사용하여, 하나의 현실을 확립한다. (오크어는 아주 많은 수의 다양한 말하기들의 총합에 지나지 않기 때문에, 엄밀히 말해서 존재하지 않는데도) 이 언어를 사용하는 사람들을 '옥시탕'(Occitans)이라 부르고, 그들이 사용하는 언어를 '옥시탕'(occitan) 8)

---

어 사용 '지역'들에 대해서도 할 수 있을 것이다. 이 지역들은, 상이한 역사를 거치면서 아랍어 사용 '지역들'과 크게 달라져서, 식민당국은 상이한 정책을 적용해야 했다(예를 들면 교육분야에서). 그리하여 처음에 상이한 정책을 적용하는 데 구실로 사용되었던 차이들이 더욱 강화되었고, 새로운 차이들도 생겨났다(예를 들면 프랑스로의 이민과 관련하여). 지리학자들이 중요하게 생각하는 '경관'이나 '토양'에 이르기까지, 역사적 유산이 아닌 게 없다. 다시 말해 사회적 결정인자들의 역사적 산물이 아닌 것이 없다(cf. C. Reboul, "Déterminants sociaux de la fertilité des sols"〔토양의 비옥도를 결정하는 사회적 요인들〕, Actes de la recherché en sciences sociales, 17-18(nov. 1977), pp. 85~112. 같은 논리의 연장선상에서, '경관' 개념의 순진한 '자연주의적' 사용에 반대하면서, '사막화' 과정에 사회적 요인들이 어떤 기여를 하는지 분석할 필요가 있다).

8) 'occitan'이라는 형용사, 하물며 'Occitanie'라는 명사는 오크어(langue d'oc)를 링구

〔오크어〕이라고 하며, 이 언어의 사용지역(물리적 공간의 의미에서)을 '옥시타니'(Occitanie)로 명명하여 그것을 '지역' 또는 '나라'로서 존재하게 만들려고 애쓰는 것은 아무 효과가 없는 허구가 아니다.[9] 명명된 사물을 존재로 생산하고자 하는 사회적 주술행위는, 그것을 수행하는 사람이 자신의 말 속에서, 사회세계에 대한 새로운 시각과 새로운 구분을 강제하는 권력, 잠정적이거나 확정적인 참칭을 통해 찬탈한 권력을 느끼게 할 수 있다면, 성공가능하다. *Regere fines, regere sacra*, 새로운 경계를 신성화하기. 언표되는 것을, 바로 언표의 행위 속에 도래하게 한다고 주장하는 수행적 담론의 효력은 언표하는 자의 권위에 비례한다. 바로 그 때문에(*eo ipso*), "당신이 떠나는 것을 허락합니다"라는 문장은 그것을 입 밖에 내는 사람이 허가하도록 허가받았을 때만, 허가하기 위한 권위가 있을 때만 하나의 허가이다. 하지만 담론 속에서 객관화된다는 사실이 행사하는 인식효과가 단지 그 담론을 펼치는 사람에게 인정이 주어지느냐에 달려 있는 것은 아니다. 그것은 집단에 정체성을 통보하는 담론이 어느 정도까지 그것이 말을 거는 집단의 객관성 속에 기초하고 있느냐에 달려 있기도 하다. 다시 말해 그것은 그 담론이 어느 정도까지 집단에 대한 성원들의 인정과 신뢰에, 그리고 그들이 공유하는 문화적이고 경제적인 속성들에 기초하느냐에 달려 있다. 왜냐하면 이 속성들 간의 관계는 결정된 적절성 원리[10]의 함수

---

아 옥시타나(*lingua occitana*)로 라틴화함으로써 만들어진 학술어이자 신조어로서, 최소한 당분간은 종이 위에서만 존재하는 학술적 실재를 지칭하는 것을 목적으로 삼는다.

[9] 사실 이 언어는 그 자체가 차이에 대한 고의적 무관심을 조건으로 발명된, 사회적 인공물(*artefact*)로서, 유일한 규범의 자의적 강제 — 바로 지역주의의 비판대상이었던 — 를 '지역'의 수준에서 재생산한다. 이 언어가 언어적 실천의 현실적 원리가 되려면 프랑스어의 일반적 사용을 강제할 때와 유사한 체계적 주입이 필요할 것이다.

로서만 나타나기 때문이다. 어떤 집단을 집단으로서 존재하게 만드는 것이 관건일 때, 이 집단에 대한 권력은 불가피하게 집단을 만드는 권력이기도 하다. 즉, 그것은 집단에 공통된 지각과 구분의 원리들을 강요하면서, 그러니까 집단의 자기동일성에 대한 단일한 시각 및 그 단일성에 대한 동일한 시각을 강요하면서 집단을 만드는 권력이다. 11) 동일성[정체성]이라는, 이 근본적으로 타인의 인정에 의해 존재하는 인식된 존재를 위한 투쟁이 지각 및 지각의 범주들의 강제를 둘러싸고 벌어진다는 사실은, 예술운동에서 선언(*manifeste*)의 전략이 그러하듯이, 모든 지역주의 운동, 또는 민족주의 운동에서 시위의 **변증법**(*dialectique de la manifestation*)이 결정적 위치를 차지하는 이유를 설명한다. 12) 단어들의 거의 주술적인 권력은, 만인 앞에서의 공적 명명을 통해 완성되는 객관화와 공식화가 특수주의의 근원에 있는 특수성을 사유되지 않은 것, 나아가 사유할 수 없는 것으로부터 끌어낸다는 사실에서 나온다(이름 붙일 수 없는 '사투리'가 공적으로 말해질 수 있는 언어로

---

10) [역주] *principe de pertinence*. 영어로는 *principle of relevance*. 스퍼버(Dan Sperber)와 윌슨(Deirdre Wilson)은 화용론의 관점에서 의사소통을 설명하면서, 의사소통은 (약호화와 해독을 통해서가 아니라) 함축된 정보에 대한 추론을 통해 이뤄지며, 말하는 사람이 의미하는 바를 파악하기 위해서 듣는 사람은 자신이 가진 정보 중에서 그 대화에 가장 관련 있는 것을 선택한다고 주장한다. 이것을 적절성 원리(또는 관련성 원리)라고 한다.

11) 공화주의적 학교의 창설자들은 '국어'의 강요를 통하여 공통된 지각과 평가의 범주 체계를 주입함으로써 사회세계에 대한 통일된 시각의 토대를 마련하는 것을 공공연한 목표로 삼았다.

12) 도처에서 확인되는, 지역주의 운동과 페미니스트 운동(또한 생태주의 운동)의 연관성은, 상징적 지배형식들에 대항하면서 그 운동들이 인텔리겐치아나 신흥 프티 부르주아에게서 나타나는 도덕적 성향과 문화적 역량을 전제한다는 사실(이는 이 운동들이 채택하는 전략들 속에서 볼 수 있다)에서 비롯된다(cf. P. Bourdieu, *La Distinction*(Paris, Éditions de Minuit, 1979), spéct. pp. 405~431).

스스로를 확립할 때가 그런 경우이다). 그리고 공식화는 시위라는, 전형적으로 주술적인 행위(그렇다고 효력이 없다는 뜻은 아니다) 속에서 완성된다. 실천적인, 잠재적인, 무시된, 부정된, 억압된 집단이, 시위를 통해서, 남들에게나 스스로에게나 가시적인, 눈에 띄는 집단으로 바뀌며, 인지되고 인정된, 제도화를 주장하는 집단으로서 자신의 존재를 확인한다. 사회세계 역시 표상이자 의지이다. 그리고 사회적으로 존재한다는 것은 인지된다는 것, 각별하게 인지된다는 것이다.

사실 우리는 양자택일을 할 필요가 없다. 표상들을(또는 대표들을) '현실'과 대조하면서, 그것들이 암시의 고유한 효력을 빌려 자신이 재현/대표하는 것을 도래하게 할 수 있다는 점을 망각하는 객관주의적 판정을 선택하든지, 아니면 재현/대표를 특권화하면서, 활동가들을 현실의 재현에서 재현의 현실로 옮겨가게 하는 주관주의적 참여(이는 사회학적으로 덧칠된 오류를 과학의 영토에 머무르도록 허락한다)를 선택하든지, 둘 중 하나여야만 하는 건 아니라는 뜻이다. 주관주의와 객관주의의 대립은 과학을 분열시키면서, 과학이 '현실'을 사회세계의 특수한 논리로, 또는 '현실'을 정의하기 위한 영구적인 투쟁의 무대로 이해하는 것을 방해한다. 이 양자택일에서 벗어나려면 우리는 그것을, 즉 주관주의와 객관주의의 객관적 토대를 과학적 탐구의 대상으로 삼아야 한다. 우리는 설립/임명된 것을 — 그것이 존재하는 것을 존재하게 하기 위한, 또는 '실재하지 않게' 하기 위한 투쟁의, 주어진 순간의 결과물에 지나지 않는다는 것을 잊지 않으면서 — 파악해야 하며, 동시에 표상들, 또는 언표되는 것을 도래하게 한다고 주장하는 수행적 언표들을 파악해야 한다. 객관적 구조들과 이 구조들에 대한 관계를 (이 관계를 변형시키겠노라는 주장부터 시작하여) 복원하는 것, 이는 '현실'을 더 완벽하게 설명하는 수단을 얻는 것이며, 그것이 품고 있는 잠재성을, 더 정확히 말해 현실이 다양한 주관적 주장들에 제공하는 객관적 기회들을, 더 정확하게 이해하고 예견하는 수단을 얻는 것이다.

과학적 담론은, 그것이 객관화하려고 애쓰는 분류투쟁 속에서 반복될 때 — 과학적 담론의 통속화(*divulgation*)[13]를 금지한다면 모를까, 이러한 사용을 막기란 어려워 보인다 — , 분류투쟁의 현실 속에서 작동하기 시작한다. 그리하여 독자 자신이 그것이 묘사하는 현실과 맺는 관계가 비판적이냐 동조적이냐에 따라, 비판 또는 공모로 나타나고 만다. 보여준다는 단순한 사실이 손가락질하는, 블랙리스트에 올리는, 고발하는(*kategoresthai*) 효과를 낼 수 있는 것은, 아니면 그 반대로 강조하고 가치를 부각시키는 효과를 낼 수 있는 것은 이렇게 해서이다. 이는 '지역'이나 '종족'으로 분류하는 것뿐 아니라 계급으로 분류하는 것에도 해당된다. 과학 장에서 전개되는, 정당한 구분원리를 둘러싼 투쟁과 사회적 장에서의 투쟁(이 투쟁은 고유한 논리에 의해 지식인들에게 더 큰 무게를 부여한다)의 관계를 완전하게 설명할 필요성이 여기서 생겨난다. 어떤 지역, 어떤 종족, 또는 어떤 사회계급의, 현실적이거나 예측가능한, 잠재적이고 현재적인 실존에 대해 '객관성'을 요구하는, 그리하여 동시에 '당파적인' 재현/대표 안에서 스스로를 확인하는 임명에 대한 요구에 대해서도 완전하게 설명하는 입장은 모두, 리얼리즘의 보증서, 또는 유토피아주의의 기소장이 되면서, 이 사회적 실체가 존재의 상태에 접근할 수 있는 객관적 기회들을 결정하는 데 기여한다.[14] 구분과 구분에 대한 시각의 특정한 상태를 공

---

13) [역주] 누수, 즉 일반인들에게로 흘러들어가는 현상을 뜻한다.

14) 이른바 사회학적 생산에서 큰 자리를 차지하는 두 장르는 사회계급에 대한 정전적 텍스트들의 강요된 암송이거나, 한 단계 높은 야심 속에서, 조금 덜 고전적인 스타일로 표현되는, '새로운 계급들'과 '새로운 투쟁들'의 도래에 대한(또는 '오래된 계급들'과 '낡은' 투쟁들의 불가피한 몰락에 대한) 예언이다. 이 두 장르가 사회학자의 야

인하는 과학적 담론은, 인식과 인정을 위한 상징적 투쟁에서 이른바 '객관적인' 기준들, 학자들이 아는 바로 그 기준들이 무기로 사용될수록, 피할 수 없는 상징적 효력을 발휘한다. 이 기준들은 현실적 통일성이나 통일성에 대한 신념을 (집단의 안에서든 밖에서든) 생산하기 위한 상징적 동원행위의 토대에 있는 특징들을 지시한다. 통일성에 대한 신념은, 특히 (학교나 군대에서 그러듯이) 정당한 정체성을 강요하고 주입하는 행동을 매개로, 결국 현실적 통일성을 낳는 경향이 있다. 한마디로, 아무리 '중립적인' 과학의 평결이라도 과학의 대상을 변형하는 데 기여한다. 지역적이거나 민족적인 문제가 객관적으로 사회현실 속에 제기되는 순간, 그것이 (상징적이든 아니든, ─ 그 자체가 인정을 함축하는 ─ 반격을 끌어내기 위해, 도발과 증언이라는 고유하게 상징적인 전략을 구사하면서 자신의 약함을 이용할 수 있는) 행동하는 소수에 의해서라고 하더라도, 그 지역에 대한 모든 언표는 하나의 주장으로 기능하면서, 이 지역이 인정에 접근하고, 그리하여 존재의 수준에 접근하는 것을 돕거나 방해한다.

(조상, 영토, 언어, 종교, 경제활동 따위의) 이른바 '객관적인' 속성들뿐 아니라, (소속감 같은) '주관적인' 속성들, 다시 말해 사회적 행위자들이 현실에 있는 구분들에 대해 갖게 되는 표상들, 구분들의 현실에 기여하는 이 표상들 역시 적절한 기준들의 체계에 집어넣어야 하느냐 하는, 학계를 분열시키는 질문만큼 순수하지 못한 것은 없다. 15) 연구

---

심 속에 기입된, 뒤메질(Dumézil) 유의 검열(censor)의 주술적 권위(auctoritas)에 대한 요구를 강박적으로 표명하는 게 아니라면, 어떻게 그것들을 이해해야 하는가?

15) '주관적' 기준들에 대해 '학자들'이 자생적으로 거부감을 갖는 이유는 자세히 분석할 가치가 있다. 우선 손가락으로 가리키거나 건드릴 수 없는 것은 모두 무시하려는 순진한 실재론이 있다. 또 물질적인 존재조건 속에 가시적으로 기입된 것이 아니면, 사회적 행동을 결정하는 다른 어떤 요인들도 인정하지 않으려는 경제주의가 있

자들은, 그들의 특수한 관심과 그들이 받은 교육 때문에, 모든 판단에 대한 심판관이자 모든 기준에 대한 비판자가 되고 싶어 하는 경향이 있는데, 그럴 때 그들은 표상의 사회적 힘이 반드시 그 참값(주어진 순간에 표상들이 어느 정도로 물질적 힘의 관계를 표현하느냐로 측정되는)에 비례하지는 않는 투쟁의 고유한 논리를 이해하려 들지 않는다. 사실, 미리보기로서의 이 '과학적' 신화들은 그 동원효과를 통해, 고유한 실현조건들을 창조하고, 집단적 믿음을 강제하게 될 때, 고유한 방식으로 스스로를 검증할 수 있다. 하지만 연구자들이 관찰자의 거리를 포기하고, 사회적 효과들과 기초들을 묘사하는 문제에 관한 신념을 생산하는 것 이상을 하지 못하는 담론 속에서 행위자들의 표상을 고려할 때, 그들은 한계에 부딪친다. 사회학자들이 그들 자신의 실천을 사회학적 비판에 부치지 않은 지 오래인 만큼, 대상에 대한 가능한 관계의 양 극단, 즉 객관주의와 주관주의 사이에서 그들의 지향은, 자기 분야의 사회적 위계 안에서의 위치(즉, —지역 및 지역주의와 관련하여 특히 중요한 변수인 — 사회적으로 위계화된 지리적 공간 안에서 그들이 차지하는 중심적이거나 주변적인 위치와 부합하는, 그들의 규약상의 능력)나 기술적 위계 안에서의 위치 같은, 사회적 요인들에 의해 결정된다. 정통이론 수호자들의 독단주의와 운동에 참여하는 전도사들의 자생주의같이, 극히 상반되는 '인식론적' 전략은, 과학적 작업의 요구들 혹은 그런 요

---

다. 표면적인 '가치중립성'에 집착하는 이해관심도 있는데, 이는 품위에 어긋나는 관념이나 질문들을 '학술적인' 담론에서 배제하며, '학자'와 활동가 사이에 차이를 만들곤 한다. 마지막으로, 무엇보다, 과학적인 명예의 문제가 있는데, 이는 연구자들로 하여금 — 그들이 자신의 과학과 지위에 대해 확신하지 못한다면 더욱더 — 상식적인 표상들과 단절한다는 표시를 자꾸 만들게 하면서, 그들을 공통된 재현의 현실이 현실에 대한 과학적 재현 속으로 들어가는 것을 막는, 환원주의적 객관주의로 몰아넣는다.

구들 중에서도 (정전적 텍스트의 인용처럼) 가장 명백하고 교과서적인 것들을 충족시킬 수 없거나 충족시키고 싶지 않을 때, 권위(*auctoritas*)에 대한 열망을 거부하지 않으면서도, 이러한 요구들을 피하는 방법을 제공한다는 공통점을 가질 수 있는 것이다. 하지만 사회학자들은 또한, 대상에 대한 직접적으로 경험된 관계에 따라, 주관주의와 객관주의, 비난과 찬양, 신비화되고 신비화하는 공모와 환원주의적 탈신비화 사이에서 균형을 취할 수 있다. 이는 그들이 객관적으로 문제적인 것을, 다시 말해 지역과 지역주의가 걸려 있는 투쟁의 장의 구조를, 객관화하지 않고 수용하기 때문이며, 또 지역주의 운동의 방향을 이야기하거나 그 미래를 예언해 줄 수 있는 잣대들에 대한 논쟁에 뛰어들면서도, 바로 그 운동방향의 결정 및 그 방향을 결정할 수 있는 잣대들에 미치는 투쟁논리에 대해(그것은 지역적인가 국민적인가, 진보적인가 퇴행적인가, 우파냐 좌파냐 등) 묻지 않기 때문이다.

한마디로, 문제는 여기서도, 객관적 기준에 대한 '탈신비화하는' 기록과, 의지와 표상에 대한 신비화되고 신비화하는 승인이라는 양자택일을 피해서, 현실 속에서 총체적으로 움직이는 것을 총체로서 파악하는 것이다. 객관적 분류들, 다시 말해 (법적 경계선처럼) 때로는 제도적 형태로, 객관화되거나 내면화된 분류들과, 이 분류들에 대한, 특히 (지역주의적 권리주장처럼) 행위자들이 그들의 물질적, 상징적 이해관심에 따라 이용하고 보존하거나 변형하고자 할 때의, 개별적이거나 집합적인 전략들에 대한, 실천적인, 작동되거나 재현된 관계들을 한꺼번에 파악하는 것, 아니면 또, 물질적이거나 상징적인 객관적 세력관계들과, 행위자들이 이 객관적 관계 안에서 다른 행위자들을 분류하고, 자신의 위치를 평가할 때, 그리고 동시에, 타인들이 그들에게 부과하는 분류와 (그들 자신에 대한) 표상들에 맞선, 자기표현과 자기 재현의 상징적 전략들을 평가할 때의, 실천적인(다시 말해 암묵적이

고, 혼란스러우며, 어느 정도 모순적인) 틀을 한꺼번에 파악하는 것이 중요하다. 16)

한마디로, 경계를 다스리고(*regere fines*) 신성한 것을 다스리는(*regere sacra*) 제왕적 권리, 통합과 분리를 명령하는 입법적(*nomothétique*) 17) 권력을 부여받은 '왕립과학'이라는 허상을 내쫓을 때만, 과학은 신성화된 경계선들을 다스리는 권력, 즉 세계관에 대한, 거의 신적인 권력을 두고 다투는 게임, 그 권력을 (견디는 게 아니라) 휘두른다고 주장하는 사람에게는 신비화하거나 탈신비화하는 것 외에 다른 선택이 없는 게임을 연구대상으로 삼을 수 있을 것이다.

---

16) 민족문제 또는 지역문제에 대한 마르크스주의적 연구는 아마도 처음부터 (순진한 진화론을 발판으로 삼는) 국제주의적 유토피아주의와 경제주의의 결합효과에 의해 벽에 부딪쳤다. 실천으로 바뀐 '과학'(진정한 과학을, 그리고 과학과 실천의 관계에 대한 과학을 결여한 과학)의 평결들을 미리 결정하곤 하는, 그때그때의 전략적 관심의 효과는 차치하고라도 말이다. 이런 요소들 전체의 효력은 특히, 전형적으로 수행적인, 하지만 너무 자주 사실들에 의해 반박당하는, 민족적 또는 '종족적'(*ethnique*) 연대에 대한 계급적 연대의 우위라는 테제에서 잘 나타난다. 하지만 (공간적 관계 또는 사회적이고 계보학적 관계의 우위라는 테제와 같은 자격으로, 역사를 관통하는) 이 문제를 역사화할 수 없는 무능력과, 부단히 확언되는, '생존가능한 민족들'을 지명한다는, 또는 민족적 정체성의, 과학적으로 유효한 기준들을 생산한다는 이론주의적 공언은〔cf. G. Haupt, M. Lowy, C. Weill, *Les marxistes et la question nationale* (Paris, Maspero, 1974)〕 다스리고 이끌려는 제왕적 의도가 어느 정도로 경계들과 한계들에 대한 왕립과학의 방향을 결정하느냐에 직접적으로 달려 있는 것처럼 보인다. 스탈린이 민족에 대한 가장 본질주의적이고 도그마적인 '정의'를 내렸던 것은 우연이 아니다.

17) [역주] 이 단어의 어근 *nomothète*는 고대 그리스의 입법위원회 회원을 가리킨다.

# 제 5 장

# 사회공간과 '계급'의 기원*

사회공간 이론의 축조는 마르크스주의 이론과 일련의 단절을 전제한다.[1] 관계 대신에 본질 — 여기서는 실제의 집단들이 되겠는데, 마르크스주의는 이 집단들의 숫자, 경계, 그리고 그 구성원들을 정의한다고 자처한다 — 을 특권화하는 경향과의 단절, 그리고 학자들이 구성한 이론적 계급을 현실적 계급, 즉 실제로 동원되는 집단으로 착각하는 지성주의적 환상과의 단절. 다차원적 공간인 사회적 장을 경제적 장으로, 사회적 위치들과 조응하도록 구성된 경제적 생산관계로 환원하는 경제주의와의 단절, 그리고 마지막으로 주지주의(intellectualism)와 짝을 이루는 객관주의와의 단절. 객관주의는 사회세계에 대한 표상 자

---

* "사회공간과 '계급'의 기원"은 *Actes de la recherche en sciences sociales*, 52-53 (juin 1984), pp. 3~12에 실린 바 있다.

1) 1984년 2월 프랑크푸르트대학에서 열린 Vorlesungen zu den Geistes- und Sozialwissenschaften의 틀 안에서 이 텍스트의 축약된 형태가 발표되었다.

체를 둘러싸고 다양한 장에서 벌어지는 상징적 투쟁, 특히 상이한 장들 간의 위계 및 이 장들 각각의 내부적 위계를 무시하는 경향이 있다.

## 사회공간

사회학은 우선 사회위상학(*topologie sociale*)으로 나타난다. 사회세계는 분화의 원리들 또는 분배의 원리들을 기반으로 건축된 (다차원적인) 공간의 형식으로 표현될 수 있다. 이 원리들을 구성하는 것은 문제의 사회적 소우주 안에서 작용하는 속성들 전체, 즉 그 소유자에게 이 소우주 안에서 힘 또는 권력을 부여하는 속성들 전체이다. 행위자들 및 행위자 집단들은 이리하여 이 공간 안에서 그들의 상대적 위치에 의해 정의된다. 그들 각자는 어떤 위치 또는 이웃한 위치들의 분명한 집합에 (즉, 공간 속의 정해진 구역에) 박혀 있다. 이 공간을 건축하는 데 이용된 속성들이 활성적인 한, 이 공간은 힘들의 장으로 묘사될 수 있다. 다시 말해 그것은 이 공간에 들어오는 사람들 누구에게나 부과되며, 개별적 행위자의 의도나 행위자들 간의 직접적 상호작용으로 환원될 수 없는 객관적 힘들의 총체로 묘사될 수 있다.[2]

사회공간의 건축원리로서 채택된 활성적인 속성들은 다양한 장에서 통용되는 다양한 종류의 권력 또는 자본이다. 물질적 자산의 형태를 띠고

---

2) 실제로는 현실적 교환과 상호작용을 연구하면서도, 사람들은 자신이 본질주의와 단절하고 관계적인 사고를 도입한다고 상상할 수 있다(사실, 실질적인 경쟁이 그렇듯이, 직접적인 접촉 및 상호작용 ─ 근접성 ─ 과 연계된 실질적인 연대는 이론적 공간에서 근접성에 기초한 연대를 구축하는 데 장애물이 될 수 있다).

객관화된 상태로 존재하거나, 문화자본의 경우처럼, 몸에 새겨진 상태로 존재할 수 있으며, 법적인 보장을 받기도 하는 자본은, (주어진 시점에) 어떤 장에서 작용하는 권력으로서 나타난다. 좀더 정확히 말하면, 과거의 노동으로 축적된 산물에(특히 생산도구의 총체에), 그리하여 특정한 범주의 재화들의 생산을 보장하는 메커니즘들에 작용하며, 이를 통하여 소득과 이윤 전체에 작용하는 권력으로서 나타난다. 각종 자본은, 게임의 패가 그렇듯, 일정한 장에서 이윤의 기회를 규정하는 권력이다 (사실상, 각각의 장 또는 하위 장에 특정한 종류의 자본이 대응하며, 권력으로서, 그리고 쟁탈의 대상으로서 통용된다). 예를 들어, 문화자본의 총량은 문화자본이 유효한 모든 게임에서 이윤기회의 덩어리를 결정하며, 이를 통해 사회공간 안에서의 위치를 (그것이 문화 장에서의 성공에 의해 결정되는 만큼) 결정한다(필요한 부분을 수정한다면, 같은 이야기를 경제자본에 대해서도 할 수 있다).

사회공간 안에서 특정 행위자의 위치는 이처럼 다양한 장에서, 다시 말해 이 장들 각각에서 작용하는 권력들의 분배 속에서, 그가 차지하는 위치에 의해 정의될 수 있다. 이 권력들은 주로 — 각종의 — 경제자본, 문화자본과 사회자본, 그리고 보통 권위, 명성, 명망 등으로 불리는, 이 다양한 자본들의 정당하다고 인지되고 인정된 형태, 즉 상징자본이다. 이와 같이, 우리는 사회적 장의 단순화된 모델을 전체적으로 구성할 수 있는데, 이는 행위자들 각자에게 모든 가능한 게임의 공간들 속에서 자신의 위치를 생각해 보게 해 준다(물론, 각각의 장이 고유한 논리와 고유한 위계를 갖는다 해도, 다양한 종류의 자본들 사이에 확립된 위계와 다양한 자산들 사이의 통계적 연관 덕택에, 경제 장의 구조가 다른 장들에서도 관철되는 경향이 있다).

사회적 장은 위치들의 다차원 공간으로 기술할 수 있다. 어떤 위치이든, 현재의 위치를 다차원적 좌표체계에 따라 정의할 수 있는 것처럼 말이다. 모든 값은 거기서 다양한 변수의 값에 대응한다. 그래서 행위자들은 첫 번째 차원에서 그들이 소유한 자본의 전체적 총량에 따라 분포하며, 두 번째 차원에서는 자본의 구성에 따라, 즉 그들의 자산 전체에서 각각의 자본이 갖는 상대적 비중에 따라 분포한다. [3]

각각의 사회적 장에서 매순간 (체화되었거나 물질화된) 다양한 종류의 자본의 분포 전체가 취하는 형태는, 축적된 사회적 노동의 객관적 산물의 전유도구가 그렇듯이, 행위자들 사이의 세력관계의 상태를 정의한다. 이 세력관계는 사회적으로 인정되거나 법적으로 보증된, 영속적인 사회적 지위들 속에 제도화되는데, 행위자들을 객관적으로 규정하는 것은 이 관계들 속에서 그들의 위치이다. 자본의 분포형태는 또한, 다양한 장에서의 잠재적이거나 현실적인 권력과, 이 권력이 가져다주는 특수한 이윤에의 접근기회를 결정한다. [4]

---

3) 통계조사는 이 힘의 관계를 경제적, 문화적 자격증명 ─ 학위 ─, 또는 사회적 자격증명 ─ 귀족 작위 ─ 을 통해 법적으로 보증되곤 하는, 속성들의 형태로만 파악할 수 있다. 이는 사회구조를 전유수단과의 거리 (알박스의 '문화적 가치들의 중심에 있는 거리') 라는 관점에서 기술가능한 계층화로 보는 이론들 ─ '소유를 박탈당한 대중'에 대해 이야기하면서 마르크스 자신이 사용한 이론 ─ 과 계급에 대한 경험적 연구의 관계를 설명한다.

4) 자본의 총량이나 구조같이, 사회공간의 구조를 결정하는 분할 원리가 어떤 사회세계에서는 민족적, 종교적 소속과 같이, 경제적, 문화적 속성들로부터 상대적으로 독립적인 분할 원리와 중복되기도 한다. 이 경우 행위자들의 분포는 부분적으로 독립적인 두 공간이 겹쳐진 결과처럼 나타난다. 종족들의 공간에서 열등한 위치에 놓인 종족이, 우월한 위치를 차지한 다른 종족에 비해 대표성은 떨어지지만, 모든 장에서 더 높은 위치를 점유할 수도 있다. 각각의 종족은 이처럼 그 구성원들의 사회적 위치, 이 위치들의 분산 정도, 그리고 이러한 분산에도 불구하고 사회적으로 결속되는 정도에 따라 (종족적 연대는 집합적 동원형식을 고정시키는 효과를 갖는

행위자들이 이 공간에서 어떤 위치를 점유하는지에 대한 지식은 그들의 내재적 속성들(조건)과 관계적 속성들(위치)에 대한 정보를 포함한다. 이는 중간적이거나 매개적인 위치를 점유한 사람들의 경우에 특히 분명하게 나타나는데, 이들은 중간적이거나 매개적인 값의 속성들을 지닐 뿐 아니라, 그들이 장의 두 극 사이에, 공간의 **중립적 지점**에 위치한다는 사실, 그리고 그들이 두 극단적 위치 사이에서 균형을 잡고 있다는 사실에 그들의 가장 전형적인 특징들을 빚지고 있다.

## 종이 위의 계급

위치들의 공간에 대한 지식을 기초로, 우리는 논리적 의미에서의 계급, 즉 유사한 위치들을 점유한 행위자들의 집합을 오려낼 수 있다. 유사한 위치의 점유자들은 유사한 조건에 놓여, 유사한 조건화에 복종하기에, 유사한 이해관심과 성향을 가질 가능성, 따라서 유사한 입장과 실천을 생산할 가능성이 높다. 이 종이 위의 계급은 이론들의 삶이기도 한, 이론적인 삶을 산다. 동물학자나 식물학자의 분류와 꼭 닮은, 설명적인 분류의 산물로서, 그것은 분류된 대상의 속성과 행동을, 무엇보다 그 대상의 집단형성 행위를, 예견하고 설명하게 해 준다. 종이 위의 계급은 진짜 계급이 아니다. 집단으로서의, 투쟁을 위해 동원된 집단으로서의 현실적 계급이 아니다. 엄밀하게 말해 그것은 하나의 **개연적 계급**(*classe probable*), 즉 임의의 다른 행위자들에 비해 그들을 동원하는 데 장애가 덜한 행위자들의 집합이라고 할 수 있다.

그러므로 사회적 차이를 순전히 이론적인 인공물로 치부하면서 없

---

다) 규정될 수 있다.

애 버리는 명목론적 상대주의(relativisme nominaliste)에 맞서, 계산가능성과 계산불가능성, 인접성과 거리를 결정하는 객관적 공간의 존재를 주장해야 한다. 또한, 이해가능한 것의 실재론(réalisme de l'intelligible)(또는 개념의 물화)에 맞서, (예를 들어 사회공간의 구조를 표현할 유일한 수단인 통계적 분석의 필요에서) 사회공간으로부터 구획가능한 계급들이, 가족(동종교배), 클럽, 협회, 심지어 노조나 정치'운동'같이, 실천적 집단으로 구성될 가능성을 설명해 주기는 하지만, 현실적 집단으로서 존재하지 않는다는 점을 강조해야 한다. 존재하는 것은 관계들의 공간(espace de relations)이다. 지리적 공간만큼이나 현실적인 이 공간 안에서 위치의 이동은 노동과 노력을 요하며, 특히 시간을 요한다(아래에서 위로 올라가는 것은 몸을 쳐드는 것, 기어오르는 것, 그리고 이러한 노력의 흔적 또는 얼룩을 남기는 것이다). 거리는 또한 시간으로 측정된다(상승의 시간 또는 전환의 시간). 사무기구와 대변인을 갖춘 조직된 운동으로의 동원가능성('계급'에 대해 말하게 해 주는 것)은 이 공간 안에서 행위자들이 서로 떨어져 있는 정도와 반비례할 것이다. 하지만 일군의 행위자들이 사회공간 안에서 서로 가까울수록, 그리고 더 제한적으로 구성된 계급, 즉 더 동질적인 계급에 속할수록, 그들을 현실적으로든 명목적으로든 — 대변인의 이름으로 — 한데 모을 확률이 커진다 해도, 가장 가까이 있는 사람들을 한데 모으는 것이 반드시 필수적이거나 필연적인 것은 아니며(눈앞의 경쟁이 이를 차단할 수 있기 때문에), 가장 멀리 있는 사람들을 모으는 것이 불가능한 것도 아니다. 노동자 전체를 한데 묶는 것이 노동자와 자본가를 한데 묶는 것보다 쉽다고는 하지만, 예를 들어 국제적 위기시에는 이를 이용하여 국민적 정체성의 기초 위에서 집단화가 이뤄질 수도 있다(이는 각각의 국민적 사회공간이 그 고유한 역사에서 비롯되는 고유한 구조를 — 예컨대 경제적 장에서의 위계적 차등이라는 측면에서 — 갖고 있기 때문이기도 하다).

아리스토텔레스에게 있어 존재가 그렇듯이, 사회세계는 다양한 방식으로 이야기되고, 구성될 수 있다. 사회세계는 다양한 시각(*vision*)의 원리와 분할(*division*)의 원리 — 예를 들어 종족적 구분 — 에 따라 실천적으로 지각되고, 말해지며, 구성될 수 있다. 물론 자본의 분배를 기초로 구성된 공간의 구조 속에 근거를 둔 집합들이 더 안정적이고 오래갈 가능성이 높다. 다른 형식의 집합들은 사회공간 속의 격차들과 관련된 대립과 분열에 의해 항상 위협받는다. 하나의 사회공간에 대해 말하는 것은 근본적인 차이들, 특히 경제적이고 문화적인 차이들을 무시한 채 사람들을 되는대로 한데 모을 수는 없다고 말하는 것이다. 하지만 그렇다고 해서 다른 분할 원리들 — 민족적, 종족적 등 — 에 따라 행위자들을 조직할 수 없다는 말은 결코 아니다. 여기에 대해서는 무엇보다 이 원리들이 근본적인 원칙들과 보통 연결되어 있다는 점을 지적해야 한다. 종족적 집합들은 그 자체가 사회공간 안에서 거칠게나마 위계화되어 있다. 예를 들면 미국이 그렇다(흑인을 제외하면, 이주의 시기에 따라).5)

이는 마르크스주의적 전통과의 첫 번째 단절을 표시한다. 마르크스주의 전통은 〔종이 위에〕 구성된 계급과 현실적 계급을, 달리 말하면, 마르크스 자신이 헤겔을 비난했던 대로, 논리의 사물과 사물의 논리를, 간단히 동일시하곤 한다. 그렇지 않을 때는, 객관적 조건의 총체를 토대로 정의한 '즉자적 계급'을 주관적 변수에 근거한 '대자적 계급'과 대립시키면서, 하나에서 다른 하나로의 이행을 완전한 결정론적

---

5) 지리적 공간과 사회공간의 관계에 대해서도 같은 말을 할 수 있다. 두 공간은 결코 완전히 일치하지 않는다. 하지만 사람들이 보통 지리적 공간의 효과, 예를 들어 중심과 주변의 대립과 결부시키는 차이들의 상당수는 사회공간 안에서 격차의 효과이다. 다시 말해 지리적 공간 안에서의 다양한 종류의 자본들의 불균등한 분포의 효과이다.

논리에 따라, 아니면 반대로 전적으로 주의주의적으로 묘사한다. 이러한 이행을 진정한 존재론적 격상이라고 찬양하면서 말이다. 첫 번째 경우에 이행은 기계적이든 유기적이든, 논리적 필연으로 나타난다(즉자적 계급으로서의 프롤레타리아트를 대자적 계급으로 변형하는 것은 시간의 불가피한 효과, 즉 '객관적 조건들의 성숙'의 결과이다). 다른 하나의 경우, 이행은 '의식화'의 효과인데, 이때 의식화는 당의 계몽적 지도 아래서 이뤄지는 이론의 학습으로 이해된다.

일종의 표기상의 오류에 의해, 가장 핵심적인 질문들이 사라진다. 한편으로는 정치적인 것에 대한 질문 자체, '계급'의 이론적 정의를 내세워 그 구성원들에게 그들의 '객관적' 이해관계, 즉 이해관계에 가장 부합하는 공식적 목표를 할당하는 행위자들 특유의 행동에 대한 질문과, 이 행위자들이 계급을 동원하는 데까지 이르지 못하더라도 계급의 존재에 대한 신념을 생산함으로써 계급의 대변인에게 권위를 부여하는 작업에 대한 질문 자체가 사라진다. 그리고 다른 한편으로는 동물학자가 그러듯이, 객관적임을 자부하는 학자들의 분류와, 행위자들 자신이 일상적 실존 속에서 끊임없이 만들어내는 분류 — 이 분류를 통해 그들은 객관적 분류 속에서 자기들의 위치를 수정하려고 하는데 — 또는 이 분류를 생산하는 원리 자체의 관계에 대한 질문이 사라진다.


## 사회세계의 지각과 정치적 투쟁

아무리 결연하게 객관주의적인 이론이라도 사회세계에 대한 행위자들의 표상을 포함해야 한다. 더 정확히 말하면, 이 세계에 대한 비전의 구성에, 그리하여 세계 자체의 구성에, 재현/대표의 작업을 통해 그들이 기여하는 바를 통합해야 한다. 구성 행위자들은 그들의 세계관을 혹은 이 세계에서 그들의 위치와 사회적 정체성에 대한 시각을 제시함으로써, 끊임없이 이러한 작업을 수행한다. 사회세계에 대한 지각은 이중적인 사회적 구조화의 산물이다. '객관적'인 측면에서 그것은 사회적으로 구조화되어 있다. 왜냐하면 행위자나 제도와 결부된 속성들은 독립적으로 지각에 도달하지 않으며, 개연성의 차이가 매우 큰 조합들 속에서 인식되기 때문이다(털가죽 동물보다 깃털 동물에 날개가 있을 확률이 많은 것처럼, 강력한 문화자본의 보유자는 문화자본이 없는 사람보다 미술관을 찾을 확률이 많다). '주관적인' 측면에서 보더라도 그것은 구조화되어 있는데, 왜냐하면 주어진 시점에서 작동될 수 있는 지각과 평가의 틀들이, 그리고 특히 언어 안에 퇴적되는 모든 것이, 이전의 상징투쟁의 산물로서, 상징적 세력관계를 얼마간 변형된 형태로 표현하기 때문이다. 물론 사회세계의 대상들은 상이한 방식으로 지각되고 언급될 수 있다. 자연계의 대상들이 그러하듯이, 사회세계의 대상에는 언제나 불확정적이고 유동적인 부분이 있기 때문이다. 예를 들어 어떤 속성들이 아주 안정적으로 결합되어 있는 것 같아도 그 기초에는 대체가능한 특징들 간의 통계적 연관이 있을 뿐이다. 게다가 역사적 대상들로서, 사회세계의 대상들은 시간 속에서 변화할 운명이다. 그리고 그것들이 미래로 유보되는 만큼, 그것들의 의미 역시 유보되고, 유예되고, 대기상태에 놓이며, 따라서 상대적으로 불확정적이다. 게임과 불확실성의 몫인 이 부분은 세계관의 복수성의 기초이기도 하다. 후자는 그 자체가 관점의 복수성과, 그리고 정당한 세계관을 생산하고 강요하려는 온갖 상징적 투쟁과 연결된다. 더 정확히 말해서 직접 볼 수 있는 속성들을 넘어서, 미래 또는 과거를 참조하여 사회세계의 대상들의 의미를 생산하는, 충만(*remplissement*)의 인지전략과 연결된다. 이러한 참조는 후설이 미래지향(*protention*)과 과

거지향(*retention*)이라고 부른 것, 즉 과거와 미래의 위치를 고려하지 않는 전망과 회고의 실천형식 자체와 결합되면서, 암묵적이고 함축적일 수 있다. 하지만 명시적일 수도 있다 — 현재의, 언제나 열려 있는 의미를 결정하고, 한정하며, 규정하기 위해, 과거가, 현재의 필요에 맞춘 과거의 회고적인 재구성을 통해('라파예트여, 우리가 왔소!'), 6) 끊임없이 원용되며, 무엇보다 미래가, 창조적인 예견과 더불어, 끊임없이 소환되는 정치적 투쟁에서 그렇듯이.

사회세계의 지각이 구성의 행위를 내포한다는 말이 곧 우리가 인식에 대한 주지주의적 이론을 받아들인다는 의미는 아니다. 세계의 경험과 그것이 함축하는 구성의 작업에서 본질적인 것은 실천 속에서, 명시적 표상과 언어적 표현의 층위 아래에서 작동한다. 마르크스주의적 의미의 '계급의식'보다는 계급의 무의식에 가까운, 사회공간에서 점유한 위치에 대한 감각(고프만이 '자기 자리에 대한 감각'이라고 부른 것)은 사회구조 전반에 대한 실천적 이해이며, 이 구조 내에서 점유한 위치에 대한 감각을 통해 전달된다. 사회세계의 지각의 범주들은 본질적으로 사회공간의 객관적 구조가 체화된 산물이다. 따라서 그것들은 행위자들로 하여금 사회세계를 있는 그대로 지각하고, 당연한 것으로 수용하도록 만드는 경향이 있다. 사회세계에 저항하거나 다른, 반대되는 가능성들을 제시하는 대신에 말이다. 위치에 대한 감각은, '스스로에게 허용하거나' 허용할 수 없는 것에 대한 감각으로서, 이 위

---

6) [역주] 라파예트(1757~1834)는 미국독립전쟁에 참여하여 무공을 세운 프랑스 장군이다. 1944년 노르망디 상륙작전 당시, 지휘관인 퍼싱 장군이 "라파예트여, 우리가 왔소"(*La Fayette, we are here*)라고 말했다는 일화가 있다(프랑스의 은혜를 갚으러 왔다는 의미). 하지만 노르망디 상륙작전을 다룬 영화에서 빠지지 않고 나오는 이 일화는 뒷날 지어낸 것이다. 실제로 이 말은 스탠튼 제독이 1917년 7월 4일에 라파예트의 무덤에 꽃을 바치면서 한 것이라고 한다.

치에 대한 암묵적인 수용을, 한계에 대한 감각을('그건 우리를 위한 게 아니야'), 혹은, 같은 말이 되겠지만, 〔스스로〕 표시하고, 유지하며, 지키고, 지키게 해야 하는 거리에 대한 감각을 함축한다. 이는 존재의 조건들이 가혹할수록, 현실원리가 엄격하게 부과될수록 더욱 그러하다(피지배자들의 세계관을 특징짓는 극도의 현실주의는 여기서 비롯된다. 일종의 사회적으로 구성된 보존본능으로서, 이 현실주의는 그 덕택에 살아가는, 살아남는 사람들의 '객관적 이해관계'에 대한 외부적인, 즉 규범적인 표상에 비추어 볼 때만 보수적이다).[7]

객관적 세력관계가 사회세계에 대한 시각들 속에서 재생산되면서 이를 통해 영속화되는 경향이 있다면, 이는 세계관을 구조화하는 원리들이 사회세계의 객관적 구조 속에 뿌리내리고 있기 때문이며, 세력관계는 이 관계에 대한 지각범주들의 형태로 의식 속에 현전하기 때문이다. 하지만 사회세계 내의 대상들은 비결정적이고 유동적인 부분을 내포하며, 그 대상에 적용되는 지각과 평가의 틀은 실천적, 전반성적, 암묵적이다. 이는 고유하게 정치적인 행동에 객관적으로 주어진 아르키메데스의 점이다. 사회세계에 대한 지식은, 더 정확히 말해 그

---

7) 이 현실감각〔이라는 개념〕은 사회심리학적 의미 — 이 단어에 부여할 수 있는 가장 덜 비현실적인 의미, 즉 사회구조 안에서 점유한 위치 및 그와 관련된 집단적 이해관계에 대한 명시적 표상 — 의 계급의식을 전혀 내포하지 않는다. 그것이 사회계급의 이론, 즉 명시적이며 논리적으로 통제되는 원리들에 기초한 분류체계이자 분배의 메커니즘에 대한 엄밀한 이해를 함축하지 않는 것은 말할 것도 없다. 어떤 집단적 미래에 대한 얼마간 정교한 표상을 개념화하고 정식화할 때는 실천이 전제되는데, 사실 이 실천의 현재에 이런 형태의 간극을 가져올 수 있는 경제적이고 사회적인 조건을 검토하는 것만으로도, 의식화와 계급의식 — 일종의 의인화된 실체가 갖는 집합의식의 혁명적 코기토 — 의 형이상학에 종지부를 찍을 수 있을 것이다(이는 바로 알제리 노동자들에게서 나타나는 시간의식, 특히 합리적 경제적 계산에 대한 태도와 정치의식과의 관계에 대한 나의 연구에서 요약한 것이다).

러한 지식을 가능하게 하는 범주들은 정치적 투쟁의 전형적인 쟁점이다. 이 세계에 대한 지각범주들을 유지하거나 변형함으로써 세계를 유지하거나 변형하는 권력을 얻으려는, 이론적이면서 동시에 실천적인 투쟁 말이다.

명시적 상태로 존재하게 하는 능력, 객관적이고 집단적인 실존에 이르지 못하고 개인적이거나 나열적인 경험의 상태, 불편함, 불안, 기대, 초조 등으로 남아 있는 것을 발표하고, 공표하는, 다시 말해 객관화되고 가시적이며 지시가능한, 나아가 공식적인 것으로 만드는 능력은 훌륭한 사회적 권력을 대표한다. 집단 전체의 상식(*sens commun*)을, 명시적 합의를 만듦으로써 집단을 만드는 권력 말이다. 실로, 이 범주화의 노동, 즉 명시화와 분류의 작업은 일상적 실존의 모든 순간에 끊임없이 수행된다. 사회세계와 세계에서 그들의 위치, 그리고 그들의 사회적 정체성의 의미를 놓고 행위자들이 대립하면서, 온갖 형태의 덕담과 악담, 축복이나 저주와 욕설, 칭찬, 축하, 찬탄, 아부, 모욕, 중상, 비판, 비난, 비방 등을 통해 투쟁하는 모든 순간에 말이다. 카테고리와 카테고렘이란 단어의 어원 *katégoresthai*가 공적 비난을 의미하는 것은 우연이 아니다.

많은 원형적 사회에서 정치권력의 기본형태가 명명하고 또 그럼으로써 존재하게 하는, 거의 주술적인 권력으로 이뤄졌다는 것을 우리는 안다. 카빌리에서는 설명의 기능과 상징생산의 작업 때문에, 정치적으로 가장 돋보이는 임무인 전사와 사절의 임무가 시인들에게 맡겨졌으며, 이는 특히 세계의 의미가 무너지는, 위기의 상황에서 그러하였다.[8] 하지만 사회세계의 분화와 상대적으로 자율적인 장들의 구성

---

8) 이 경우에 공동 의미의 생산은 본질적으로, (격언, 경구, 교훈이 담긴 시 등) 성스러운 담화라는 공동의 재산을 끊임없이 재해석하는 것, "부족의 언어에 더욱 순수

이 진전되면서, 의미를 생산하고 부과하는 작업은 문화생산 장의 투쟁 속에서, 그러한 투쟁을 통해 이뤄진다(특히 정치적 하위 장 안에서). 사회세계의 객관적 표상들을, 나아가 객관화하는 방법들을, 직업적으로 생산하는 사람들의 고유한 관심사와 특수한 이해관계가 있는 것이다.

정당한 지각의 양식이 그만큼 중요한 투쟁의 쟁점인 까닭은, 한편으로 암묵적인 것에서 명시적인 것으로의 이행이 결코 자동적이지 않으며, 동일한 사회적 경험이 매우 다른 표현 속에서 인식될 수 있기 때문이고, 다른 한편으로 아무리 뚜렷한 객관적 차이들도 가장 즉각적으로 눈에 띄는 차이(예를 들면 종족들을 갈라놓는 차이)에 의해 가려질 수 있기 때문이다. 지각 배열의 객관성 속에 사회적 창조물(*Gestalten*)이 존재한다 해도, 또한 사회적으로 격차가 있는(그리고 공간적으로 떨어져 있는) 지역이나 동네같이 눈에 보이는 사회적 단위들의, 또는 신분집단(*Stände*)처럼 아주 비슷한 가시적 속성들을 지닌 행위자 집합들의 지속적 연결이나 통합 속에, 조건의 유사성, 따라서 성향의 유사성이 반영된다 하더라도, 그 사회적으로 인식되고 인정된 차이는 차

---

한 의미를 주는 것"으로 이루어진다. 한 집단이 인정하는 모든 것이 퇴적된 언어를 전유한다는 것은 권력을 향한 투쟁에서 무시할 수 없는 유리한 조건을 확보한다는 것이다. 이는 종교적인 권위를 둘러싼 투쟁에서 잘 나타난다. 가장 귀중한 단어는 가장 신성한 단어이며, 게르숌 숄렘이 지적했듯이, 비의적인 이설(異說)이 스스로를 전통에 의해 '회수되도록' 하는 것은 그것이 인정받기 위해서는 상징들을 다시 전유해야 하기 때문이다. 투쟁의 전리품으로서, 정치적 어휘집의 단어들은 그 안에, 다양한 집단이 대립적으로 사용하였고 사용한 흔적인 다의성(*polysémie*)의 형태로, 논쟁들을 간직한다. 상징권력의 전문가들, 정치가, 예언자, 그리고 원형적인 사회 시인들의 가장 보편적인 전략 가운데 하나는 이처럼, 집단의 믿음의 퇴적물로서 집단 전체에 의해 가치가 부여된 단어들을 전유하면서, 공동의 의미를 자기 편으로 가져오는 것이다.

이를 지각할 뿐 아니라 그것이 의미 있고 흥미롭다고 인정할 줄 아는 주체, 즉 고려되는 사회세계에서 의미 있다고 여겨지는 차이들을 만드는 경향과 소질을 갖춘 주체 앞에서만 존재하는 것이다. 사회세계가, 특히 다양한 속성들 및 그 속성들의 분포를 통해, 바로 객관성 속에서, 상징체계의 위상에 다다르는 것을 이렇게 해서이다. 상징체계는 음소들의 체계와 마찬가지로 다름의 논리, 변별적 차이의 논리에 따라 조직된다. 의미 있는 **구별**들로 구성된 사회공간과 '자생적'으로 그려지는 차이들은 **생활양식**의 공간으로서 또는 직업 집단들의 집합, 상이한 생활양식에 의해 특징지어지는 집단들의 집합으로서 상징적으로 기능하곤 한다.

흔히 그렇게들 생각하지만, 구별짓기를 연구한다고 해서 반드시 베블런의 과시적 소비이론을 뒤따를 필요는 없다. 모든 소비, 더 일반적으로 모든 실천은, 보이기 위해 행해진 것이든 아니든, 과시적이자 가시적이다. 주목을 끌고, 두드러지게 하고(*to make oneself conspicuous*), 차별화시키려는, 또는 차별성을 갖고 행동하려는 의도에 의한 것이건 아니건, 모든 실천은 차별적이다. 그리하여 그것은 변별적인 기호로 작동하며, 인정된, 정당한, 승인된 차이와 관련되어 있을 때는 차별의 기호로 작동한다. 다만 사회적 행위자들은 지각의 범주들이 적절하다고 여기도록 만드는 '자생적' 차이들을 의미 있는 구별로 감지할 수 있는 만큼, 생활양식의 이 자생적 차이들을, 베버가 '생활의 양식화'(*Stilisierung de Lebens*)라고 부른 것에 힘입어 의도적으로 따라잡을 수 있다. 구별의 추구는 — 말하는 방식이라든가, 격이 떨어지는 집안과의 혼사를 피하는 것에서 나타나는데 — 정당한 차이로, 다시 말해 자연적 차이로〔프랑스어에는 자연적 차별(*distinction naturelle*)이라는 표현이 있다〕인지되도록, 아니 알려지고 인정되도록 의도된 격리를 만들어낸다.

(일상적 의미에서의) 차별성은 사회공간의 구조 자체에 새겨진 차이이다. 차별성이 이 공간에 부여된 범주들에 따라 인식될 때 그렇다는 뜻이다. 또한 베버의 신분집단(*Stände*)은, 마르크스의 계급과 대립한다고 여겨졌지만, 사회공간의 구조에서 파생된 범주들에 따라 인식될 때, 이 공간의 적당한 분할을 통해 구성된 계급이라 할 수 있다. 상징자본 — 차별성의 다른 이름 — 이란, 종류를 막론하고 그 자본의 분배구조의 체화에서 비롯되는 지각범주들을 갖춘 행위자가 지각하는 자본이다. 다시 말해 당연한 것으로 인식되고 인정되는 자본을 말한다. 사실상 차이들의 상징적 변형으로서 차별성은, 나아가 서열, 신분, 등급, 기타 모든 상징적 위계는, 어떤 구성의 도식을 적용함으로써 생겨나는데, 이 도식은, 예컨대 사회적 판단에서 흔히들 사용하는 형용사의 쌍처럼, 그 도식이 적용되는 구조가 몸에 새겨짐으로써 생겨난다. 가장 절대적인 정당성의 인정은 다름 아닌 일상적인 세계를 자명한 것으로 지각하는 것이다. 객관적 구조와 체화된 구조가 거의 완벽하게 조응할 때 이런 일이 일어난다.

그 결과는 무엇보다 다음과 같다. 상징자본이 상징자본에 더해지며, 상징생산의 장의 자율성은, 분명히 존재하지만, 그 작동에서 이 장이 사회적 장을 지배하는 제약들에 의해 지배되는 것을 막지 못한다. 객관적 세력관계들은 상징적 세력관계 속에서, 이 세력관계를 영구화하는 세계관 속에서, 재생산되는 경향이 있다. 사회세계에 대한 정당한 비전을 부과하기 위한 투쟁은 불가피하게 과학을 끌어들이는데, 행위자들은 이러한 투쟁 속에서 그들의 상징자본에 비례하여, 다시 말해 그들이 집단으로부터 받는 인정에 비례하여 권력을 보유한다. 사회세계에 대한 담론의 수행적 효력에, 이 세계의 지각과 구분에 관한 원리들을 부과하고자 하는 전망들과 예측들의 상징적 힘에 토대를 제공하는 권위는 하나의 페르키피(*percipi*), 즉 페르키페레(*percipere*)의 부과를 허락하는 하나의 알려지고 인정된 존재(*nobilis*)이다. 지각의 범주들을 바꾸면서 전망을 바꾸는 데 가장 적합한 것은 현재 통용되는 지각의 범주들 중 가장 가시적인 범주들이다. 하지만, 그 범주들은, 예외적인 경우를 제외하면, 그러한 변화에 가장 둔감하기도 하다.


## 상징질서와 명명의 권력

상식을 생산하기 위한 투쟁, 정확히 말해 사회세계에 대한 정당한 시각의 공식적인 — 즉, 명시적이며 공개적인 — 부과로서의 정당한 명명을 독점하기 위한 투쟁 속에 행위자들은 그들이 이전의 투쟁에서 획득한 상징자본, 특히 직함처럼, 객관성 속에 등록된 제도화된 명명 체계상의 권력을 끌어들인다. 그리하여, 행위자들이 사회세계의 분할 과 이 세계 안에서 그들의 위치에 대한 자신들의 시각을 강제하고자 동 원하는 모든 상징적 전략은 두 극단 사이에 자리 잡을 수 있다. 모욕, 즉 일개인이 보복의 위험을 무릅쓰고 자신의 관점을 강제하려 할 때 사 용하는 이디오스 로고스와 공식적 명명, 즉 정당한 상징폭력을 독점한 국 가의 대리인이 행하는 것이기에, 집단의, 합의의, 상식의 힘을 내세울 수 있는 상징적 부과행위가 그것이다. 한편에는 특수적 관점들의 우주 와 개별 행위자들이 있다. 이 행위자들은 각자의 특수한 위치와 특수 한 관점에서 출발하여 — 그들 자신 및 타자들에 대한 — 이해심이 개 입된 특수한 명명들(별칭, 별명, 욕설, 심지어 비난, 비방 등)을 생산한 다. 그들이 개인적으로나(*auctoritas*) 제도적으로나(위임) 권위가 없을 수록, 그리고 그들이 부과하려고 노력하는 관점의 인정에 직접적인 이 해관계를 가지고 있을수록, 이러한 명명들은 더욱 힘을 잃는다.[9] 다 른 한편에는 거물 비평가나 권위 있는 감수자, 저명한 작가처럼('나는 고발한다') 인격적 권위가 있는 행위자의 권위 있는 관점과, 무엇보다 허가받은 대변인, 라이프니츠의 표현을 빌면 '모든 관점의 실측도'인 국가 대리인의 정당한 관점, 공식적인 명명, 직위 등이 있다. 이 직위는 학위가 그렇듯이 모든 시장에서 통용되며, 공식적 정체성의 공식적 정의로서, 사회적 행위자들에 대하여 모든 사람이 인정하는 보편적이고 권위 있는 관점을 제공함으로써 그 소지자를 만인의 만인에 대한 상징투쟁에서 벗어나게 해 준다. 공식적 분류를 생산하는 국가는 어떤 면에서 카프카의 소설에 나오는 최고법원과 비슷하다. 블로크는 '거물 변호사'를 자처하는 변호사를 두고 이렇게 말한다. "물론 누구든지 원한다면 자신에 대해 '거물'이라는 형용사를 사용할 수 있지요. 하지만 여기서 중요한 것은 법원의 용법입니다."10) 진실은 과학적 분석이 관점주의와 절대주의(라고 부름직한 것) 중 하나를 선택하지 않아도 된다는 것이다. 실로 사회세계의 진실은 행위자들의 투쟁에 의해 결정된다. 그리고 이 행위자들은 절대적인, 다시 말해 자기검증적인 시각과 전망에 접근하는 수단을 매우 불평등하게 나누어 갖고 있다.

국립 통계 및 경제연구소의 기능을 우리는 이런 관점에서 분석할 수 있을 것이다. 이 국가기관은 특히 고용관계에서는 거의 법적인 효력을 띠는 공식적인 용어들, 실제로 수행된 생산활동과 별개로 권리들을 부여하는

---

9) 레오 스피처가 잘 보여주었듯이, 《돈키호테》에서는 동일한 인물이 여러 개의 이름을 갖는다. 다명성, 즉 동일한 인물이나 동일한 기관에 복수의 이름, 별칭, 별명이 붙는 것은, 집단의 근본가치를 가리키는 단어나 표현의 다의성과 더불어, 모든 사회적 우주 내부에서 작동하는 명명권력을 위한 투쟁의 가시적 흔적이다(cf. L. Spitzer, "Perspectivism in Don Quijote", in *Linguistics and Literary History* (New York, Russel and Russel, 1948)).

10) F. Kafka, *Le process* (Paris, Flammarion, 1983), pp. 219~220.

증서의 효과가 있는 용어들을 만들어냄으로써, 위계들을 고정시키고, 그리하여 사회적 정체성의 핵심요소인 직업 및 직능의 명칭과 관련하여, 행위자들 사이의 세력관계를 승인하고 공고화하는 경향이 있다. 11) 이름을 관리하는 것은 희소한 자원을 관리하는 방법이며, 집단의 명칭, 특히 직업 집단의 명칭은 공식적인 지칭 및 그것과 결부된 물질적이고 상징적인 이익을 둘러싼 투쟁과 협상의 상태를 기록한다. 행위자들이 보유한 직함이나 직업의 명칭은 행위자들과 집단들의 상대적 위치를 결정하는 데 기여하는 차별적 표지(엠블럼 혹은 스티그마)로서, (급여처럼 주어지는) 긍정적이거나 부정적인 보너스인데, 위계적으로 조직된 직위의 체계 내에서 어떤 위치에 있느냐에 따라 그 가치가 정해진다. 따라서 행위자들은 명명의 상징이윤의 극대화를 꾀하면서, 실천적 혹은 상징적 전략들에 의지한다. 예를 들면 보수가 적지만 더 멋진 이름이 붙은 자리를 얻기 위해 경제적으로 커다란 보상이 약속되는 자리를 포기할 수도 있고, 상징적 평가절하를 피하기 위해 막연한 명칭이 붙은 자리를 찾을 수도 있다. 마찬가지로, 개인적 정체성을 언급해야 할 때는 자기보다 높은 지위까지 포괄하는 적당히 큰 범주에 자신을 집어넣을 수 있다. 초등학교 교사가 스스로를 "교직에 있다"고 소개할 때처럼 말이다. 일반적으로 말해서 행위자들은 언제나 여러 명칭 중 하나를 고를 수 있다. 그들은 공식적인 분류체계에 의한 판정을 피하기 위해, 관점들의 복수성과 연계된 불

---

11) 직업사전은 직위나 활동의 성격 등을 정의하는 관점에 영구한 변화를 가져오는 것을 무릅쓰고 모든 위치를 획일적으로 직업으로 취급함으로써 사회공간을 구성하는 차이들을 지우는 사회적 중립성의 실현된 형태이다. 영국인들은 의사를 프로페셔널이라고 부르는데, 그럼으로써 의사가 자신의 직업(profession)에 의해 정의된다는 것, 직업이 의사의 핵심적 속성이라는 것을 드러낸다. 반면에 견인차 운전사는 그다지 자신의 직업에 의해 정의되지 않는다. 그는 견인차 운전사라는 일자리를 차지하고 있을 뿐이다. 정교수의 경우, 그는 견인차 운전사처럼 직무 또는 활동에 의해 정의되지만, 의사처럼 직함에 의해서도 정의된다.

확실성과 흐릿하게 만드는 기법을 이용할 수 있다.

하지만 직위 — 작위, 학위, 직함 — 의 경우만큼 공식적인 명명의
논리가 잘 드러나는 예는 없다. 직위는 사회적으로, 나아가 법적으
로 보증된 상징자본이다. 귀족은 그저 널리 알려지고 이름이 있는 사
람이 아니며, 좋은 쪽으로 유명한, 위엄 있는, 한마디로 명망 있는
(*nobilis*) 사람도 아니다. 그는 공식적인, ‘보편적인’ 심급에 의해 인지
된 사람, 다시 말해 모두가 알고 인정하는 사람이다. 직함이나 학위
는 말하자면 사회적 인지의 법적 잣대이며, 하나의 권리로서 보증되
었다고 여겨지는 어떤 것이다. 직함이나 학위는 (단지 정당할 뿐만 아
니라) 제도화된, 법적인 상징자본이다. 학력시스템이 갈수록 모든
직함의 궁극적이고 유일한 보증이 되고 있기 때문에 학위와 점점 더
분리불가능해지는 이 상징자본은 그 자체가 하나의 가치이며, 보통
명사인데도 고유명사 — 이름이나 명문가의 성(姓) — 처럼 기능하면
서 온갖 종류의 상징이윤(과 돈으로 직접 살 수 없는 좋은 것들)을 창출
한다. 12) 전문직에 대한 보상을 결정하는 것은 (특정 형태의 일에 대한
수요와 공급이라기보다) 직업명칭들의 공간에서 직위의 상대적 희소성
이다. 그 결과 전문직에 대한 보상에 비례하여 직위에 대한 보상이
자동적으로 결정되곤 한다. 같은 일이라도 그것을 수행하는 사람이
어떤 직위를 가지고 있느냐에 따라 보수가 달라지는 것이다(직위/대
행, 직위/대리 등). 직위는 그 자체가 (언어처럼) 하나의 제도로서, 일
의 성격보다 더 오래가기 때문에, 직위에 대한 보상은 일과 그 상대

---

12) 직함이 딸린 직업에 입문하는 것은 점점 더 학위의 소지에 편협하게 종속되며, 학
　위와 직업적 보상 사이에는 밀접한 관계가 존재한다. 반면에 직함이 없는 직업의
　경우, 동일한 직업에 종사하는 사람들이 매우 다양한 학위를 갖고 있을 수 있다.

적 가치의 변화에도 불구하고 유지될 수 있다. 일의 상대적 가치가 아니라 직위의 제도화된 가치가, 일의 가치를 유지하고 보호하는 역할을 하면서, 명칭의 가치를 결정하는 것이다. [13]

이는 분류의 과학을 만들려면 분류투쟁의 과학을 만들어야 하며, 이 정당한 상징폭력의 독점을 위한 투쟁, 인정권력을 위한, 인정에 의한 권력을 위한 투쟁에서, 각각의 행위자 혹은 각각의 행위자 집단이 차지한 자리를 고려해야 한다는 뜻이다. 이 투쟁에 참여하는 행위자나 행위자 집단은 나날의 상징투쟁의 변화무쌍한 전개에 내맡겨진 일개 주체일 수도 있고, 아니면 (그것으로 먹고사는) 권위 있는 전문가일 수도 있다. 사회계급에 대해 말하고 쓰면서, 공적인 명명을 — 이른바 잘된 분류, 잘된 정리를 — 독점한 국가를 그들의 분류작업에 얼마나 끌어들였느냐에 따라 스스로를 차별화하는 사람들은 모두 여기에 속한다.

사회적 장의 구조가 다양한 특수한 장들을 특징짓는 자본과 이윤의, 주어진 시점에서의 분포에 의해 규정된다 하더라도, 각각의 게임판에서 판돈과 으뜸 패를 정하는 일은 여전히 싸움거리가 될 수 있다. 모든 장은 장을 분할하는 정당한 법칙을 정하기 위해 선포되는 투쟁의 장소이다. 정당성의 문제는 바로 이러한 문제제기의 가능성, 일상적 질서를 당연한 것으로 받아들이는 독사(doxa)와 단절할 가능성에서 생겨난다. 그러므로 이 투쟁에 참여하는 당사자들의 상징적 힘은 결코 게임에서 그들의 위치와 별개의 것이 아니다. 명명의, 고유하게 상징적인 권력이, 다른 형태의 사회적 힘들로부터 상대적으로 자유로

---

13) 동일한 직위의 소지자들은 집단을 구성하고 상설조직 — 의사협회, 동문회 등 — 을 갖추어 집단의 응집성을 보장하며 — 정기적 회합 등 — 공동의 물질적, 상징적 이익을 촉진하려는 경향이 있다.

운, 하나의 힘을 구성한다고 하더라도 말이다. 다양한 장의 구조 자체에 새겨진 필연성의 제약은 또한 이 구조를 보존하거나 변형하려는 상징투쟁에 영향을 준다. 사회세계는 어느 정도까지, 그때그때 행위자들에 의해 만들어지는 어떤 것이다. 그런데 행위자들은 사회세계가 어떤 것이고, 그들이 각자 차지하는 위치에 따라 이 사회세계에 무엇을 할 수 있는가에 대한 현실주의적 지식을 가지고 있어야만, 사회세계를 해체하고 다시 만들 수 있는 것이다.

간단히 말해, 과학적 작업은 장을 구성하는 다양한 위치들의 객관적 관계의 공간에 대한, 그리고 이 위치들과 그에 상응하는 입장들 사이에, 즉 이 공간 내의 점유된 지점들과 이 공간 자체에 대한 관점들 — 이 관점들은 이 공간의 현실을 구성하고 변화시키는 데 참여하는데 — 사이에, 점유자들의 하비투스를 매개로 성립하는, 필연적인 관계들에 대한 정확한 지식을 확립하려 한다. 다른 말로 하자면, 구성된 계급들, 즉 위치들로 구성된 공간의 여러 지대(régions)에 대한 객관적 구획은 행위자들이 이 공간을 유지하거나 변형하기 위해 구사하는 분류전략들의 원리와 효과를 이해하게 해 준다. 이 전략들 중 으뜸은 집단을 조직하여 공동의 이익을 방어하는 것이다.

분류투쟁의 분석은 분류를 잘하려는 인식형이상학적 포부를 지배하는, 정치적 포부를 조명한다. 군주(rex)를 정의하는 포부 말이다. 벤베니스트에 따르면, 경계를 다스리기(regere finis)와 성스러움을 다스리기(regere sacra), 즉 집단들 간의 경계와, 선과 악, 신성함과 속됨, 평범함과 비범함의 경계를, 단언함으로써 구분하는 일은 군주에게 속한다. 사회과학을 정치를 추구하는 또 다른 방법으로 만들 위험을 무릅쓰더라도, 연구자는 타자들을 이런저런 집합에 집어넣고 그럼으로써 그들이 누구인지, 그리고 어떻게 되어야 하는지(이는 예측이 지니는 모호함이다) 주장하는 의도를 연구대상으로 삼아야 한다. 그는 창조적인 세계관을 만들려는 포부, 사물을 자신의 시각에 맞추어 존재하게 하려는 이 본원적 직관(*intuitus originarius*)을, 거부하기 위해 분석해야 한다(이는 당위이자 존재인 마르크스주의적 계급의 모호함이다). 그는 객관화하려는 야심을 객관화해야 한다. 분류하고 분류되기 위해 투쟁하는 행위자들을 외부에서 객관적으로 분류하려는 야심 말이다. 그가 무언가를 분류한다면 — 사회적 위치들의 연속적 공간을, 통계적 분석을 위해 자르면서 —, 이는 다름 아니라, 욕설에서 공식적 명명에 이르기까지, 모든 형태의 객관화를 객관화하기 위해서이다. 여기에는 실증주의적이고 관료적으로 정의된 과학의 특징이라고 할 수 있는, '가치중립'의 이름으로 이 투쟁을 중재한다는 주장도 포함된다. 보게 하고 — 테오레인(*theorein*) 14) — 믿게 하며, 합법적인 분류 또는 정당한 분류를 생산하고 부과하는 권력 같은 행위자들의 상징권력은 사실상, 군주의 경우가 그렇듯, 공간 안에서(그리고 그 공간에 잠재적으로 기입된 분류 안에서) 그들이 차지하는 위치에 달려 있다. 하지만 객관성을 객관화한다는 것은 무엇보다 사회세계에 대한 객관화된 표상의 생산, 특히 규칙의 제정과 관련된 용어체계 생산의 장을 객관화한다는 것이다. 한마디로 문화적이고 이데올로기적 생산의 장, 사회계급과 싸우는 다른 모든 행위자들처럼 연구자 자신이 붙들려 있는 게임의 장을 객관화한다는 것이다.

---

14) [역주] '*theorein*'은 '고찰하다, 관조하다'라는 뜻을 지닌 그리스어로, '*theoria*'가 여기서 파생되었다.

## 정치 장과 상동성 효과

의식화(*prise de conscience*)라는 신화를 추종하지 않고, 점유한 위치에 대한 실천감각 ─ 그 자체는 다양한 방식으로 명시화될 수 있는데 ─ 이 고유한 정치적 표현으로 바뀌는 것을 이해하려면, 우리는 바로 재현/대표/대의의 전문가들이 또 다른 상징투쟁의 장과 관련하여 서로 대립하는 이 상징투쟁의 장을 주시해야 한다. 사회공간 내에서 지배당하는 위치에 있는 사람들은 상징생산의 장에서도 지배당하는 위치에 놓인다. 그러므로 우리는 사회적인 것에 대한 그들의 고유한 관점을 표현할 수단이 어디에서 오는지 알 수 없을 것이다. 문화생산 장의 고유한 논리, 그리고 거기서 생겨나는 특수한 이익이 이 장에 참여하는 전문가 분파들로 하여금, 위치의 상동성을 기초로, 피지배자들에게 사회구조와 정신구조의 즉각적인 공모 속에서 생겨나며 상징자본의 분포의 지속적 재생산을 보장하는 표상들과 단절할 수단을 공급하도록 이끌지 않는다면 말이다. 마르크스주의 전통이 '외부의 의식'이라는 말로 가리키는 현상, 즉 지식인들이, 특히 피지배자들을 위해, 지배적인 시각과 단절하는 세계관의 생산과 공급에 기여하는 현상은, 문화재화의 생산자들이 권력의 장(또는 지배적인 노동분업) 안에서 할당받는 피지배자의 위치와 경제적이고 문화적인 생산수단을 더욱 철저히 박탈당한 행위자들의 사회공간 안에서의 위치가 갖는 상동성을 고려하지 않는다면, 사회학적으로 이해될 수 없다. 하지만 이 분석을 뒷받침하는 사회공간 모델의 구축은 사회공간에 대한 일차원적이고 단선적인 표상과의 선명한 단절을 전제한다. 사회구조를 구성하는 대립들의 우주를 생산수단의 소유자와 노동력 판매자의 대립으로 축소하는 이원론적 모델에는 이런 단선적 표상이 깔려 있다.

마르크스주의 계급이론의 불충분함, 특히 객관적으로 확인된 일련의 차이들을 설명하지 못하는 무력함은 이 이론이 사회세계를 경제적 장으로 환원하면서 사회적 위치를 오직 경제적 생산의 관계들 안에서의 위치로 정의하고 만다는 데서, 그리하여 다양한 장과 하위 장 안에서 점유된 위치들, 특히 문화생산의 관계들 안에서의 위치들을 무시하며, 또한 사회적 장을 구조화하는 온갖 대립들, 생산수단을 소유한 자와 소유하지 못한 자의 대립으로 환원될 수 없는 대립들을 무시한다는 데서 기인한다. 마르크스주의 계급이론은 이렇게 해서 일차원적이고, 단지 두 블록의 대립을 중심으로 조직되는 사회세계를 얻는다(여기서 주된 문제는 두 블록 사이의 경계이며, 영원한 공격대상인 '노동귀족'의 문제, 노동계급의 '부르주아화' 문제 등이 덤으로 따라온다). 하지만 현실의 사회공간은 다차원적이다. 상대적으로 자율적인, 즉 그 기능이나 변형이 경제 장에 얼마간 직접적으로 종속된 장들의 열린 집합인 것이다. 그 하위 공간들 각각의 내부에서 지배적 위치의 점유자들과 피지배적 위치의 점유자들은 (반드시 적대적인 집단을 형성하지 않고도) 끊임없이 다양한 형태의 투쟁에 가담한다.

하지만 상징적 재생산의 순환의 단절이라는 관점에서 가장 중요한 것은, 다양한 장들 내부의 위치들의 상동성(그리고 지배-피지배 관계에 항상, 보편적으로 존재하는 무엇)을 기반으로, 어느 정도 견고한, 그리고 언제나 얼마간 의식적인 오해에 기초한 동맹(*alliance*)이 수립될 수 있다는 것이다. 지식인과 산업노동자의 위치의 상동성 — 지식인은 산업노동자가 사회공간 전체에서 점유하는 것과 비슷한 위치를 권력의 장 안에서, 즉 기업주들과의 관계 속에서 점유한다 — 은 이 모호한 동맹의 원리이다. 지배자들 속의 피지배자로서 문화생산자들은, 축적된 문화자본을 전유하면서, 피지배자들에게 그들의 세계관과 그들의 이해관계에 대한 재현/대표를, 명시적 이론 속에서, 그리고 제도화된 재현/대표의 도구(노조, 정당, 동원과 시위의 사회적 기술 등) 속에

서, 객관적으로 구축할 방도를 제공한다. 15)

하지만 위치들의 상동성이라는, 차이 속의 유사성을 조건의 동일성으로
취급해서는 안 될 것이다 — 예를 들어 고용주(*patron*), 아버지(*père*), 선
생(*professeur*)의 '3P'라는, 68년도 좌익운동에서 발전한 이데올로기가
그런 것처럼. 아마도 다양한 장에서 동일한 구조 — 다양한 분포형태에
서 불변하는 부분으로 이해하자 — 가 발견될 것이다(이는 사회학에 유비
적 사유가 풍부한 이유를 설명한다). 그렇다 하더라도, 분화의 원리는 매
번 다르다. 투쟁의 목표나 이익의 본질, 한마디로 실천의 **경제**가 다른 것
처럼. 실로, 위계화 원리의 정당한 위계화, 즉 자본 종류들의 정당한 위
계화를 정립하는 것이 중요하다. 구분원리들의 위계에 대한 지식은 종속
된 원리들이 그 안에서 움직이는 한계 및 상동성과 연계된 유사성의 한계
를 정의하도록 해 준다. 경제적 생산의 장에 대한 다른 장들의 관계는 구
조적 상동성의 관계이자 인과적 종속의 관계인데, 이때 인과적 결정의

---

15) 로버트 단턴의 아주 멋진 작업 덕택에 우리는 이런 분석에 완벽하게 들어맞는 그림을
역사 속에서 발견할 수 있다. 바야흐로 만들어지고 있던 지적 장에서 피지배자의 위
치였던 브리소, 메르시에, 데물랭, 에베르, 마라 등이 혁명운동의 와중에 수행한 문
화혁명(아카데미의 해체, 살롱의 해산, 연금의 폐지, 특권의 철폐)이 그것이다. '문
화적 천민'(*parias culturels*)의 위치를 근거로 삼으면서, 이 혁명은 무엇보다 권력의
상징적 기반에 대항하였다. '정치적 포르노그래피'와 똥 얘기로 가득 찬 풍자문을 통
해, 어쩌면 혁명적 급진주의의 근본적 차원을 구성하는, '탈정당화'(*délégitimation*)
의 작업을 수행하면서 말이다. cf. R. Darnton, "The High Enlightenment and the
Low-Life of Literature in Pre-revolutionary France", *Past and Present* (51), 1971,
pp. 81~115 — trad. française in *Bohème littéraire et revolution, Le monde des livres
au XVIIIe siècle* (Paris, Gallimard-Le Seuil, 1983), pp. 7~41. 마라의 경우에 대해
서는, 마라가 서툰 물리학자였다는 사실이 종종 간과되었지만, 다음을 참조할 수 있
을 것이다. C. C. Gillispie, *Science and Polity in France at the End of the Old Ré-
gime* (Princeton University Press, 1980), pp. 290~330.

형태는 구조적 관계에 의해 정의되며, 구조적 힘은 그 힘이 발휘되는 관계가 경제적 생산관계에 가까울수록 크다.

대리인들(mandataires)이 정치 장 및 정당 또는 노조의 하위 장에서 그들의 위치 덕택에 얻는 특수한 이익을 분석해야 하며, 그것이 결정하는 모든 '이론적' 효과를 보여주어야 한다. '사회계급'을 둘러싼 숱한 학문적 논의 — 예컨대 '노동귀족'이나 '중간층'에 대한 논의 — 는 정치적 대표자들에게 제기되는 실천적 질문을 반복할 따름이다. 정치적 대표자들은 정치 장에서 투쟁의 논리에서 생겨나는 (흔히 모순적인) 실천적 요구, 가령 대표성을 증명할 필요성이라든지, 그들의 기획이 다른 대리인들의 기획으로 환원될 수 없음을 단언하며 최대한의 유권자 또는 최대한의 투표수를 움직여야 한다는 생각에 직면해 있으며, 그리하여 사회세계의 문제를 집단들 간의 경계선이나 동원가능한 집단의 크기 같은, 전형적으로 실체주의적인 논리 속에서 제기해야 하는 처지이기에, 자신의 힘을, 다시 말해 자신의 존재를 인식하고 또 〔타자들로 하여금〕 인정하게 하려고 애쓰는 집단에게 제기되기 마련인 문제를, '노동계급', '민중', '노동자' 같은 가변적인 개념들에 의지하여 해결하려 들 수 있다. 하지만 우리는 무엇보다 그들이 장에서, 그리고 세계관의 부과를 위한 경쟁에서 점유하는 위치와 관련된, 특수한 이익의 효과가, 이론가들과 직업적 대변인들, 일상어로 상근자(permanents)라고 부르는 사람들로 하여금, 분화된, 차별적인 생산물을 생산하도록 하는 경향이 있음을 보게 될 것이다. 이 생산물들은 의견 소비자들의 장과 직업적 생산자들의 장의 상동성 덕택에, 거의 자동적으로 다양한 형태의 수요에 맞추어져 있다. 그리고 이 수요는 이 경우에 특히, 대립적인 차이들에 대한 요구로 정의된다. 의견의 직업적 생산자들은 이 요구가 표현되는 것을 도움으로써 수요를 만드는 데 기여한다. 입장들, 즉 정치적 생산물의 공급을 결정하는 것은, 유권자들과의 직접적 관계 못지않게, 정치 장의 구조, 즉 다른 위치의 점유자들과의 객관적 관계 및 그들이 제안하는 경쟁적인 입장들과의 관계이다. 사회세계의 진실에 대한 정당한 표현을 독점하려는 투쟁에 직접적으로 걸려 있는 이해관계가 사회적 장에서 유사한 위치 점유자들의 이해관계의 전형적인 등가물이 되는 경향이 있기에, 정치담론들에는 일종의 구조적 이중성이 붙어 다닌다. 겉보기에 직접 유권자들을 향하는 것 같지만, 실제로 그 담론들은 장 안의 경쟁자들을 향하는 것이다.

　주어진 시점의 정치적 입장들은(예를 들면 선거결과) 이렇듯, 생산의 장의 역사 전체와 연결되어 있는, 객관화된 정치적 의견(강령, 프로그램, 선언 등)의 정치적 공급과, 그 또한 수요와 공급 관계의 역사와 연결된, 어떤 정치적 수요가 만난 결과이다. 주어진 시점에 이런저런 정치적 문제에 대한 입장들과 사회공간 안에서의 위치들 사이에서 확인되는 상관관계를 완전히 이해하려면, 투표자들이 선택하기 위해 작동시키는 분류법(예를 들면 좌파/우파)이 이전의 모든 투쟁들의 산물임을, 그리고 이는 분석가가 분류를 위해, 의견의 분류뿐 아니라 의견을 표명하는 행위자들의 분류를 위해 사용하는 분류법도 마찬가지임을 깨달아야 한다. 모든 사회적 장의 역사는 그때그때 — 당이나 노조의 상설기구 같은 기관들 속에 — 물질화된 형태로, 그리고 —이 기관들을 기능하게 하거나 그것들에 저항하는 행위자들의 성향 속에 — 체화된 형태로 (충직함에서 생겨나는 이력효과와 더불어) 현전한다. 모든 형태의 인정된 집합적 정체성 —'노동자 계급', 노동총연맹, '기술자들', '관리자들', '교수자격시험을 통과한 사람들' 등 — 은 길고 느린 집합적 정련의 산물이다. 완전히 인위적이지는 않으며, 그 때문에 성공적으로 구성될 수 있었던 이 각각의 대표체들은 그 역시 역사적 발명품인 일련의 제도들, 머리글자 — 교회법 학자들이 말하는 진짜 봉인(*sigillum authenticum*) — , 인장이나 스탬프, 사무실, 서명과 전권(*plena potential agenda et loquendi*) 을 독점한 사무관 등을 통해 존재하며, 대표된 집단이 사회적으로 알려지고 인정된 정체성을 갖고 존재하게 해 준다. 정치 장의 내부에서, 또한 외부에서, 특히 국가권력을 둘러싸고 전개되는 투쟁의 산물로서, 이 재현/대표는 그 전형적인 특징을 정치 장의 특수한 역사, 그리고 개별 국가의 역사에 빚지고 있다(이는 무엇보다 사회적 분할을 재현하는 방식과 재현된 집단들을 나누는 방식이 나라마다 다른 까닭을 설명한다). 그러므로 모든 집단이 스스로를 합법화하기 위해, 그 존재를 완전히 정당화하기 위해 생산하는 경향이 있는 자연화(*naturalisation*) 작업의 효과에 휩쓸리지 않으려면, 각각의 경우에 대해 사회적 분할과 이 분할에 대한 사회적 시각을 만들어낸 역사적 작업을 복원해야 한다. 사회적 위치를 정확하게 정의한다면 실천과 표상을 아주 잘 예측할 수 있다. 하지만 예전에 신분(*état*) 이라고 불렀던 사회적 정체성(오늘날은 점점 직업적 정체성과 동일시되는) 에 옛날 형이상학에서 존재의 지위를 부여하지 않으려면, 다시 말해 — 작용은 본질을 따른다(드러낸다) (*operatio sequitur esse*) 라는 공식에 따라 — 역사적 존재의 모든 측면을 통해 전개되는 본질의 기능을 부여하지 않으려면, 이 지위가, 거기서 생겨나는 하비투스와 마찬가지로, 역사의 산물이며, 역사에 의해, 얼마나 어렵든, 바뀔 수 있다는 것을 분명하게 상기시켜야 한다.

## 표상과 의지로서의 계급

그런데 권위 있는 대변인이 — 예를 들면 정당이나 노조의 대표가 — 보유하는, 구성하고 제도화하는 권력이 어떻게 구성되고 제도화되는 가를 밝히려면, 이론가나 대변인의 특수한 이해관계 및 그들을 유권자와 결합시키는 구조적 친화성을 설명하는 것으로는 충분치 않다. 일반적으로 위임과정, 즉 대리인이 집단으로부터 집단을 구성할 권력을 받는 절차로 이해되고 묘사되는, 제도화 과정16)의 논리를 분석해야 하는 것이다. 여기서 우리는 대리의 신비(*mystère du ministère* — *mysterium* 과 *ministerium*의 발음을 이용한, 교회법 학자들의 말장난)에 대한 법제사가들(칸토로비츠, 포스트 등)의 연구를 겹쳐 놓아도 좋을 것이다. 대변인을 그가 표현하는 집단으로 만들어 주는 화체17)의 신비는 재현/대표의 기원과 기능에 대한 역사적 분석에 의해서만 간파할 수 있다. 대표하는 자가 그를 대표자로 만든 집단이 되는 것은 재현/대표에 의해서이다. 집단의 이름으로, 그리고 무엇보다 집단에 대해, 구호의 마법에 힘입어 말하고 행동할 전권을 부여받은 대변인은 이러한 대리를 통해서만 존재하는 집단의 대체물이다. 허구의 인격의, 또는 사회적 허구의 인격화로서, 그는 분리된 개인들의 상태로부터 그가 대변한다고 주장하는 자들을 끌어낸다. 그들에게 자신을 통해 단 한 사람으로서 행동하고 말할 수 있게 해 주면서 말이다. 그 대신 그는 스스로를 집단과 동일시하고 집단이 바로 자기인 것처럼 말하고 행동할 권리를 얻는다. '스타투스 에스트 마지스트라투스'(*Status est magistratus*), '짐이 곧 국가다', '노조의 생각은 …' 등.

---

16) [역주] '임명절차'라고 번역할 수도 있다.

17) [역주] 성찬식의 빵과 포도주가 그리스도의 살과 피로 화하는 것.

대리의 신비는 어떤 사물 또는 사람을 원래와 다른 무엇으로, 즉 스스로를 인민이나 노동자 같은 사람의 집합이나 당, 교회, 국가, 민족 같은 사회적 추상과 스스로를 동일시할 수 있는 자(장관, 주교, 대표, 국회의원, 사무장 등)로 만들어 주는 저 사회적 주술들 가운데 하나이다. 대리의 신비가 절정에 이르는 것은 집단이 그것을 대변해 줄, 즉 그것을 위해, 그것을 대신하여 말해 줄 대변인에게 위임을 통해서만 존재할 때이다. 순환은 이제 완벽하다. 집단은 그것의 이름으로 말하는 자를 통해 만들어지며, 그리하여 그가 권력의 진정한 기초인 사람들에게 휘두르는 권력의 기초로 나타난다. 이 원을 이루는 관계가 결과적으로 대변인을 자기 원인(*causa sui*)으로 나타나게 하는 카리스마적 환상의 뿌리이다. 정치적 소외의 원리는 고립된 행위자들이 — 이는 상징자본이 부족할수록 더욱 그러한데 — 집단을 구성하려면, 즉 자신의 목소리가 정치 장에서 들리게 할 수 있는 하나의 세력이 되려면, 조직을 위해 스스로를 포기해야 한다는 사실에서 발견된다. 정치적 박탈을 피하려면 언제나 정치적 박탈을 무릅써야 하는 것이다. 마르크스에 의하면, 물신주의는 '인간 두뇌의 산물이 고유한 생명을 지닌 것처럼 나타날 때' 도래한다. 구체화된 배역의 가치라는, 인간 두뇌의 산물이 카리스마로, 즉 그 사람의 객관적이고 신비로운 속성으로, 포착할 수 없는 매력과 형언할 수 없는 신비로 나타난다는 사실 속에 바로 정치적 물신주의가 존재한다. 대리인은, 종교의 수장이든, 일국의 장관이든, 집단과 제유적 관계에 놓인다. 그는 집단의 일부이면서 집단 전체를 대신하는 기호로 기능한다. 완전히 상징적인 존재의 완전히 현실적인 대체물로서, 연대를 구성하는 병사들이 행진하는 것을 보고 연대는 어디 있느냐고 묻는 어린이처럼, 라일(Ryle)이라면 '범주의 오류'라고 부를 만한 것을 조장하는 것은 바로 그이다. 그의 유일한 가시적 실존에 의해, 그는 분리된 개인들의 순수한 계열체적 다양성을 법적 인격(*personne morale*)으로, 복수의 집합적 인격을 코르포라티오(*corporatio*), 즉 구성된 몸체로 구성한다. 그는 심지어, 동원과 시위의 효과를 통해 이 법적 인격을 사회적 행위자로 나타나게 할수 있다.

정치는, 사회적 사물들, 특히 집단들을 생산할 수 있는 기호들을 통해 수행되는 행위로서, 상징적 효력이 발생하는 대표적 장소이다. 어떤 상징체계, 기호로 표시될 수 있는 모든 것(신 또는 비존재)을 존재한다고 간주하게 해 주는 상징체계의 존재와 연결된, 가장 오래된 형이상학적 효과에 힘입어, 정치적 재현/대표는 매번, 논리학자들이 애지중지하는 대머리 프랑스 왕의 논증[18]의 파생형태를 생산하고 재생산한다. '노동자 계급'을 주어로 갖는 모든 예측적 진술은 존재에 대한진술(노동자 계급이 있다)을 숨기고 있다. 더 일반적으로 말해서, 인민, 계급, 대학, 학교, 국가 등, 집합명사를 주어로 갖는 문장들은 모두 해당 집단의 존재에 대한 문제가 해결되었다고 가정하며, 우리가존재론적 논증에서 비판할 수 있었던 '형이상학적 글쓰기의 오류'를은폐한다. 대변인은 어떤 집단에 대해, 그 집단을 대신하여 말하면서, 은밀하게 문제 집단의 존재를 상정하고, 그 집단을 구성하는 자이다. 모든 명명행위에 내재된 주술작용을 통해서 말이다. 정치적 이성은 본래 언어를 남용하는 경향이 있다. 언어의 남용은 권력의 남용이다. 바로 그 때문에 우리는, 사회학이 마땅히 제기하면서 시작해야 하는 질문, 즉 집합명사들의 존재 및 존재양식에 대한 질문을 제기하고

---

18) [역주] 버트란트 러셀이 《철학이란 무엇인가》에서 제시한 패러독스. "현재 프랑스왕은 대머리이다"라는 문장은 프랑스에 왕이 없기 때문에 역설에 부딪친다. 즉, 이명제도 이 명제의 역도 참이 아니기 때문이다. 대머리인 것들 속에서도 프랑스 왕을 발견할 수 없고, 대머리가 아닌 것들 속에서도 프랑스 왕을 발견할 수 없기 때문이다.

자 한다면, 정치적 이성에 대한 비판을 수행해야 하는 것이다.

계급은 전권(*plena potentia agendi*)을 가진 대리인이 — 당이 곧 노동자 계급이라는 혹은 노동자 계급이 곧 당이라는 공식, 교회가 곧 교황(혹은 주교들)이며 교황(혹은 주교들)이 곧 교회라는, 교회법 연구가들의 방정식으로 재생산되는 이 공식에 따라 — 계급의 이름으로 말하고, 그리하여 그것을 정치 장 속에 현실적인 힘으로 존재하게 만드는 것이 가능하고, 또 스스로 그것이 허용되어 있다고 느끼는 한에서, 그런 한에서만 존재한다. 오늘날 많은 사회에서 (물론 다양한 변이가 있지만)'노동자 계급'이라고 부르는 것의 존재양태는 완전히 역설적이다. 이 단어는 사유 속의 존재(*existence en pensée*) — 부분적으로는 노동자라고 지칭되는 사람들의 생각 속에 있는, 하지만 또한 사회공간 안에서 이들과 가장 멀리 떨어진 위치를 차지한 사람들의 생각 속에 있는 존재와 관련된다. 거의 보편적으로 인정되는 이 존재 자체는 재현/대표된 노동자 계급(*classe ouvrière en représentation*)의 존재, 즉 정치기구와 노조, 직업적 대변인들의 존재에 의지한다. 이들은 노동자 계급이 존재한다고 믿는 데, 그리고 — 그들과 연결된 사람들뿐 아니라 떨어져나간 사람들에게도 — 그렇게 믿게 하는 데 절박한 관심이 있으며, '노동자 계급'에게, 그것도 하나의 목소리로, 말하게 할 수 있다. 그들은 노동자 계급을, 귀신을 불러내듯 불러낼 수 있고, 신이나 성자에게 의지하듯 거기에 의지할 수 있으며, 시위 — 한쪽에는 직업적인 대표자들의 단체와, 노동계급의 존재를 구성하는 온갖 상징, 즉 머리글자, 휘장, 배지 따위가 있고, 또 한쪽에는 가장 확신에 찬 신도들의 분파가 그들의 현전을 통해 대표자들에게 대표성의 재현을 허락하는, 재현된 노동계급의 연극적 행진 — 를 통해서 그것을 상징적으로 전시할 수 있다. 이 '의지와 표상'으로서의 (쇼펜하우어의 유명한 책 제목을 흉내 내자면) 노동자 계급은 마르크시즘의 전통이 소환해온, 행위 속의 계급, 현실적으로 동원된 현실적 집단과는 아무 관계가 없다. 그럼에도 그것은 현실적인데, 이 기관들을 사회적 허구로 규정하는 주술적 현실이라는 (뒤르켐과 모스가 사용하는) 의미에서 그러하다. 마르크스 자신에서 시작하는, 이론적이고 실천적인 엄청난 역사적 작업을 대가로 창조되었고, 신념과 그 신념의 재생산을 맡은 기관의 생산과 재생산에 불가결하기에, 언제나 다시 시작되는, 헤아릴 수 없는 노력과 헌신을 대가로 끊임없이 재창조된, 진정한 신비체로서, 노동자 계급은 그것을 말하게 하고, 가시적으로 현전하게 하는 대리인들의 단체 속에서, 그들을 통해 존재하며, 또한 이 전권을 쥔 단체가, 이 '종이 위의 계급'의 구성원들을 가능한 집단으로서 객관적으로 결합시키는 친화력을 기초로, 오직 자신의 존재와 그 재현들을 통해 강요하는 데 성공한, 노동자 계급의 존재에 대한 믿음 속에서 존재한다.[19] 그리하여 사회세계 속에서 완전히 실현되는 과학적 이론이기를 자처한 최초의 사회이론 가운데 하나인 마르크스주의 이론이 역사적으로 성공함에 따라, 이론효과(effet de théorie) ― 마르크스주의 이론이 가장 많이 발휘한 효과 ― 를 통합하는 데 가장 무능한 사회이론이 오늘날 사회세계에 대한 적절한 이론의 발전 ― 한때 마르크스주의 이론이 어떤 다른 이론들보다 크게 기여하였던 ― 에 가장 큰 장애물로 나타나게 되었다.

---

19) '종이 위의' 친족집단과 '표상과 의지'로서의 실천적 친족집단의 관계에 대한 유사한 분석으로는 P. Bourdieu, *Esquisse d'une théorie de la pratique*(Genève, Droz, 1972)와 *Le sense pratique*(Paris, Éditions de Minuit, 1980)를 참조하라.

제 4 부    사회학적 화용론을 위하여:
세 개의 사례연구

# 서론

　명령, 지시, 경고같이 언어를 통해 작용하는 권력의 원천은 언어 안에 있지 않다. 하지만 언어는 그 논리 자체에 배리(*paralogisme*), 또는 궤변(*fallacy*)이라는, 독특한 형태의 권력남용의 가능성을 포함한다. 궤변이란 단순한 거짓말 또는 사실이 아닌 것을 말함이 아니라, 논리적으로 참처럼 보이도록 거짓을 말하는 것, 그것을 논박하려면 혹은 폭로하려면, 논리학자(논리학자 말고 또 누가 배리와 궤변에 대해 말하겠는가?)가 자신의 역량을 총동원해야 할 정도로, 너무나 논리적이거나, 논리적으로 보이는 논리의 결여를 말한다. 그런데 모든 궤변은, 필경 거기서 이익을 끌어내는 법을 아주 잘 알고 있었던 소피스트들 덕택에, 플라톤이 잘 간파했듯이, 아무것도 아닌 것에 대해, 무에 대해 말하는 언어의 역능(*capacité*) 속에 뿌리를 내리고 있다. 사물 속에 존재하지 않는 것을 말 속에, 말을 통해 존재하게 하는 힘, 비존재에 대한, 또는 겉모습에 대한 믿음을 불러일으키는 힘 말이다. 이 잠재적 역능, 언어학자가, 아니 더 일반적으로 학자가 휘어잡으려는, 또는

325

중립화하려는 이 미친 가능태를 사회적 행위자들은 (그리고 특히 존재하는지 아닌지 확실치 않은 것들에 대해 말할 수 있고, 말해야 하는 영역 중 하나인 정치 전문가들은) 좋게든 나쁘게든 끊임없이 이용한다.

프레게 이후 논리학자들은 하나의 문장이 지시체 없이도 의미를 가질 수 있다고 가르친다. 하지만 '프랑스 왕은 대머리이다'라는 문장이 암묵적으로, 모든 논리에 맞서서, 프랑스에 왕이 있음을 혹은 프랑스 왕이 존재함을 단언하고 있다는 것을 발견하기 위해서는 또 한 명의 위대한 논리학자가 필요했다. 하지만 "의견: 프랑스 또는 프랑스인들은 결코 유가인상을 받아들이지 않을 것이다"와 같은 종류의 문장들을 말하면서 우리가 버트란트 러셀의 예에서처럼, '공공의 의견' 같은 추상이 그저 하나의 단어, 의미 없는 발성(*flatus vocis*)이 아님을, 그것이 지시체를 갖고 있음을, 즉 여론이 존재함을 부당하게도 전제하고 있다는 것을 깨닫는 데 필요한 논리적이고 사회-논리적인 무기들을 갖고 있는 자는 누구인가? 별 생각 없이 주어가 프랑스, 국가, 교회, 심지어 노동자 계급이나 부르주아지인 문장을 만들 때마다, 우리는 동일한 배리, 동일한 존재론적 궤변에 빠질 것이다. 이 배리가 '권위 있는' 사람, 즉 '너에게 세례를 주노라'나 '당신은 이제부터 박사입니다' 같은 관용구를 통해 확인되는, 정당한 명명권력을 갖춘 사람의 입에서 나왔을 때는 명명된 대상을 받아들이는 사람들, 달리 말해 희생자들의 믿음 속에서, 그 믿음을 통해, 이 대상에 어떤 사회적 존재형식을, 아마도 유일하고 가장 확실한 형식을 부여할 수 있다는 점에서 더욱 위험하며 더욱 해체하기 어렵다. 이는 엄격하게 논리적인 비판은 존재론적 궤변이 그 사회적 사용 속에서 발휘하는 고유하게 사회학적인 효과를 포착하고 분쇄하는 데 무력함을 의미한다.

사회세계에서는 말이 현실을 만들 수 있다. 하지만 여기에는 조건이 따른다. 사회-논리적인 것이 논리가 알지 못하는 자기만의 이유들

을 갖는 것은 이 때문이며,[1] 생산의 사회적 조건(문학작품이나 철학논
저라면, 생산의 장에서 저자의 위치)과 수용의 사회적 조건을 고려하지
않은 채, 특히 발화자와 수용자 사이에 객관적으로 성립하는 사회관
계를 고려하지 않은 채, 정치적 언설이든 문학작품이든, 임의의 표현
형태의 유효성과 그 형식적 속성을 설명하려는 시도가 부질없는 것 역
시 이 때문이다. 이는 담론의 생산과 수용의 조건과 관련된 모든 것을
부지불식간에 괄호 안에 넣는 형태의 담론분석들은 모두, 담론의 전
형적인 형식적 특성들 속에서 그 생산과 유통의 사회적 조건들의 효과
를 파악하는, 진정한 담론과학을 건설하는 데 장애가 됨을 의미한다.

　담론의 전략과 형식적 기법은 하나의 위치에 내재한 구조적 필연성
속에 객관적으로 기입된 의도를 누설한다. 어떤 확립된 수사학을 통
해 표현되는 것은 바로 제도이다. 그래서 우리는 어떤 스타일의 속성
과 그 저자의 사회적 속성을 한꺼번에 파악할 수 있다. 그러한 수사학
적 효과의 배후에서 마르크스가 발견한 것은 위치들과 저자의 성향들
을 생산함으로써 그러한 효과를 생산하는 학교의 존재이다. "물론 우
리는 '학교들'을 들락거린 어떤 프티부르주아가 관련된 주체〔이해당사
자〕를 한 차례의 문학적 속임수에 의해 흥미로운 대상으로 변형시켰
다고 불평할 수는 없을 것이다." 이런저런 문체상의 특징 속에서 《독
일 이데올로기》의 마르크스와 《반그리스도》의 니체(여기에 《레 프로
뱅시알》의 파스칼을 추가할 수 있다)는 교수들의 전략과 유사한, 성직자
들의 전략의 불변항들을 탐지한다. 동일한 원인은 동일한 결과를 낳
는 법이기에, 슈티르너에 대한 마르크스의 비판 속에서 마르크스의
독실한 프랑스어 주해자[2]에게 고스란히 적용되는 분석을 발견한다

---

1) [역주] "심장은 이성이 알지 못하는 자기만의 이유를 가지고 있다"(Le coeur a ses
raisons que la raison ne connaît point)이라는 파스칼의 명언을 바꿔 쓴 것이다.

하더라도 놀랄 일이 아니다. 또는 하이데거와 알튀세르처럼, 겉보기에 철학적 공간에서 아주 멀리 떨어져 있는 것 같은 저자들에게서 거드름 피우는 담론의 가장 전형적인 기법들이 합류한다고 하더라도 말이다. 그들은 어떤 본질적인 것을, 즉 철학자의 지위를 구성하는 요소인, 이론적 고상함에 대한 감각을 공통적으로 갖고 있는 게 아닐까? 마찬가지로, 몽테스키외가 반쯤 사적인 신화학을 과학처럼 보이게 하려고 활용한 수사학적 전략들에 대한 분석이 과거와 현재의 모든 가짜 과학들이 자생적으로 다시 찾아내는 기법들을 집계하고 있다고 하더라도 조금도 놀랍지 않다.

  하지만 방법을 정교화하면서 좀더 완전하게 확립하려면, 위치의 속성들에 대한 분석을 더욱 정밀하게 해나가면서 사례연구를 축적해야 한다. 3) 그리하여 점진적으로 진정한 **사회학적 화용론**(*pragmatique sociologique*)의 원리들을 끌어내야 한다.

---

2) [역주] 여기서는 알튀세르(주의자)를 가리킨다. 3장 '무게잡는 담론' 참조.
3) 이런 맥락에서 우리는 《감정교육》의 경우를 거론할 수 있을 것이다. 여기서 형식화는 하나의 형태에, 즉 문학 장의 법칙에 맞게 다시 정의된 형태로 재창조된, 지배계급의 구조에(또는 이 구조 안에서 플로베르의 불가능한 위치에) 적용된다. cf. P. Bourdieu, "L'invention de la vie d'artiste", *Actes de la recherche en sciences sociales*, 2(mars 1975), pp. 67~94. 아니면 《판단력 비판》에 대한 분석을 예로 들 수 있다. 후자는 겉으로 드러난 담론의 일관성이 어떻게 사회세계에 대한 억압된, 게다가 객관적으로 일관성을 지닌 또 다른 담론의 파편들을 숨기고 있는지 보여준다. cf. P. Bourdieu, *La distinction, ciritique sociake du jugement*(Paris, Éd. de Minuit, 1981), pp. 565~585.

# 제1장

# 과학성의 수사학*

## 몽테스키외 효과의 분석을 위하여

> 가스코뉴 사람들은 노르망디 사람들보다 상상력이 풍부하다.
> — 말브랑슈, 《진리의 탐구》

하나의 문사적(文士的) 전통이 어떻게 기능하는지 분석하려는 사람에게, 몽테스키외의 기후이론이 불러일으킨 논평들만큼 적절한 예는 없을 것이다. 고전고대로 거슬러 올라가며, 도처에서 아카데미 콩쿠르의 과제로 제시되었던 하나의 문제 ― 심지어 〔낙후된 지역인〕 포 (Pau)에서도, 《법의 정신》이 출판되기 몇 년 전인 1743년, 다음과 같은 제목의 논문공모가 있었다: "기후의 차이는 사람들 간에 차이를 만드는 데 기여하는가?"―, 이 박식을 자랑하는 논쟁들에 불을 붙이고 기름을 부었던, 진짜이거나 진짜라고 여겨진 다량의 '자료'들, 그리고 장르의 법칙에 따라 서로 부분적으로 겹쳐지는 무수한 논평들. 이 논평들은 정전적 텍스트를 너무 심각하게 취급하거나 충분히 심각하게 취급하지 않는다. 그래서 ― 그 텍스트가 설파하는 명제들의 진리값

---

\* "La rhétorique de la scientificité"는 *Ce que parler veut dire*, pp. 227~239에 수록되었다.

(또는 독창성)이 아닌 — 그것이 진리효과(effect de vérité)를 생산하기 위해 활용하는 논증양식의 논리를 탐구할 수 없다.

막 태어나려는 사회과학이 신화와 과학 사이에서 망설이는 이 여명의 상태는 아직 사회과학을 지배하는 현학적(savant) 신화의 논리를 파악할 수 있는 좋은 기회이다. 그러므로 숭배의 대상을 과학의 대상으로 구성하기 위해, 좀더 정확하게는 사회과학의 과학을 위한 증거자료로 구성하기 위해, 지루한 찬송가를 중단시킬 것까지는 없을 것이다. 기후이론은 실로 '과학적' 신화학의 놀랄 만한 표본이다. '과학적' 신화학은 신앙(또는 편견)에 토대를 두고 있으면서 과학을 곁눈질하는 담론으로서, 서로 엮인 두 개의 일관성 원리가 공존한다는 특징이 있다. 하나는 과학적인 겉모습을 지닌 천명된 일관성인데, 과학성의 외적 기호들을 축적함으로써 자신의 존재를 부각시킨다. 다른 하나는 숨겨진 일관성으로서, 원리상 신화적이다. 이 양의적이며 양다리를 걸치는 담론은 그 존재와 사회적 효력을 다음 사실에 빚지고 있다. 즉 과학의 시대에는, 사회적으로 중요한 문제에 신화나 종교와 같은 방식으로 총체적이고 통일적인 대답을 제시하려는 무의식적 충동을 만족시키려면, 다름 아닌 과학으로부터 사유양식 혹은 표현양식을 빌려와야 한다는 것이다.


## 과학적 장치

인식론에 주의를 기울이면서 합리적 신화학의 자가당착[1]을 보여주

---

1) 피에르 구루는 《법의 정신》 14권에서 17권까지의 모든 자가당착을, 그 원리 — 순수하게 신화적이며, 이 겉보기에 일관성 없는 담론에 진정한 일관성을 부여하는 —

는 데 몰두할 때, 우리는 무엇이 그 신화학에 사회적 일관성과 효력을
부여하기에 그러한 비판이 생겨나며 또 그 신화학이 비판에 저항할 수
있는지 묻는 것을 잊고 만다. 다시 말해 우리는 (그 진리 값과 무관하게
상징적 효력을 갖는) '과학적' 장치와 (그것에 또 다른 수준의 일관성을 부
여하는) 신화적 의미망의 접합을 파악하려 하지 않는다. 다른 말로 하
자면, 찬송을 부르며 모든 것을 정당화하는[2] 성인전 연구가적 성향과
근본적으로 단절한다고 해서, 이것이 곧 과학적 수사학의 요소들 일체
를 고려하지 않는다는 의미는 아니다. 이 요소들은 과학적이고자 하
는 의지를 증명할 뿐 아니라, '과학적' 신화의 특수한 효과에 기여한

---

를 깨닫지 못한 채 지적하면서, 올바르게도 다음을 관찰하였다. "몽테스키외의 이
러한 시각들을 지적하는 것은 흥미롭다. 왜냐하면 그것들은 몽테스키외 안에 살고
있었듯이 우리 안에도 — 깨어나기를 기다리며 — 잠들어 있기 때문이다. 우리 역
시, 몽테스키외의 시대보다 더 정확한 관찰이 그의 언명을 얼마간 뒤집을지언정,
북쪽 지방 사람들은 남쪽 지방 사람들보다 더 크고, 더 조용하고, 더 근면하며, 더
정직하고, 더 사업가 기질이 있고, 더 믿을 수 있으며, 더 공평무사하다고 생각한
다"(P. Gourou, "Le déterminisme physique dans l'esprit des lois", *L'Homme*
(septembre-décembre 1963), pp. 5~11). 그런데 북쪽과 남쪽의 대립이, '선진국'
과 '개발도상국'의 대립('남-북 대립')이나 동일한 나라 안에서의 지역 간 대립('북부
와 남부')의 형태로, 머릿속에서 계속 작동한다고 해서 (이 구분법에 따르면 '남부
사람'일) 몽테스키외가 어떤 식으로든 남프랑스와 북프랑스를 대비시키고 있었다
고 믿는 것은 시대구분을 뒤죽박죽으로 만드는 일이 될 것이다. 로제 샤르티에는 후
자의 구분이 훨씬 늦게 나타남을 보여주었다.

2) 그 좋은 본보기가 여기 있다. "다시 한 번 부탁하거니와, 이 초보적인 실험을 비
웃지 말자(몽테스키외가 기후를 다루는 제 14권 서두에서 보고하는, 양의 혀에
대한 실험을 말한다). 브레트 들 라 그레세이(Brèthe de la Gressaye)[몽테스키
외 연구가]와 달리, 우리는 거기서 혈액순환의 혈관운동 체계에 대한 추측과 유
기체가 기후에 적응하는 한 가지 방식을 발견한다. 하지만 정작 중요한 것은 몽
테스키외가 지적 구성에 미쳐 있다고 여겨지는 순간에도 실험을 한다는 점이
다"(P. Vernière, *Montesquieu et L'esprit des lois ou la raison impure*(Paris,
SEDES, 1977), p. 79).

다. 여기에는 우선 18세기의 의학, 특히 체액이론과 존 아버스넛 (John Arburthnot)이 발전시킨 근육이론에서 빌려온 것들이 있다.[3] "차가운 공기는 신체 외부 근육의 말단을 조인다. 이는 근육을 팽팽하게 하며, 말단의 피가 심장으로 돌아가는 것을 촉진한다. 차가운 공기는 또한 근육의 길이를 줄이며, 그리하여 힘을 증가시킨다. 반면에 더운 공기는 근육의 말단을 느슨하게 하고 늘어지게 만든다. 또한 힘과 탄력을 감소시킨다"(XIV, 2).[4] 과학정신에 대한 정신분석은 원초적인 이미지들과 단어들(균형, 힘, 원동력 등)의 다의성에 힘입어 해부학적이고 생리학적인 묘사로 미끄러지는, 문자 그대로 신화적인 대립들을 잊지 않고 지적할 것이다. 팽창의 은유는 긴장된(또는 죄어진) 것과 느슨한 것이라는 도식과 결합하여, 과학적 묘사의 외관 아래서, 차가운 것과 힘(또는 더운 것과 약함)의 등가성을 확립한다. 앞으로 보겠지만, 신화적 일관성의 기초에 있는 것은 이러한 등가성이다.[5] 마찬가지로 우리는 기질에 대한 이론이 어떻게 음식(예를 들면 돼지고기, XXIV, 25)에 대한 가장 심오한 표상들과 결합하여 식단을 설명하는지

---

3) 문사적 전통의 사회학을 위한 메모: "몽테스키외 연구에 바쳐진 긴 생애 속에서 드디유 신부가 거둔 위대한 성과 중 하나는, 기후적 영향이론의 원천인, 존 아버스넛의 인간의 신체에 대한 공기의 효과에 관한 에세이를 발견한 것이다." (R. Shackleton, "The Evolution of Montesquieu's Theory of Climate", *Revue internationales de philosophie*, IX, 1955, Fasc. 3-4, pp. 317~329.)

4) Montesquieu, *De L'esprit des lois* (Genève, 1748) 및 Paris, Classiques Garnier, 2 vol., 1973. 로마자로 권을, 아라비아 숫자로 페이지를 표시함.

5) 이 생략된 의미가 충분히 전달되었다는 증거로, 한 주해자는 다음과 같이 번역한다. "더운 공기에서는 반대로 근육이 늘어지고 약해지며, 피가 천천히 흐른다. 그러므로 무르게 하고, 처지게 하며 마비시키는 열기와 달리, 차가운 기후는 몸을 더 활력 있게 하고, 혈액순환을 활발하게 한다(A. Merquiol, "Montesquieu et la géographie politique", *Revue internationale d'histoire politique et constitutionnelle*, VII, 1957, pp. 127~146).

살펴볼 것이다. 음식은 기후와 신체적, 정신적 성향들을 매개한다고 여겨진다. 하지만 '과학적' 장치와 장중함은 학술적 모델과 언어를 사용하거나 실험(양의 혀를 현미경으로 관찰하기)에 의지하는 데서 멈추지 않는다. 모든 것으로 미루어, 몽테스키외는 데카르트의 시스템을 모델로 삼으면서, 물리학처럼 '사물의 본성에서 끌어낸 필연적 관계들'(I, 1)을 파악할 수 있는 역사적 사실들의 과학을 수립하려고 하였음이 분명하다. 더 진보한 과학의 눈으로 보면 추측에 지나지 않는, 심지어 월권이라고 할 수 있는 것에 굴복하면서 그가 과학적 지식의 경계선을 벗어난 것은 어디까지나 과학의 이름으로, 그리고 과학의 진보와 과학에 의한 진보에 대한 신념을 내세우면서였다 — 1725년의 "우리를 과학으로 이끄는 동기들에 관한 논의"(*Discours sur les motifs qui doivent nous encourager aux sciences*)에서 그는 매우 데카르트적인 용어로 이러한 신념을 표명한다 — .


## 신화적 일관성

하지만 도처에서 과학적 장치 아래 신화적 받침대가 모습을 드러낸다. 길게 분석하지 않고도, 우리는 단순한 도식의 형태로 신화적 대립과 균형의 연결망을, 모든 '이론'을 지탱하는 진정한 신기루의 구조를 복원할 수 있다.

a: "육체적인 사랑이 간신히 그를 감각적으로 만든다"(XIV, 2).

b: "모스크바 사람에게 뭔가 느끼게 하려면 살갗을 벗겨야 한다"(XIV, 2).

c: "그러므로 오감의 활발함이 덜하다"(XIV, 2).

## 신화적 대립 도표

| 북 = 차다 | 남 = 덥다 |
|---|---|
| 차가운 질병들, 자살(XIV, 12) | 더운 질병들, 나병, 매독, 페스트(XIV, 11) |
| 죄어진(긴장된) = 강한 | 풀어진(느슨한) = 약한 |
| 신체와 정신의 힘 | 약함 = 의기소침 = (보복의 욕구 = |
| 자신감 = 용기 = 솔직함 | 의심, 잔꾀, 범죄) = 비굴함(XVII, 2) |
| 쾌락과(a) 고통에 대한(b) 둔감함(c) | 쾌락에 대한 극단적 민감함(d) = 사랑 = 하렘(XIV, 2) |
| 조용한 음악(영국 오페라) (제한된 상상력)(XIV, 15) | 강렬한 음악(이탈리아 오페라) 활발한 상상력 = 의심(e) = 질투(XVI, 13) |
| (활동성) = 남성성(f) | 신체적 수동성, 지적 게으름 |
| (고상한) 목표 = 관대한 감정 = 호기심 | 법과 관습의 부동성(g) |
| 사냥, 여행, 전쟁, 포도주(XIV, 2) | 왕정(XIV, 7) |
| (일부일처제-양성 간의 평등) | 일부다처제(《남존여비》)(XVI, 2, 9) |
| 자유(XIV, 13) = 왕정과 공화정 | 굴종 독재(h) |
| 기독교 | 이슬람교 |

d: "그들은 사랑을 그 자체로서 좋아한다. 사랑은 행복의 유일한 원인이다. 사랑이 곧 인생이다"(XIV, 2). "관능적인 국민들"(XIV, 8).

e: "이 민족들에게 그들을 소심하게 만드는 약점을 준 자연은 그들에게 또한 너무나 생생한 상상력을 주었다. 그리하여 모든 것이 과도한 강렬함으로 그들을 엄습한다"(XIV, 2). "독일인들의 법은 (…) 상상의 죄를 벌하지 않으며, 대신 눈의 죄를 벌한다. 하지만 독일의 어떤 나라가 스페인으로 옮겨갔을 때 (…) 민족들의 상상력에 불이 붙었고, 입법가들도 달아올랐다. 법은 모든 것을 의심할 수 있었던 민족을 위해 모든 것을 의심하였다"(XIV, 14).

f: "호전적인 민족들, 용감하고 활동적인 민족들은 즉시 여성화되고 게으르며 소심한 민족들을 건드린다"(XVII, 3). "유럽의 다양한 지역을 대상으로 한 어떤 계산에 따르면, 사내아이가 계집아이보다 더 많이 태어난다. 반면에 아시아와 아프리카에 대한 보고서들은 계집아이가 사내아이보다 훨씬 많이 태어난다고 말한다"(XVI, 3).

g: "동방의 민족들에게 세계에 대해 최대한 강렬한 인상을 받아들이게 하는 이 내장기관의 취약함에, 어떤 정신적 게으름, 육체의 게으름과 자연스럽게 연결되어 있으며, 정신으로 하여금 어떤 행동도, 어떤 노력도, 어떤 만족도 할 줄 모르게 만드는 게으름을 더한다면, 여러분은 그들의 영혼이 어떤 인상을 일단 받아들이면 더 이상 그것을 바꾸지 못한다는 점을 이해할 것이다. 오늘날 동방의 법, 관습과 예절이 (…) 천년 전과 동일한 것은 이 때문이다"(XIV, 4).

h: "보통 독재가 지배하는 더운 기후에서는 일찍부터 희로애락을 느끼며, 또한 일찍부터 그것에 무디어진다"(V, 15). "더운 기후에서는 여자들이 여덟 살, 아홉 살, 열 살이면 결혼 적령기에 도달한다. 그리하여 어린 시절과 결혼생활이 거의 언제나 함께 한다. 여자 나이 스무 살이면 노인이다. 그러므로 아름다움과 이성이 공존하는 법이 없

다. 철이 들 무렵에는 이미 아름답지 않다. 젊은 시절 미모가 가져다준 적 없는 영향력을 다 늙어서 이성이 가져다주지는 않기 때문에, 그녀들은 언제나 의존 속에서 살아가야 한다"(XIV, 2). "어떤 기후에서는 도덕이 아무 소용이 없을 정도로 육체가 큰 힘을 갖는다. 남자와 여자를 함께 있도록 내버려둔다고 하자. 유혹하자마자 타락할 것이다. 덮치는 것은 물론이고, 저항도 없을 것이다. 이런 나라에서는 규범이 아니라 자물쇠가 필요하다"(XVI, 8). "더위가 남자의 힘과 용기를 약화시킨다는 말을 앞에서 하였다. 차가운 기후에는 남자들에게 길고 힘들며 위대하고 과감한 일을 하게 만드는 육체와 정신의 어떤 힘이 존재한다는 말도 하였다(…). 그러므로 더운 기후의 민족들의 나태함이 그들을 거의 항상 노예로 만들고, 차가운 기후의 민족들의 용기가 그들에게 자유를 유지하게 만드는 것은 놀랄 일이 아니다"(XVII, 2).

이 관계망은, 언제나 그렇듯이, 몇 개 안 되는 대립들에서 생성되는데, 이 대립들은 대개 그 양극 가운데 하나에 의해서만, 즉 유표항(有表項)에 의해서만 환기되며,[6] 주인(자기 자신의 주인이자 타자의 주인)과 노예(감각의 노예이자 주인의 노예)의 대립으로 소급된다. 북쪽의 남자들은 남자 중의 남자로서, '능동적이고', 씩씩하며, 용수철처럼("남자란 용수철과 같아서, 팽팽할수록 멀리 가는 법이다"라고 몽테스키외는 어

---

6) 그리하여 남쪽 민족들의 많은 속성들, 부정적인 속성들은 북쪽 민족들의 미덕을 묘사하기 위해서만 환기된다. "더 자신감이 있으므로 더 용감하고, 자신의 우월성을 더욱 뚜렷하게 인식하므로, 복수하려는 욕구가 덜하고, 더 당당하기에 더 솔직하고, 덜 의심하며, 덜 정치적이고, 잔꾀가 적다"(XIV, 2). (이 도식에서 무표(無表)의 테마들은 괄호 안에 들어 있으며, 어떤 대칭의 효과에 의해서, 배경에만 나타난다.)〔유표와 무표의 대립에 대해서는 1부 서론 각주 4의 설명을 참조할 것.〕

딘가에서 말했다) 팽팽하게 긴장되어 있으니, 열정, 사냥, 전쟁, 음료에 이르기까지 그러하다. 반면에 남쪽의 남자들은 예속될 운명이며, 감각과 감정에, 성적인 **탐욕**(*pleonexia erotique*)의 원천인 상상에, 의심과 질투의 고통에 지배될 운명이다. 그들은 수동적인 열정 앞에서, 만족을 모르고 억제할 수 없는 육체적 사랑 앞에서, 여인을 향한 열정이자 여성적이며 여성화하는 열정이라는 의미에서, 여인의 열정, 신경을 건드리고, 약하게 하고, 무르게 하며, 기력과 에너지를 빼앗는 열정 앞에서, (여성적인) 수동성을 선고받았다.[7] 이 느슨하고 풀어진 성향, 한마디로 **여성화된**[8] 성향은 인류를 이중적으로 노예화하며, 지배된다는 것을 알지 못하기에, 지배를 감내하게 만든다. 근본적인 대립의 이 측면 전체는 '쉴 새 없이 솟아나고 가라앉는' 사랑의 장소이자, 다처제의 장소인 **하렘**[9]에 대한 환상 안에서 실현된다. 하렘은 여성을 노예화하는 것처럼 보이지만, 그 원리는 감각에 대한 남성의 종

---

7) 우리는 말장난과 과학적으로 보증된 환상들의 장난 사이의 심오한 공모를 본다. 예를 들어 18세기에 만개했던, 자위행위와 기타 '생명력'을 낭비함으로써 '동물적 경제'를 파산시키기에 안성맞춤인 온갖 형태의 방탕함에 대한 의학적 단죄를 생각해 보라. "자위행위에 대한 투쟁은 성에 대한 억압적 담론 안에서 특별한 자리를 차지하고 있었다. 1710년 런던에서 베커 박사(Dr. Bekker)의 저서 《오난과 오나니즘의 끔찍한 죄악》(*Onan ou le péché affreux d'onanisme*)이 출간된 이래, 세기말에 이르기까지 76종의 저술(책, 팸플릿, 논문)이 이 '치명적인 습관'을 논하는 데 바쳐졌다."(T. Tarczylo, *L'onanisme de Tissot*, *Dix-huitième siècle*, *Représentations de la vie sexuelle*, n° 12, 1980, pp. 79~96).

8) 우리는 디드로가 "여성화된"(*efféminé*)이라는 단어를 매우 유사하게 사용하는 것을 발견한다. "알랑거리기에 대한 여성화된 취향을 제외하면, 그는 신사라고 불릴 만하다"(Diderot, *Jacques le fataliste et son maître* (Paris, Gallimard, 1973), p. 145)).

9) 장 스타로뱅스키(Jean Starobinski)는 이스파한(Ispahan)의 하렘 이미지가 동방의 전제주의의 완성이자 예속의 완성으로서 양가성을 띤다는 것을 발견하였다. "몽테스키외의 상상적인 갈망에 응답하도록 '관능적인' 이미지들이 너무 흐뭇하게 그려졌다"(J. Strobinski, *Montesquieu par lui-même*, Paris, Le seuil, 1953), pp. 67~68).

속, 따라서 여성에 대한 남성의 종속이다. 우리는 여성과의 관계, 그리고 성에 대한 관계가, 남성과 여성의 기본적 대립을 통해, 대개 그렇듯 사회적 환상과 사회적으로 구성된 성적 환상의 조합의 산물인 이 신화를 지배하는 것을 본다. 몽테스키외가 명시적으로 '가정관리와 정치의 연관'이라는 문제를 제기한 것(XVI, 9)은 우연이 아니다. 성과 정치 외에도, '여성에 대한 지배력'이라는 의미에서 '가정의 예속'을 고민하는 의식적 사유의 궤적과, 여성이 발휘하는 지배력 및 ─ 이 보편적으로 불길한 권력에 특별히 굴복하는 사람들에게 남겨진 ─ 이 지배력에서 벗어나는 유일한 수단과 관련된, (약자의 힘, 잔꾀라는 데마와 더불어) 사회적으로 조립된 무의식적 환상의 숨겨진 사슬이 서로 얽히는 것은 실로 여기에서이다.[10] 설령 '합리화된' 신화라 해도, 신화에게 그것이 제공할 수 없는 논리를 요구해서는 안 된다.

(예를 들어 수동성을 여성성으로 이해하는) 저자와 그 독자들의 머릿속에 총체로서 현전하는 신화적 관계의 체계는 결코 그 자체로서 표현되지 않으며, 담론의 선형적 논리는 하나씩 하나씩, 즉 차례로만, 그것을 구성하는 관계들을 실행하도록 허락한다. 그러므로 아무것도 '과학적' 신화학을 정의하는 합리화의 의도가 신화적 관계를, 그것에 겹쳐지며 동시에 그것을 억압하는 '합리적' 관계 밑에 감추는 것을 가로막지 못한다. 예를 들어 그 자체로는 결코 표현되지 않는, 수동성과 여성성 또는 능동성과 남성성 간의 신화적 관계가, 북쪽의 '호전적' 민족들에게는 사내아이가 더 많이 태어나고 남쪽의 '여성화된' 민족들에게는 여자

---

[10] "우리 여성들의 정신적 가벼움과 경솔함, 취향과 반감, 그녀들의 크고 작은 정열이 동방의 통치 아래로 옮겨진다고 상상해 보자. 여기서 하던 대로 자유롭게 행동하면서 말이다. 한순간이라도 마음이 편할 가장이 누구이겠는가? 어디나 의심스러운 사람들과 적들이 있다. 국가가 흔들리고, 피가 냇물처럼 흐를 것이다"(XVI, 9).

아이가 더 많이 태어난다는(XIV, 4) 인구학적 '법칙'의 가면 아래 정립된다. 마찬가지로, 강자들의 센 음료(와 정열)인 '독주'와, 그 때문에 '난폭해'지기는 하지만 다른 곳에서처럼 멍청해지지는 않는 '호전적 민족'의 관계는 발한에 대한 '학문적' 이론(XVI, 10)의 매개를 통해서만 성립된다. 이 이론은 남쪽의 어떤 문명에서 돼지고기를 먹지 않는 이유를 설명하는 데에도 이용된다(XXIV, 26). 또한 마찬가지로, 수동성 또는 관능의 추구를 일부다처제와 곧장 연결하는 끈은, 남쪽 여성들의 성적 조숙함이라는 테마와 더불어 생물학의 외피를 쓰든지(XVI, 2) 앞서 언급한 여초현상이라는 테마와 더불어 인구학의 외피를 쓰든지(XVI), 명백한 논리의 수준에서만 자리 잡는다. 유식한 담론은 사회적 충동을 사회적으로 수용가능하며 심지어 매혹적인 형태로 표현하도록 허용하는 완곡어법들의 그물처럼 기능한다. 이리하여 거침없이, 하지만 과학적으로 완곡화된, 즉 감추어진 형태로 발화된, 근육을 조이는 차가운 공기와 늘어지게 하는 더운 공기의 대립이라는 신화적 진리가, 50페이지 뒤에서, 요약의 논리가 허용하며 또 강제하는 검열들의 '완화'에 힘입어, 분명하게 드러난다. "더운 기후의 민족들의 나태함이 그들을 거의 항상 노예로 만들고, 차가운 기후의 민족들의 용기가 그들에게 자유를 유지하게 만드는 것은 놀랄 일이 아니다"(XVII, 2). 근육의 이완, 풍속의 이완, 생기와 남성적 에너지의 이완, 그리고 무기력(*lâcheté*). 사회적으로 수용가능한 신화들을 생성하려면, 보다시피, 단어들을 갖고 노는 것, 낱말들의 놀이, 말장난을 내버려 두기만 하면 된다. '늘어진'(*lâche*)에 긴장이 풀린, 느슨해진, 무른, 약한, 우유부단한 등의 의미가 동시에 있는 것처럼, 대부분의 단어에 충분히 구별되고 독립적인 여러 개의 의미가 공존하므로, 그것들을 연결하여, 예컨대 재치 있는 말을 만들면, 놀라움을 자아낼 수 있다. 이 의미들은 그러면서도 충분히 닮아 있어서, 그것들을 한데 묶는 데 합리적인 근거가 있어 보인다. 작가의 계발된 무의식이 낳는 사회적 환상들은 오랜 세월에 걸쳐 축적된, 사회적 무의식의 산물인, 언어와 문화의 복잡함과 유순함에 의지한다. 기후 '이론'의 기본원리를 만들 때 몽테스키외에게는 아리스토텔레스도, 보댕도, 샤르댕도, 뒤 보 신부(Abbé Du Bos)도, 아버스넛도, 에스피아르 들 라 보르드(Espiard de la Borde)도, 박식한 학자들이 끝없이 발굴하는 '잘 알려지지 않은 전거'들도 필요하지 않았다. 11) 그는 그저 자기 자신 안에서, 즉 그가 동시대의 교양 있는 사람들 전체와 공유하고 있었던, 12) 그리고 그가 후자로부터 받은 '영향'의 원천이기도 한, 사회적 무의식으로부터 그 원리들을 퍼 올리기만 하면 되었다. 그렇다 하더라도, 문사적 전통은 사회적 환상을 허용하고 강화함으로써, 그리고 그 표현에 권위와 정당성을 부여함으로써, 학문적 신화의 사회적 가능조건들의 일부를 이룬다. 그 형태의, 다시 말해 그 신화가 과시하는, 과학적인 느낌을 주는 언어의, 그리고 아마도 그 신화의 존재 자체의, 하지만 또한 그 수용의 가능조건. 그 많은 주해자들 중에서 누구도, 기후이론에서 특히 두드러지며 아마도 《법의 정신》13) 전체에 걸쳐 작동하고 있을 '과학적' 신화학 특유의 논리를

---

11) 이 '전거들'은 특히 R. mercier, La théorie des climats des "Réflexions critiques" à "l'Esprit des lois", *Revue d'histoire littéraire de la France*, 53° année(janv. -mars 1953), pp. 17~37과 159~174에 잘 정리되어 있다.

12) "이 시대에 인기 있는 이론, 거의 모든 사람이 우러른 진리가 있었다면, 기후와 토양이 개인과 집단의 행복과 건강, 정치체제의 형태, 민법과 공법의 제정에 영향을 미친다는 것이 여기에 해당된다"(A. Merquiol, *loc. cit.*). 경쟁적인 박학의 과시는 '전거들'(또는 '영향들')의 우주를 한없이 넓혀가면서, 사회학적으로는 거의 적절하지 않은, '독창성'의 문제를 제기한다(cf. 예컨대 P. Vernière, *loc. cit.*, p. 82). (몽테스키외가 그 이전에 이미 정식화된 생각들을 자기 것처럼 제시했다고 보는 바로 그 논자들이 몽테스키외의 서재에 수집된, 그와 비슷한 생각을 포함한 모든 저서들에 '전거'의 지위, 즉 '영향'의 원천으로서 지위만을 암묵적으로 인정한다.)

13) 우리는 사람들이 《법의 정신》에서 즐겨 확인하며, 정치체제들(특히 독재)의 이론

분석하려 하지 않았다는 것은 달리 이해하기 어렵다. 정당하다고 인정된 저작들이 요구하는 복종과 아첨, 그리고 사회적 무의식에 이득이될 때마다 관찰되는,14) 논리적 경계심의 저하가 결합하여, 과학적 주제이자 숭배의 대상으로 주어진 것을 과학의 대상으로 만들 수도 있다는 생각을 떨쳐버린 것이 아니라면 말이다.

그러므로 완성도가 더 높은, 아니면 그저 더 이름 있는 과학의 방법들 또는 작업들을 이전함으로써 얻어지는 과학적 외양을 사회적 환상의 투사나 편견의 사전 조립에 포개 놓았을 때 생겨나는, 완전히 특별한 상징적 강제효과에 몽테스키외의 이름을 결부시키는 것은 《법의정신》의 저자를 정당하게 평가하는 일이리라. 물리학이나 생물학에

---

과 기후이론의 가시적 관련이 (그리고 여성의 처지나 정복의 권리 등에서의, 다른 많은 일치점들이) 증명하는 유기체적 통일성의 원리가 동일한 유형이 아닌지, 그리고 기후 '이론'이 '이론' 전체의 ― 신화적 ― 기초가 아닌지 자문해 볼 수 있다(cf. "기후의 지배는 다른 모든 지배들 중 으뜸이다", XIX, 14).

14) 역사적 행위에 자리를 남겨놓는 역사적 결정론을 기성질서의 수용 혹은 정당화로 이끄는 물리적 결정론으로 환원함으로써, 무엇보다 역사를 사라지게 하는 효과를 갖는 하나의 '이론'에 대한 집착의 (정치적) 기반을 감지하려면, 르 플레이(Le Play), 드 프레빌(A. de Préville), 투르빌(H. de Tourville), 뷔로(P. Bureau), 데캉(P. Descamps), 드몰랭(E. Demolins)의 사회과학 학파에서 정치과학 학파 및 그들의 정치지리학적 연습들에 이르는, 또한 라첼(Ratzel)의 인간-지리학 (Anthropo-géographie)에서 지정학(Geopolitik)에 이르는, 기후이론의 후속편들을 따라가 보는 것으로 족하다. (몽테스키외의 물리적 결정론의 기초에는 바로 이러한 기능이 작동하고 있었다. "이론적 이성의 눈으로 보았을 때 올바르지 않으며, 자연법의 이름으로 고치고 싶어지는 하나의 법칙이, 실제로는 원인과 결과의 긴 연쇄의 산물이다. 이 법칙은 다른 법칙들과 연결되어 있다. 그래서 우리는 민족의 일반적 기풍을 거스르지 않고는 그것을 수정할 수 없다. 바로 그 때문에 가장 이론적인 것이 현실적으로는 정치적인 오류일 수 있는 것이다. 그러므로 불완전할망정 전통적인 질서를 지키고 싶다면, 절대적인 올바름을 거부하는 게 낫다." J. Starobinski, op. cit., pp. 86~87.)

서도 알려져 있는15) 이 효과는 사회과학에서 그 관할영역을 발견하였다. 사회과학에서는 생물학과 물리학의 기계적 모방으로 얻어진 '이론들'을 더 이상 고려하지 않지만 말이다. 16)

---

15) G. Canguilhem, *Idéologie et rationalité dans l'histoire des sciences de la vie* (Paris, Vrin, 1977), pp. 39~43.

16) 베르너 스탁(Werner Stark)의 저서 *The Fundamental Forms of Social Thought* (London, Routledge and Kegan, 1962)는 과학적 정신의 병리학에 대한 기고로 읽힐 수 있다. 이 책은 어떤 유기체론[블룬칠리(Bluntschili), 셰플러(Schäffle), 릴리언펠트(Lilienfeld)] 또는 메커니즘 ─ 파레토는 물론이고 캐리(Carey), 런드버그(Lundberg), 도드(Dodd) 등 ─ 의 기형적 형태들을 환기시킨다. 동일한 논리로 Cynthia Eagle Russett, *The Concept of Equilibrium in American Social Thought* (New Haven, Yale University Press, 1966)도 참조하라.

제 2 장

# 검열과 형식화*

LOUCHE[사팔뜨기의, 곁눈질하는, 수상쩍은]: 문법과 관련해서 사용되었을 때 이 단어는 '어떤 의미를 전달하는 것처럼 보이지만 실제로는 완전히 다른 의미를 띠는 것'을 뜻한다. 특히, 그 구조가 중의적인 기교를 포함하고 있어서 표현의 명료함을 크게 훼손하는 문장들을 가리킨다. 그러므로 어떤 문장을 사팔뜨기로(louche) 만드는 요소는 그 문장을 구성하는 단어들의 특정한 배열에서 나온다. 단어들이 첫눈에 어떤 관계를 갖는 것처럼 보이지만, 실제로는 다른 관계를 가질 때가 그렇다. 이는 사팔뜨기인 사람이 이쪽을 보는 것 같지만 실제로는 저쪽을 보는 것과 비슷하다.
— M. Beauzée, *Encyclopédie méthodique, grammaire et littérature*, tome II

전문가 집단이 공통언어의 체계적 변형을 통해 생산하고 재생산하는 특수한 언어들은, 모든 담론이 그렇듯이, **표현적 관심과 검열** 간 타협의 산물인데, 이 검열은 담론이 생산되고 유통되는 장의 구조 자체에 의해 구성된다. 생산자의 개별적 능력에 따라 더 '성공적'이거나 덜 성공적인 이 '타협의 형성물'— 프로이트처럼 말하자면 — 은 완곡화 전략들의 산물로서, **형식화**(*mettre en forme*)와 **형식의 사용**(*mettre des formes*)의 분리할 수 없는 결합으로 이뤄진다. 다양한 형식의 담론이 다양한 생산자들에게, 그들이 장에서 차지하는 위치에 따라, 즉 이 장에서의 쟁탈대상인 특정한 자본의 분포구조 안에서 그들이 차지하는 위치에 따라 가져다줄 수 있는 물질적 혹은 상징적 이윤의 기회구조의 한계 내에서, 이 전략들은, 생물학적 충동이든 (넓은 의미에서의) 정치적 관심이든, 표현적 관심의 만족을 보장하는 경향이 있다.[1]

---

* "Censure et mise en forme"은 *Ce que parler veut dire*, pp. 167~205에 수록되었다.

343

검열이라는 은유에 오도되지 말아야 한다. 표현의 형태와 표현에 대한 접근을 동시에 규제함으로써 표현을 규제하는 것은 장의 구조 자체이지, 모종의 언어적 코드의 위반을 지적하고 억압하기 위해 특별하게 설치된 어떤 법적인 심급이 아니다. 이 구조적 검열은 장의 제재를 매개로 작동되는데, 이 장은 다양한 종류의 표현들의 가격이 결정되는 일종의 시장 노릇을 한다. 상징적 재화를 생산하는 사람 누구에게나 검열이 부과되며, 허가받은 대변인, 즉 그의 말이 공적인 예절을 따르는 다른 말들 이상의 권위를 갖는 사람도 예외가 아니다. 피지배적 위치의 점유자들은 이 검열 때문에 침묵을 지키거나 아니면 창피하게 솔직해지거나 해야 한다.

행위자들을 다양한 위치에 분포시키는 (그리고 그 효과의 성공 자체에 의해 잊혀지는) 메커니즘들이 이 다양한 위치들이 그 위치의 객관적인 정의에 부합하는 말을 할 줄 아는(또는 침묵을 지킬 줄 아는) 행위자들에 의해 점유되도록 보장할수록, 이 검열은 제도적 권위에 의해 부과되고 확인되는 명시적 금지의 형태로 나타나지 않아도 된다(이는 신입 회원을 뽑는 과정에서, 겉보기에는 사소하기 짝이 없는, 형식을 갖추어 말할 줄 안다는 표시가 번번이 중요한 자리를 차지하는 까닭을 설명한다). 행위

---

1) 프로이트의 모델이 모든 표현을 어떤 장의 (검열의 형태로 작동하는) 구조적 필연성과 표현적 관심 사이의 타협의 산물로 만드는, 더 일반적인 모델의 특수한 경우라고 본다면, 우리는 정신분석학이 발전시킨 개념들을, 흔히 그 개념들이 형성된 정치(*politique*)의 영역으로 소환할 수 있다. 가족이라는, 특수한 유형의 (그리고 사회적 조건에 따라 그 구조가 달라지는) 세력관계들의 장 안에서 작동하는 사회적 억압은 그 형태(암묵적인 명령과 암시의 형태)에서 완전히 특수하며, 완전히 특수한 관심들의 집합에, 성적인 충동에 적용된다. 하지만 꿈과 사적인 용도의 모든 이데올로기들의 문법에 대한 프로이트적 분석은 생물학적 혹은 사회적 충동이 사회적 검열과 타협해야 할 때마다 수행되는, 완곡화와 편집작업을 이해하는 데 필수적인 도구들을 공급한다.

자 각자가 그가 말하도록 객관적으로 허용된 것 외에 아무것도 말하지 않을 때, 검열은 어느 때보다 완벽하며, 또한 비가시적이다. 그럴 때 행위자는 자기 자신을 검열할 필요조차 없다. 왜냐하면 그는, 그가 내면화한 지각과 표현의 형식들, 그의 표현들 모두에 부과되는 이 형식들을 통해, 말하자면 영구적으로 검열되었기 때문이다.

가장 잘 숨겨져 있고 효율적인 검열들 중 하나가 특정한 행위자들을 권위를 가지고 말하는 집단 또는 장소에서 배제함으로써 소통에서 배제하는 것이다. 어떤 집단 안에서 말해질 수 있는 것과 말해질 수 없는 것을 설명하려면, 그 집단 안에 성립된, 특정한 개인들(예를 들어 여자들)을 말할 수 있는 상태 바깥에 두거나, 완력을 써서 발언권을 얻도록 만드는 상징적 세력관계뿐 아니라, 사전 검열처럼 작동하는, 집단의 구성법칙 자체(의식적, 무의식적 배제의 논리 등)도 고려해야 한다.

그러므로 상징생산은 그 고유한 특성을 생산의 사회적 조건으로부터, 더 정확하게는 생산의 장 안에서 생산자의 위치로부터 얻는다. 생산의 장은, 다양한 매개들을 통해, 표현적 관심, 그 관심에 부과되는 검열의 형태와 강도, 그리고 이 관심을 이러한 제약 속에서 만족시키는 것을 가능하게 하는 능력을 동시에 지배한다. 표현적 관심과 검열 사이에 성립하는 **변증법적** 관계는 만들어진 작품(*opus operatum*) 안에서 내용과 형식, 말해진 것과 말하는 방식, 심지어 이해하는 방식을 구별하는 것을 금지한다. 장의 구조가 수행하는 검열은 편집을 강요하면서, 형식 — 모든 형식주의자들이 사회적 결정론으로부터 구출하려는 것 — 을 결정하며, 그리하여 자연스럽게 내용을 결정한다. 내용은 그에 알맞은 형식과 분리할 수 없으며, 따라서 알려진 형식들과 인정받는 규범들 바깥에서 (문자 그대로) 생각할 수 없기 때문이다. 검열은 또 수용의 형태를 결정한다. 형식에 맞게 철학적 담론을 생산하는 것, 다시 말해 일련의 적절한 신호들(문장구성, 어휘, 참고문헌 등)로 장식되어 철학적 담론임을 알아볼 수 있게, 그 담론이 철학적이라고 인정받을 수 있게 하나의 담론을 생산하는 것,[2] 이는 형식에 따라, 즉 사용된 형식에 대한 존중 속에서 수용되기를, 혹은 문학에서 자주 보듯이, 형식으로서 수용되기를 요구하는 하나의 생산물을 생산하는 것이다. 정당한 작품들은 어떤 폭력을 행사하는데, 그 폭력은 그 작품들이 ― 그러한 관심을 가지고 있음을 부인하는 형식 아래서만 ― 표현하는 표현적 관심을 파악하는 데 필수적인 폭력으로부터 그것들을 보호해 준다. 예술사나 문학사 또는 철학사의 용도는 바로 공인된 작품들이 고유의 지각규범을 강제하기 위해 사용하는 형식화 전략들의 효력을 증명하는 데 있다. 구조적 분석이나 기호학적 분석처럼, 기능으로부터 독립된 구조들을 연구한다고 자부하는 '방법'도 예외가 아니다.

이는 작품이 내용만큼이나 형식에 의해, 특정한 장과 결부되어 있음을 의미한다. 하이데거가 다른 형식으로 말했다고 상상해 보자. 1890년대 독일에서 행해지던 철학적 담론의 형식이나, 오늘날 예일이나 하버드에서 통용되는 정치철학 논문의 형식으로, 아니면 완전히

---

2) 물론 그 저자에게 인정된 유명한 '철학자'의 지위, 철학적 위계 안에서 그의 위치를 확인시켜 주는 기호들과 표지들 ― 대학 학위, 출판사, 아니면 그저 고유명사 ― 만큼 여기에 기여하는 것은 없다. 그 효과를 느끼려면, 발전소와 라인 강의 오래된 다리에 대한 [하이데거의] 글을 예로 드는 것으로 충분하다 (cf. M. Heidegger, *Essais et conférences* (Paris, Gallimard, 1973), pp. 21~22). 한 주석가는 이 글의 저자에게 '생태주의 투쟁 최초의 이론가'라는 영예를 부여하였다 (R. Schérer, *Heidegger* (Paris, Seghers, 1973), p. 5). 하지만 이 페이지에 어떤 환경운동 지도자나 복지부장관의 이름, 또는 좌파 고등학생 서클의 머리글자가 서명되어 있다면, 그래도 그것이 똑같이 읽힐까? (물론 저자가 다른 사람이라고 말하는 것이 그럴듯하게 들리려면 형식에서도 어떤 수정이 뒤따라야 하겠지만 말이다.)

다른 형식으로 말이다. 이는 **불가능한** 하이데거(예를 들면 '방황하는' 하이데거나 1933년에 국외로 이주한 하이데거)를 상상하는 일, 또는 하이데거가 활동한 시기의 독일에서는 그에 못지않게 불가능했던 생산의 장을 상상하는 일이다. 상징적 생산이 그 생산의 사회적 조건에 가장 직접적으로 영향을 받는 것은 형식을 통해서인데, 바로 이 형식을 통해 상징적 생산 특유의 사회적 효과가 나타난다. 다시 말해 상징적 폭력은 그것이 폭력으로 인식되지 않고 정당한 것으로 인정되는 조건에서만 휘둘러지고 또 견뎌진다.

## 가짜 단절의 수사학

전문적 언어는 자율성의 외관 아래 타율성을 숨기고 있다는 점에서 과학적 언어와 구별된다. 일상어의 도움 없이는 작동할 수 없기에, 전문적 언어는 장에 따라, 그리고 같은 장 안에서도 때와 위치에 따라, 다양한 수법으로 가짜 단절의 전략을 사용하여, 독립성의 환상을 생산해야 한다. 예를 들면, 모든 과학적 언어의 근본적 속성인, 체계에 의한 요소들의 결정을 흉내 낼 수 있다.[3] 엄밀한 과학이 일상어로부터 빌려온 단어들은 구성된 시스템으로부터 그 의미 전체를 얻는다.

---

3) "각각의 체계는 사실상 그 고유한 원초적 형식들만을 인식하며, 다른 것은 이야기하지 못한다"(J. Nicod, *La géométrie dans le monde sensible*(Paris, PUF, 개정판, 1962), p. 15). 동일한 각도에서 바슐라르는 과학적 언어가 일상적 언어 혹은 과학 이전의 언어에 속하는 단어들에 따옴표를 침으로써, 그것들이 이론적 관계들 속에 편입되면서 완전히 재정의 되어 그러한 관계들로부터 의미를 얻게 됨을 표시한다고 지적했다(G. Bachelard, *Le matérialisme rationnel*(Paris, PUF, 1953), pp. 216~217).

그리고 신조어를 만들거나 추상적이고 순수한 상징을 이용하기보다 일상어에 대한 의존을 택하는 것은(때로는 이런 선택이 불가피하다) 어떤 집단적 작업이 쌓인 결과물로서 언어가 함축하는 예상 밖의 관계들을 드러내는 능력을 활용하려는 의도에서 나왔을 때만 좋은 방법일 수 있다. 4) 수학에서 군(*groupe*)은 완전히 자족적인 상징이다. 왜냐하면 그것을 정의하는 관계들과 조작들이 그 구조를 고유하게 정의하며, 그 속성들의 원천을 이루기 때문이다. 반면에, 사전에 수록된, 이 단어의 전문적인 용법 대부분은 — 예를 들어 회화에서는 '어떤 작품 안에서 하나의 유기적 단위를 이루는 여러 인물들의 모임'을, 경제학에서는 '다양한 관계로 결합된 기업들 전체'를 뜻한다 — 이 단어의 원래 의미에 대해 아주 약한 자율성만을 유지하며, 그러한 용법을 숙지하지 못한 사람들에게는 불가해하다. 일상어에서 빌려온 하이데거의 단어들은 여기에 해당되지 않는다. 하지만 이 단어들은, 철학언어가 자율적이라는 인상을 만들어내는 형식화의 작업을 통해 변형되었다. 형식화의 작업은 형태적 연관성을 체계적으로 강조하면서, 언어의 지각되는 형태 속에 드러나는 관계망에 이 단어들을 삽입함으로써, 그리하여 담론의 요소들이 각각, 기표이자 기의로서, 다른 요소들에 의지한다고 믿게 함으로써, 그러한 과제를 수행한다. 배려를 뜻하는 평범한 단어인 *Fürsorge*가 바로 그 형태에 의해, 한 가족을 이루는 다른 단어

---

4) 사회과학에서 언어의 문제는 독특한 방식으로 제기된다. 사회과학이 그 성과를 최대한 확산시키려고 노력해야 한다는 데 동의한다면 그러하다(사회과학적 성과의 확산은 사회관계의 '탈물신화'와 사회세계의 '재전유'의 조건이다). 일상어에 속하는 단어들의 사용은 물론 일상적 의미로 후퇴할 위험을 안고 있다. 이는 그 단어들이 과학적 관계들의 체계 속에 삽입됨으로써 획득한 의미의 상실로 이어진다. 한편, 신조어나 추상적 상징에 대한 의존은 단순한 '따옴표들'보다 일상적 의미와의 단절을 더 잘 표시하지만, 사회세계에 대한 과학적 시각의 소통에서도 단절을 생산할 위험을 내포한다.

들 전체에, *Sorge*(염려), *Sorgfalt*(돌봄, 정성), *Sorglosigkeit*(태만, 무관심), *sorgenvoll*(염려하는), *besorgt*(신경 쓰는), *Lebenssorge*(삶에 대한 염려), *Selbstsorge*(자기염려)에 감각적으로 달라붙는 것은 이렇게 해서이다.[5] 현자들의 어법과 잠언에서 흔히 볼 수 있는, 뿌리가 같은 단어들을 이용한 말장난은 두 단어의 의미 사이에 필연적인 관계가 있다는 느낌을 주는 형식상의 수단들 중 하나이자, 아마 가장 확실한 수단에 지나지 않는다. 두운법과 모음의 반복에 의한 연합은 거의 물질적이라 할 수 있는, 형태와 소리의 닮음 관계를 수립하면서, 또한 기의들 간의 숨겨진 관계를 드러내거나 더 빈번하게는 말장난을 통해 만들어내는 데 필수적인, 형식적 연합을 생산하곤 한다. 후기 하이데거의 철학적 말장난들, *Denken*(생각하다) = *Danken*(감사하다)이나 *Sorge als besorgende Fürsorge*(염려하는 미리-치료하기로서의 염려)에 대한 말장난의 연쇄가 그런 예이다. *Die Entschlossenheit aber ist nur die in der Sorge gesorgte und als Sorge mögliche Eigentlichkeit dieser selbst*(결단성이란 염려 속에서 염려되며 염려로서 가능한 염려 자체의 본래성에 지나지 않는다).[6] 이러한 말장난은 형태적인 암시와 어원에의 소급이 형태의 전반적인 일관성, 따라서 의미의 전반적인 일관성이라는 허상을 만들어내고, 그리하여 담론의 필연성이라는 허상을 만들어내지 않는다면, 빈말의 나열이라는 비난을 살 것이다.

모든 기표들 사이에 필연적 연관이 있다는 느낌을 주기 위해, 또한

---

5) [역주] 부르디외는 하이데거의 언어유희를 다룬 이하의 몇 페이지에서 독일어 단어 또는 문장을 그대로 쓰고 괄호 안에 프랑스어로 뜻을 풀이하였다.

6) M. Heidegger, *Sein und Zeit*(Tübingen, Niemeyer(1er éd. 1927), 1963), pp. 300~301. 하이데거는 그의 권위가 커지고, 단호하게 빈말을 늘어놓는 것이 허용된다고 스스로 느낌에 따라 — 모든 권위 있는 담론의 극단은 빈말의 나열이다 —, 더욱더 이런 방향으로 나아갈 것이다.

기표와 기의 사이의 관계가 오로지 철학적 개념체계의 매개를 통해서만 성립된다는 느낌을 주기 위해, 언어의 잠재적 자원들이 모두 동원된다. *Entdeckung*(드러냄)과 *Entdeckheit*(드러나 있음)처럼 일상어를 격조 있게 만든 '전문' 용어, (하이데거, 야스퍼스, 그리고 그 밖의 몇몇이 공유하는 단어인) *Dasein*(현존재)처럼, 전통적 개념이지만 알레고리적인 (아니면 존재론적인, 또는 형이상학적인) 차이가 있음을 나타내기 위해 약간 다르게 사용된 개념들, *existentiel*(실존적인)과 *existential*(실존론적), *zeitlich*(시간적)과 *temporal*(존재시적)처럼 — 이 대립은 《존재와 시간》에서 아무런 실질적인 역할도 하지 않는데 — 이른바 사유된 적 없는 차별성을 만들기 위해, 아무튼 근본적 지양이라는 느낌을 주기 위해 새로 주조된 신조어들이 그것이다.

형식화는 체계성이란 허상을 생산하며, 또 이런 식으로 이뤄지는 전문화된 언어와 일상언어와의 단절을 통해 체계의 자율성이라는 허상을 생산한다. *Fürsorge*(배려)란 낱말은 형태론적으로 유사하고 어원적으로도 가까운 여러 낱말들의 망에 편입됨으로써, 또 이 낱말들을 거쳐 하이데거의 어휘목록에 편입됨으로써, *Sozialfürsorge*(사회보장)이라는 표현에서는 아무 애매함 없이 명료하게 전달되는 원래의 의미에서 벗어나게 된다. 변형되고 변모된 이 낱말은 일상적인 의미와 사회적 정체성을 상실하며, 우회적인 의미(이 단어를 어원적으로 이해하였을 때 생기는 의미)를 띠게 된다. 카를 슈미트나 에른스트 융거가 덜 완곡한 언어로 비난하였던 복지국가 내지 보험국가의 상징인 배려에 대한 사회적 환상이 합법적 담론에서도, 본모습과 다른 형태로, 나타나게 되는 것은 이렇게 해서이다(*Sorge*와 *Fürsorge*는 시간성 이론의 핵심에 있다).

금기시되는 낱말이 철학적 언어체계로 편입될 때, 그 낱말의 일차적 의미, 즉 그것이 일상어의 체계와 관련해서 지니는 의미에 대한 부인이 일어난다. 하지만 이 의미는 겉으로 드러난 체계 바깥으로 공식적으로 추방된 뒤에도 여전히 은밀한 실존을 영위한다. 철학적 방언의 외현적 체계와 일상어의 잠복한 체계라는 이중적 체계에 속한다는 사실에 의해 규정되는 하나의 담론은 자신을 구성하는 요소들 각각에 대해 이중적인 정보를 줌으로써 양다리 걸치기를 할 수 있는데, 이러한 양다리 걸치기의 기초가 바로 일상적 의미의 부인이다.

표현적 관심이 특정한 장 안에서 말해질 수 있는 것의 질서에 접근할 수 있도록 혹은 말할 수 없는 것이나 명명될 수 없는 것에서 벗어날 수 있도록 필요한 변형을 가하는 것, 이는 단지 한 낱말을 다른 낱말로, 즉 검열된 낱말을 수용될 만한 낱말로 대체하는 것을 의미하지 않는다. 이러한 기초적 형태의 완곡화는 더욱 미묘한 형태의 완곡화를 숨기고 있다. 후자는 억압된 요소들을 은폐하기 위해, 소쉬르적 대립구도에 따라 말하자면, 요소에 대한 관계의 우위, 내용에 대한 형식의 우위라는 언어의 본질적 속성을 활용하면서, 그 요소들을 그것들의 '내용'은 바꾸지 않은 채 가치만 바꾸어 주는 관계망에 삽입하는 것으로 이루어진다.[7]

형식화를 통한 은폐효과는 전문가가 명시적으로 체계성을 지향하며 생산한 전문언어를 통해서만 완전하게 작용한다. 게슈탈트 이론이 분석한 바, 형식 — 올바른 형식 — 을 통한 위장이 모두 그렇듯, 이 경우에도 금기시된 의미, 이론적으로는 확인가능한 의미들이 실천적으로 여전히 인식되지 않은 채 남아 있다. 그 의미들은 내용으로서 현전

---

7) 이는 어떤 명령 또는 질문이 내포하는 공격성, 오만함, 성가심을 중화시키기 위해 그것들을 일련의 상징적 표현들 속에 통합시키는, 예의 바름의 자생적 전략들 중 하나이다. 언어적이든 비언어적이든, 이 상징적 표현들은 개별적으로 놓고 보았을 때 조야하기 짝이 없는 요소들의 의미를 은폐하기 위해 고안된 것이다.

하지만, 나뭇잎 사이로 사라진 얼굴처럼 형식으로서는 부재하며 형식을 결여하고 있다. 여기서 표현의 목적은 사회세계에 대한 원초적 경험들과 그러한 경험의 원천에 있는 사회적 환상들을 드러내면서 동시에 숨기는 데 있다. 즉, 그것들을, 바로 표현방식을 통해, 표현하지 않는다고 주장하면서 표현하는 것이다. 표현은 자신이 그것들을 언표하고 있음을 자인할 수 없기에 그것들을 알아볼 수 없게 만드는 형식 속에서만 언표한다. 특정한 장의 명시적 혹은 암묵적인 규범에 따름으로써, 본래의 내용은 말하자면 형식 속에서 해소된다. 그것은 형식화를 통해, 형식들의 적용을 통해, 스스로를 형식으로 만든다. 그러므로 어디에나 있으면서 어디에도 없는 이 순환의 중심을 일정한 곳에서, 열쇠어들이나 이미지들 속에서 발견하려는 시도는 헛된 것이다. 이러한 형식화는 형태의 변화이면서 동시에 내용의 변화이다. 기의로서의 내용은 기표로서의 형식을 통해 실현되며 그 자신이 곧 이 형식이기 때문이다.

부인을 형식화가 부인하는 것, 즉 형식화의 원천에 있는 사회적 환상으로 환원하는 것은 옳으면서도 옳지 않다. 프로이트가 헤겔의 용어를 빌려 말했듯, 이러한 '억압의 지양'(*Aufhebung du refoulement*)은 억압과 억압된 것을 부인하면서도 보존하기 때문에, 말하는 데서 생겨나는 이윤과 말하는 방식을 통해서 말해지는 것을 부인함으로써 얻는 이윤을 모두 축적할 수 있도록 해 준다. '현존재의 주요 양상들'로서, 가장 엄밀한 내적 독해의 관점에서 보더라도 하이데거 저작 전체의 구심점을 이루는 *Eigentlichkeit*, 즉 '진정성'과 *Uneigentlichkeit*, 즉 '비진정성'의 대립은 '엘리트'와 '대중'의 흔한 대립의 특수한 형태이자 특히 미묘한 형태임이 분명하다. 폭군적이며('세인의 독재') 캐묻기 좋아하고('세인은 매사에 참견한다') 하향평준화하는 '세인', *das Man*, '대다수'는 책임을 회피하고 자유라는 짐을 벗어 버리며 경박함과 안이함에 몸을 맡긴다. 한마디로 무책임하게 사회의 도움으로 살아가는 구호대상자가 되는 것이다. 이 무수한 주석이 달린 구절[8]을 따라가면서 학문적 귀족주의의 상투적 논거들을 모아 볼 필요가 있다. 이러한 귀족주의는 아고라(*agora*) ― 여가이자 학교인 스콜레(*scholè*)의 대립물 ― 에 관한 토포이(*topoi*) 〔일반적 논제들〕에서 자양분을 얻는다. 우선 통계에 대한 혐오('평균인'이라는 테마)가 있다. 통계는 (이 구절에서 '현존재'라고 명명된) 인격과 '독창성'이나 '비밀' 같은, 인격이 지닌 가장 귀한 속성들을 위협하는 '평준화' 조작의 상징이기 때문이다. 다음으로 '평준화를 획책하는' 세력들에 대한 증오, 그리고 무엇보다 평등주의 이데올로기에 대한 혐오가 있다. 평등주의 이데올로기는 노력의 산물('노력을 대가로 획득된 것'), 즉 자수성가한 봉록지식인들의 특수한 자본인 문화를 위협하고 '대중'의 '경박함'과 '안이함'을 부추긴다. 또 여론기구 ― 여론은 철학의 천적이다 ― 와 같은 사회적 기구들에 대한 격분 ― 이는 *öffentlich*와 *Öffentlichkeit*, 즉 '공공의 견해'와 '공중'을 사용한 말장난을 거친다 ― 과 민주주의, 정당, 〔여가(*scholè*)와 숲속의 명상에 대한 독점을 침해하는〕 유급휴가, '대중문화', 텔레비전과 플라톤 저서의 문고판 등, 한마디로 '사회보장'이 상징하는 모든 것에 대한 격분이 있다.[9] 이 모든 것을 하이데거는 1935년에 저술한 《형이상학 입문》

8) M. Heidegger, *op. cit.*, pp. 126~127(프랑스어판 R. Boehm & A. de Waehens 번역, Paris, Gallimard, 1964, pp. 159~160). 이하에서 첫 번째 숫자는 독일어판을, 두 번째 숫자는 프랑스어판을 가리킨다.

9) 이 부분을 쓸 당시에 나는 '기술' 지배의 한 측면인 '문학에서의 계획경제'를 다룬 에세이 '형이상학의 극복'(1936~1946)의 다음 구절을 정확하게 기억하지 못하고 있었다. "인간의 기본적인 물질적 욕구는, 편의시설의 마련이라는 측면에서, 심심풀이용 책이나 기획총서 시집 ― 그것을 제작하는 데에서 시인이 창고에 판지를 가지러 가는 제본업자의 조수보다 더 중요한 역할을 하지 않는 ― 에 대한 욕구와 동일한 규제를 받는다"(M. Heidegger, *Essais et conférences*(Paris, Gallimard, 1973),

(*Einführung in die Metaphysik*)에서, 모방하기 힘든 **목가적** 문체로, 좀더 선명하게 표현한다. 이 책에서 그는 서구문명에서 과학적-기술적 정신의 승리가 어떻게 '신으로부터의 도주, 땅의 파괴, 인간의 대중화, 범속한 것의 우선성'(*die Flucht der Götter, die Zerstörung der Erde, die Vermassung des Menschen, der Vorrang des Mittelmässigen*)[10] 속에서 완결되고 완성되는지 보여주고자 한다.

하지만 탁월한 철학자들 사이에서는 탁월한 것과 범속한 것의 대립이 범속한 형태를 띠지 않는다는 것 또한 분명하다. 학계의 귀족주의는 귀족주의의 탁월한 형태와 범속한 형태를 구별한다. 철학적 차별화에 대한 이러한 감각[11] 덕택에, 하이데거의 저술에서는, 정치적인 글들을 포함시키더라도, 나치즘을 명백하게 옹호하는 문장을 찾아 볼 수 없다. 그의 논적들은 이 점에서 헛수고를 해야 할 것이다. 반면에 하이데거의 지지자들은 그가 가장 분명한 형태의 대중경멸[12]에서 벗어나려 했다는 증거를 얼마든지 수집할 수 있을 것이다. 그의 저술 안에서 '일차적'(*primaire*) ─ 〔기초적이면서 초보적이라는〕 이중적인 의미에서 ─ 이라고 할 수 있는 대립은 특정한 형식 아래서만 작동하는데, 그 형식은 이 대립을 영구적으로 포섭한 채, 시스템의 진화에 따라 끊임없이 변형되면서, 새로운, 그러면서도 언제나 고도로 승화된 형태

---

p. 110. 강조는 부르디외).

10) 이 귀족주의의 또 다른 징후는 전(前) 철학적 존재를 규정할 때 사용되는 형용사들이 전반적으로 경멸적 색채를 띤다는 점이다. '비본래적인', '범속한', '일상적인', '일반의' 등.

11) 철학적 담론이 자신이 지배적 담론의 수준에 있음을 알리기 위해 이용하는 상징 전체를 체계적으로 분류할 필요가 있다.

12) 생물학주의에 대한 논의가 그러한 예이다(f. M. Heidegger, *Nietzsche*(Paris, Gallimard, 1961) 특히 II권, p. 247).

를 띤다.

　형식화는 그 자체로서 거리두기이다. 형식화는 그 격조를 통해서 일체의 규정들과 지고의 거리를 표현한다. 특히 어떤 사유의 환원불가능한 유일성을 하나의 논리적 유형의 획일성으로 환원해 버리는 '-주의'(-isme)의 개념들과 관련해서 그러하다. 마찬가지로 형식화는 모든 결정론과의 거리, 그중에서도 어떤 사상가의 대체할 수 없는 독특성을 한 (사회) 계급이 지닌 진부함으로 환원하는 사회적 결정론과의 거리를 나타낸다. 존재론적인 것과 존재적인 것(혹은 인간학적인 것) 간의 대립을 통해 철학담론의 심장부에 명시적으로 구축되는 것이 바로 이러한 거리, 이러한 차이이며, 이것은 이미 완곡화된 담론에 제2의 방어막, 난공불락의 방어막을 제공한다. 각각의 낱말은 이제 지울 수 없는 단절의 흔적을 지니게 되는데, 진정하게 존재론적인 의미를 일상적이고 통속적인 의미에서 분리시키는 이 단절은 장차 무수한 모방을 낳게 될 음성학적 놀이(existentiell/existenzial)를 통해 기표적 실체에 새겨진다. 둘로 쪼개진 단어들을 이용한 이중게임은 '통속적이며' '통속적으로 인간학적인' 독해에 대한 경계로 자연스럽게 이어진다. 부인되었으나 포기되지 않은 의미들, 철학적 승화를 통하여 유령 같은 실존의 부재하는 현전에 바쳐진 의미들이 적나라하게 드러나지 않도록 말이다. "신경 쓰다라는 말로 우리는 우선 무엇을 수행하다, 처리하다, 해결하다와 같은 전 학문적인 의미를 염두에 둘 수 있다. 무언가를 얻을 기회를 기다릴 때도 이 단어가 사용된다. 마지막으로 이 단어는 '나는 이 사업이 실패하지 않을까 신경 쓴다'와 같은 특징적인 용법으로 사용된다. 이 경우 신경 쓰다는 두려워한다는 의미를 갖는다. 이런 전 학문적이며 존재적인 의미와 대립적으로, 이하의 연구에서는 신경 씀을 가능한 세계-내-존재의 있음을 특징짓는 존재론적(실존적) 용어로 사용한다. 이 명칭이 선택된 이유는, 현존재가 무엇보다 주로 경제적이며 실천적인 현실이어서가 아니라, 현존재의 있음 자체가 염려(Sorge)임을 밝히고자 함이다. 이제 염려라는 용어도 존재론적 구조를 지시하는 개념으로 이해된다. 이 낱말은 존재적으로 모든 현존재에게서 발견되는 '고난', '근심', '살아갈 걱정'을 조금도 암시하지 않는다."13)

이리하여 성스러운 지식과 세속적인 지식의 날카로운 단절 — 모든 전문가 집단은 이 단절을 내세워서, 다른 사람들을 문외한으로 만들면서, 지식 또는 성스러운 실천의 독점을 꾀한다 — 에 대한 요구가 본연의 형식을 띠고 나타난다. 도처에 존재하는 이 단절은 각각의 낱말을 어떤 의미에서 — 그 자신과 갈라놓는다. 그 낱말로 하여금 그 낱말의 의미처럼 보이는 것은 진짜 의미가 아님을 암시하게 함으로써, 즉 따옴표를 치거나, 의미내용을 바꾸거나, 아니면 그저 음성학적, 어원론

---

13) M. Heidegger, *Sein und Zeit*, pp. 56~57(78~79). 프랑스 독자들은 [하이데거 저작의] 숨겨진 의미 — 하이데거가 앞질러 부인한 의미 — 를 이해할 기회가 거의 없다. 번역서들이, 존재적인 것과 존재론적인 것의 단절이라는 미명하에, 그러한 기회들을 체계적으로 제거하기 때문에 더욱 그렇다. 하지만 그들이 이런 수용조건에 처해 있지 않았다면, 이 거리두기 전략들은 의심을 불러일으켰을 것이다. 실로, 이 경우, 체계적이고 의식적인 완곡화의 산물로서 하나의 작품이 분석에 대항하여 설치한 장애물들에 더하여, 문화적 산물을 수출할 때 생기는 가장 해로운 효과들 중 하나가 작용한다. 바로 사회적, 정치적 소속을 나타내는 미묘한 기호들, 담론의 사회적 중요성과 그 저자의 지적 입장을 보여주는, 대개는 눈에 띄지 않는 표지들, 요컨대 담론 안에 있는 이 무한히 작은 것들이 모두 사라져 버린다는 점이다. 물론 그 첫 번째 피해자는 독일어 사용자들이지만, 만일 객관화의 기술을 갖추기만 한다면, 그들은 이 말소된 것들을 누구보다 더 잘 파악할 수 있을 것이다. 이렇게 말소된 것들 중에는 아도르노(*Jargon der Eigentlichkeit, Zur deutschen Ideologie*(Frankfurt, Suhrkamp, 1964), pp. 66~70)가 '만남'(*Begegnung*)이나 대화 같은 '실존적' 용어들 아래서 혹은 사명(*Auftrag*), 간청(*Anliegen*) — 행정적 요구의 대상과 절실한 욕망을 동시에 의미하며, 릴케가 자신의 시에서 우회적으로 활용한 바 있는, 특히 모호한 단어 — 같은 낱말들에서 발견한 '행정적' 함의들이 있다.

적으로 일련의 어휘들과 연결시킴으로써 그 낱말의 '진정한' 의미와 '통속적인' 혹은 '소박한'[14] 의미를 분리시키는 거리를 낱말에 새겨 넣음으로써 말이다. 외현적 체계를 구성하는 수많은 관계들의 숨겨진 버팀목인 일차적 의미들을 깎아내림으로써, 더 고차원적인 양다리 걸치기가 가능해진다. 실로 일차적 의미들은 파문당했음에도 불구하고 여전히 철학적 기능을 완수한다. 왜냐하면 그것들은 적어도 '존재론적인 것'과 '존재적인 것'의 '존재론적 차이', 즉 전문가와 문외한 — 통속적인 의미의 환기는 오직 무식하고 타락한 문외한들의 책임이다 — 을 분리시키는 철학적 거리를 드러내는 부정적 지시체의 역할을 하기 때문이다. 모든 사람이 쓰는 낱말을 다른 식으로 사용하는 것, 미묘한 진리를, 일상적 용법의 관성이 방기하는 어원적 의미(*etumon*)를 되살리는 것, 이는 곧 낱말들과의 올바른 관계를 문헌학적-철학적 연금술의 성공과 실패의 근원으로 삼는 것이다. "만일 마음과 영혼으로 교의를 전수받지 못한 어떤 연금술사가 실험에 실패했다면 이는 단지 그가 불순한 원소들을 사용했기 때문만은 아니다. 그보다는 그가 이상적인 원소들의 효능을 중심으로 사유한 게 아니라, 이 불순한 원소들이 공유하는 속성들을 중심으로 사유했기 때문이다. 그러기에 완벽하고 절대적인 분리가 일단 이뤄지면 우리는 이상성을 충만히 경험하게 된다."[15] 언어 역시 문헌학적-철학적 미묘함이 해방시키는 미묘한 요소들을 지니고 있다. 명사이면서 동사형태를 띠는 희랍어 *on*의 문법적 이중성이 그러한 예이다. 하이데거는 여기에 대해 다음과 같이 말한

---

14) 동일한 각도에서 우리는 오늘날 사제적 예언의 다른 변이들에서 '인식론적 단절'이라는 단어가 사용되는 방식을 이해할 수 있다. 이 단어는 과학과 이데올로기 사이에 결정적으로 그어진 전선을 단번에, 결정적으로 뛰어넘는 통과의례적 이행을 지시한다.

15) G. Bachelard, *Le matérialisme rationnel* (Paris, PUF, 1963), p. 59.

다. "사실, 여기서 문법적인 미묘함처럼 제시된 것은 존재의 수수께끼이다."16)

이처럼 철학적 부인의 유효성에 대한 믿음 속에서, 독자들은 검열된 의미들을 다시 불러내고, 이 억압된 것의 귀환이 촉발하는 드러난 체계와 숨은 체계의 완벽한 전도에서 보완적 효과를 끌어내기에 이를 수 있다. 사실 '사회보장'처럼 하찮고 우발적인 ─ 그리고 따옴표를 쳐야 할 정도로 사유에 걸맞지 않은 ─ 현실들을 존재 안에 정초할 수 있는 자질만큼 '본질적 사유'의 힘을 잘 드러내는 증거가 어디 있겠는가?17)

사건이 '본질'의 예시에 지나지 않는 이 '전도된 세계'에서, 토대는 자신이 정초하는 것을 통해 정초된다.18) "가령 사실상 '사회보장'의 의미로 사용되는 배려(*Fürsorge*)는 타자와 함께 하는 존재로서 현존재의 존재론적 구성에 토대를 둔다. 사회보장의 경험적 긴급성을 초래하는

---

16) M. Heidegger, *Chemins qui ne mènent nulle part* (Paris, Gallimard, 1962), p. 281.

17) '본질적 사유'의 전능성을 보여주는 또 다른 ─ 특히 만화 같은 ─ 예를 원한다면, 1951년의 학술회의 텍스트 "Bâtir, habiter, penser"〔짓기, 거주하기, 사유하기〕(*Essais et conférences*, p. 193)를 보라. 여기서 극심한 주택난은 존재론적 의미에서 '거주'의 위기로 '지양'된다.

18) 이 전형적으로 '철학적인' 효과는 '철학자들'과 '문외한들', 특히 실증적 분야의 전문가들 ─ 이들은 철학에 궁극적이면서도 '기초적'인 최종심급의 위치를 부여하는 정당성들의 사회적 위계를 인정하는 편이다 ─ 의 만남 속에서 무한정 재생산되는 경향이 있다. 이 학자연하는 '수법'은 당연히 '가르침'의 용도로 가장 잘 활용된다. 비의화(*ésotérisation*)의 산물로서 철학 텍스트는 그 비의주의가 필수적으로 요구하는 주석의 노동을 대가로 하여 외부에 개방된다(*exotérisé*). 그런데 이 주석의 노동은, 순서를 뒤집어서 (거짓) 단절에서 일차적 의미의 재활성화로 나아가는, (거짓) 구체화에서 가장 큰 효과를 발휘한다. 즉, 완곡화되고 따라서 비의화되었던 일차적 의미를 되살리되, 애초의 거리를 보존해 둘 목적으로 보호장치('이것은 하나의 사례일 뿐이다')를 덧붙이는 것이다.

것은 현존재가 우선, 그리고 자주, 배려를 결여하는 양상 속에 머문다는 사실이다."[19] 눈에 띄지만 보이지 않는, 아니 오히려 눈에 띄기 때문에 보이지 않는 이 지시관계는, 바로 그 대담함에 의해, 공식적으로 현존재의 존재론적 특징 — 배려에 대한 '경험적(즉, 일상적이고 통속적이며 진부한) 욕구'는 기껏해야 이 특징의 일과적 표현에 불과하다 — 을 다루는 한 저작 전체에서 사회보장이 끊임없이 언급되고 있다는 사실을 은폐한다. "실제로는 크라코프에 가면서, 나더러 네가 람베르그에 간다고 믿게 하려고 크라코프에 간다고 거짓말하는 이유가 뭐니?" 라캉이 이 이야기를 통해 설명한 바 있는,[20] 도둑맞은 편지의 패러다임에 대한 완벽한 예시를 제공하면서, 하이데거는, 자기가 실제로 하는 것을 공공연히 내세움으로써, 그가 끊임없이 하는 것을 사실은 하고 있지 않다고 믿게 만든다. 아무튼 다음은 의심의 여지가 없다. *Sozialfürsorge*, 즉 사회보장은 배려 받는 이들을 위해, 그들을 대신하여 '염려하는' 것이자, 그들에게 자기 염려라는 짐을 덜어 주는 것이며, 그리하여 그들에게 태만함, '안이함', '경박함'을 허락하는 것이다. 이는 사회보장의 숭고한 변종인 철학적 배려가 현존재(*Dasein*)에게서 염려의 짐을 덜어 주는 것 혹은 사르트르가 1943년에 말하였듯이(말했을 법하듯이), 대자(*Pour-soi*)를 자유에서 해방시켜 '자기기만'과 '비본래적' 실존의 '심각한 정신'으로 몰아넣는 것과 같다. "그러므로 '세인'(즉, 타인의 배려 속에 스스로를 방기하는 자)은 일상적 실존 속에서 현존재의 짐을 덜어 주는 자이다. 뿐만 아니라, 그처럼 현존재에게서 존재라는 짐을 덜어 주면서, 세인은 그를 경박함과 안이함으로 밀어 넣는 경향에 영합한다. 이러한 영합 덕택에 '세인'은 그 완고한

---

19) M. Heidegger, *Sein und Zeit*, p. 121(153).

20) J. Lacan, *Écrits*(Paris, Le Seuil, 1966), pp. 11~61.

지배력을 유지하고 강화한다."[21]

언어의 감각적 형식들을 이용한 장난은 고립된 낱말들이 아닌, 용어들의 쌍, 다시 말해 대립하는 용어들의 관계들로 나아감으로써 완성된다. 유사한 모음의 반복이나 두운법에 의지하는 철학적 말장난과 달리, '기본적인' 언어유희들, 즉 사유를 심층적으로 인도하고 조직하는 언어유희들은 감각적 형식이자 분류의 형식으로서 언어형식들을 가지고 논다. 소리와 의미의 상호독립적인 필연성을 이중적으로 필연적인 표현의 기적 속에서 화해시키는 이 총체적 형식들은, 일상언어 속에 수록되고 보존되어 있으며 이미 정치적으로 — 즉, 객관적으로 정치적인 대립의 원리들에 따라 — 형태가 주어진 어떤 언어적 재료의 변형태이다. 학술적 언어가 공통적으로 보여주는 이분법에 대한 선호는 달리 설명되지 않는다. 여기서 검열되고 억압되는 것은 개별적 금기어가 아니라 단어들 간의 어떤 대립관계이며, 이 관계는 항상 사회집단들 간의 대립관계로 소급된다.[22]

일상어는 시적 놀이나 철학적 놀이, 또는 후기 하이데거와 그 계승

---

21) M. Heidegger, *op. cit.*, pp. 127~128 (160). 하이데거의 '철학적' 스타일은 몇 개 안 되는 효과를 무한히 반복함으로써 이뤄진다. 그러므로 우리는 그 효과들이 모두 응축된 단 하나의 구절 — 배려에 대한 분석 — 에서 그것들을 포착하고자 하였다. 하나의 담론 속에서 이 효과들이 실행을 통해 어떻게 명확해지는지 알고 싶다면 이 구절을 단숨에 읽어야 한다.

22) 인류학에 할당된 사회들과 사회학에 할당된 사회들의 사실상 구별을 정당화하기 위해 인류학자들과 사회학자들이 상상해낸 무수한 대립쌍들 — '공동체'/'사회', 시골/도시 (*folk/urban*), 전통적/현대적, 차가운 사회/따뜻한 사회 등 — 은 정의상 무한히 이어지는 대립들의 대표적인 예이다. 각각의 대립은 계급이 없는 사회들과 계급으로 나뉜 사회들이라는, 본질에서 다원적, 다성적인 심층적 대립의 어떤 측면만을 포착하며, 거기에 〔학술적〕 장의 예의와 관습에 가장 잘 부합하는 표현을 부여한다. 이 예의와 관습은 장에 따라 혹은 주어진 장의 상태에 따라 다르다. 다시 말해 무한에 가깝게 다양하다.

자들에게서 보듯이, 니체가 Begriffsdichtung〔개념시〕라고 명명한 것의 자유연상에 사용되는 감각적 형식들의 무한한 보고만은 아니다. 일상어는 사회세계에 대한 지각형식들과 통념들을 담고 있는 저수지로서, 그 안에는 한 집단 전체가 공유하는, 사회세계를 바라보는 원리들(게르만 / 벨쉬23) 또는 라틴, 일상적인 / 차별화된, 단순한 / 복잡한, 시골 / 도시 등)이 침전되어 있다. 계급관계의 구조는 분류형식들을 통해서만 명명되고 파악된다. 그런데 이 분류형식은 일상어를 통해서 유통되는 만큼, 결코 이 구조로부터 자유롭지 못하다(분류형식에 대한 형식주의적 분석들과 민속방법론은 바로 이 점을 잊고 있다). 물론 사회적으로 가장 〔계급갈등의〕 '흔적이 새겨진'(marqué) 대립조차 용법과 사용자에 따라서 매우 상이한 의미를 담을 수 있다(범속한 / 차별화된). 그렇다 해도, 계급 간의 역학관계에 지배되는 사유의 축적된 노동의 산물인 일상언어, 하물며 지배자들의 이해관계와 가치관에 지배되는 장들의 산물인 학술어는, 일종의 일차적 이데올로기들로서, 지배자들의 이익과 가치에 부합하는 사용법에 '자연스럽게' 순응한다. 24) 하지만, 예컨대 '정치학'이 수행하는 일상적 완곡화 작업이 이 단어 대신에 저 단어를 사용하고, 지나치게 흔적이 새겨진 단어의 일상적 의미를 명시적 거리두기(예를 들면 따옴표 치기)나 차별적 정의를 통해 중화한다면, 하이데거는 이것과 비교할 수 없을 만큼 복잡한 절차를 밟는다. 평범한 단어를 선택하되, 그 단어의 상이한 의미들을 끊임없이 가지고 놀면서, 문헌학적이고 다성적인 독서 — 그러면서도 일상적 의미

---

23) [역주] 벨쉬(welsch)는 독일인의 입장에서 본 외국인, 특히 라틴어에서 파생된 언어를 사용하는 남유럽 지역의 사람들을 가리킨다.

24) 말할 것도 없이, 이데올로기적 게임은 언어를 하이데거와는 다른 방식으로 이용할 수 있다. 가령 지배적인 정치적 직업어(jargon)는 계급적 용법이나 (전문적 장과 연계된) 전문적 용법의 다양성이 함축하는 모호함과 오해의 여지를 주로 이용한다.

를 다시 불러올 수 있는 독서 — 가 요구되는 맥락 안에 끼워 넣는 것이다. 하지만 동시에 그는 이 일상적 의미를 통속적이며 통속적으로 '인간학적'이라고 규정하면서, 그 경멸적 어조를 통해 공식적으로 억압한다.[25]

동음이의어가 물질적으로 증명하는 순수하게 언어적인 관계가 의미관계와 겹쳐질 때, 철학적 상상력은 신화적 사유와 마찬가지로 희열을 느낀다. 그러나 철학적 상상력이 이용하는 언어적 형식들은 분류의 형식들과 밀접하게 결합되어 있다. 가령 《진리의 본질에 대하여》(*Vom Wesen der Wahrheit*)에 나오는 '본질'(*Wesen*)과 '비본질' 또는 '탈본질'(*Un-wesen*)의 대립은 질서 — 유령 같은 항 — 와 혼란 — *Un-wesen*의 가능한 의미 중 하나 — 의 심층적 대립, 환기되면서 동시에 배척되는 대립을 깔고 있다. 이것과 나란히, '핵심적인' 대립들의 불균등하게 완곡화된 변종들로서 — "전회" 이후 하이데거의 저작들 속에서 무수한 사례를 찾아볼 수 있듯이 — 대체로 서로 환원가능한 대립들이, (존재적인 것과 존재론적인 것의 대립처럼) 오인가능한 만큼 더 보편적으로 적용가능한 승화된 형식 속에서, 금기시되어 있는 원래의 대립을 확인하며, 그리하여 그것이 상징적으로 부인하는 것을 존재에 새겨 넣음으로써 절대적인 것으로 구성한다 (존재론적 효과). 이는 선명하고 절대적이며 전면적인 대립을, 거기서 파생되는 부차적인, 즉 표면적이고 부분적인 대립으로, 나아가 부차적인 대립 안에서도 (위에서 살펴본 *Un-wesen*의 예에서처럼) 더 조작하기

---

25) 이 같은 분석에 대해 혹자는 여기서 밝혀진 하이데거적 언어사용의 특징들이 하이데거 자신이 — 최소한 가장 나중에 쓴 텍스트들에서 — 천명한 것에 지나지 않는다고 반박할지도 모른다. 그러나 앞으로 보게 되겠지만, 이 거짓고백은 후기 하이데거가 몰두한 자기해석(*Selbstinterpretation*)과 자기주장(*Selbstbehauptung*)의 일부이다.

쉬운 항으로 축소하든지, 아니면, 이런 방법과 충돌하지 않는 또 다른 전략으로서, 순전히, 그리고 단순히 원래의 대립을 부정하고, — 현존재의 보편성 안에 '나약함'과 '무력함'(Ohnmacht)이라는, 곤궁 안에서의 평등과 연대의 기초를 새겨 넣을 때처럼 — 관계 항들 중 하나를 가상적으로 보편화함으로써 이루어진다. Un-wesen을 이용한 말장난은 이 모든 효과를 누적시켜서, 주술 속에서나 찾아볼 수 있는 형식으로, 대립하는 것들의 화해를 실현한다. (꿈속에서 옷이 나체를 암시하는 것처럼, 대립물에 의해서만 환기되는) 기성 질서의 절대화는 여기서 이 질서의 기초인 지배관계의 유일하게 가시적인 항을 보편화를 통해 상징적으로 부정하는 것과 일치한다. 26)

텍스트에 폭력을 가하려는 그 어떤 시도도 무례하거나 무지한 것으로 금지하기 위해 이 모든 것이 가동된다. 비록 하이데거 자신은 칸트에게 이러한 폭력을 가하면서 그것이 정당하고 "자구들을 넘어 그 구절이 말하고자 하는 바를 파악하도록 해 준다"고 주장하지만 말이다. 근원적 사상은 번역불가능한 독특한 낱말에서 영감을 받았기에 다른 말로 풀어 쓸 수 없으며, 모든 주해는 기탁물을 보호하는 감시인이 보기에 이미 유죄이다. 27) 말하고자 하는 바를 결코 소박하게 말하지 않

---

26) 과학적 객관성을 '도덕적 중립성', 즉 사회계급들 사이에서의 중립성과 동일시하는 '폴리톨로지'(politologie) — 그에 따르면 사회계급이란 존재하지 않는다 — 가 사회세계에 대한 허위의식을 생산하는 온갖 메커니즘에 가짜 과학의 지지대를 제공하면서 계급투쟁에 참여하는 전략 역시 — 과학적 외양을 띠고 있긴 하지만 — 이에 못지않게 역설적이다.

27) 따지고 보면 모든 단어는 번역불가능하며, 특이한 용례를 갖는다. 예를 들어 '형이상학'이라는 단어는 하이데거와 칸트에게 동일한 것을 의미하지 않는다. 뿐만 아니라 후기 하이데거는 이 단어를 전기 하이데거와 다른 의미로 사용한다. 이 점에서 하이데거는 언어의 철학적 사용의 본질적 특징을 극단으로 밀고 나갔을 뿐이

는 낱말들이 말하고자 하는 바를 말하는 유일한 방식 혹은 같은 말이 되겠지만, 말하고자 하는 바를 소박하지 않은 방식으로 끊임없이 말하는 유일한 방식은, 환원불가능한 것을 환원하고, 번역불가능한 것을 번역하며, 말하고자 하는 것을 소박한 형식 — 이 낱말들의 일차적 기능은 다름 아닌 이 형식을 부인하는 것인데 — 속에서 말하는 것이다. '진정성'은 사회적으로 지명된 '엘리트'가 지니는 배타적 특성을 '소박하게' 지시하는 게 아니라, — '비진정성'이 그렇듯이 — 보편적 가능성을 가리킨다. 하지만 현실적으로 이 보편적 가능성은 그것을 있는 그대로 파악하고 '비진정성'에서 '벗어날' 가능성에 스스로를 개방함으로써 진정성을 전유하기에 이른 자들에게만 속한다. 원죄의 일종이었던 비진정성은 이렇듯 몇몇 사람의 개종으로 인해 그것에 대해 각자에게 책임을 물을 수 있는 일종의 과오로 바뀌게 된다. 융거는 이것을 매우 명확하게 말하고 있다. "고유한 운명을 갖느냐 아니면 하나의 수처럼 취급되느냐. 이것이 오늘날 우리들 각자가 반드시 해결해야 하는 딜레마이다. 결단을 내릴 수 있는 것은 오직 혼자이다(…) 우리는 자유로운 인간, 즉 신의 손아귀에서 벗어난 인간에 대해 말하고 싶다. 그런 인간은 예외가 아니며, 엘리트를 표상하지 않는다. 결코 그렇지 않다. 왜냐하면 그는 모든 인간 안에 숨어 있으며, 차이는 다만 선물로 받은 이러한 자유를 현실화시킬 수 있는 정도에만 있기 때문이다."[28] 인간은 자유에 있어서 평등하지만 각자의 자유를 진정하

---

다. 부분적으로 겹쳐지는, 특이한 용례를 지닌 단어들의 합으로서, 철학적 언어는 각각의 단어를 체계와 관련시킬 수 있는 화자들에 의해서만 올바르게 사용될 수 있다. 한 단어가 ('칸트적 의미에서') 화자들이 부여하고자 하는 의미를 지니는 것은 체계 속에서이다.

28) E. Jünger, *Essai sur l'homme et le temps*, 1권 Traité du Rebelle(Der Waldgang, 1951), Monaco, Édition du Rocher, 1957, 1권, pp. 47~48). (66페이지에서 암

게 사용할 수 있는 능력에 있어서는 불평등하다. 보편적으로 주어진 '엘리트'의 자유에 접근할 가능성을 실제로 전유할 수 있는 것은 '엘리트'뿐이다. (훗날 사르트르가 극단까지 밀고 나가는) 이 윤리적 주의주의 (主意主義)는 사회적 운명들의 객관적 이원성을 실존과 맺는 관계들의 이원성으로 전환시킨다. 여기서 진정한 실존은 일상적 실존의 일상적 이해방식을 '실존적으로 수정'하는 것, 더 분명하게 말하자면, 사유에서의 혁명으로 간주된다.[29] 비진정성을 파악함으로써, 진리의 계기 — 현존재가 불안 속에서 스스로가 자신의 결정에 의해, 미지를 향한 (키르케고르적인) '도약'에 의해, 세계 내에 질서를 기획하는 자임을 발견하는[30] 계기 — 와 더불어 진정성이 시작되게 하느냐, 아니면 반대로, 인간이 도구적 상태로 격하되는 것을 '일상적 실존을 이해하는 또 하나의 방법'으로 기술하느냐(이것은 '세인'의 방법이다. 세인은 스스로를 도구로 간주한 채 도구로서 도구들에 대해 '염려'하면서 도구가 되고, 도구가 다른 도구들에 적용하듯 타인에게 적용하며, 남들도 얼마든지 수행할 수 있는 기능을 수행하고 한 집단의 교체가능한 부품이 되어, 도구가 기능을 수행하면서 마모되듯 스스로를 망각하기 때문이다). 이러한 양자택일을 내세우는 것은 사회적 조건들의 객관적 이원성을 실존양식의 이원성으로 환원하면서, 특정한 사회적 조건들이 특정한 실존양식을 선택하는 데 매우 유리하게 작용함을 무시하는 것이다. 그리하여 '진정한' 실존에 접근할 수 있는 자들과 '진정하지 않은' 실존에 '스스로를 방기하는' 자들이 모두 그들의 현 상태에 책임이 있다고 보는 것이다.

---

시적이지만 명백한 하이데거에 대한 참조를 발견할 수 있다. )
29) "진정한 자기다움은 '세인'의 손아귀에서 해방된 주체가 되게 해 주는 예외적 상황에 달려 있지 않다. 그것은 본질적 존재로 정의되었던 '세인'의 실존적 변모에 지나지 않는다"(M. Heidegger, *Sein und Zeit*, pp. 130(163) 및 179(220)).
30) M. Heidegger, *Sein und Zeit*, pp. 295~301 및 305~310.

전자는 '결단'31)을 통해 스스로를 일상적 실존에서 끌어내어 가능성들 앞에 개방하는 데 반해, 후자는 '회피'를 통해 '사회복지'와 '타락'에 빠진다고 말이다.

이 사회철학의 표현형식은 내용과 완벽한 조화를 이룬다. 사실 하이데거의 언어를 그것의 차별성과 사회적 가치를 객관적으로 결정하는 동시대 언어들의 공간 속으로 옮기기만 하여도, 이 있을 법하지 않은 문체론적 조합이 그것이 실어 나르는 이데올로기적 조합과 한 치의 오차도 없이 상동성 속에 놓임을 알 수 있다. 관련된 지점들만을 표시하자면, 말라르메 이후의 시에서 스테판 게오르게에 이르는 관습적이고 엄숙한 언어와, 카시러에 이르는 신칸트주의적 합리주의의 학술적 언어, 그리고 묄러 반 덴 브루크(Möller van den Bruck) 32)나 — 정치 장에서 아마 하이데거와 더 가까울 — 에른스트 융거33) 같은 '보수혁명' '이론가들'의 언어를 들 수 있다. 후기 상징주의의, 완전히 격식화되고, 특히 어휘에서 고도로 정제된 언어에 맞서서, 하이데거의 언어는 그것을 철학적 질서 속으로 옮기면서, 개념시(槪念詩, *Begriffsdichtung*) 특유의 개념적 논리가 함축하는 파격을 이용하여, 대가들의 비의적 담론이나34) 대학 철학의 고도로 중립적인 언어에서 배제되는 단어들(예컨

---

31) M. Heidegger, *Sein und Zeit*, pp. 332~333, 387~388, 412~413.

32) F. Stern, *The Politics of Cultural Despair* (Berkeley, University of California Press, 1961).

33) W. -Z. Laqueur, *Young Germany*, *A History of the German Youth Movement* (London, Routledge, 1962), pp. 178~187.

34) 게오르게의 스타일은, 특히 '청년운동'(*Jugendbewegung*)을 매개로, 한 세대 전체에게 모방의 대상이 되었다. 그들은 그의 '메마른' 합리주의에 대한 경멸과 귀족적 이상주의에 매혹되었다. "사람들은 게오르게의 문체를 모방했고, 몇몇 구절을 즐겨 인용했다. 언젠가 불꽃 둘레를 돌았던, 그리고 영원히 불꽃을 좇을 사람에 관한 구절이나, 왕관이나 문장의 보증이 필요 없는 새로운 귀족의 필요성을 말한 구절,

대 *Fürsorge*) 과 테마들을 수용한다. 일상어[35] 와 대중적 격언이 간직한 무한한 사유의 잠재력을 활용하고자 하는 철학적 전통에 기대어, 하이데거는 (그가 흐뭇한 어조로 설명하였던, 헤라클레이토스의 화덕 일화[36] 에 따라) 그때까지 금지되었던 단어들과 사태들을 대학 철학에 도입하였다. 그 단어들과 대상들에 전통철학의 문제들과 엠블럼들을 붙여서 새로운 고귀함을 부여하고, 개념시의 언어유희가 직조하는 피륙 속에 그것들을 끼워 넣어서 말이다. '보수혁명'의 대변인들과 하이데거의 차이는 형식에 있다. 하이데거는 보수혁명의 테제들 거의 전부와 수많은 낱말들을 철학 안에 끌어들이면서, 그것들을 알아볼 수 없는 형태로 바꾸어 놓았다. 하지만 하이데거풍 담론의 특수성을 파악하려면, 강의를 설교처럼 변형함으로써 실현된, 친근함과 거리, 고상함과 단순

---

폭풍과 섬뜩한 전조를 뚫고 추종자들을 미래의 계곡으로 데리고 갈 지도자 (*Führer*) 와 그가 든 민족 (*völkisch*) 의 기치를 그린 구절 등" (W. Z. Laquer, *op. cit.*, p. 135).

35) 하이데거는 *Gestell* 〔몰아세움〕이라는 단어의 '전문적' 사용을 정당화하기 위해, 전통 — 더 정확하게는 플라톤이 *eidos* 〔형상〕라는 낱말에 가한 왜곡 — 에 명시적으로 호소한다. "통상적 의미를 따르자면, *Gestell* 은 유용한 물건, 가령 책장 같은 것을 가리킨다. 뼈대 역시 *Gestell* 이라고 불린다. 지금 우리에게 요청되는 방식으로 *Gestell* 을 사용하는 것은 이 뼈대만큼이나 끔찍해 보인다. 하물며 자연스럽게 이뤄진 어떤 언어의 낱말들을 함부로 다루는 자의성은 더 말할 나위 없다. 이런 기이한 일을 계속해야 하는가? 분명 그렇지 않다. 하지만 이런 작업이 사유의 오랜 관행이었다" (M. Heidegger, "La question de la technique", in *Essais et conférence* (Paris: Gallimard, 1973), p. 27). 하이데거는 '도를 넘어선 자의성'에 대한 한 학생의 비난에 대해 '사유의 과업'을 파악하라고 권유한다 (Heidegger, *op. cit.*, pp. 222~223).

36) [역주] 《인간주의에 관한 서한》에 나오는 일화. 고상한 사상가의 모습을 기대하며 헤라클레이토스를 방문한 손님들이 화덕 옆에 쪼그리고 앉아 불을 쬐는 그를 보고 실망을 표시하자, 헤라클레이토스는 여기에도 신들이 현전한다고 대답했다고 한다. 이 일화를 통해 하이데거는 진리란 인간이 거주하는 일상적이고 친숙한 장소에 있음을 주장한다.

함의 완전히 독창적인 조합을 두 대립하는 특성 중 어느 하나로 환원하지 말아야 한다. 이 절충적인 언어는 대중에게 다가가려는 이 엘리트주의의 의도와 완벽하게 결합한다. 가장 '단순한 자들'에게 철학적 복음을 전하는 엘리트주의. 물론 그들이 엉터리 목사들의 변조된 메시지에서 철학적 지도자(Führer) — 결코 대변자(Fürsprecher), 또는 신성한 말씀의 겸허한 전달자가 아니었던 — 의 '진정한' 성찰을 들을 수 있어야겠지만.

## 내적 독서와 형식에 대한 존중

"학생들의 국민운동은 근본적으로 독창적이지만, 형식에서 무질서하다."37) 1932년 스프랑게(Spranger)가 한 이 발언에서 프리츠 링거(Fritz Ringer)는 올바르게도 국가사회주의에 대한 독일 '봉록 지식인들'(mandarins)의 반응의 진실을 간파하였다. 로고스중심주의 — 하이데거 철학의 문자에 대한 집착과 문헌학적38) 철학이 그 극단을 대표하는 — 에 젖은 학계의 관점에서는, 형식이 의미를 만드는 것이다. 학계의 귀족주의의 지고의 형식인 철학적 귀족주의와 다른 모든 종류의 귀족주의 — 이를 테면 융커계층과 그 대변인들의 독창적으로 귀족

---

37) E. Spranger, "Mein Konflikt mit der nationalsozialistischen Regierung 1933", *Universitas Zeitschrift für Wissenschaft, Kunst und Literatur*, 10, 1955, pp. 457~473. F. Ringer, *The Decline of the German Mandarins : The German Academic Community, 1890~1933*(Cambridge, Harvard University Press, 1969), p. 439 에서 재인용.

38) [역주] 부르디외는 *philologique*(문헌학적)를 *philo-logique*(로고스를 사랑하는)로 표기하여 문헌학과 로고스중심주의의 연관성을 암시하였다.

적인 귀족주의 — 간의 관계의 진실은 형식 갖추기 속에서, 그리고 모든 종류의 '환원주의'에 대한 거부, 즉 담론을 가장 단순한 표현으로 바꾸고자 하는, 그리하여 그 생산의 사회적 결정인자들을 드러내고자 하는 모든 종류의 형식파괴에 대한 거부 속에서 나타난다. 그 증거로 하버마스가 하이데거에 대한 심문에서 사용한 형식을 들 수 있다.

"1945년 이래 여기저기에서 하이데거의 파시즘에 대한 문제제기가 있었다. 이 논쟁의 중심에 있었던 것은 무엇보다 하이데거가 '독일의 존재의 전복'을 찬양했던 1933년의 총장 연설이었다. 하지만 비판은 도식적이며, 여기서 더 나아가지 않는다. 반면에 《존재와 시간》(이 책은 헤겔의 《현상학》 이래 독일철학사상 가장 중요한 사건이다)의 저자가, 다시 말해 이런 반열의 사상가가 어떻게 그렇게까지 자기의 수준을 낮추어 누가 보더라도 초보적인 사고방식으로 돌아갈 수 있었는가를 생각해 보는 것은 훨씬 흥미롭다. 혜안이 있는 사람이라면 이 독일 대학의 자기 확인에 대한 요구의 파토스에 스타일이 결여되어 있음을 쉽게 알아보았을 것이다."39) 우리는 여기서 담론의 '수준'에 대한 염려, 철학자가 언어와의 관계 속에서 근본적으로 표현하는 저 철학적 위엄에 대한 감각과 단절하려면, '작가 마르틴 하이데거의 언어적 태도'에 있는 '오만함'40)을 경계하는 것으로는 부족함을 깨닫게 된다.

스타일의 '수준'은 철학적 담론에서 부수적 특징이 아니다. 그것은 이 담론이 허가된 담론임을, 그 적합성을 근거로, 일종의 이론적 권위를 보증하는 일을 맡은 전문가 집단의 허가를 받았음을 알린다(저자에 따라, 그리고 시대에 따라, 이론적 권위의 지배적 요소는 논리일 수도 있고

---

39) J. Habermas, "Penser avec Heidegger contre Heidegger", *Profils philosophiques et politiques*(Paris, Gallimard, 1974), p. 90(강조는 부르디외).

40) J. Habermas, *op. cit.*, p. 100.

도덕일 수도 있다). 스타일의 수준은 또한 어떤 사안들이 언급되지 않도록 만든다. 형식을 갖춘 담론에 어울리지 않거나, 그것을 적합한 형식으로 표현할 유능한 대변인들을 찾을 수 없는 사안들이 그러하다. 그렇지 않았다면 그것들은 말해질 수 있고, 받아들여질 수 있었을 것이다. 스타일들은 위계화되어 있고 위계를 만든다. 이는 일상적 언어에서나, 학자들의 언어에서나 마찬가지이다. '수준 높은' '사상가'에게는 '고차원적인' 언어가 어울린다. 1933년의 연설의 '스타일을 결여한 파토스'가 철학적 위엄(즉, 철학자로서 그들 자신의 위엄)에 대한 감각을 지닌 이들 모두에게 그토록 부적절하게 느껴졌던 까닭이 여기에 있다. 이들은 《존재와 시간》의 철학적으로 스타일을 갖춘 파토스를 철학적 사건이라며 환영했던 바로 그 사람들이다.

담론들의 위계에서 어떤 담론이 차지하는 지위를 환기시키고, 그 담론에게 보여야 마땅한 경의를 환기시키는 것은 스타일의 '수준'이다. "거주의 진정한 위기는 죽음 앞의 인간들이 점점 더 거주의 존재를 찾고 있다는 사실, 그들이 무엇보다 거주하는 법을 배워야 한다는 사실에 있다"[41] 와 같은 문장을 "주거 위기가 심각해지고 있다"와 같이 일상언어를 사용한 진술이나 "베를린의 업무지구인 하우스폭타이플라츠(Hausvogteiplatz)의 땅값은 1865년에 1제곱미터에 115마르크였는데, 1880년에 344마르크, 1895년에는 990마르크로 올랐다"[42] 와 같이 과학적 언어를 사용한 명제와 동일하게 취급할 수는 없다. 형식에 맞는 담론으로서 철학적 담론은 고유한 지각의 법칙들을 부과한다. [43]

---

41) M. Heidegger, *Essais et conférences*, p. 193.

42) M. Halbwachs, *Classes sociales et morphologie* (Paris, Editions de Minuit, 1972), p. 178. 당연한 일이지만, 체통을 지킬 줄 아는 철학적 담론은 이런 문장을 처음부터 배제한다. '이론'과 '경험'을 구별하는 감각은 실로 철학적 차별성의 감각의 심오한 차원이다.

비전문가들로 하여금 경의를 표하며 물러나게 하는 형식화는 텍스트 자체의 한계 안에 갇힌 독서이자 전문적인 독자 집단이 독점한 독서라는 이중적 의미에서의 내적 독서를 요구하면서, 텍스트를 (하이데거가 말한 바의) '범속하게 만들기'로부터 보호한다. 철학적 텍스트는 정의상 '철학자들', 즉 철학적 담론을 철학적 담론으로 인식/인정할 준비가 되어 있고, 그것을 읽도록 요구되는 바대로, 즉 자기 정초적이고 외부가 없는 담론 그 자체 말고는 일체의 다른 참조점을 배제하면서, 순수한 지향이자 순수하게 철학적인 지향에 따라 '철학적으로' 읽을 자세가 되어 있는 이미 개종된 독자들에 의해서만 (사실상) 읽힐 수 있다. 이 점을 확인하려면 〔철학적 텍스트의〕 사회적 사용을 고찰하는 것으로 충분하다.

이데올로기적 담론은 그것이 말하는 바를 말하지 않는 것처럼 보이게 하는 형식 아래서만 말한다. 이데올로기적 담론의 가치에 대한 믿음의 기초인, 집단적 오인의 제도화된 원환은 이데올로기적 담론이 수행하는 이러한 부인이 그것이 부인하는 내용을 재오인할 수 있는 해석자들 집단을 만날 때 비로소 성립된다. 형식이 부인하는 것이 다시 오인될 때, 즉 형식 속에서 스스로를 부인하며 완성된 내용이 단지 그 형식 속에서만 인식되고 인정될 때 말이다. 간단히 말해서, 부인의 담론은 그 담론을 부인하고 그것이 부인한 것을 찾아내려는 독서가 아니라, 애초에 부인된 것을 확인하고 재생산하는 형식적인 (혹은 형식주

---

43) 철학적 독서 및 그것을 뒷받침하는 철학사의 철학에서 이 같은 암묵적 철학을 추출하려면, 순수하고 순전히 형식적인 취급에 대한 기대, 단어들의 공간에 한정된 내적 독서에 대한 요구, 혹은, 같은 말이 되겠지만, '자기발생적인' 작품의, 역사적 결정론으로의 환원불가능성 ─ 물론 철학의 자율적 역사나 수리과학 및 물리과학 역사의 내적 결정은 별개로 하고 ─ 을 분명히 하는 텍스트들을 모두 체계적으로 수집해야 한다(하이데거와 하이데거 연구자들에게는 이런 텍스트가 흔하다).

의적인) 독서를 요구한다. 재오인을 요청하는 오인으로서 모든 이데
올로기적 담론이 품고 있는 상징폭력은 수용자들이 그 담론을 그 담론
이 요구하는 방식대로, 즉 그것에 걸맞은 경의를 가지고, 형식들 속에
서, 형식으로서 취급하도록 만드는 데 비례하여 발휘된다. 이데올로
기적 생산이 그것을 객관적 진실로 돌려놓으려는 임의의 독자를 자신
의 오류 속에 잡아둘 수 있다면, 그것은 그만큼 성공적이다. 지배적 이
데올로기의 특징은 이데올로기의 과학을 이데올로기에 대한 비난으
로 만들어 버린다는 것이다. 담론의 숨겨진 진실을 말하는 것은 물의
를 일으킨다. 왜냐하면 '마지막까지 밀하지 밀아야 하는 것'을 말했기
때문이다.

아무리 세련된 상징적 전략도 그것의 고유한 성공조건들을 완전히
만들어내지는 못한다. 환원주의적 독서에 대한 기존의 규탄을 지휘하
며 증폭시키는 공인된 교리(orthodoxie)의 수호자들 집단 전체에 작용
하는 공모에 의지할 수 없다면, 그 전략은 실패하기 마련이다. 44)

하이데거는 많은 말을 할 필요가 없었다. 그가 "철학은 본질적으로 반시
대적이다. 왜냐하면 철학은 결코 자신의 고유한 현재 속에서 즉각 반향

---

44) 공인된 교리의 언어를 수입하는 자는 사회학자가 아니다. 《인간주의에 관한 서
한》의 수신인인 장 보프레(Jean Beaufret)는 자신의 비상한 언어적인 재능과 하이
데거의 심오한 직관을 결합시킨다. 덕택에 그는 프랑스에서 하이데거에 대한 가장
권위 있는 주해자 중 한 명이 되었다"(W. J. Richardson, S. J., Heidegger,
*Through Phenomenology to Thought* (La Haye, M. Nijhoff, 1963), p. 684, 보프레
의 어떤 글에 대하여). "(Albert Dondeyne의) 이 공감어린 연구는 존재론적 차이
야말로 하이데거가 쏟은 모든 노력의 유일한 준거점이란 생각을 솜씨 있게 펼친
다. 그러나 하이데거가 "영원한 철학(*philosophia perennis*)의 위대한 전통"과 맺는
관계에 관한 저자의 요약이 엄격하게 계율을 따르는 하이데거주의자들을 모두 만
족시키지는 못할 것이다(*ibid.*).

을 일으키지 못하며, 그럴 권리도 갖지 못한 드문 경우에 속하기 때문이다"45) 라고 말하자, 또 "동시대인들에게 이해받지 못하는 것은 독창적 철학자들의 본질에 속한다"46) — 그의 입에서 나올 때면 특히 다채로워지는, '저주받은 철학자'라는 테마의 변주 — 라고 하자, 주석가들은 일제히 반복하였다. 47) "모든 철학적 사유는, 어떤 수준 이상으로 엄격하고 견고해질 때, 그 철학의 시험 앞에 놓인 동시대인들에 의해 잘못 이해될 운명이다. 유일하고 항구적인 관심사인 진리의 문제에 몰두하는 한 명의 철학자가 비장미의 옹호자, 니힐리즘의 전파자, 논리와 과학의 적대자로 분류된다는 것. 이는 시대의 경박함 탓으로 돌려야 할, 가장 기이한 왜곡이다."48) "그의 사상은 우리 시대와 우리 시대의 현재적인 것에 낯선 무엇으로 나타난다."49) 〔하이데거 저술의〕 드러난 체계와 잠복한 체

---

45) M. Heidegger, *Introduction à la métaphysique*, p. 15.

46) M. Heidegger, *Nietzsche*, I, p. 213. "전기(傳記)는 누구에게도 속하지 않는 것에 이름을 부여하는 일"밖에 하지 못하며, 작품은 "전기를 벗어난다"고 하이데거는 어딘가에서 말했다.

47) 알다시피 자신의 저서에 대한 외적이고 환원적인 독서를 격렬히 거부하고 논박했던 하이데거가(장 발에게 보낸 서한, 장 보프레에게 보낸 서한, 어떤 학생에게 보낸 서한, 리처드슨에게 보낸 서한, 어떤 일본 철학자와의 대화 등) 그의 경쟁자들(특히 사르트르)을 상대로 망설임 없이 '조야한' 사회학주의적 주장들을 펼친다는 점은 주목할 만하다. 예를 들어 그는 '공중의 독재'라는 테마에 (사회학적이지는 않더라도) 완전히 사회적 의미를 부여한다(*Lettre sur l'humanisme*, p. 35와 39). 이것은 의심할 여지없이 《존재와 시간》에서 이 테마가 가지고 있었던 의미이다. 거기서 하이데거는 '세인'의 '실존적 분석'이 "결코 그저 지나가듯이 사회학에 기여하는 것을 목적으로 삼지 않음"(p. 41) 을 분명히 하려고 애쓰고 있지만 말이다. 이처럼 하이데거 II가 하이데거 I을 재활용한다는 사실은 (위에서 인용한 구절의 "그저"와 더불어) 모든 게 재차 부정되는 것처럼 보이지만, 어떤 것도 포기되지 않는다는 것을 증명한다.

48) J. Beaufret, *Introduction aux philosophies de l'existence. De Kierkegaard à Heidegger* (Paris, Denoël-Gonthier, 1971), pp. 111~112.

계의 관계를 전략적으로 조작하고, 그리하여 그의 저술에 대한 대중의 이미지를 조작하는 것을 목표로 한 직접적인 개입들 중에서, 가장 눈에 띄고, 또 가장 자주 인용되는 《인간주의에 관한 서한》이 일종의 설교처럼 〔대문자로 시작되는〕 '존재'의 일개 보좌신부들이 각자 자신의 책임 아래 스승의 훈계 속에 담긴 거리두기를 재생산하도록 해 주며, 그리하여 성스러운 것과 세속적인 것, 전문가와 속인 중에서 좋은 쪽에 자리 잡게 해 주는 무한한 주석들의 모태처럼 읽히는 것은 이렇게 해서이다. 자기 해석, 방주, 학술논문, 입문서, 심지어 교과서의 형태로 물결이 점점 더 키다란 원을 그리며 퍼져나감에 따라, 해석자들의 위계의 아래쪽으로 내려감에 따라, 그리고 문장들 또는 해설들의 수준이 낮아짐에 따라, 비의적 담론은 자신의 진실로 돌아가는 경향이 있다. 하지만 유출론적 철학에서처럼, 확산은 알맹이의 손실까지는 아니더라도 가치의 손실을 수반하며, '범속해지고' '대중화된' 담론에는 등급하락의 표시가 찍힌다. 본래의 또는 애초의 담론의 가치를 다시 한 번 높여 주면서 말이다.

위대한 해석자가 해석하는 작품과 그 작품이 요청하는 해석들 혹은 과잉해석들 사이에 성립하는 관계나, 엉뚱하거나 악의 어린 해석을 수정 혹은 방지하고 적절한 해석을 정당화하기 위한 자기 해석들 간의 관계는 — 학계의 아첨과 허풍이 없애 버리는 유머감각을 제외하면 — 뒤샹 이래 예술가와 해석자들 사이에 성립된 관계와 아주 비슷하다. 두 경우 모두 생산은 해석에 대한 기대를 개입시키며, 해석과 과잉해석을 요청하면서 해석자들을 가지고 논다. 작품의 본질적인 소진불가능성〔무한한 해석가능성〕을 내세워 그들을 환영하든지, 아니면 해석에 대한 일종의 예술가적 도전 — 이는 예술가와 그의 창조적

---

49) O. Pöggeler, *La pensée de M. Heidegger* (Paris, Aubier-Montaigne, 1963), p. 18.

권력, 나아가 비판과 자기비판에 대한 그의 권력의 초월성을 단언하는 방법이다 — 을 통해 그들을 내쫓든지 말이다. 하이데거의 철학은 아마도 철학적 레디메이드, 즉 해석되기 위해 만들어졌고, 해석에 의해 만들어진 작품들 중 최초이자 가장 완성된 형태일 것이다. 더 정확히 말해서 그런 작품들은 필연적으로 **과도하게 해석하는** 해석자와, 자신의 말을 번복하고 윤색하고 수정하면서 작품과 해석들 전체 사이에 존재와 〔존재에 대한〕 존재자들의 보잘것없는 설명의 차이와도 같은 차이를 성립시키는 생산자의 가짜 변증법 — 과학적 변증법의 절대적 안티테제 — 에 의해 만들어진다. 50)

이러한 유비는 보기만큼 인위적이지 않다. 그의 사상과 이전의 모든 사상을 갈라놓는 '존재론적 차이'51)에 대한 감각은 (사르트르의 경우처럼) 존재론에 못 미치는, 순박하게 '인간학적인' '통속적' 해석들과 진정한 해석들을 갈라놓는 것이기도 하다. 이 점을 입증하면서 하이데거는 그의 저작을 손닿지 않는 곳에 두며, 의도적이든 아니든 통속적 감각에 머무르는 모든 독해를 미리부터 비난한다. 훌륭한 의도를 지녔으되 잘못된 영감으로 말미암아 어떤 해석자들이 그러듯이, 그리고 완전히 다른 의도에서 사회학자들이 그러듯이, '진정하지 않은' 실존에 대한 분석을 '사회학적' 묘사로 간주하는 것이 그러한 예이다. 작품을 읽는 두 가지 방법을 바로 그 작품 안에서 비교한다는 것, 이는 모범적인 독자로부터 어떤 예기치 않은 악평이나 명백한 진부함 앞에서도 스승의 훈계를 되새기도록 약속받는 것을 의미한다. 그런 독자

---

50) 이렇게 본다면 마르셀 뒤샹의 최근 인터뷰(VH 101, nº 3, 1970 가을호, pp. 55∼61에 게재)는 무수한 번복과 선긋기, 해석자들을 영리하게 갖고 놀기 등에서 《인간주의에 관한 서한》과 유사하다.

51) 혹자는 하이데거가 《서한》(p. 95)에서 이러한 '주장'을 취소했다고 지적할 것이다. 하지만 그는 조금 뒤에 다시 같은 주장을 하고 있다(p. 111).

는 언제나 과도하게 이해하며, 그러면서도 자신의 이해의 진정성을 의심하고, 감히 저자를 심판하지 못한다. 저자가 모든 이해에 대한 심판관으로 스스로를 옹립했기 때문이다. 베버가 관찰하였던, 문화적 사업 실패의 책임을 평신도들에게 전가하는 법을 아는 신부와 유사한 방식으로, 위대한 사제적 예언자는 이처럼 해석자들의 공모를 확보한다. 해석자들은 우연한 표현이나 의미의 미끄러짐, 말실수에서조차 작품의 필연성을 추구하고 확인하는 것 외에, 달리 선택의 여지가 없다. 그러지 않으면 그들은 '오류'의 늪에 빠진, 또는 어둠 속을 '방황'하는 자신을 발견할 뿐이다.

지나가며 덧붙이자면, 위엄 있는 말장난을 통해 단순화를 비난하면서, 이를 피하기 위해 해석자[번역가]들의 국제적 연결망이 축적해온 자원들을 총동원하는 해석적 한술 더 뜨기의 훌륭한 예가 여기 있다. "영어에서 이 용어 — *errance*[방황] — 는 다음에 근거하여 만들어진 하나의 인공물이다. 라틴어 errare의 첫 번째 의미는 '떠돌다'이고 두 번째 의미는 '올바른 길에서 멀어져 배회하다', '잘못된 길로 들다', '헤매다'이다. 프랑스어의 errer는 이 이중적 의미를 담고 있다. 영어에서는 이 두 의미가 형용사 형태인 'errant'[방황하는]에 담겨 있다. 첫 번째 의미('떠돌다')는 모험을 찾아서 떠도는 사람들을 가리킬 때 사용되고('방황하는 기사들'), 두 번째 의미는 '참되거나 바른 것에서 벗어나 있음', '헤맴'을 뜻한다. 명사 형태의 'errance'는 표준적인 영어의 사용법에 맞지 않지만, 우리는 — 프랑스어 역자들을 본받아 (pp. 96 ff.) — '떠돌다'와 '길을 잘못 들다'('헤매다')의 어감 — 전자가 후자의 토대인데 — 을 모두 표현하기 위해 이 단어를 도입할 것이다. 이는 저자의 의도에 더 충실하면서도 이 단어를 'error'[오류]로 번역할 때 자연히 생겨나는 해석의 단순화를 최대한 피하는 방법처럼 보인다"(W. J. Richardson, *op. cit.*, p. 224, n. 29, 강조는 부르디외. Poesy와 poetry의 구별과 관련된 p. 410도 참조할 것).

담보, 권위, 보증으로서 텍스트는 자연스럽게 전략들의 쟁탈대상이다. 이 영역에서 전략은 그것이 전략이 아니라고 여겨질 때, 그것도 — 신념의 기능이 바로 여기 있는데 — 그 저자들에 의해 그렇게 여겨질 때 가장 효과를 발휘한다. 저자의 상징자본을 나누어 갖는 것에 대한 반대급부는 작품과 해석자 간의 객관적 거리에 따라서 둘 사이에 성립되는 관계의 양식을 그때그때 규정하는 예절에 대한 존중이다. 발견자이자 자격을 갖춘 대변인으로서, 영감을 얻은 주해자 혹은 단순한 중계자로서 해석자가 갖는 특수한 이해관계를 좀더 철저하게 분석할 필요가 있다. 이 관심은 해석자 및 해석된 작품이 주어진 시점에 각각이 속한 위계 안에서 차지하는 상대적 위치에 따라 다를 것이다. 우리는 이 위치가 어떤 점에서, 얼마나 해석에 영향을 미치는지도 분석해야 한다. 하이데거적 명예회복의 기획이 마르크스주의자들 중에서도 제일 명예회복에 신경을 썼던 이들, 그래서 당대의 철학 중에서도 가장 명성이 높은 철학을 '범속하다'는 의심을 받고 있었던 대중철학(*plebeia philosophia*)과 결합시켰던 이들의 기대와 어떻게 조우했는가를 고려하지 않는다면, (마르쿠제[52]와 호베르트[53])를 조상으로 둔) 프랑스의 하이데거적 마르크시즘의 일견 이율배반적 위치를 이해하기 힘들 것이다. [54] 《인간주의에 관한 서한》에 내포된 술책들 중에서

---

52) H. Marcuse, "Beiträge zur Phänomenologie des historishen Materialismus", in *Philosophische Hefte*, I, 1928, pp. 45~68.

53) C. Hobert, *Das Dasein im Menschen* (Zeulenroda, Sporn, 1937).

54) 바로 이런 논리에 의해 마르크스주의와 구조주의 혹은 프로이트주의의, 좀더 근거가 있어 보이는 '조합'이 생겨난다. (라캉이 해석한) 프로이트는 하이데거식의 개념어를 이용한 언어유희를 경계하였지만 말이다.

도55) '저명한' 마르크스주의자들에게 가장 효과적으로 와 닿았던 것은 단연 암시적으로 말하기의 전략, 즉 — '마르크시즘과의 유익한 대화'로 표현되는 — 새로운 정치적 맥락 속에서의 재해석 전략이다. 급진화를 통한 (거짓) 지양((*faux*) *dépassement par la radicalisation*) 이라는, 전형적으로 하이데거적인 이 전략은 초기의 하이데거가 마르크시즘의 소외 (*Entfremdung*) 개념에 맞서 사용했던 것이기도 하다. 마르크스가 묘사한 것과 같은(즉, 아직 너무나 '인간학적인') '소외의 경험'을 가장 근본적인, 인간의 근원적 소외 속에, 즉 〔대문자〕 존재의 진실에 대한 망각 속에 징초하는 '근원적 존재론'은 급진주의의 극치(*nec plus ultra*) 를 대표하지 않겠는가?56)

장 보프레, 앙리 르페브르(Henri Lefebvre), 프랑수아 샤틀레(François Châtelet), 코스타스 악셀로스(Kostas Axelos) 의 좌담57) 을 다시 읽는 것만으로도, 이 예기치 않은 철학적 조합이 엄격하게 '내적인' 이유에서 비롯된 게 아님을 확신할 수 있다. "저는 이러한 전망 — 전망이라는 단어가 적당한지 모르겠지만 — 에 완전히 매혹되고 사로잡혔습니다. 이 전망은 지난 몇 년간 출판된 철학적 텍스트들 대부분에서 나타나는 범속함에 맞

---

55) Cf. M. Heidegger, *Lettre sur l'humanisme*, pp. 61, 67, 73, 《존재와 시간》에 대한 '실존주의적' 독해를 반박; p. 81, 《존재와 시간》의 개념들을 종교적 개념의 '세속화'로 해석하는 것을 반박; p. 83, 본래성과 비본래성의 대립에 대한 '도덕적'이고 '인간학적인' 독해를 반박; pp. 97~98, '고향'(*Heimat*)에 대한 분석들의 '민족주의'에 대해 강한 어조로 부인 등.

56) Cf. M. Heidegger, *Lettre sur l'humanisme*, pp. 101~103.

57) K. Axelos, *Arguments d'une recherche* (Paris, Éditions de Minuit, 1969), p. 93sq. ; 또한 다음을 참조하라. K. Axelos, *Einführung in ein Künftiges Denken über Marx und Heidegger* (마르크스와 하이데거에 대한 미래의 사유를 위한 서론) (Tübingen, Max Niemeyer Verlag, 1966).

서고 있기 때문에 더욱 인상적입니다"(르페브르). "하이데거의 우주적-
역사적 전망과 마르크스의 실천적 역사적 개념 사이에는 아무런 대립도
없습니다"(르페브르). "마르크스와 하이데거의 공통적 기반은, 즉 제가
보기에 이들을 연결하는 것은 우리 시대 자체입니다. 고도로 발전된 산
업문명과 기술의 세계화(…)의 시대 말입니다. 두 사상가는 한마디로 동
일한 대상을 공유합니다. (…) 바로 이 점에서 이들은 예컨대 시대의 표현
들을 파편적으로 분석하는 사회학자들과 구별됩니다."[58] (샤틀레). "세
계를 문제 삼는다는 점에서 마르크스와 하이데거는 둘 다 급진성을 보여
줍니다. 그들은 또한 과거를 급진적으로 비판하고 지구의 미래를 준비하
는 데 관심을 기울인다는 공통점이 있습니다"(악셀로스). "하이데거는 무
엇보다 우리가 마르크스의 메시지를 이해하는 것을 돕고자 합니다"(보프
레). "나치가 되는 것의 불가능성은 존재와 시간에서 시간과 존재로의 급
변과 하나를 이룹니다. 《존재와 시간》이 하이데거를 나치즘으로부터 지
켜 주지 못한 반면, 시간과 존재 — 이것은 책이 아니라 1930년 이후 그의
사유, 그리고 1946년 이후 출판물들의 요약입니다 — 는 그를 나치즘으
로부터 돌이킬 수 없게 멀어지게 합니다"(보프레). "하이데거는 아주 다
른 스타일로 마르크스의 저작을 이어서 씁니다"(샤틀레).

장의 논리는 해석학적 봉헌에 가장 소질과 취미가 있는 독자들을 가
장 명성이 높은 텍스트로 이끈다. 하지만 해석자들의 특수한 이해관
계와 이러한 장의 논리 자체는 하이데거 철학이 어떻게 철학의 장의

---

58) 우리는 여기서 존재와 존재자들의 '존재론적 차이'라는 도식이 작동하는 것을 본
  다. 다시 말해 이 도식이 자신의 실천적 진실 속에서 나타나는 것을 본다. 거리와
  위계를, 특히 철학과 사회과학 사이에 확립할 필요가 있을 때 이 도식이 자연스럽
  게 출현하는 것은 우연일까?

다양한 분야에서 철학적 지향의 가장 **탁월한** 실현으로 인정받을 수 있었는가를 충분히 설명하지 못한다. 이 사회적 운명은 성향들의 사전적 친화성에 기초해서만 완성된다. 그리고 이 사전적 친화성 자체는 철학교수 집단의 충원과 교육의 논리, 대학의 장과 지적 장의 구조 안에서 철학의 장이 차지하는 위치 등으로 설명된다. 교수집단 중에서도 '엘리트'인 이 철학교수들은 흔히 프티부르주아의 하층부 출신이며, 학업적 성취에 힘입어 인문계열 학과들의 최고봉이자 학교제도의 광기어린 골방에, 세계와 세계에 대한 모든 권력에서 격리된 곳에 도달하는데, 이들의 프티부르주아적 귀족주의는 하나의 동질적 성향이 빚은 이 모범적 성과〔하이데거 철학〕에 공명할 수밖에 없다.

이것은 하이데거적 언어의 특수한 효과가 아니다. 급진적 사유의 효과와 전 지구적 사유의 효과, 원전들의 탈범속화의 효과와 '토대를 놓는 사유'의 효과, 더 일반적으로는 신성한 텍스트 — 하나의 주제를 끝없이 새롭게 정의하여 고갈시키려는 의지에 의해 인도되는 무한하고 집요한 주석의 모태 — 의 단어들을 변주하는 설교의 김빠진 수사학의 효과가 아니다. 그러한 수사학은 베버가 말하는 '강단 위의 예언자들'(*Kathederpropheten*)에게 비일상성의 신기루를 일상적으로 재-생산하게 해 주는 직업적 잔재주의 전형적 한계를, 따라서 절대적 정당화를 나타낸다.

사제적 예언은 저자와 해석자들을 하나로 만드는 심층적 공모를 기초로 해서만 완전한 효과를 발휘한다. 이 공모를 통해 그들은, 다시 한 번 베버의 표현을 빌려, '국가가 지명한 삼류 예언자'라는 직책의 사회학적 정의에 내포된 전제들을 받아들인다. 이 전제들 중에서, 유식한 해석이라는 말을 듣기에 부끄럽지 않은 해석에서 으레 행해지는 텍스트의 **절대화**만큼 하이데거의 이해관계에 잘 부응하는 것도 없으리라. 무례하다고 간주되어 즉시 거부되었던, 하이데거의 '정치적 사유'라는 문제가 제기되기 위해서는, 중립성에 대한 아카데믹한 요구를 거스르는 일 ― 철학자가 나치정당에 가입하는 것만큼이나 놀라운 일 ― 이 필요했다. 철학교수들은 정치에 대한 공개적인 참조를 철학에서 배제해야 한다는 규정을 깊이 내면화한 나머지, 하이데거 철학이 많은 부분에서 정치적이라는 사실을 망각하기에 이른다. 이것이 그들이 중립성을 지키는 방법이다.

형식에 대한 이해는, 만일 그것이 위치들의 거의 완벽한 상동성과 하비투스들의 친화성 위에 세워진, 막연하면서도 심층적인 이해를 숨기고 있지 않다면, 형식적이고 공허하다. 이해한다는 것, 그것은 또한 이심전심으로 안다는 것, 행간을 읽는다는 것이다. 그러한 이해는 생산자가 미리 조작해 둔 언어적 연합들과 대체물들을 실천적 방식으로(즉, 대개의 경우 무의식적으로) 조작함으로써 이뤄진다. 계급적 이익 또는 계급분파적 이익을 그것을 숨기고 또 누설하는 형식 아래서만 합법적으로 표현하면서 이러한 이중성 덕택에 효력을 발휘하는 이데올로기적 담론의 특수한 모순은 이리하여 실천적으로 해소된다. 위치들의 상동성과 하비투스들의 거의 완벽한 조율이 함축하는, (화자가 대변하는) 이해관계에 대한 실천적 인식 및 그것의 직접적인 표현을 금지하는 특수한 형태의 검열에 대한 인식은, 모든 의식적인 해석작업 바깥에서, 담론이 말하고자 하는 바에 접근하는 길을 열어 준다. 59)

---

59) 얼핏 보면 모순적인 칼 프리드리히 폰 바이제커(Karl Friedrich von Weizäker)의 다음과 같은 선언은 바로 이러한 맹목적 이해를 나타낸다(하버마스의 인용, *op. cit.*, p. 106). "내가 《존재와 시간》을 읽기 시작한 것은 학생시절이다. 책이 출판된 지 얼마 안 되었을 때였다. 엄격히 말하면 그 시절의 나는 그 책을 조금도 이해하지 못했다고 이제 와서 분명하게 단언할 수 있다. 하지만 나는 내가 현대 물리학 이론의 배후에 있다고 직감했던 문제들을 이해하는 책은 이 책뿐이라는 인상에서 벗어날 수 없었다. 나는 지금도 이 책을 이렇게 평가한다."

언어의 표면 아래에서 이뤄지는 이러한 이해는 표현되지 않은, 억압된 표현적 관심과, 그 관심의, 형식들 안에서의 표현, 즉 주어진 장의 규범에 부합하도록 미리 조정된 표현이 만날 때 생겨난다. 60)

---

60) 하이데거의 엘리트주의적 신앙고백이 시몬 드 보부아르(Simone de Beauvoir)가 말하는 '우파 사상' — 이상하게도 그녀는 하이데거를 제외하고 있지만 — 의 모습을 띠었다면, 사르트르는 화를 내거나 비웃었을 것이다. 하지만 바로 그 사르트르는 하이데거가 사회세계에 대한 자기 나름의 경험에서 끌어낸 표현 — 《구토》에서 여러 페이지에 걸쳐 표현된 것 — 을 그가 이해했던 방식대로 이해할 수 있었다. 단지 그것이 철학적 장의 예의와 관습에 부합하는 형식으로 제시되었다는 이유로 말이다.

# 제 3 장

# 무게 잡는 담론

## 《자본을 읽는다》에 대한 '몇 개의 비판적 언급'*에 대한 몇 개의 비판적 언급**

> 옛날, 시종 시절에 산초는 성직봉록을 받는 것에 대해 온갖 "거리낌"을 품고 있었다. 하지만 환경이 바뀌었음을 생각하며, 또한 경애하는 동료에 대한 오랜 봉사가 그를 이 자리로 데려왔음을 생각하며, 그는 마침내 이 거리낌을 "머릿속에서 내쫓기"로 결심하였다. 그는 바라타리아 섬의 대주교이자 추기경이 되어, 그러한 자격으로 군림한다. 엄숙한 풍채와 고상한 몸가짐으로 공의회의 일인자들 사이를 누비면서 ⋯⋯.

> 솔직히 말해 우리는 "우리 형제 산초"가 새로운 상황을 맞아 많이 변했다고 생각한다. 그는 과거에 투쟁하는 교회(ecclésia militâns)에 속하였으나 지금은 그와 대립하는 영광의 교회(ecclésia triumphâns)를 대표한다. "경전"이 울리는 승리의 팡파르 대신 경건한 엄숙함이 등장한다. 그는 더 이상 "나"라고 하지 않고 "슈리르너"라고 한다. 이는 숭고함과 우스꽝스러움은 백지장 차이라는 프랑스 속담의 진실을 확인시켜 준다. 산초는 교부가 되어 설교집을 펴낸 후로 스스로를 "슈리르너"라고만 일컫는다. 자기도취에 빠지는 이 "유일자적인" 방식을 그는 포이어바흐에게서 배웠다.

---

* Étienne Balibar, "Sur la dialectique historique. Quelques remarques critiques à propos de 'Lire Le Capital'", *La Pensée*, n° 170, août 1973, pp. 27~47.

** 이하의 페이지들은 세 가지 형식의 담론으로 구성된다. 마르크스의 '논평', 발리바르(Balibar)의 텍스트, 이 텍스트에 대한 분석. 말풍선 안에 있는 마르크스의 말은 《독일 이데올로기》에서 발췌한 것이다. 장클로드 메지에르(Jean-Claude Mézières)가 그림을 그리고 텍스트를 배치하였다.

《자본을 읽는다》에서 제시된 공식들과 명제들에 대해 많은 비판이 제출되었다. 반면 이 공식들과 명제들은 프랑스와 외국에서, 역사유물론의 전쟁터 위에서 <u>이른바 사회과학의</u> 이론적 문제들을 제기하고 또 해결하려는 이들에 의해 풍부하게 환기되었고 또 사용되었다. 이런 조건들 속에서, 집단작업을 통해 교정되기 마련인, 정교화의 첫 시도에 불과했던 것을 한 걸음 물러나서 바라보는 것이 가능해졌다. 더욱이 나는 <u>그것이 무익하지 않다고 믿는다.</u>

여기서 나는, 내 쪽에서, <u>어떤 특권도 없이,</u> 나 자신의 에세이 〈역사유물론의 기본개념에 대하여〉와 관련된 몇 가지 사항을 교정하려고 한다. 특히 일군의 젊은 영국 철학자들이 던진 세부적 질문들이 나에게 이런 계기를 마련해 주었다. 나는 그들의 비타협적 읽기에 감사한다.

나는 다음 사항을 차례로 검토할 것이다.

— 내가 사회구성체들의 역사에서 '최종심급에서의 결정'이라는 유물론적 카테고리를 정교화하기 위해 논거로 사용한 '상품 물신주의'에 관한 몇몇 정식들. (p.27)

하지만 이렇게 해서 우리는 마르크시즘의 역사 자체에 있는 난점들, 심지어 혼란들을 근본적으로 해명해 줄, <u>훨씬 더 심오한</u> 어떤 것에 도달한다.

(p.38)[1]

> 산초는 여기서 헌신을 즐기며, 그의 귀중한 시간을 공공의 "이익"을 위해 바친다고 자부한다. 그가 자신의 이익만을 염두에 두고 있으며, 여기서는 같은 교회 출신의 친구가 얻어맞지 않게 지켜 주는 것만이 관심사임을 기회가 될 때마다 우리에게 확인시키지만 말이다.

> 이러한 믿음에 힘입어 성 브루노는 노트 제 3권에서 천명되었던, 인격에 대한 그의 빈약한 문장들이 세상을 바꾸는 생각임을 증명하는 증서를 그의 제자 중 한 명으로부터 전달받기에 이른다.[2]

---

1) 이하에 나오는 에티엔 발리바르의 텍스트에서 나는 문체론적 전략의 전형적인 예를 밑줄로 표시하고 분석하였다. 그리고 (대체로 공격적인) 마르크스의 논평을 곁들였다.

2) *Cahier IV de la revue trimestrielle de Wigand*, p. 327.

"변호를 위한 주석" 역시 다른
점에서 교부의 직무에 대한 산초
의 적성을 증명한다. 위선으로 시
작한다는 점.

우리는 물론 교양 있는 베를린의 프리부르
주아에게 그가 문학적 마술을 써서 주
관적 흥미를 흥미로운 대상으로 바꿔 놓
았다고 불평할 수 없다.

"신성한 임무를 지고 있는 사람은 그 임무 때문에 자기도 신성해지
는 게 아닐까?"라고 니체는 물었다. 신성화하기에 의해 신성해진 서품
주교의 성직자적 변증법은 겸허한 고백(cf. '무익하지 않은', '어떤 특권
도 없이', '한계가 있지만 중요한')과 과장된 강조(cf. 거만한 반복과 — '명
제들과 공식들', '환기되고 또 사용된', '프랑스와 외국에서', '제기하고 또 해
결하려는' — 자신의 기획을 지시하는 거창한 표현들 — '역사유물론의 전쟁
터에서', '집단적 작업 속에서', '언젠가, 이러한 사용에 대하여 특별한 역사
적 분석, 비판적이면서도 포괄적인 분석을 행해야 할 것이다', '우리가 이제
알기 시작했듯이', '분석이 필요한, 심각한 결과를 수반하는 사안', '이러한
이동의 결과는 심각하다', '알튀세르가 레닌의 실천 및 그 실천을 성찰하는
텍스트들에 대한 분석에서 출발하여 이러한 방향으로 나아갈 수 있었던 것은

전혀 우연이 아니다' 등)의 조합을 특징으로 삼는다. 이 담론은 담론에 대한 담론을 내포하는데, 후자의 기능은 그 담론 및 그것을 말하는 사람의 정치적이고 지적인 중요성을 알리는 것에 지나지 않는다(cf. '중요한', '근본적인 문제', '이 결정적인 지점', '더욱 심각하고도 근본적인', '훨씬 더 심오한', '이 점은 근본적인 정치적 중요성을 지닌다', '이리하여 우리는 훨씬 더 심오한 어떤 것에 도달한다' 등).

이 <u>제한되어 있지만 중요한</u> 사항들을 검토하면서, 나는 다음 세 가지를 목표로 삼았다. 마르크스의 구체적 분석 속에 투여된 일반직 개념들의 <u>과힉적 엄격함을</u> 다시 한 번 고집하는 것, 이 개념들의 사용에서 <u>모든 형식주의적 일탈에 대비하는</u> 것, 그리고 특히, 일반적 개념들로써 실질적이고 구체적인 분석을 대신하려는 모든 **시도**를 방지하는 것이다. 이러한 지향은 최근 몇 년간 작업이 진척되면서 어느 때보다 더 <u>중요해졌다</u>.                          (p.28)

이 '논증'은 어김없이 난점들을 만들어낸다. 이를 분명하게 보고자 한다면, 문제의 세 측면을 조심스럽게 구분해야 한다.
— <u>마르크스가</u> '최종심급'과 '물신주의'라는 두 테마와 관련하여 생각한 것
— <u>내가</u> 《자본을 읽는다》의 이 대목에서 하려고 한 것
— 마지막으로, <u>우리가</u> 이 테마들과 관련하여 혹은 역사유물론의 문제설정의 현 상태 속에서 이 테마들이 지시하는 문제들에 대하여 생각해야 하는 것
                                                                    (p.28)

그는 자신의 영역을 지킨다. 그는 나라와 집을 위해 싸운다. 하지만 진정한 신학자로서 그는 이 이기적인 목적을 이른바 포이어바흐의 '특성' 아래 숨긴다.

## 자본의 착복

성직자적 '나'는 원조 예언자에게서 권위를 얻는다. 하지만 (상속된 권위라는 자본에 출자하기 위한 조건인) 겸손함이 그에게 일인칭으로 말하는 것을 금지한다 하더라도, 그가 그 자본을 본래대로 복구하는 데 있어서, 탈통속화(*débanalisation*)를 통해, 식자들의 혁명을 정의하는 읽기 혁명을 통해 자신이 기여한 바를(cf. '근본적으로 해명하기') 잊는 일은 없다. 어떤 측면에서 그는 자신이 '일탈'의 '유혹'에 붙들려 있다는 것을 안다. 하지만 그에게 고통스러운 질문을 던지는 텍스트들에 대한 경의가 그를 보호해 준다는 것도 안다("하지만 하나의 이론으로서 마르크스의 설명은 정말로 유물론적인가? 그것은 심각한 모순을 야기하지 않고도 역사유물론의 문제설정과 양립할 수 있는가?").

평범한 성직자는 인용하고 암송한다(*cite et récite*). 위대한 성직자는 일으켜 세우고 부활시킨다(*suscite et résuscite*). 그는 (성직자 아벨라르가 그랬듯이) 때로 계시의 원천들 안에 있는 부조화나 심지어 모순을 지적할 만큼 대담해진다('이 문제설정은 따지고 보면 불안정하고 모순적인 (…) 마르크스 이전의 철학적 문제설정의 특정한 변종에 불과하다', '이러한 형태는 역사유물론의 구성과정에서 필수적인 역할을 수행하지만, 여전히 이데올로기적이다. 정확히 그것이 이데올로기를 비판할 때의 의미에서, 즉 부르주아 이데올로기라는 의미에서 말이다. 원론적으로 말해서 이런 상황은 전혀 놀랍거나 경악스럽지 않다'). 그러면서 그는 자기 자신의 힘에만 의지해야 한다고 믿는 사람들, '심지어 마르크스주의자들'을 위해(cf. '얼마나 많은 경제학자들이, 심지어 마르크스주의자들마저, 그를 이처럼 고립시켰던가!'), 그들이 '마르크스 이전의' 오류들로 '다시 굴러 떨어지는' 일을 유일하게 막아 줄 수 있는 메시지의 진정성의 수호자로 자처한다(cf. "여기서 우리는 옳았던 것, 즉 마르크스 안에 분명히 있었던 이론적 혁명에 못 미치는 지점으로 돌아가지 않도록 주의해야 한다").

철학에서 완전히 진부한 전략인 탈통속화는 여기서 독창적인 형태를 띤다. 마르크스를 마르크스 자신보다 더 잘 이해하는 것만이 문제가 아니다. (성숙한) 마르크스의 이름으로 (청년) 마르크스를 추월하는 것, 마르크스 안에 살아남은 '마르크스 이전의' 마르크스를, 마르크스보다 더 마르크스주의자적인 독해를 통해 생산되는, 진정한 마르크스주의자인 마르크스의 이름으로 교정하는 것(cf. '마르크스는 아직 완전히 이데올로기와 단절하지 못하였다', '이 이데올로기와의 객관적이고 결정적인 단절은 심지어 《자본》 안에서도 이루어지지 않는다'), 그리하여 원조 예언자와의 동일시에서 비롯되는 이윤 — 즉, 소속에서 생겨나는 지적이고 정치적인 권위 — 과 차별화의 이윤을 동시에 축적하는 것이 관건이다.

이 과제는 다른 방식으로 '중요하다': 그 자체가 과학인 하나의 저작에 대한 과학하기는 이 저작이 과학적으로 연구한 대상에 대한 과학을 발전시키는 것이다. 이론적 텍스트에 대한 이론적 독해가 과학적 실천으로 이뤄져 있을 때(cf. '나는 크게 보아 경험적인 방식으로, 바로 자본의 "상품 물신주의"에 관한 절에 나오는 사실을 이용한다' 등), 철학은 병합 혹은 무효화에 의해 '이른바 사회과학'과의 경쟁에서 벗어나며, 철학자들은 위탁물의 관리인이자 보증인으로서, 과학적 실천의 '최종심급'에서의 재판관 역할(그들이 늘 맡고 싶어하던 역할)을 맡는다(그들은 이렇게 해서 과학적 실천을 생략할 수 있게 된다).

성직자적 예언을 특징짓는 이 이중게임은 이렇게 해서 지적 권위의 가능한 두 원천에서 생겨나는, 통상적으로 독점적 이윤을 한데 모은다. 그 두 원천 중 하나는 아욱토르(auctor, 저자)의 인격적 아욱토리타스(auctoritas, 권위)이고, 다른 하나는 위임받은 자의 제도적 권위이다. 전자가 언제나 예언에 대한 문제제기와 성직자들의 비난에 직면한다면, 후자는 그가 전권을 대리하는 집단 전체의 연대에 의해, 여기서는 영업허가를 받은 마르크스주의자들 전체에 의해 보증된다. 교조적 독해에 대한 충성을 통해 그러한 자격을 얻은 마르크스주의자들은 그들의 사회적 권력을 다시 교조적 독해에 부여한다(cf. 마르크스는 … 나는 … 우리는 …). 자본에 대한 올바른 주해를 독점하려는 투쟁(cf. 《자본을 읽는다》)이 현실적으로, 마르크시즘이 대표하는 거대한 상징자본을 판돈으로 갖고 있지 않았다면, 그렇게까지 처절하지 않았을 것이다. 마르크시즘은 정치 장과 지식 장에 동시에 작용하는 유일한 사회 이론인 것이다(레닌 신드롬이라고 불릴 만한 — cf. 《레닌과 철학》 —, 지식인들이 꿈꾸는 철인왕의 한 형태가 여기서 생겨난다). 그리고 이 자본의 착복 자체는 정치에 특유한 전략들을 지적 투쟁의 장소로 가져가는 것을 허용하며, 그리하여 상대적으로 자율적인 지식 장에 등록된, 성문화되거나 그렇지 않은 규칙들의 효력을 '투쟁'의 긴급성이라는 명목 아래 정지시키는 것을 허용한다.

하지만 하나의 이론으로서 마르크스의 설명은 정말로 유물론적인가? 그것은 심각한 모순을 야기하지 않고도 역사유물론의 문제설정과 양립할 수 있는가? 나는 그렇게 생각하지 않는다. 인간주의 철학으로, 심리사회학으로, 인류학으로 회귀하는 일상적 경험 때문만이 아니라 …                    (p.30)

이러한 단언이 옳다면, 이는 아주 단순하게, 이 특수한, 하지만 결정적인 지점에서 마르크스가 그가 싸우는 이데올로기와 아직 완전히 단절하지 못했음을 의미한다. 우리는 이러한 상황을 '관념론적인' 명제들과 '유물론적인' 명제들의 병립이라는 식으로 절충주의적으로 생각해서는 안 된다. 엄격하게, 그것을 모순으로서, 즉 유물론적 입장과 관념론적 입장이 하나의 문제설정 안에 공존함으로써 생겨나는, 불안정하며 과도적일 수밖에 없는 상황으로 생각해야 한다. 이 문제설정의 이론적 형태는 바로 이 모순에 의해, 그리고 이 모순의 발전 '정도'에 의해 결정된다. 이 지점에서 마르크스의 저작은, 심지어 《자본》조차, 이 이데올로기와의 (따라서 그것이 포함하고 있으며, 최종적으로 그 효과를 지배하는 관념론과의) 객관적이고 결정적인 단절을 보여주지 않는다. 다만 이 이데올로기의 형태를 바꾸고 관념론에 대해 일종의 내재적 '비판'을 행할 뿐이다. 이 형태는 역사유물론의 구성과정에서 필수적인 역할을 수행하지만, 여전히 이데올로기적이다. 정확히 그것이 이데올로기를 비판할 때의 의미에서, 즉 부르주아 이데올로기라는 의미에서 말이다. 원론적으로 말해서 이런 상황은 전혀 놀랍거나 경악스럽지 않다. 뿐만 아니라, 우리가 깊게 성찰하고자 한다면 이 상황은 우리 앞에 변증법적인 특징 …                    (p.30)

왜 우리는 '물신숭배 이론'이, 이론으로서, 이데올로기적이며 관념론적 효과를 생산하는 것으로 귀결된다고 단언하는가?                    (p.30)

내가 그대들에게 일렀고, 지금 다시 이르노니, 이 죄악을 저지른 자들은 결코 비판의 왕국에 들어가지 못할 것이다.

# 이론적 죄악

이론적인 성직자는 이론적 오류를 먹고 살아간다. 이론적 오류를 교정하고 비난하며 추방하는 것은 그의 몫이다. 도처에 '유혹', '일탈', '다시 굴러 떨어지기'가 있다. 심지어 그 자신의 말 속에도(cf. '이러한 일반화는 심각한 오해를 야기한다', '이 마르크스주의자 이론가들이, 엥겔스 자신에서 시작하여, 때로 … 하는 경향이 있는 것은 사실이다'). 성직자의 권위는 교정의 권리를 함축한다. 원조 예언자의 담론 속에서까지 오류를 추적하고(문헌학자들의 미움을 받는 '가필'들을 생각하자), 그것을 정화하거나 삭제하지는 못하더라도 '하나의 정정에서 또 다른 정정으로' 나아가며 끊임없이 고치고 또 고치는 권리 말이다. 서품 사제는 원죄들의 목록을 작성한다('-이즘'으로 끝나는 단어들). 하이데거의 겸임 사제들로 하여금 정통해석과 인간학적-실존적 해석의 본질적 '차이'를 확정하도록 이끈 논리와 완전히 비슷한 논리에 따라서, 그는 올바른 독해와 통속적 독해(cf. 모든 '인간주의적 철학으로의, 심리사회학으로의, 인류학으로의 회귀')의 절대적 '단절'을 설정하면서, 올바른 독해에 대한 자신의 독점권을 거듭 천명한다. 이 단절의 특징은 무엇보다 고전적 개념들을 둘로 나누는 데 있다(cf. '그러니까 시기구분의 개념에는 두 가지가 있다'). 그는 '진정한 마르크스주의자'란 어떤 사람인지, 즉 '마르크스주의자'로 인정된 사람들 사이에서 마르크스주의자로 인정받을 자격이 있는 사람들이 인정하는 마르크스주의자란 어떤 사람인지 규정한다. 그는 비난으로 분석을 대신하는, 종교의 영역에서 관례화된 전략을 사용하여 이러한 작업을 수행한다(cf. '역사주의', '형식주의', '경험주의', '유사-실증주의', '이데올로기적', '경제주의적', '절충주의적', '단선적 경험론', '경험주의적이자 형식주의적', '진화론적', '상대주의적', '유형론적', '구조주의적'). 그런데 이런 전략은 정치영역에서도 관

례적이다. 정치영역은 아말감처럼, 전염과 오염, 그리고 암시를 생산
하고(cf. '이른바 사회의 과학', '유사-' 혹은 '이데올로기'), 분류표를 붙임
으로써, 노골적인 낙인찍기는 아니더라도, 의심을 만들어내며, 정치
적 혹은 이론적인 '적'들('부르주아', '관념론자')을 개념과 논리적 집합
아래 포섭하는 척하면서 대체로 비난받는 집합에 귀속시킨다.

"감각론"이라니, 끔찍하군. 교부
께서 그 말을 들으시면 최악의
경련과 발작을 일으키실 걸세.

이데올로그는 모든 역사적 발전을 역사적 발전에 대한 추상
적 이론적 관념들로 환원한다네. "당대의 모든 철학자들과
신학자들"의 "머리"속에서 형성된 모습대로의 관념들 말일세.
그런데 이 "머리들"을 "통합"하거나 "심의하고 투표하게 만드
는" 일이 불가능하기 때문에, 이 철학적이고 신학적인 머리들
의 우두머리가 될 신성한 머리가 필요한 거라네. 이 섬세한
머리는 사변적인 차원에서 나머지 둔한 머리들의 통일체를
대표해야 하네. 말하자면 그들을 대신해서 속죄하는 거지.

'모순과 과잉결정'에 관한 알튀세르의 텍스트는, 몇몇 정식화의 잠정적인 성격에도 불구하고, 다음을 잘 보여준다: 역사의 '변증법'은 (아마 부인하고 싶겠지만, 직선적이며 목적론적인, 따라서, 아무리 '유물론적 뒤집기'를 하더라도, 미리 결정된) 발전의 유사-변증법이 아니라, '계급투쟁'의 현실적 변증법이며, 그 물질적 구조는 진보의, 그리고 목적론의 단선적인 발전 형태로 환원될 수 없다는 것.                                        (p.34)

**알튀세르**의 이 텍스트(그리고 뒤이어, 그것을 보완하는 '유물론적 변증법에 관하여')를 **주의 깊게 읽는다면**, 우리는 거기서부터 완전히 올바른 하나의 테제를 끌어낼 수 있 …                                              (p.34)

어떤 계급투쟁의 역사. 이 점은 결정적이다. 나는 알튀세르가 레닌의 실천 및 그 실천을 성찰하는 텍스트들에 대한 분석에서 출발하여 이러한 방향으로 나아갈 수 있었던 것은 전혀 우연이 아님을 덧붙이고자 한다. 왜냐하면 레닌은 이 점에서 마르크스보다 명시적이었을 뿐 아니라, 시간이 지나면서 점점 더 의식적으로, 역사유물론의 몇몇 정식화들을 진정한 의미에서 **교정**하였기 때문이다. 바로 이 **교정**에서 출발하여 우리는 우리 나름대로 역사유물론의 이론 전체를, 끈기 있게 손질하고, 발전시키며, 어쩌면 **교정해야** 한다. 나는 조금 뒤에 이 지점으로 돌아갈 것이다.

그러므로 이제 위에서 인용한 《자본을 읽는다》에 대한 나의 정식들로 돌아가 보자. 분명한 것은, 이 정식들이 알튀세르의 생각을 '일반화'하려는 시도 속에서 …                                              (p.34)

모순을 일으키면서 유형학적, 또는 구조주의적 영감 속으로 떨어질 위험이 있다.

모순을 일으키면서, 왜냐하면 당연하게도, 그리고 구조주의가 함축하는 실증주의적 입장들과는 반대로, 이 '일반이론'이라는 생각(또는 유혹)을 강한 의미로 이해해야 하기 때문이다. 단순한 '모델들'의 체계가 아니라, 실제 역사에 대해 진정한 설명들을 제공하는 이론으로 말이다. 그러므로 그와 같은 전망 속에서 '요소들'의 놀이의 변이(다양한 조합)가 그 자체로 역사적 효과들을 설명할 수 있음을 인정해야 한다.

하지만 더 근본적이며, 더 심각한 것이 있다. 그것은 다름 아니라, 그 같은 전망 속에 …                                              (p.35)

지나가면서 한마디하자면, 텍스트들을 꼼꼼히 들여다보았을 때 우리는 고립적으로 이해된 마르크스의 어떤 정식들의 '경제주의적' 유혹이 자본의 대상에 대해 마르크스 자신이 했던 생각, 그 명백하게 <u>경험주의적–형식주의적</u> 특징 때문에 우리에게 <u>그토록 문제를</u> 일으키는 생각과 직접 연결되어 있다고 확신할 수 있다.                                               (p.41)

이러한 접근은 동시에 인식론적으로 근본적인 사실을 밝힌다. 역사에 대한 <u>진화론적</u> 재현들과 상대주의적 재현들(<u>유형학적</u>이건 구조주의적이건)의 연대, 심지어 필연적 상호의존성이 그것이다. 이 둘은 겉보기에 대립하는 것 같지만, 대칭적이며, 둘 <u>다 비변증법적이다</u>. 이 두 재현들이 둘 다 다음의 사실에서 생겨나는 것이 <u>분명하다</u>.                                        (p.44)

엄격히 말해 생각할 수 없다. 그리고 이 문제들 각각은, 인위적으로 고립시켰을 때, 상대주의적이든 <u>진화론적</u>이든, 대칭적인 <u>이데올로기적 정식</u>들의 원천이다. 예를 들어 우 …(p.44)

'풍부함'. 이렇게 해서 우리는 <u>겉보기에</u> '유물론적인', 하지만 <u>겉보기에</u>만 그러한 이데올로기를 재구성한다(사실 <u>진화주의</u>는 <u>겉보기에</u> 유물론적인 이데올로기이다).                                                        (p.44)

한마디로 이는 정치경제학의, 그리고 <u>부르주아</u> 역사학의 이데올로기적 전제들로 **귀환할 위험**이다. 내 연구에서 이러한 **경향**이 마르크스의 비판에 대한 모든 '<u>역사주의적</u>' 해석을 피하려는, 그리하여, 레닌의 은유에 따르면, '막대를 반대로 구부리려는' 의도에서 비롯되었음은 <u>의심의 여지가 없다</u>. 하지만 그 막대는 분별력 없이 구부릴 수 없다. 혹은, 이렇게 말해도 좋다면, 이 구부러짐의 공간은 단순한 평면이 아니다. 물론 이러한 **재발**은 우연이 아니다. 나는 이런 형태 혹은 유사한 다른 형태로 그것이 **현실적 어려움**을 가리킨다고 단언할 수 있다고 믿는다. 나는 곧 이 점으로 돌아갈 것이다.
                                                        (p.36)

우리가 만일 이 부분에서 무엇이 <u>이론적 미끄러짐에</u> 책임이 있는지 자문해 본다면, 이는 무엇보다, '조합'(*Verbindung*)이라는 용어가 여기서 완전히 다른 두 개의 관점에 따라 취할 수 있는 <u>이중적 의미</u> 때문이라고 말할 수 있다.
                                                        (p.36)

여기서도, 현실적 대상과 개념 혹은 인식대상의 엄격한 구분을 관찰해야 한다. 경험주의에 빠져 '왼쪽'으로 기울지도, 형식주의에 빠져 '오른쪽'으로 기울지도 않고, 올바른 방침 위에 머무르고 싶다면 말이다.　　　　(p.37)

하지만 이러한 논증에서 《자본을 읽는다》에서 내가 쓴 부분이 어떤 **오류**, 아니 차라리 하나의 **편향**을 내포하고 있다는 점 역시 분명하다. 이 일탈은 '생산양식' 개념을 '역사유물론의 기본개념'으로 간주했다는 사실과는 전혀 관계가 없다. 여기서 우리는 옳았던 것, 즉 마르크스 안에 분명히 있었던 이론적 혁명에 못 미치는 지점으로 돌아가지 않도록 주의해야 한다. 역사유물론의 구성 전체가 의지하는 이 이론적 혁명은 바로 자본주의와 관련하여 생산양식의 개념과(착취의 필연적 형식 속에 있는 물질적 생산양식) 그 역사적 경향들을 정의한 것이다. 이 **편향**은 오히려 생산양식 개념의 사용방식, 경우에 따라 경제주의로 귀결될 수 있는 사용방식에 있다.　　　　(p.38)

역사적인 과정의 외부는 없다. 마오는, 레닌에 뒤이어서, 이 점을 상기시키면서 변증법의 '법칙'을 분명히 하였다. '사물들과 현상들의 발전의 근본원인은…　　　　(p.38)

## 신학자의 변신론(辯神論)

니체가 이렇게 말하였다. "이 복음서들은 아무리 신중하게 읽어도 모자란다. 단어 하나하나마다 난점이 감추어져 있다." 이는 원전의 특징이기도 하다. '중의적인' (독일어) 단어들과 '현실적인 어려움들', '심각한 모순들', '이론적 장애물들'이 해석, 나아가 (지금까지 하이데거나 프로이트가 누려온) 과잉해석의 성직자적 독점을 정당화한다. 신성한 텍스트를 단순한 속인들의 천박한 독서로부터 보호할 수 있는 유일한 해석들 말이다. 해석자 집단은 '편향'과 '재발'의 항구적 위험(cf. '위험', '유혹', '올바른 방침 위에 머물기', '어려운', '그토록 많은 문제들' 등)에 맞서는 현실적 보호막이다. 그들만이 이중의미의 단어들의 올바른 의미를 알 수 있다. 그들만이 마르크시즘 개념들의 '부르주아적' 용법과 '마르크스주의자적이고 과학적인' 용법을 구별할 수 있다. 그들만이 올바른 노선을 지시할 수 있다. 그들만이 '가장 심오한 것'에 도달할 수 있으며(cf. '이리하여 우리는 훨씬 더 심오한 무언가에 도달한다'), '특수한 범위를 넘어서는 질문들'에 대하여 '일반적 명제들'을 제출할 수 있다. 한마디로 그들은, 그들을 그것을 극복할 수 있는 유일한 자들로 만들어 주는 텍스트의 어려움을 만들면서(cf. '마르크스 자신도 극히 부분적으로 다루었기 때문에 특히 어려운 이 문제'), 스스로를 사회세계에 대한 실증적이고 규범적인 모든 진리들의 마르지 않는 원천인, 신성한 텍스트 진리의 독점적 보유자로 임명한다.

칠십 리 장화를 신고 성큼성큼 그는 현대 독일철학으로 나아간다. (···) 루터와 헤겔을 갈라놓는 심연을 메우려면 네 마디로 충분하다 (···) "마침내", "그때부터", "한편", "또한", "날이 갈수록", "드디어 ··· 할 때까지" 등과 같은 지렛대를 포함한 위엄 있는 문장 하나면, 이 모든 진화를 해치우기에 족하다.

## 자명하다는 말투

위엄 있는 담론은 자명하다는 말투로 설파된다(cf. '이는 조금도 우연이 아니다', '… 임이 명백하다', '물론', '… 은 의심의 여지가 없다', '…은 우연이 아니다' 등). 정당화의 두 원천, 즉 대학의 권위와 정치적 권위를 겸비한 담론이라면 이중으로 위엄이 있다. 자명성의 수사학은 그 특수한 색조와, 아마도 가장 기만적인 효과를 이론적인 수준 높음의 기호들(cf. '모든 복잡한 사회적인 것의 심급들의 활력소')과 직접적이고 단순하게 말하려는 의지의 표시들을 조합함으로써 얻는다. (꼬마 제자들의 경우, 친근한 체하는 이 고급스러운 대중화의 수사학은 단순화를 미덕으로 만드는 것을 허용하는 부문의 학교 — 고등사범학교 — 의 효과를 향한다.) 이리하여 위엄 있다기보다 직업적이라 할 수 있는 '말하자면'은 다음과 같이 놀랄 만큼 어울리지 않는 연속을 만들어내는 데 사용된다. "말하자면, 이는 물질의, 존재론적 논증의, 그리고 '관성의 법칙'의 완강한 철학이다." 감탄사와 강조표시를 잔뜩 사용한, 주먹을 휘두르는 문장과 비교되는, 단호하고 도식화하는 압축의 수사학의 가장 전형적인 형태는, 마르크스 역시 참조한 바 있는, '볼테르, 헤겔 등'의 섬광을 발하는 서명을 첨부하는 것이다. 명문대학과 인가받은 마르크시즘의 이중적 적법성은 이 경우 '등'에 내포된, 생략된 의미와 자의적 비교를 받아들이게 하는 데 쓸모없지 않다. 이 누적된 적법성은 양다리 걸치기의 전략들에 거의 무한한 장을 열어주는데, 성직자적 예언 속에 등록된 이 전략들은 무엇보다, 이익과 보호를, 보통 그것과 연결되어 있는, 비용과 위험을 덮어쓰지 않고도, 한꺼번에 얻게 해 준다. 하지만 중요한 것은 권위가, 이렇게 말해도 좋다면, 스스로를 확인하며 확인된다는 것이다. 권위의 평범한 속성들을 곁들인다는 것은, 오만한 생략이나 단호한 명령같이, 스타일과 관련된 속성들부터 시작하여, 상징적 권력의 남용의 가능한 전략들 중 하나이다.

---

마르크스가 헤겔-포이어바흐적 문제설정 안에서 언급한 이래, 이 이론이 (고들리에나 '분석을 위한 노트'의 편집자들에게서 보듯이) 구조주의, 더 일반적으로는 형식주의의 틀 안에서 열광적으로 계승, 발전된 이유가 여기에 있다. 하지만 이러한 발전 속에서 이론적 맥락은 본질적으로 바뀌었다. 이 이론은 이제 관념론적 효과들만을 생산한다. 왜냐하면 '구조주의'는 마르크스가 역사유물론의 얼개를 짜던 시기(1844~1846)에 정교화된, 헤겔-포이어바흐 조합(정확히 말해, 알튀세르가 지적한 바대로, '포이어바흐 안의 헤겔')의 완전한 이론적 대응물이기 때문이다. 이 철학적 조합 안에서 '헤겔주의'는 과정을 의미하되, 주체의 표현과정, 이 경우에는 ─ 포이어바흐적 의미에서 ─소외된 주체의 표현과정을 의미한다. 본질과 속성의 '진짜' 관계는 여기서 '전도되어' 있다. 구조주의가 결국 인간주의와 동일한 것은 이 때문이다. (구조적) 자리의 문제는 (인간) 주체의 문제에 해당하며 …

(p.32)

그러므로 두 개의 '시기구분' 개념 혹은 '시기구분' 개념의 두 가지 용법이 있다. 하나는 역사에 대한 부르주아 이데올로기에 속하고(볼테르, 헤겔 등) 다른 하나는 마르크스주의자적이며 과학적이다.

(p.38)

---

대주교가 되어 얼떨결에 영적 감시를 맡은 산초는 헤스의 "불법적인" 혼란을 비난한다. 우리의 교부께서 정체성을 확립하기 위해 엄청난 고통을 겪고 있는 만큼, 이러한 혼란은 더욱 용서하기 어렵다.

## 이데올로기적 의심

　서명의 첨부는 접촉을 통해 더럽히기를 꾀하는 오염전략의 발판이기도 하다(예: '구조주의 = 헤겔 + 포이어바흐'). 신화적 담론에서와 마찬가지로, 관련지어진 두 항목(여기서는 구조주의와 헤겔 또는 포이어바흐, '형식주의자들 혹은(?) 구조주의자들')에 대해서든, 그것들 간의 관계에 대해서든 아무것도 언급할 필요가 없다. 오염은 이데올로기적 의심의 대표적 무기로서, 강력하면서도 경제적이다. 권위의 언어는, 강요해야 하며, 강력한 인상을 주어야 하기에, 방정식을 사용한다. 이것은 '저것과 동등하고', '동격이며', 저것을 '표시하고', '한마디로 저것이다'. '보로로족(族)은 아라라족'과 같은 형태의 이 공식들은 분유의 논리(*logique de la participation*)3) 속에서 작동하며, 어떤 대상과 그 대상에 대해 할 수 있는 말, 해야 하는 것, 생각해야 하는 것을 동시에 정의하면서, 그 대상의 진정한 존재론적 변환을 수행한다.

동격화야말로 산초의 비밀 심부름꾼이자 그의 논리적이고 역사적인 견인차이며, 가장 단순하고 간결한 형태로 축약된 "원전"의 원동력이다. 하나의 표상을 다른 표상으로 바꾸기 위해, 전혀 어울리지 않는 두 물건의 동일성을 증명할 때처럼, 그는 무언가 매개적인 용어들을 찾는다. 의미나 어원 또는 그저 발음에 의해 두 표상들 사이에 심층적인 관련이 있다는 인상을 줄 수 있는 용어들을 말이다.

그리고 이 용어들을 첫 번째 표상과 동격의 형태로 나란히 배열하여, 출발점으로부터 끊임없이 멀어지면서 목표지점으로 끊임없이 다가갈 수 있게 만든다. 일단 동격의 연쇄가 잘 자리 잡으면, 쉼표의 도움을 받아, 역시 동격의 형태로 최종적 결론을 내릴 수 있다. 책략이 이렇게 완성된다.

---

3) [역주] 개개의 사물이 이데아를 공유한다는 플라톤의 가설.

# 자화자찬의 최고 형태로서의 자아비판

그저 모든 것이 역사적이기 때문에 모든 것은 이행이고, 이행 속에 있다고 말하는 대신에(이는 <u>흔히 통용되는 역사주의</u>이다), <u>나는 이렇게 말했다.</u> (혁명적인) 이행이 있을 때만 진정하게 역사적인 것이 존재한다. 그리고 모든 시기가 이행의 시기는 아니다. 이는, 내친 김에 말하자면, 시간을 시기구분에 의해 선험적으로 예정된 형태로 간주하는 <u>단선적-경험주의적</u> 표상의 작동의 좋은 예이다. (p.39)

하지만 이는 무엇보다 내가 사회적 관계들의 '재생산' 개념과 관련하여 흔히 나타나는 <u>보호함에서 벗어나는</u> 데 성공하지 못했음을 의미한다. 나는 계속해서 이 개념을 생산 자체에 의해 수정되고 부분적으로 파손된 생산조건들의 (재)생산의 사회적 형태이자, 다른 한편으로 자기 동일성으로, 즉 주어진 생산관계의 영속으로 생각하였다. (p.39)

그런데 이런 추론의 뒤에는 <u>낡은 철학적 표상</u>이 있다. (p.40)

하지만 또한 이 '<u>재발</u>'을 설명하는 것은 낡은 경제적 관념, 경제학자들의 낡은 관념의 힘이다. (p.40)

하지만 다음의 사실 역시 분명히 지적해야 한다. 고립적으로 취해진 <u>그의 몇몇 텍스트만 두고 본다면</u>, 마르크스 역시 완전히 벗어나지 못한 것 같은 '<u>경제주의적</u>' 관념이 … (p.40)

그 뒤를 잇는 것은 이러한 "신중함"을, 그것에 대해 "생각하거나" "생각하지 않으면서" 머릿속에서 치워 버려야 하느냐에 대한 "장광설"과 "어떤 경우에도 즐거운 야단법석이 정신의 노동을 방해해서는 안 된다"고 단조로 신음하는 비판적-도덕적 아다지오이다.

성직자적 오류는 오류가 아니라, 성직 수행의 필요성과 어려움을 보여주는 보완적 증거이다. 자아비판은 오류를 지울 뿐 아니라, 오류의 이윤에 공적 고백의 이윤을 더한다(cf. '나는 벗어나는 데 성공하지 못했다', '나는 계속해서 생각하였다', '나는 무한히 반복가능한 아포리를 끌어들였다' 등). '독자들'은 이렇게 해서 '독해'의 성공에 가장 도움을 준 혁신들을, 마치 죄악처럼, 차례로 거부할 수 있다. '이론적 작업'은 '이론주의적 편향'의 징후이니 꺼져 버려라, '조합'(*combinaison*)은 '구조주의적' 겉치레이니 꺼져 버려라, '구조적 인과성'은 '스피노자주의'의 잔해이니 꺼져 버려라 등. '안티-마르크스주의자'이든 '자칭 마르크스주의자'이든, 마르크시즘의 가장 끈질긴 적들도 미처 의심하지 않은 이단의 작은 흔적마저 가차 없이 비난 받는 '자기 심문의 조서'를 생산하기 위해 어떤 미덕인들, 어떤 지적 활력인들 필요치 않겠는가?

그의 영적 훈련의 핵심은 언제나 스스로를 심문하고, 이 자기결정 속에서 자기결정으로 이끄는 자극을 발견하는 것이다. 그는 이 자기심문의 조서를 읽느라 지친 나머지, 나날이 수척해지고 있다.

《자본을 읽는다》에서의 (대개 구조주의적 용어로 이뤄진) 내 정식화들 중 몇몇에 부인할 수 없게 존재하는 상대주의적 경향은 당시 수많은 마르크스주의자들이 빠져 있었던 진화주의적 경향의 간접적 효과이자, 그것에 대한 반발에 지나지 않았던 것 같다.                                              (p.45)

출발점으로 돌아가자면,《자본을 읽는다》에서 내가 쓴 부분이 지향한 바 가운데 하나가 정확히 이 단계들을, 즉 역사적이고 질적인 이 변형들을 **엄격하게 사유불가능한 것으로 만드는 데** 있었음을 인정해야만 한다. '발전단계'에 대한, 널리 퍼진 경제주의적이고 진화론적인 의미에서가 아니라 하더라도, 그 자체는 변하지 않는 어떤 경향의 실현 속에서의 직선적 계단들 말이다. (p.46)

이 점은 근본적인 정치적 중요성을 띤다. 만일 마르크스주의자 이론가들이, 엥겔스 자신부터 시작해 …                                              (p.45)

그러므로 여전히 매우 도식적으로 말하자면, 우리는 사회주의적 이행의 문제가 무엇보다 자본주의 역사의 문제 전체를 비판적으로 회수하는 것과 자본에 대한 우리의 '독해'를 이 문제에 따라 재주조하는 함축함을 깨닫는다. 이것은 마르크스 자신이 이 문제를 매우 부분적으로만 다루었기 때문에 더욱 어려운 과제이다. 특히 이는 재생산의 문제와 자본주의적 생산양식의 '경향들'의 문제로, 그것도 가장 추상적인 수준에서 돌아가는 것을 전제한다. 이런 관점에서, 아마도 익숙한 정식을 뒤집을 필요가 있다 생산양식 안에 생산관계의 재생산 경향 혹은 차라리 생산관계의 재생산을 실현하는 (축적, 자본의 집중, 유기적 구성의 상승 등의) 경향이 있다고 말해서는 안 된다 오히려 어떻게 하나의 '동일한' 경향이 반복적으로 경향으로서 갱신되고 재생산되어, 그 축적효과, 집중효과 등이 표면적 연속성 속에서 누적되게 할 수 있는지 자문해야 한다. '생산양식'의 경향들의 재생산을, 따라서 그것들의 존재 자체를 주문하는 것은 연속적인 국면들 속에서의, 세력관계의 변형 속에서의 계급투쟁이다. 그러므로 계급투쟁 속에서의 그 고유한 재생산조건들을 고려했을 때, 하나의 경향이 어떤 형태로 스스로를 실현할 수 있는가(역사적 효과들을 생산할 수 있는가)를 물어야 한다. 사회구성체 속에서 재생산 과정의 유일한 현실적 '장소'가, 그 물질적 조건들이(이데올로기적이고 정치적 조건들을 포함하여) 역사적으로 변형되었을 때, 어떻게 이 재생산이 가능한지 자문해야 한다.

달리 말하면, 실천 속에서, 내가 앞서 말한 이데올로기적 환상과 단절해야 한다. 역사적 '경향'의 존재를 동시에 이 '경향'을 지속시키고, 실현 경향으로 나타나게 하는 그리고 이를 위해서는 사회구성체를 '재생산'하고 그것의 역사를, 어떤 의미에서 '생성하는' 것이 생산양식(과 그 발전)이 아니라, 생산양식을 생산하(거나 하지 않)는, 사회구성체의 역사임을 이해해야 한다. 사회구성체의 역사는 생산양식 위에 자리 잡고 있으며, 그것의 발전과 변형을 설명한다. 사회구성체의 역사는 레닌이 자주 사용하는 정식화를 빌자면, 그 안에서 구성되는 다양한 계급투쟁의 역사이며, 역사적 국면들의 연속 속에서의 그 '결과물'이다. 그 안에서 우리는, 우리 시대와 그 모순들의 요구에 따라서, 마르크스-레닌주의에 기여하게 되는 것이다. 레닌주의 이전의 마르크스주의가 아니라, 감히 말하거니와, 레닌주의 속의 마르크스주의에.                    (p.47)

제3장 무게 잡는 담론  403

지배적인 분야는 특유의 지배에 의해 지배된다. 경험적 지식을 관장한다는 자부와 그러한 자부를 낳는 과학들은, 철학적 야심의 저 변종 속에서, 본질로부터 사건을, 이론적 모델로부터 역사적 사실을 연역한다는 주장으로 나아간다. 자기비판을 끝까지 밀고 나간다면, 존재하는 생산양식들을, 가능한 생산양식들과 그 변형들의 현학적 조합으로부터 연역하려는 애초의 야심을 포기하는 것뿐 아니라(cf. '우리는 어떤 식으로도', '사회구성체의 구조의 도식 일반에서부터 연역가능한'), 이

야심의 기초를 이루며, '상대주의'와 '역사주의'의 거부를 통해 그것을 정당화하는 '이론적' 주장을 포기하는 것이 관건임을 깨닫게 될 것이다. 과학적 실천 없는 '과학'과 다른 사람들의 연구에 대한 사법적 담론으로 축소된 '인식론'을 정당화하는 주장 말이다. 4)

그리고 특히, 이 잠언들을 엄숙하고 성스러운 목소리로, 사제처럼 말하는 것을 잊지 말아야 한다. 심오한 영감을 준 뒤에 별안간 입을 여는 것이다. "마침내 이제, 우리는 이렇게 말할 수 있다" ⋯.

---

4) [역주] Cf. P. Bourdieu, "La lecture de Marx ou quelques remarques critiques à propos de Quelques remarques critiques à propos de 'Lire le Capital'", *Actes de la recherche en sciences sociales*, 5-6(novembre 1975), pp. 65~79.

# 후기
# 참여적 객관화에 대하여*

　어찌자는 것이냐고 사람들은 묻는다, 찔리지 않고 찔러야 하며, 객관화되지 않고 객관화해야 하는, 아니면 바둑에서처럼, 둘러싸이지 않고 둘러싸야 하는 이 지적 결투를 가지고 말이다. (1)

　어떤 이들은 한 걸음 더 나아간다. 객관화하는 자는 무슨 권리로 스스로를 객관화에서 배제하는가? 무슨 권리로 그는 모든 각도에서 바깥을 내다볼 수 있지만 어떤 각도에서도 안이 들여다보이지 않는 절대적인 장소에 슬그머니 자리 잡는가? (2)

　나는 사회학자가 — 그의 특유한 생산물과 그 생산물의 사용법에 관해 '잘 안다는 듯한 미소'를 띠든 아니든, 베아른의 고양이에게 어울리는 (3) 무관심에 빠지든 아니든 — 그 자체가 목적인 예술을 위한 예술처럼, 높고도 먼 과학의 이미지를 어떤 방식으로 나타낼 수 있다는 것

---

* 후기(後記)인 "Sur l'objectivation participante"는 *Actes de la recherche en sciences sociales*, 23(septembre 78), pp. 67~94에 수록되었다.

405

을 부인하지 않는다. 하지만 이러한 비난은 관찰자의 관점과 행위자의 관점의 대립, 더 엄밀하게 말하면, 객관화하는 일과 객관화의 대상이 되는 일의 통상적 대립을 받아들일 것을 전제한다고 나는 생각한다. 여기에는 부인할 수 없는 실천적 모순이 있다. 우리들 각자는 게임에 붙들려 있으면서 동시에 그것을 객관화하는 것이 얼마나 어려운지 안다. 하지만 사회학적 담론의 주체가 자기 자신을 그 담론의 표적이라고 느끼지 않는 것이 어떻게 가능하겠는가? 그러한 상상은 사회학자가 일종의 사진가처럼, 그가 객관화하는 게임의 바깥에 있을 때 혹은 바깥으로 나갈 때만, 즉 그가 탄생시킨 결정론으로부터 생각 속에서 또는 사실에서 벗어날 때만 객관화할 수 있다고 생각할 때나 가능한 것이다. 실로, 객관화는 그것을 수행하는 관점의 객관화를 함축할 때만 성공할 가망이 있다. 간단히 말해, '참여관찰'(observation participante)이라는, 기만당하는 것을 피할 수 없는 뛰어들기와 절대적 관점에서의 객관주의 중 하나만을 선택하게 한다면, 참여적 객관화(objectivation participante)의 가능성과 필요성을 깨닫는 것이 불가능해진다. 사회학의 사회학은 사회학의 여러 분야 중 하나가 아니다. 대상에 대한 주관적 관계의 객관화는 객관성의 조건을 이룬다. 모든 사회과학의 과학성의 조건 중 으뜸은 사회과학이 그 자신이 사회적으로 가능하기 위한 조건들의 과학으로 무장해야 한다는 것이다. 대상에 대한 원초적 관계는, 그 자체가 객관화되어 있지 않을 때, 사회세계에 대한 담론 속에서 끊임없이 다시 솟아오른다. 그리하여 '마음의 상태'들을 얼마간 흐뭇하게 늘어놓은 것에 지나지 않는 '사회학'들이 존재한다. 우리는 객관화를 하는 데 따르는 이익들을 객관화하지 않고는 완전한 객관화에 도달할 수 없다. 지적 게임을 구성하는 믿음에서 완전히 해방되었다고 자부하는 이들이 여전히, 바로 계략을 누설하고 판을 깨면서 얻는 기쁨을 통하여, 그의 독특한 통찰력의 근원인, 이 게임과의 불행한 관계를, 그리고 환멸(désillusion)을 드러내는 것은 이렇게 해서이다. 환멸은 집단적 일루지오(illusio)에 온전히 가담하는 것을 방해하면서도, 그가 거기 가담할 수 있었음을, 그리고 여전히, 그가 대상으로 삼는 전략들과 쟁점들을 이해하기에 충분할 만큼 가담하고 있음을 증언한다. 은폐된 것의 언급이 동시에 언제나 은폐에 대한 비난으로, 그리고 '과학적 이성에 대한 논쟁'이 사회적 논쟁으로 기능하는 경향이 있음을 스스로에게 숨기려면, 엄청난 자기기만이 필요할 것이다. 예컨대 도덕적 분노가, 즉 통찰력의 근원들 중에서도 가장 떳떳한 것이, (어떤 조건에서는 원한이라는 부정적 양태로만 얻을 수 있는) 자기 존중감이나 양심의 편안함에 내재한 만족감을 차치하고도, 양심과 도덕적 체면이라는, 진정한 윤리적 자본을 가져오는 성질을 띠지 않는다는 듯이 말이다.

한마디로, 가장 비판적인 사회학은 가장 근본적인 자기비판을 전제하고 함축하는 사회학이며, 객관화하는 자에 대한 객관화는 완전한 객관성의 조건이자 산물이다. 사회학자는, 관찰된 관찰자로서, 그의 모든 것을, 나아가 그의 생산의 고유한 사회적 조건들을, 그리하여 '그의 두뇌의 한계'를, 또한 그의 고유한 객관화 작업을, 거기에 투자된 숨겨진 관심들을, 그 관심이 약속하는 이윤들을, 객관화의 작업에 복속시킬 때만, 객관화 작업을 성공시킬 기회를 얼마라도 얻을 수 있다. 이렇게 해서 과학적 실천은 우리가 원한다면 도덕이라고, 지혜라고, 아니면 더 단순하게 기질이라고 부를 수 있을 어떤 것을 산출한다. 과학적 이성을 둘러싼 논쟁에 종종 출발점을 제공하는, 도덕적 분노와 정서적 투자는 과학적 작업의 막바지에 이르러, 흔히 비관주의라고 비난하는 것 속으로 스러진다. 즉, 일상적 존재의 필요들이 숨기기를 요구하는 저 유명한 '객관적 진실'을 자기 안에서, 그리고 타자들 속에서 인정하는, 약간은 슬픈 방식 속으로 말이다. 모든 것이, 사회과학에 있다고 여겨지는 자신만만함과는 반대이다. 분위기를 깨는 사람, 찬물을 끼얹는 자. 사회학자는 지식인들이 고유한 지배를 행하는 수단인, 초연함, 대가를 바라지 않는 베풂, 소명의식의 현혹적인 자기기만에 의심을 던진다. 하지만 이는 그 자신이 이해관계와 전략의 저편에 혹은 한 차원 위에 있음을 입증하기 위해서는 아니다. 권위는 정당한 속임수에 지나지 않음을 안다거나 가르친다고 해서, 그 사람이 속임수의 비난에서 어떤 권위를 끌어낸다고 자부하기에 조금이라도 더 나은 위치에 있는 것은 아니다. 그는 자칭 예언자들이 공개적으로 웃음거리가 되는 세계보다 더 나은 것을 바랄 수 없다.

아무튼, 통상적으로 객관화와 참여 간에 수립되는 이율배반으로 돌아가자. 객관화하는 것은 객관화된 것 — 타자이든 그 자신이든 — 을 하나의 본질 혹은 하나의 운명 속에 가두지 않는다. 객관화 속에서, 그가 대상과 맺고 있는 관계에 따라 기쁜 마음으로든 슬픈 마음으로든, 박물학자의 표본 만들기나 도덕주의자의 손가락질만을 보는 자들이 믿고 있는 것과는 다르게도 말이다. 내가 누구인지를 객관화함으로써 비로소 나는 나의 속성들의 주체가 될 기회를 갖는 것이다. 마찬가지로, 타인들을 객관화함으로써 나는 그들에게 그들 자신의 주인이 될 수단을 준다. 역설적으로, 진정한 〔주어로서의〕 나(je)는 일차적 에고의 객관화, 즉 정당한 속임수가 자기 확신 속에서 살아가도록 허용하는 현혹적인 자기기만과 몰이해의 객관화를 통해서만 축조된다. 한계들을 비추는 객관화는 그 한계들을 뛰어넘을 유일한 진짜 기회를 제공한다. 유일한 참된 자유는 집단적 몰이해의 기초에 있는 메커니즘들의 진정한 통제를 가져다주는 자유이다. 그리하여, 이 메커니즘들을 분명하게 하는, 필연적으로 집단적인 객관화의 작업은, 연구자를 그가 분석하는 장의 외부에 혹은 위에 있는 최고의 재판관으로 임명하기는커녕, 그저 개인들과 집단들에게, 그들이 그 진리의 완전한 주체가 아니기 때문에, 그리고 그 진리가 어떤 집단적 작업을 통해서만 생

408

산되기 때문에 객관적이라고 말해지는 저 진리를 전유할 수단을 돌려준다고 자부할 따름이다. 사회적 행위자들이 사회적 '자연의 소유자이자 지배자'를 자처하는 것, 그들이 끝내 자신의 주인이 되는 것이 생각할 수 없는 일이 아니라면, 이는 객관적 진리의 인식이 지배를 위한 무기이기를 그치고 집단이 스스로를 다스리기 위한 원천이 되기 위한 조건들이 모이는 우주를 상상하는 것이 불가능하지 않기 때문이다.

"… 다음 요약에 대해 어떻게 생각하세요? 이 나라의 인텔리겐치아 사이에서 (다른 곳이라 한들 그리 다를 리 없겠지만) 두 경쟁자 간의 게임은 상대방을 정의들의 그물 속에 포획하는 것, 그를 설명하고, 사회적, 심리학적 공간 속에서 정의하는 것으로 이뤄진다. 상대방은 탈출구를 발견하는 한 패배하지 않는다. 가장 멋진 것은 자기만의 탈출구를 가지고 돌아다니는 것이다. 휴대용 횡단보도를 가지고 다닌 옛날의 재치 있는 보행자처럼 말이다" ─ 로제 프라(Roger Prat)의 편지, 〈마시〉(*Massy*), 1978년 4월 28일 자.

나는 예컨대 J.-M. Geng을 염두에 두고 있다. 그는 매우 통찰력 있으면서 공감어린 방식으로, 내 문화생산의 사회학이 불러일으킨, 아마 그리 흔하지 않을 느낌을 이렇게 표현하였다. "사회학자들이 백번 천번 옳아. 우리는 종교에 빠져 있지. 하지만 그들은 어디 있나? 사회학과 종교, 이 고약한 철학의 회전문이 자네의 멱살을 잡고 있지. 게다가 저런, 장의 확실성이 흔들리고 있구면(…). '단호하게 사회학자의 포즈를 취하면서, B는 (그 자신도 행위자로서, 그것도 권위자로서 포함되어 있는) 문화적 장의 구조화 원리와 메커니즘을 드러냈다.' 드러내는 걸까, 아니면 다른 곳을 가리는 걸까? 이러한 자세는 글쓰기와 양립할 수 없네. 작가냐 아니면 사회학자냐? 둘 중 하나를 선택해야지. 속으로 갈팡질팡하는 것은 허용되지 않는다네. 나는 부르디외를 믿지 않아. 문제는 누가 헛소리를 하는지 아는 게 아니라, 누가 제일 틀릴 가능성이 많은지 자문하는 거라네. 열에 들떠서 말하는 사람과, 엄격함과 냉정함을 지니고, 담론과 방법에 대해 말하는 사람 중에서 말일세. 대답하기 어렵지. 작가의 위치는 그 역시, 마음대로 모방하고 따라할 수 있는, 하나의 태도일지 모르네. 가장 '위대한' 작가들은 천재의 책략들을 갖고 있었고, 글이 안 써지는 시기에 대비해, 번득이는 영감을 내키는 대로 다시 써먹을 수 있는 작은 텍스트 기계들로 바꾸어 놓을 줄 알았네. 한마디로 선택은 이걸세. 차갑게(과학적으로) 헛소리를 하느냐, 뜨겁게(의미심장하게) 헛소리를 하느냐. 거기서 빠져나갈 수 있다고 믿는다면 경솔한 거지. 게다가 자기는 모든 신념에서 벗어났다고 믿으며, 장의 위쪽에 불쑥 튀어나와, 지배자와 피지배자들의 투쟁을 지배한다고 확신하는 사회학자의 제왕적 시선에는 어떤 우쭐거림이 있지 않던가?"(J. -M. Geng, *L'illustre inconnu*, 10/18, n° 1230, Union générale d'édition, 1978, pp. 62~63).

"… 간단히 말해 나는 약간 무감각해지기 시작한다. 당신들이 원하는 게 무엇인가? 우리 독자들은 '교양을 쌓기 위하여' 엄청나게 사상을 소비한다. 여기에 대해서도 나는 무감각해지기 시작한다. 그동안 내가 속한 사회직능 집단(순수과학 연구자 및 교수)은, 사회학자들의 결론들을 모르는 채 혹은 과감하게 오인한 채, 계속 '기회의 평등'을 주장하고, '최고'라는 인증의 부여를 과학적으로 정당화해왔다. 하지만 나는 당신들의 결론을 믿는다. 그런데 내가 새로이 얻은 통찰력 덕택에 빠지게 된 모순을 해결할 방법에 대해서 당신들은 아무 말도 하지 않는다. 그것은 당신들의 역할이 아니라는 듯이. 이것이 당신들이 추구하는 목표인가? 담배를 피우며, 베아른 말로 '고양이가 똥 싸듯이' 결론을 제시하고, 내버려 두는 것이?"(로제 프라의 편지, 〈마시〉, 1978년 4월 28일 자).

유능한 화자들(*competent speakers*) 로서 우리는 언어적 교환이 다양한 방법으로 권력관계를 표현할 수 있음을 알고 있다. 우리는 사회적 위계 안에서의 다양한 위치들을 반영하는 억양, 어조, 어휘의 변이에 예민하다. 우리는 사람들의 말이 동등한 권위를 갖지 않으며, 누가 말하느냐, 그리고 어떻게 말하느냐에 따라 그 말에 실리는 무게가 달라진다는 것, 또한 어떤 상황에서 발화된 어떤 말들은 다른 경우라면 가지지 못했을 위력과 설득력을 갖는다는 것을 이해한다. 우리는 어떻게 구사하느냐에 따라 말이 강제와 구속, 위협과 학대의 수단이 되기도 하고, 예의와 겸양과 경멸의 신호가 되기도 하는 수많은 미묘한 전략에 숙달되어 있다. 한마디로 우리는 언어가, 언어의 모든 책략과 타락이, 사회생활의 통합적 부분임을 안다. 그리고 우리 삶의 큰 부분이, 사회적 상호작용의 일상적 흐름 속에서, 언어적 표현들의 틀에 박힌 교환으로 이뤄진다는 것을 안다.

하지만 언어와 사회생활이 긴밀하게 연관되어 있음을 개괄적으로 살펴보는 것은 이러한 관찰을 엄격하고 이론의 여지가 없는 방법으로 심화시키는 것에 비해 훨씬 쉬운 일이다. 언어에 각별한 관심을 기울여온 현대의 여러 학문분과들은 이러한 면에서 계몽적이었지만, 그만큼 미흡함을 드러내기도 하였다. 예를 들어 언어학, 문학비평, 철학의 어떤 분야들에서는 언어의 사회적 성격을 너무 추상적인 방식으로 파악하는 경향이 나타난다. 마치 언어는 공동체의 구성원 전체가 나누어 갖는 '공동의 보물'이라는 소쉬르의 말이 모든 문제를 해결해 준다는 듯이. 이런 관점이 결여하는 것은 언어적 실천과 산출을 받아들이고 정교화하는 구체적이고 복잡한 과정, 그리고 실질적으로 존재하면서 사회의 지배적 특징들을 구성하는 권력과 불평등의 형태에 대한 고려이다. 사회학자들과 사회언어학자들은 이 언어적 실천과 사회적 삶의 구체적 형태 간의 상호작용을 좀더 고려한다. 하지만 그들의 작업은 흔히 — 물론 예외가 없지 않지만 — 악센트나 어법의 세부적 차이에 몰두하면서 더 광범위한, 이론적이고 설명적인 논점은 건드리지 않는 경향을 드러낸다. 사회이론가들이 언어에 관심을 보일 때는 이 좀더 광범위한 함의를 무시하지 않는다. 하지만 그들은 사회세계나 사회적 행동에 대한 일반이론을 발전시키는 데 집착한 나머지, 언어와 그 사용의 구체적인 특성에 대한 논의를 너무 자주 건너뛰어 버린다.

프랑스의 사회학자 피에르 부르디외의 작업이 갖는 장점 가운데 하나는 그가 사회학자들이나 사회이론가들이 자주 부딪치는 이런 암초들을 용케 피하고 있다는 점이다. 그는 사회적 삶이라는 추상적 개념과는 무관하게 보이는 구체적 언어현상에 대해 독창적인 사회학적 시각을 제시하였다. 1970년대 말과 1980년대 초에 처음 출판되었던 일련의 논문에서 부르디외는 형식적이고 구조적인 언어학에 대한 신랄한 비판을 전개하였다. 그는 이 분과적 틀들이 언어의 형성과 사용을 특징짓는 사회-정치적 조건을 설명하려 하지 않고 주어진 것으로 간주한다고 주장하였다. 그는 또한 언어현상에 대한 독창적이고 혁신적인 접근방법, 경험적인 세부사실에 관심을 기울이면서도 이론적 관점에 무지하지 않다고 자부할 수 있는 방법을 발전시키는 과제에 착수하였다. 이리하여 부르디외는 실천의 일반이론을 토대로 삼아서 언어에 접근한다. 30년 이상의 연구와 성찰을 통해 20권 이상의 책을 낳은, 길고 생산적인 지적 생애 동안 그는 실천의 일반이론을 정교화하는 데 매달려 있었다. 그 이론의 주요 개념들로 무장한 채, 부르디외는 언어 및 언어사용과 관계된 일련의 문제에 새로운 빛을 던진다. 그는 일상적 언어교환을 사회적으로 구조화된 자원과 역량을 지닌 행위자들 간의 국지화된 만남으로 묘사한다. 이리하여 모든 언어적 상호작용은, 아무리 개인적이고 사소해 보이더라도, 사회구조의 흔적을 지닌다. 언어적 상호작용은 이 사회구조를 표현하고 그것의 재생산에 기여하는 것이다.

이 책은 언어에 대한 부르디외의 가장 중요한 글들을 담고 있다. 또한 정치 장에서 재현과 상징권력이 지니는 어떤 측면들을 탐구하는 일련의 에세이들을 포함한다. 이 해제에서 내가 의도하는 바는 부르디외의 논제에 대한 전체적인 조망을 제공하는 것이다. 그리고 그의 접근방법에 길잡이 구실을 하는 이론적 틀의 큰 윤곽을 그리는 것이다. 정통적인 언어학에 대한 그의 비판적 분석, 그리고 언어현상에 대해 그가 제시하는 전혀 다른 해석은, 사실상 그가 다른 곳에서 정교화시킨 아이디어와 개념들을 언어라는 대상에 적용한다. 나는 우선 형식언어학 및 구조언어학에 대한 그의 비판을 간략하게 요약한 뒤, 오스틴의 언어행위이론에 대한 그의 평가를 살펴볼 것이다. 이어서 부르디외의 사유의 이론적 틀을 이루는 주요 개념과 가설들 중 일부를, 특히 언어사용에 대한 분석과 관련하여, 집중적으로 논의할 것이다. 제3절에서는 정치 및 정치적 담화에 대한 부르디외의 시각으로 논의를 확장할 것이다. 나의 의도는 부르디외의 어떤 테마들을 포괄적으로 설명하는 데 있다. 그의 작업에서 의문시되거나 비판받을 만한 측면들을 지적하는 것은 — 그런 측면들이 실제로 여기저기 있지만 — 여기서 염두에 두지 않았다. 많은 비판이, 때로는 분별 있고 설득력 있게, 때로는 일부러 몰이해를 고집하면서 이뤄져왔지만, 1) 여기서는 거론하지 않을 것이다.


1


1950년대와 1960년대 초 파리에서 학문의 기초를 닦은 사상가로서 피에르 부르디외는 언어에 대한 사유의 어떤 형태들이 지성계에 미친 영향을 동료들보다 더 예민하게 의식한다. 그는 레비스트로스 사상의 진화과정을 가까이에서 지켜보았고, 북아프리카 카빌리족의 친족구조와 결혼전략을 민족지적으로 분석한 초기 저서들에서 레비스트로스적 방법의 어떤 측면들 — 특히 관계와 대립들의 분석에 중요성을 부여하는 것 — 을 적용한다. 2) 하지만 레비스트로스의 방법에 대한

---

1) 다음은 부르디외의 저작 전반에 대한 유용한 소개이자 공감 어린 비평이다. R. Brubaker, "Rethinking classical social theory: The sociological vision of Pierre Bourdieu", *Theory and Society*, 14, 1985, pp. 745~775; P. Dimagio, "Review essay on Bourdieu", *American Journal of Sociology*, 84, 1979, pp. 1460~1474; N. Garnham and R. Williams, "Bourdieu and the sociology of culture: An introduction", *Media, Culture and Society*, 2, 1980, pp. 209~223; A. Honneth, "The fragmented world of symbolic forms: reflections on Pierre Bourdieu's sociology of culture", tr. T. Talbot, *Theory, Culture and Society*, 3/3, 1986, pp. 55~66.

2) 다음을 참조할 것. Pierre Bourdieu, "Célibat et condition paysanne", *Études rurales*, 5-6, 1962, pp. 32~136; "Les strategies matrimoniales dans le système de reproduction", *Annales*, 4-5, 1972, pp. 1105~1127; "La maison kabyle ou le monde renversé", in *Échanges et communications. Mélanges offerts à Claude Lévi-Strauss à l'occasion de son 60e anniversaire*, J. Pouillon et P. Maranda eds,

불만족이, 부르디외 자신의 해결되지 않은 방법론적, 이론적 문제들과 더불어,[3] 점점 커져갔다. 그는 또한 당시 유행하는 지적 운동이었던 '구조주의'에 대한 회의를 숨기지 않았다. 1960년대에 파리의 지식인들 사이에서 급속히 퍼져나간 구조주의는 그가 보기에 소쉬르와 그 밖의 언어학자들이 확립한 원칙들을 지나치게 체계적으로 그리고 방법론의 면에서 볼 때 성급하게 적용한 결과에 지나지 않았다. 구조주의의 나쁜 버릇은 이리하여 그로 하여금 일찌감치 소쉬르 언어학의 내재적 한계를, 그리고 어떤 종류의 지적 제국주의의 위험을 경계하도록 만들었다. 여기서 지적 제국주의라는 단어는 어떤 형식의 담론에 사회과학 전체에 걸쳐 패러다임의 지위를 부여한다는 의미로 사용한 것이다.

소쉬르와 그 밖의 저자들의 언어학 이론을 비판하는 데 전념하던 당시, 부르디외는 사회와 문화를 대상으로 삼는 여러 연구영역들에 언어학적 모델이 발휘하는 영향을 분쇄하려고 마찬가지의 노력을 기울였다. 그는 소쉬르에게서 영감을 얻은 모든 종류의 '기호론적'이거나 '기호학적'인 분석에 단호하게 반대하였다. 그는 이 이론들이 순수하게 '내적'이며, 지나치게 배타적으로 특정한 텍스트 또는 텍스트 집합의 내적 구성에 강조점을 두면서 그 생산과 수용의 사회-역사적 조건을 무시한다고 비난하였다. 이 같은 종류의 분석은 무엇보다 곧잘 분석가의 위치를 이미 주어진 것으로 간주하며, 그 위치 자체, 또는 분석가와 분석대상의 관계에 대해 고민하지 않는다. 그러므로 기호론적이거나 기호학적인 분석들이, 거의 인식되고 있지 않지만 완전히 의

---

Paris-La Haye, Mouton, 1970, pp. 739~758.

3) 부르디외가 그 자신의 궤적을 분석한 《실천감각》(*Le sens pratique*)의 서문을 참조하면 유익하다.

미심장한 방식으로, 분석가의 위치를 노동의 지적 분업과정 속에서 표현하고 있다는 사실은 별로 놀랍지 않다.

부르디외가 문학텍스트 연구와 문화생산의 연구에서 공통적으로 소환되는 상이한 유형의 내적 분석에 대해 거리를 두었을 때, 그가 그 생산과 수용의 사회-역사적 조건을 고려함으로써 그러한 분석을 단순히 보완하려고 한 게 아니라는 사실은 아무리 강조해도 지나치지 않을 것이다. 그의 입장은, 이런 관점에서, 좀더 급진적이면서도 독창적이다. 부르디외의 작업은 이 점에서 레비스트로스나 바르트(Barthes) 처럼, 원래 언어학의 영역에서 발전된 개념들을 빌려와 신화나 유행 같은 현상에 적용하였던 저자들과 완전히 다른 방식으로 진행된다. 그는 언어 자체는 사회-역사적 현상이며, 언어적 교환은, 다른 교환들과 마찬가지로 일상적이고 실천적인 활동임을, 그리고 언어학 이론은 언어의 실천적이고 사회-역사적인 차원을 소홀한 데 따르는 손실을 감수해야 함을 보여주려고 노력한다.

부르디외는 소쉬르와 촘스키의 언어학의 몇몇 전제들을 검토하면서 이러한 논지를 전개한다. 소쉬르의 접근과 촘스키의 접근 사이에 중요한 차이가 많이 있다는 점을 부정하는 것은 아니다. 무엇보다 촘스키의 접근은 더 역학적이고자 하며, 언어능력을 갖춘 화자의 생성적 역량에 커다란 중요성을 부여한다. 하지만 이 두 접근은, 부르디외가 보기에는, 동일한 원리를 따른다. 둘은 모두 언어를 자율적이고 동질적인 대상으로 구성하여, 순수하게 언어학적인 분석에 복속시키는 것을 가능하게 해주는 근본적인 구별에 입각해 있다. 소쉬르의 경우 랑그와 파롤의 구별이 그러하다. '랑그'는 자족적이라고 여겨지는 기호들의 체계이고, '파롤'은 이 체계가 특정한 화자들에 의해 국지적으로 활성화되는 것이다. 한편 촘스키는 '언어능력'(competence)과 '수행'(performance) 사이에 유사한 구별을 확립하였다. '언어능력'은 이상

416

적인 청-화자가 완전히 동질적인 언어공동체 내에서 표현하는 언어에 대한 지식으로 귀착되며, '수행'은 구체적인 상황들 속에서 이뤄지는 실제사용을 가리킨다. 4)

부르디외는 이러한 종류의 구별이 언어학자로 하여금, 실제로는 사회적, 역사적, 정치적인 복잡한 형성조건을 구성하는 연구대상을 마치 미리 주어진 것처럼 간주하게 만든다고 반박한다. **방법론상의** (*methodological*) 구별을 한다는 구실로, 언어학자는 일련의 실질적인 (*substantives*) 주장을 은밀하게 입에 올린다. 왜냐하면 완전히 동질적인 언어나 언어공동체 같은 것은 존재하지 않기 때문이다. 여기서 문제는, 역사적으로 나타났고 그 출현이 어떤 사회적 조건들을 함축하는 언어적 실천의 특정한 집합을 이상화한다는 것이다. 이러한 이상화, 또는 이 법적 가상(*fictio juris*)은 부르디외가 얼마간 도발적으로, '언어학적 공산주의의 환상'이라고 부른 것의 원천에 있다. 언어적 실천의 특정한 집합을 정확한 사용의 규범적 모델로 삼으면서, 언어학자는 이 특정한 집합을 지배적이고 정당한 언어로 만들어 준 사회-역사적인 조건들을 무시한 채, 공통언어의 환상을 생산한다. 종종 주요한 갈등을 함축하는(특히 식민지배의 맥락에서 그러하다) 복잡한 역사적 과정을 통해, 하나의 언어 또는 특정한 언어적 실천들의 집합은 다른 언어들이나 방언들을 제거하거나 굴복시키면서, 스스로를 지배적이고 정당한 것으로 강요한다. 이 지배적이고 올바른 언어, 이 승리한 언어는 언어학자들이 공히 주어진 것으로 보는 그 언어이다. 그들의 이상화된 언어 또는 언어공동체는 이미 그것에 유일하게 정당한 언어 또

---

4) F. de Saussure, *Course in General Linguistics*, tr. W. Bakin (Glasgow, Collins, 1974), p. 9 sq. ; N. Chomsky, *Aspect of the Theory of Syntax* (Cambridge, Mass. , MIT Press, 1965), p. 3 sq.

는 특정한 공동체의 '공식' 언어의 지위를 부여하였던 일련의 사회-역사적 조건들에 의해 사전 구성된 대상이다.

이 과정은 역사적으로 특정한 언어들이 특정한 지리적 영역 안에서 지배적 위치를 차지하기에 이르는 다양한 진화과정을 면밀히 관찰함으로써 검토될 수 있다. 이러한 진화는 보통 근대적 국민국가의 형성과 맞물려 있다. 부르디외는 프랑스어의 진화에 관심이 있었다. 하지만 우리는 영국이나 미국에서의 영어나 스페인이나 멕시코에서의 스페인어에 관심을 기울일 수도 있다. 5) 프랑스어로 말하자면, 역사학적인 작업의 큰 부분이 페르디낭 브리노(Ferdinand Brunot)의 기념비적 저서 《기원에서 현재까지 프랑스어의 역사》(*Histoire de la langue française des origines à nos jours*) 에서 이뤄졌다. 6) 프랑스 대혁명에 이르기까지 언어적 통합과정이 어떻게 군주국가의 건설과 보조를 맞추었는가를 보여주기 위해 부르디외는 브리노의 작업에 의지한다. 16세기 이래 오일어 사용권(*pays d'oïl*) 에 속하는 주요 지방(샹파뉴, 노르망디, 앙주, 베리) 에서 중세의 언어들과 방언들은 점진적으로 일 드 프랑스의 방언에 자리를 내준다. 후자는 교양 있는 파리 사람들의 모임들

---

5) 식민주의의 역사 및 현대 미국의 형성과 관련하여 언어의 발전을 다룬 문헌은 풍부하다. 예를 들면 M. de Certeau, D. Julia et J. Revel, *Une politique de la langue. La Révolution française et les patois*(Paris, Gallimard, 1975) ; A. Mazrui, *The Political Sociology of the English Language: An African Perspective* (The Hague, Mouton, 1975) ; R. L. Cooper(ed.), *Language Spreads: Studies in Diffusion and Social Change*(Bloomington, Indiana University Press, 1982) ; J. Steinberg, "The historian and the questione della lingua", in P. Burke et R. Porter(eds.), *The Social History of Language*(Cambridge, Cambridge University Press, 1987), pp. 198~209.

6) F. Brunot, *Histoire de la langue française des origines à nos jours*(Paris, Armand Colin, 1905~1953).

속에서 만개하였고, 글쓰기에 사용됨으로써 공식적인 언어의 지위에 올랐다. 이 시기 전반에 걸쳐서, 지역적이고 순수하게 구어적인 방언들은, 공용어에 대립하여 부정적이며 경멸적으로 정의되는, 그저 사투리(*patois*)의 지위로 밀려났다. 프랑스 남부의 오크어 사용권(*langue d'oc*)에서는 사정이 달랐다. 여기서는 파리의 방언이 16세기 이전에는 이식되지 않았고, 구어뿐 아니라 문어로도 존속했던 지역적 방언의 아주 광범위한 사용을 밀어내지도 못했다. 그리하여 농민과 하층계급의 성원들은 지역적인 방언만을 제대로 쓸 줄 알고, 귀족과 부르주아지 그리고 프티부르주아지는 공용어와 방언을 모두 쓸 줄 아는, 명백한 이중언어 상황이 지속되었다.

부르디외는 우리에게 이처럼 상층계급의 성원들은 프랑스혁명에 수반된 언어통합정책 — 사유의 순수성은 언어의 순수성 위에 자리잡는다는 콩디약의 언어이론은 이미 이 정책의 초안을 내비치고 있었다 — 에서 얻을 게 많았음을 보여준다. 이 정책은 사실상 상층계급에 정치권력의 독점을 가져다주었던 것이다. 공용어를 국어 — 바야흐로 전모를 드러내는 국민국가의 공식언어 — 의 지위로 끌어올리면서, 언어통합정책은 이제 그 언어능력이 공용어에 대한 지식을 포함하는 사람들의 입지를 강화하는 효과를 갖게 될 것이다. 반면에 언어능력이 자신의 유일한 지역적 방언에 한정된 사람들은 자신의 전통적 언어능력이 종속적이고 평가절하되는 정치적, 언어적 단위에 그들 스스로가 속해 있음을 발견하게 될 것이다. 공용어의 규범화와 그에 따른 주입, 그리고 국민국가의 공식언어로의 정당화는 그저 순전히 정치적인 문제가 아니다. 그것은 또한 교육제도의 발전이나 통합된 노동시장의 형성 같은, 일군의 다른 변수들에 종속된 단계적인 과정이다. 문법교과서, 사전, 올바른 어법의 예를 보여주는 교본의 편찬과 세밀한 개정은 이 점진적 규범화 과정의 가장 눈에 띄는 사례일 뿐이다. 좀더 결정적으로는, 지역적 다양성에서 벗어나 표준화된 교육 제도의 정립에 힘입어, 또한 교육수준에 따른 지위상승을 약속하는 통합된 행정인력 시장의 출현과 더불어, 학교는 노동시장에 접근하는 주요 통로가 되기에 이른다(이는 산업화가 미약한 지역에서 더욱 그러하다). 이처럼, 상이한 제도들과 사회적 과정들이 협력하는 게임에 의해, 지역적 방언을 말하는 인구층은, 부르디외의 표현에 따르면, '자신들의 표현수단의 파괴에 기여하게'[7] 되었다.

언어이론은 이상화된 형태의 언어를 연구대상으로 삼으면서 언어 형성의 토대를 이루는 사회-역사적 조건들을 무시하는 경향이 있을 뿐 아니라, 언어적 표현들을 그 사용의 구체적인 사회적 조건으로부터 분리하여 분석하곤 한다. 이러한 분리가, 소쉬르의 저작에서든 촘스키의 저작에서든, 랑그와 파롤, 언어능력과 수행 간의 구별과 밀접하게 연결되어 있다는 사실에서 출발하여, 부르디외는 이 구별이 발화행위에 사실상 함축된 요소들을 온전하게 고려하는지 자문하면서 그의 비판을 밀고 나간다. 우선 발화행위는, 소쉬르가 암시했듯이, 이미 존재하는 언어체계의 단순한 실현 또는 '실행'으로 간주될 수 없다. 말하기는 이 상당히 기계적인 모델이 제시하는 것보다 훨씬 복잡하며 창조적인 행위이다. 한편 촘스키의 이론에서는 문제가 그리 단순하지 않다. 다름 아니라 촘스키가 언어능력을 생성적 과정의 체계로 개념화하면서, 언어의 창조성을 설명하고자 하기 때문이다.

이 부분에서 촘스키의 이론에 대한 부르디외의 반박은 다음과 같다. 이상적인 화자가 갖추고 있으며, 문법에 맞는 문장의 연쇄를 무한히 길게 생성하는 능력으로 이해되는 언어능력의 개념은, 한마디로

---

7) P. Bourdieu, "La production et la reproduction de la langue légitime", 이 책의 제1부 제1장에 수록.

말해서 너무 추상적이다. 실제의(*actual*) 화자들이 갖고 있는 종류의 언어능력은 문법적으로 잘 구성된 문장의 무한한 연쇄를 생성하는 능력이라기보다, 특정한 상황에 알맞은 표현들을 만드는 능력, 다시 말해 적절한 문장을 만드는 능력이다. 부르디외는 유능한 화자들이 문법적인 문장을 생성하는 능력을 갖추고 있음을 부인하지 않는다. 그는 다만 이 능력이 현실적인 화자들이 갖추고 있는 종류의 능력을 특징짓는 데 충분하지 않음을 보여주려고 한다. 왜냐하면 현실적 화자들이 실천적 능력(*practical competence*)을, 즉 정황에 맞는 발언을 하는 것을 가능하게 해 주는 일종의 '실천감각'을(우리는 뒤에 이 개념으로 돌아갈 것이다) 갖고 있다고 할 때, 이 실천적 능력은 결코 촘스키의 이상적 화자의 능력에서 유도되거나 그것으로 축소될 수 없기 때문이다.[8] 현실적인 화자들은 다양한 기능을 갖는, 그리고 청자와 화자의 권력관계에 따라 은연중에 조정되는, 실천적 전략의 거푸집 안에 문장들과 발언들을 흘려 넣을 줄 안다. 그들의 실천적 능력은 문법에 맞는 발화들을 생산하는 능력뿐 아니라, 듣게 하고, 믿게 하며, 복종하게 하는 능력 역시 내포한다. 말하는 이는 그가 주어진 상황에서 말할 권리가 있다는 것을 확인해야 하며, 듣는 이는 말하는 이가 주목받을 만한 가치가 있는지 판단해야 한다. 말할 권리에 대한 인정은, 그리고 그것과 연결된, 의사소통의 상황들 전체를 암묵적으로 가로지르는 권력과 권위의 형태들은, 일반적으로 언어학자에게 무시된다. 그는 언어적 교환을 문법적으로 잘 구성된 메시지의 약호화와 해석이라는 단순한 지

---

8) 여기서 부르디외의 논지는 사회언어학자 델 하임즈의 논지와 비슷하다. 델 하임즈는 촘스키의 언어능력 개념이 너무 협소하며, 사회적이고 지시적인 요소들을 고려할 수 있게 더 확장되어야 한다고 주장했다. Cf. D. Hymes, *Foundations in Sociolinguistics: An Ethnographic Approach* (London, Tavistock, 1977), pp. 92~97 and passim.

적 조작으로 간주한다.

부르디외는 촘스키 언어학의 고유한 한계들을 염두에 두고서, 언어행위(화행)에 관한 오스틴의 작업에 다가간다. 언어에 대한 부르디외식 접근은 어떤 면에서 오스틴, 그리고 1940~50년대에 '일상언어의 철학자들'이라고 불렸던 이들의 접근과 유사성이 없지 않다. 9)

그러므로 부르디외가 촘스키와 소쉬르의 분석보다 오스틴의 저작을 더 환대한다 해서 놀랄 일은 아니다. 결혼식에서 '예'라고 대답하거나, 뱃머리에 병을 던지면서 '이 배를 퀸엘리자베스호로 명명하노라'라고 외치는 것 같은, 일군의 '수행적 발화'들을 예로 들면서, 오스틴은 그러한 발화들이 어떤 상황을 보고하거나 기술하는 방식이 아니라, 어떤 의례에 참여하고 행동하는 방식임을 강조했다. 이 발화들은 엄격하게 말해서 '참'이거나 '거짓'이라기보다 '적절하거나'(felicitous) '적절하지 않다'(infelicitous). 그리고 적절하다고 평가받기 위해서 그것들은 무엇보다도 정해진 관례적 절차에 맞게 적합한 인물에 의해 발화되어야 한다. 10) 부르디외에 따르면, 이는 수행적 발화의 효력이 (장소, 계기, 행위자와 같이) 발화가 효과적이기 위해 충족되어야 하는 조건들을 규정하는 제도(institution)의 존재와 분리불가능하다는 점을 함축한다. 부르디외는 'institution'이라는 용어를 일반적이면서도 역동

---

9) 오스틴의 주저인 How to do Things with Words(1962년에 영어로 출판됨)는 1970년에야 프랑스어판이 나오지만, 대신 프랑스의 철학자와 언어학자들은 1970년대 내내 언어행위이론에 대해 긴 논쟁을 벌였다. 예를 들어, O. Ducrot, *Dire et ne pas dire*(Paris, Hermann, 1972)와 *Le dire et le dit*(Paris, Éd. de Minuit, 1984); 그리고 A. Berrendonner, *Éléments de pragmatique linguistique*(Paris, Éd. de Minuit, 1981)를 참조하라.

10) J. L. Austin, *How to do Things with Words*, 2e edition, ed. J. O. Urmson & Marina Sbisà, Oxford, Oxford University Press, 1975, Lecture II.

적인 방식으로 사용한다(프랑스어 단어 *institution*은 영어에 있는 같은 단어보다 그 의미를 더 잘 표현한다). 제도는 반드시 — 가족이나 기업 따위의 — 어떤 특수한 조직을 지시하지 않는다. 그보다는 개인들에게 다른 형태의 권력, 지위, 자원을 부여하는, 상대적으로 지속적인 사회관계들의 총체를 가리킨다. 이런 의미에서, 발화자에게 권위를 부여하며, 그리하여 그의 언표가 수행한다고 주장하는 행위를 완성하게 해 주는 것은 바로 제도이다. 누구나 막 건조된 새 선박 앞에 서서 뱃머리를 향해 병을 던지며 '이 배를 퀸엘리자베스(Queen Elizabeth)로 명명하노라'고 큰소리로 외친 뒤에 그 선박에 실제로 이름을 붙여 주었다고 주장할 수 있는 것은 아니다. 그는 그렇게 할 수 있도록 허가를 얻었어야(*authorized*; *autorisé*) 하며, 이 행위를 실행할 수 있도록 허용하는 권위(*authority*; *autorité*)를 지니고 있어야 한다. 이렇듯 수행적 발화의 효력은 어떤 사회관계의 총체, 특히 제도의 존재를 전제로 한다. 말하기를 허가받고 다른 사람들에게 그 권리를 인정받은 특정한 개인이 다른 사람들이 어떤 환경에서 수용가능하다고 판단할 만한 방식으로 말할 수 있는 것은 이 제도 덕분이다. 그렇다면 '형식적'이거나 '공식적'인 성격의 예식에 뒤따르는 무수한 상징적 징표들 — 가운, 가발, 의례적 표현, 존경의 표시 — 을 그저 무의미한 장식으로 여겨서는 안 될 것이다. 말하는 사람들은 바로 이 징표들의 메커니즘을 통해, 그들이 말할 수 있도록 권력을 부여하는 제도의 권위를 보증하며, 그런 경우에 요구되는(*de rigueur*) 존중과 격식의 표현들로써 이 제도를 뒷받침하는 것이다.

부르디외는 언어행위이론가들이 커뮤니케이션의 사회적 조건들을 첫머리에 놓을 줄 알았다는 점을 높이 평가한다. 그러면서도 그는 오스틴과 그의 영향을 받은 몇몇 저자들이 그들의 관점을 끝까지 밀고 나가지 않았다고 비판한다. 그들은 적절성 조건(*conditions of felicity*)이 무엇보다도 **사회적 조건**이라는 사실이 함축하는 바를 충분히 헤아리지 않았다. 그러므로 언어행위에 관한 문헌들이 대개 순수하게 언어논리학적 분석에 의지한다는 사실은 별로 놀랄 일이 아니다. 문제의 일부는 오스틴 자신의 저작에 내재한다. 오스틴은 막연하게 어떤 수행적 언표를 적절하게 만들기 위해 준수해야 하는 '관습적 절차'를 암시한다. 나아가 '발화행위'(*locutionary acts*)와 '발화수반행위'(*illocutionary acts*), '발화효과행위'(*perlocutionary acts*)라는 용어로 넘어가면서, 그는 발화수반행위(무언가가 말해짐과 동시에 수행된 행위)는 '관습적 절차들'을 이용한다는 단순한 사실에 의해 발화효과행위(무언가를 말한다는 사실에 의해 수행된 행위)와 구별될 수 있다고 제안한다. 하지만 오스틴은 이 관습들의 성격을 결코 상세하게 검토하지 않으며, 그것들을 사회적 현상으로 간주한다는 것이 무엇을 의미하는지에 대해 숙고하지 않았다. 사회적 현상이란 달리 말해 권력과 권위가 배어 있고 투쟁과 갈등이 뒤섞인 사회관계의 총체 속에 연루되어 있다는 뜻이다. 오스틴은 이렇게 해서, 다른 사람들이 적절성 조건의 사회적 성격을 무시하면서 언어행위를 순전히 언어학적 관점에서 개념화할 여지를 마련했던 것이다. 이러한 관점에서 언어행위를 사유한다는 것은 언표에 주어진 권위가 외부적 요인들에 의해 언어에 부여된 권위라는 점을 망각하는 것이다. 허가받은 대변인이 권위를 가지고 말할 때, 그는 이 권위를 표현하거나 드러낼 뿐, 창조하지 않는다. 호메로스의 웅변가가 발언을 하기 위해 **스켑트론**(*skeptron*)을 쥐는 것과 마찬가지로, 대변인은, 사회제도의 일부이면서 선언된 말 자체에서만 나오는 것이 아닌, 권력의 혹은 권위의 어떤 형식을 스스로에게 부여한다.

이러한 맥락에서 부르디외는 또 다른 중요한 사회사상가인 위르겐 하버마스가 언어행위이론가들의 저작에 의지하는 방식에 대해 유보적인 태도를 드러낸다. 하버마스는 언어행위의 교환을 통해서 개인들이 암묵적으로 진실이나 올바름 같은 '타당성 주장'을 제기한다고 역설한다. 그러한 타당성 주장은 '이상적 담론상황' 안에서만 그 권리를 내세우고 실현되도록 할 수 있다. 이상적 담론상황은 참여자들이 자기 선택을 이성이나 원칙에만 토대를 두면서 문제적인 주장을 수용하거나 또는 거부하기에 이르는 커뮤니케이션 상황을 말한다.11) 부르디외는 하버마스 저작에 대해 깊게 논의하지 않는다. 하지만 분명한 것은 그가 언어행위이론가들의 아이디어를 하버마스와는 전혀 다른 방식으로 연장하려 한다는 점이다. 하버마스가 언어행위 분석이 커뮤니케이션 과정에서 작동하는 "합리적으로 동기화하는 힘"(*rationally motivating force*)의 존재를 드러낸다고 증명하려 애쓰는 지점에서, 부르디외는 이 권력 또는 이 힘이, 그 성격이야 어떻든 간에, 사회제도에 의해서 언어행위에 부여되며, 언어행위의 발화(*utterance*)는 사회제도의 일부임을 증명하고자 한다. (커뮤니케이션 행위의 합리적 성격이 모든 사회적 제약으로부터 벗어나 있는) 이상적 담론상황의 개념은, 부르디외에 따르면, 언어 활용의 사회적 조건들을 허구적으로 누락시킨 데 기초한다. 이러한 노선의 논증은 하버마스 저작에 가해진 몇몇 비평과도 공명하며, 나름대로 적절성이 없지 않다. 물론 우리는 다음과 같이 자문해 볼 수 있다. 그러니까 부르디외 자신이, 친구 사이의 평범하고 우연한 대화와 같이 상대적으로 거의 구조화되지 않은 대인관계 형식 속에 개인이 들어 있는 상황을 무시하면서, 결혼식이나 명명

---

11) Cf. J. Habermas, "Toward a theory of communicative competence", in H. P. Dreitzel(ed.), *Recent Sociology*, n° 2, (New York, Macmillan, 1970), pp. 114~148; "What is universal pragmatics?" in *Communication and Evolution of Society*, tr. T. McCarthy(Cambridge, Cambridge University Press, 1979), pp. 1~68; 그리고 *The Theory of Communicative Action*, volume I, Reason and the Rationalisation of Society.

식처럼 쉽사리 식별가능한 사회적 의례에 분명히 참여하는 언어행위
의 발화상황에만 지나친 중요성을 부여하지는 않는가 하고 말이
다. 12) 하지만 부르디외가 언어 활용의 제도적 측면들을 강조하고 또
날카로운 사회학적 지성으로 탐색하면서, 언어행위 관련 문헌에서 지
금까지 별로 없었던 방식으로, 언어활용의 사회적 조건의 어떤 양상
들을 규명했다는 점만은 부인할 수 없을 것이다.


2


　언어에 대한 부르디외의 저술은 소쉬르, 촘스키, 오스틴 등에 대한
명징한 비평적 전망을 제공할 뿐 아니라, 언어와 언어적 교환에 대한
전적으로 새로운 접근을 제시한다. 이 접근은 기본적으로 부르디외가
다른 맥락에서 고안한 이론적 틀을 발전시킨 것이다. 그러므로 이 접
근을 이해하려면 부르디외의 이론적 작업 전체, 다시 말하면, 실천에
관한 그의 이론의 주요한 개념들과 주장들을 고려해야 한다.
　부르디외의 실천이론은 사회과학을 초창기부터 난처하게 해온 일
련의 대립과 모순을 넘어서기 위한 체계적인 노력이다. 이 대립은 오
늘날 사회과학에 관심이 있는 모든 이들에게 친숙한 울림을 갖는다.
예를 들면 인간 대 사회, 행동 대 이론, 자유 대 필연 등. 그러나 부르
디외의 이론적 접근이 이런 대립을 피해가거나 무너뜨린다고 자처하
더라도, 그 이론적 전개들 각각은 대체로 — 인식론적 관점에서나 지

---

12) 이 문제에 대한 토론과 비판적 주석으로는 "Symbolic violence: language and
power in the writings of Pierre Bourdieu", in J. B. Thompson, *Studies in the
Theory of Ideology* (Cambridge, Cambridge University Press, 1984), pp. 42~72.

식이론(*theory of knowledge*)의 차원에서 표현되는 —'주관주의'와 '객관주의'의 거대한 이분법과 통해 있다. '주관주의'라는 말로 부르디외가 의미하는 바는 사회세계에 대한 어떤 지적인 접근으로서, 사회가 그 안에 위치한 사람들에게 나타나는 방식을 이해하는 것을 목표로 삼는다. 주관주의는 타자의 경험을 어떤 식으로든 직접적으로 파악하는 것이 가능하다고 전제하며, 이러한 파악이 그 자체로서 사회세계에 대한 다소간 적절한 지식의 형태를 구성한다고 주장한다. 여기서 부르디외가 염두에 두는 것은 '현상학적' 혹은 '해석학적인'(*interpretative*) 사회학 및 인류학이다 — 알프레드 슈츠(Alfred Schutz)[13]가 발전시킨 현상학적 사회학도 여기에 포함된다 —. '객관주의'라는 말로 부르디외는 재현과 실천을 구조화하는 객관적 관계들을 구성하고자 하는 지적 동향을 가리킨다. 객관주의는 직접적인 경험과의 단절을 전제로 한다. 객관주의는 사회세계에 대한 원초적 경험을 제쳐 두며 직접적인 파악으로는 접근하지 못하는 구조들과 원리들을 밝혀내려 노력한다. 레비스트로스나 구조주의 언어학의 어떤 판본들이 발전시킨 분석 유형은 이런 의미에서 객관주의의 예다.

객관주의의 주요 장점은 사회세계에 대한 직접적인 경험과의 단절에 있다. 이 단절로 객관주의는 사회세계의 평범한 행위자들(*lay actors*)의 실천적 지식으로 환원되지 않는 어떤 지식을 생산할 수 있게 된다. 사회과학의 연구자들은 그들 역시 사회적 삶에 참가하고 있기에 사회세계에 대한 분석에서 자연히 일상생활의 말과 개념들에 동조

---

13) A. Schutz, *The Phenomenology of the Social World*, 1972. 부르디외는 이처럼 현상학 및 슈츠나 사르트르 같은 사회철학자들이 현상학으로부터 발전시킨 것을 매우 빈번하게 참조한다. 또한 그의 논거는 피터 버거, 해롤드 가핑클, 아론 시쿠렐, 클리포드 기어츠같이 다양한 사회학자 또는 인류학자의 작업에 필요한 부분만 약간 수정하여(*mutatis mutandis*) 적용할 수 있다.

하게 된다. 14) 사회학적 조사의 어려움은 이것과 무관하지 않다. 부르디외에게 있어 직접적인 경험과의 단절은 사회학적 조사의 과학성을 위한 기본적 조건을 구성한다. 객관주의가 일상적 경험과의 단절을 강조하는 것은 옳지만, 객관주의는 여전히 어떤 불충분함을 노정하고 있으니, 그것은 객관주의가 그 자신의 가능성의 조건을 엄정한 방식으로 설명하는 데 실패함으로써 자신이 생산하는 지식과 평범한 행위자들이 사용하는 실천적 지식 사이의 연관을 파악하지 못한다는 점이다. 다른 말로 하면, 그것은 그것이 설명하는 구조들과 사회세계를 구성하는 개인들의 실천적 행위, 그리고 객관적 관계의 연결을 파악하지 못한다. 그러므로 객관주의의 전망에서 개인들의 실천이란 어떤 규칙의 적용 또는 분석자들에 의해 미리 해명되거나 수립된 어떤 모델이나 구조의 실현 이상의 것으로 나타나지 않는다. 실천은 여기서 분석자 자신의 구성 안에 있는 단순한 부대현상이 된다. 결국 부르디외의 매우 잘 뒷받침된 관점은 이리하여 다음과 같은 결론에 다다른다. 객관주의의 전망은 실천에 대한 설명으로서 커다란 흠이 있다는 것. 실천에 대한 부르디외 자신의 이론은 주관주의로 재추락하지 않으면서 객관주의를 넘어서려는 시도, 달리 말하면, 사회생활의 실천적 성격을 정당하게 평가하면서도 직접적인 경험과의 단절에 대한 요구를 고려하려는 시도를 이룬다.

부르디외가 자신의 접근을 발전시키면서 사용하는 주요한 개념은 하비투스(habitus)의 개념이다. 알다시피 부르디외는 아리스토텔레스

---

14) 이 문제는 다음 저서에서 더욱 길게 설명되어 있다. P. Bourdieu, J.-C. Chamboredon, J.-C. Passeron, Le métier de sociologue: Préalables épistémologiques(Paris, Mouton-Bordas, 1968), 그리고 P. Bourdieu, Homo academicus(Paris, Les Éditions de Minuit, 1984), chap. 1.

와 스콜라학파에 그 기원을 두는 이 오래된 용어를 독특하고 변별적인 방식으로 사용한다. 하비투스란 행위자들을 어떤 방식으로 행동하고 대응하게 만드는 성향들(dispositions)의 집합을 가리킨다. 성향들은 어떤 '규칙'에 의해서 의식적으로 맞춰지거나 규제되지 않으면서도 '규칙적'인 실천과 지각(perceptions), 그리고 태도를 유발한다. 하비투스를 구성하는 성향들은 몸에 새겨져 있고 구조화되어 있으며 지속적이다. 또한 생성적이고 이전가능(transposable)하다. 간략하게 설명해 보겠다. 성향들은 점진적 주입의 절차 덕분에 획득되는데, 이 과정에서 유년의 경험들이 특히 중요하다. 식탁에서의 예의범절('똑바로 앉아라', '게걸스럽게 먹지 마라' 등) 같은, 무수한 일상적 교육과 훈련의 절차들을 통해, 개인들은 말 그대로 육체를 주조하고 제2의 자연이 되는 일련의 성향들을 획득한다. 그렇게 만들어진 성향들은 그것이 획득된 사회적 조건들을 불가피하게 반영한다는 점에서 **구조화되어 있다.** 예컨대 서민계급 출신의 개인은 부르주아적 환경에서 자란 사람과 어떤 점에서 다른 성향들을 갖게 되는 것이다. 개인들의 존재를 결정하는 사회적 조건을 특징짓는 유사점과 차이점은 이런 식으로 하비투스에 반영되며, 하비투스는 그래서 동일한 사회적 환경에 속한 개인들 속에서 상대적으로 동질적으로 보일 수가 있다.

구조화된 성향들은 또한 지속적이다. 그것들은 육체에 뿌리박고 있으며 그래서 개인의 일생에 걸쳐 거의 무의식적인 방식으로, 의식적인 성찰이나 변형을 잘 받아들이지 않는 방식으로 작용하며 지속된다. 결국 성향들은 그것이 먼저 획득된 장(場)이 아닌 다른 장들에서 수많은 실천과 지각을 유발할 수 있다는 점에서 생성적이고 이전가능하다. 지속적으로 자리 잡은 성향들의 집합으로서 하비투스 역시 실천과 지각을 야기하며 작업과 평가를 생산하는 경향이 있는데, 이것들은 존재의 조건들 ― 하비투스 자체가 조건들의 소산이다 ― 에 부합한다.

 하비투스는 또한 개인들에게 일상생활에서 어떻게 행동하고 반응할 것인가에 대한 감각을 제공한다. 하비투스는 그들의 행동과 경향을 엄격하게 결정하지 않으면서도 일정한 방향으로 인도한다. 하비투스는 그들에게 '게임의 감각', 어떤 정황에서 무엇이 적절하고 무엇이 그렇지 않은가에 대한 감각, 어떤 '실천감각'(le sens pratique)을 준다. 실천감각은 정신의 상태라기보다 신체의 상태이며 존재의 상태이다. 어떤 활동, 행동하고 처신하는 어떤 방식이 자연스럽게 보인다면 그것은 신체가 뿌리 깊은 성향들의 저장고이기 때문이다. 부르디외는 여기서 신체적인 '헥시스'(hexis)에 대해 이야기하고 있다. 이 말로 그가 가리키는 것은 신체의, 그리고 세계 속에서 신체 배치의, 어떤 영구적 편성이다. "신체적 헥시스는 실현되고 체화된 정치적 신화로서, 처신하고 말하고 걷는, 그리고 이를 통해 느끼고 사유하는 지속적인 방식이자 영구적인 성향이다."15) 신체적 헥시스의 중요성은 남자들과 여자들이 처신하는 상이한 방식 속에서, 그들의 서로 다른 몸가짐과 그들이 걷고 말하고 먹고 웃고 또 그들 존재의 가장 내밀한 행동을 할 때 나타나는 남녀의 서로 다른 방식 속에서 나타난다. 신체는 '체화된' 역사의 장소다. 실천과 관련된 도식들 — 신체는 이 도식을 통해서 조직된다 — 은 이처럼 역사의 산물이자 이 동일한 역사를 재생산하는 실천과 지각의 원천으로 나타난다. 생산과 재생산, 체화된 역사와 현실화된 체화과정의 연속적인 절차는 결코 언어로 표명된, 특수한 제도적 실천의 대상이 되지 않으면서도 일어날 수 있는 절차이다. 언어를 통한 표명은 — 모든 사회에서 나타나지 않으며, 우리 사회의 경우 일반적으로 학교제도와 연결되어 있는 — 어떤 종류의 교육제도의 발

---

15) P. Bourdieu, *Le sens pratique, op. cit.*, p. 117.

430

전을 전제로 한다.

하비투스, 그리고 그것과 관련된 실천감각 및 신체적 헥시스라는 개념들의 도움을 받아 부르디외는 실천과 지각, 작업과 평가의 기저에 있는 생성적 원리 또는 도식을 파악하고자 한다. 하지만 개인들은 언제나 특수한 맥락과 사회적 틀 속에서 행동한다. 그렇기 때문에 특정한 실천과 지각은 하비투스 자체의 산물이 아니라 개인들이 활동하는 장과 하비투스 사이의 관계의 산물로 해석되어야 할 것이다. 부르디외는 사회적 맥락이나 활동의 영역들을 가리키기 위해 다른 용어들을 사용한다. '장'(champ)은 부르디외가 선호하는 기술적 용어이며, '시장'이나 '게임' 역시, 적어도 부분적으로는 은유적 의미로, 자주 사용된다. 장이나 시장은 위치들이 구조화되어 있는 공간으로 생각할 수 있다. 그 공간 안에서 위치들 및 위치들의 상호작용은 다양한 종류의 자원 혹은 '자본'[16]의 분배에 의해 결정된다. 부르디외 저작의 구심점 중 하나이며, 그를 교육사회학 분야에서 유명하게 만든 발상은 다양한 종류의 자본이 존재한다는 것이다. 엄밀한 의미에서의 '경제자본'(다시 말하면 돈이나 재산, 유가증권 등의 형태를 한 물질적인 부)만이 있는 것이 아니라, (지식이나 기술, 그리고 여러 가지 문화적 획득 — 예를 들면 학위나 자격증 — 으로 구성되는) '문화자본', (축적된 위신이나 명예를 가리키는) '상징자본' 등이 있는 것이다. 한 종류의 자본이 다른 종류의 자본으로 전환되는 것 — 예를 들면 학위나 자격증이 돈벌이가 되는 일자리로 바뀌는 것 — 을 어떻게 허용하느냐 하는 것은 장의 중요한 특징을 이룬다. [17]

---

16) Cf. P. Bourdieu, "Quelque propriétés des champs", in *Questions de sociologie* (Paris, Ed. de Minuit, 1980), pp. 113~120.

17) Cf. P. Bourdieu et L. Boltanski, "Le titre et le poste. Rapports entre le système

하나의 장은 여러 형태의 자본들의 분배방식을 유지하거나 변경하려고 애쓰는 개인들이 충돌하는 장소이다. 이 투쟁에 참가하는 개인들은 상이한 목표를 가질 것이다. 어떤 이들은 현 상태(statu quo)를 보존하려 애쓸 것이고 어떤 이들은 그것을 변경하려고 애쓸 것이다. 그들이 성공하거나 실패할 가능성 역시, 위치들의 구조화된 공간에서 각자가 어디에 자리 잡고 있느냐에 따라 다를 것이다. 하지만 이들 모두는, 각자의 목표와 성공의 기회가 어떠하든 간에, 몇 가지의 근본적 전제들을 공유한다. 즉, 모든 참가자들은 그들이 하는 게임이 중요하다는 것과, 그 게임에 걸려 있는 것들이 가치 있다는 믿음을 가져야 한다. 게임과 장의 존재와 지속 자체는 게임에 대한, 그리고 자기가 그 게임에 걸고 있는 것들에 대한 총체적이거나 무조건적인 '투자'(investissement), 실천적이고 조건 없는 믿음을 전제로 한다. 이처럼 어떤 장 내부에서 부의 분배라든가 예술작품의 가치를 대상으로 한 충돌은 언제나 거기에 가담하는 사람들 편에서의 동의나 근본적인 공모를 전제로 한다.

부르디외가 장이나 장의 속성들을 기술하기 위해 사용하는 용어들 —'시장', '자본', '이윤' 등 — 이 경제학의 언어에서 차용되어, 좁은 의미에서 '경제적'이지 않은 장들에 적용된다. 부르디외가 쉽게 오해되는 곳이 바로 이 지점이다. 독자는 부르디외가 엄밀한 의미에서 경제적 거래를 구성하지 않는 상호작용의 형태들을 분석하기 위해 이 용어들을 사용하면서, 마치 모든 게 경제적 거래의 문제인 것처럼 취급한다는 인상을 받을지도 모른다. 그리하여 부르디외의 사유가 일종의 경제적 환원주의에 가담하고 있다고 판단할지도 모른다. 사실 부르디

de production et le système de reproduction", *Actes de la recherche en sciences sociales*, 2, mars 1975, pp. 95~107.

외가 경제학의 전문용어들을 사용하는 것은 어떤 난점을 야기할 수 있다. 하지만 중요한 것은 부르디외의 입장이 경제적 환원주의라는 비난이 암시하는 것보다 훨씬 복잡하고 정교하다는 것이다. 부르디외에 따르면, 오늘날 우리가 좁은 의미에서 '경제적'이라고 부르는 실천들(즉, 상품의 구매와 판매)은 사실 '시장경제'라는, 역사적으로 출현하였으며 변별적인 속성들을 지닌 특수한 장 내지는 장들의 네트워크와 관련된 실천들의 하위범주에 속한다. 그리고 문학, 예술, 정치나 종교의 장과 같이 다른 장들에 속한 실천의 하위범주들이 존재한다. 이 다른 장들은 고유한 속성들에 의해, 구별되는 형태의 자본과 이윤에 의해 특징지어진다. 그래서 부르디외는 모든 사회적 장을 좁은 의미의 경제 장으로 축소시키려 하지 않으며 모든 유형의 실천을 순수하게 경제적인 거래로 다루려 하지도 않는다. 오히려 그는 좁은 의미에서의 경제를 상호 환원될 수 없는 여러 다른 장들 가운데 하나의 장으로(혹은 장들의 네트워크로) 취급한다. 이렇듯 좁은 의미에서 경제적이지 않은 장들 안에서, 실천들은 결코 엄격한 경제적 논리에 의해 지배되지 않는다(다시 말하면 금전상의 이득에만 끌려가지 않는다). 하지만 이 실천들은 어떤 유형의 자본(예를 들면 문화적이거나 상징적인)의 증대나 어떤 유형의 '이윤'(명예나 위신)의 극대화로 나아가는 한, 좀더 넓은 의미에서의 경제논리에 복종한다고 할 수 있다. 예를 들어 어떤 농가가 왜 추수가 끝난 뒤에 타작에 필요하다면서 겨릿소를 한 쌍 더 샀다가 정작 소가 가장 유용한 시기인 가을 밭갈이 직전에 되파는지를 이해하려면, 혼사가 논의되는 시점인 늦여름에 소를 구매하는 일이 상징자본을 증가시키는 한 가지 방식이 될 수 있다는 점을 고려해야 한다.[18] 소를 구입하고 보란 듯이 전시하는 것은 물질적이거나 금전적

18) P. Bourdieu, *Le sens pratique, op. cit.*, p. 204.

인 이득처럼 좁은 의미에서 경제적이지는 않지만, 넓은 의미에서의 경제적 논리(상징자본의 증대와 상징적 이윤의 극대화)에 복속된다.

이와 같이 부르디외는 이해관심이 언제나 엄밀한 의미에서 경제적이라는 생각을 거부하면서, 행위와 관심 사이에, 그리고 행위자들의 실천과, 그들이 정도의 차이는 있지만 의식적으로 추구하는 이익 사이에 근본적인 관련을 설정한다. "실천은 끊임없이 경제적 논리를 따르는데, 이는 실천이 '전자본주의' 사회나 아니면 자본주의 사회의 문화영역에서처럼, 비물질적이고 수량화하기 어려운 목표를 지향하고 있어서 외관상 완전히 무사무욕해 보일 때조차 그러하다."[19] 이것이 실천의 경제에 대한 부르디외 이론의 기본적 가정이다. 이 가정은 인간행동의 기본성격에 대한 (논쟁을 야기하는) 주장을 담고 있다는 의미에서 실질적이다(substantive). 그것은 연구자로 하여금 다양한 개개의 장에 고유한 실천과 투쟁 안에서 문제가 되는 특수한 이해관심을 밝혀내도록 촉구하는, 발견적인(heuristic) 원리다. 이해관심의 내용을 너무 추상적인 방식으로 결정해서는 안 된다. 각각의 행위 또는 투쟁이 소환하는 이해관심의 성격은 관련된 장들의 변별적인 속성에 대한 경험적 혹은 역사적인 치밀한 조사를 통해서만 결정될 수 있다. 만일 우리가 문학적이거나 예술적인 생산에서 문제가 되는 이해관심을 이해하고자 한다면 (제한된 의미에서의) 경제나 정치 등의 장들과의 관계 속에서 문학 장이나 예술 장을 재구성해야 한다. 그리고 우리는 문학이나 예술 장의 자율성이 커질수록 이들 장 내부의 행위자들이 금전적이거나 정치적이지 않은 목적을 향해 나아간다는 것을, 즉 그들 특유의 '무사무욕에 대한 이해관심'('예술을 위한 예술')을 추구하도록 인도된다는 것을 발견할 것이다.[20] 문학적이거나 예술적인 생산이 무사

---

19) *Ibid.*, p. 209.

무욕해 보인다는 사실, 그것이 상품과 권력의 비속한 세계에 공공연하게 맞선 무용한 행위를 위한 은신처라는 사실은 문학적이고 예술적인 생산이 어떤 이익도 추구하지 않는다는 것을 의미하지 않는다. 다만 자신의 이익을 미학적 순수함의 베일 아래 감추는 것이 더욱 쉽다는 의미이다.

행위자들이 특수한 이해나 목적을 향하고 있을 때라도 그들의 행동이 다양한 전략에 대한 찬성이나 반대, 그 예상되는 비용과 이익에 대한 세밀한 검토나 의식적인 숙고의 결과인 경우는 드물다. 행동을 신중한 계산의 결과로 생각하는 것 — 이는 게임이나 합리적 행동에 관한 몇몇 이론에 내재한 관점이다[21] — 은 개인들이 하비투스 덕분에 어떤 방식으로 행동하고, 어떤 목적을 추구하며 어떤 취향을 계발하게 되는 성향이 이미 있다는 사실을 간과하는 것이다. 개인들은 하비투스를 통해 지속되는 특정한 역사의 산물이기에, 그들의 행동을 심사숙고한 계산의 결과로 분석하는 것은 적절하지 못하다. 실천은 차라리 하비투스와 장의 만남의 결과로 고찰되어야 한다. 이 만남은 상이한 정도로 '부합'하거나 '양립가능'하다. 상동성이 부족할 때(서민층 출신의 한 대학생이 엘리트들이 다니는 교육기관에 있게 될 때처럼) 개인은 어떻게 해야 할지 모를 것이고, 문자 그대로 말을 잃을 것이다.

언어와 언어적 교환에 대한 자신의 접근법을 설명하면서 부르디외는 실천이론을 구성하는 착상들을 적용하고 정교화한다. 발화 혹은 언어적 표현은 일종의 실천이며, 그 자체로서 언어 하비투스와 언어

---

20) Cf. P. Bourdieu, "The field of cultural production, or: the economic world reversed", tr. R. Nice, *Poetics*, 12, 1983, pp. 311~356.

21) 부르디외는 욘 엘스터가 발전시킨 합리적 행위이론에 매우 비판적이다. Cf. *Le sens pratique*, *op. cit.*, n. 20, p. 79.

시장 사이의 관계의 산물로 이해될 수 있다. 언어적 하비투스는 하비투스를 구성하는 성향들의 부분집합으로서, 개별적 맥락(가족, 동료, 학교 등) 속에서 이뤄지는 언어훈련 과정을 통해 획득된다. 이 성향들은 행위자들의 언어 실천을 지배하는 동시에, 언어 생산물이 다른 장이나 시장 — 예를 들면 노동시장이나 중등 또는 고등교육기관들 — 에서 받게 될 가치에 대한 기대를 지배한다. 언어 하비투스 역시 육체에 새겨져 있으며 신체적 헥시스의 한 차원을 구성한다. 예컨대 특정한 억양은 혀와 입술 등을 움직이는 어떤 방식의 산물이다. 이것은 바로 부르디외가 피에르 기로를 따라 '조음 스타일'22)이라고 부르는 것의 한 양상이다. 상이한 집단과 계층이 서로 다른 어조들과 억양들, 말하는 방식들을 가지고 있다는 사실은 사회적으로 구조화된 하비투스의 특성을 언어의 수준에서 보여주는 것이다. 이런 종류의 차이들은 잘 알려져 있으며, 사회학자, 사회언어학자 그리고 사회사가들에 의해 폭넓게 연구된 바 있다. 이것보다는 덜 분명하지만, 입에 대한 다양한 표상이 계층적, 성적 차이와 결부되는 방식에서도 조음방식의 분화의 지표를 발견할 수 있다. 이는 영어보다 프랑스어에서 더욱 쉽게 예증된다. 프랑스어에서는 닫힌, 오므린 입(*bouche*)과 크게 열린 입(*gueule*)을 구분한다. 서민계급 출신의 사람들은 이 두 용어 사이에 사회적이고 성적으로 중층 결정된 대립을 설정하려는 경향이 있다. *bouche*가 부르주아와 여성적인 것('오므린 입술'에)과 결부되는 반면 *gueule*은 서민적이고 남성적인 것('큰 입', '벌어진 입')과 결부된다. 이런 관점에서 보자면 중간계급이나 상류계급 사람들이 채택하는 조음방식이 몇몇 서민계급 사람들에게는 그들의 사회적이고 성적인 정체성을 부정하는 것처럼 여겨질 수 있다. 서민계층의 남성 화자가 지배

---

22) Cf. P. Guiraud, *Le français populaire* (Paris, PUF, 1965).

적 조음방식을 채택할 때 그는 자신의 계급에 고유한 하비투스의 포기와 여성적인 것으로 인식되는 성향들의 획득을 동시에 함축하는 이중의 부정을 대가로 치를 수밖에 없다. 라보프를 비롯한 학자들[23]이 확인한 다음과 같은 사실, 즉 서민계층의 남자들에게 은어적 표현형태를 채택하는 경향이 더욱 많이 나타나는 반면, 같은 사회계층의 여자들은 더욱 자발적으로 좀더 세련된 언어표현을 채택한다는 사실이 이런 식으로 설명되는 것이다.

발화와 언어적 표현은 언제나 특정한 시장과 맥락 속에서 만들어지며, 이 시장의 속성들은 언어적 산물에 어떤 '가치'를 부여한다. 주어진 언어시장에서 어떤 산물들은 다른 것보다 우월한 가치를 갖는다. 그리고 해당 시장에서 그 가치가 아주 높게 평가되는 표현들을 어떻게, 어떤 방식으로 생산할지를 아는 것이 화자의 실천적 언어능력의 일부를 구성한다. 실천적 언어능력의 이러한 측면은 영어든 프랑스어든 하나의 언어를 사용하는 사회 전체에 고르게 분포하지 않는다. 다양한 화자들은 사실 '언어자본'에서 불평등하다. 즉, 그들은 특정한 시장에서 정황에 맞는 표현들을 생산하는 역량이 다르다. 게다가 언어적 자본의 분배는 늘 특수한 방식으로, 사회공간 안에서 개인의 위치를 규정하는 다른 종류의 자본(경제적, 문화적 자본)의 분배와 연관된다. 어조, 구문의 구성, 어휘의 차이들 — 바로 형식주의 언어학자들이 간과한 차이들 — 은 이제 화자들이 점하는 사회적 위치들의 표시이자 그들이 사용하는 언어자본(및 기타 자본들)의 양을 반영하는 것이 된다. 어떤 화자의 언어적 자본이 크면 클수록 그는 자기에게 유리

---

23) Cf. W. Labov, *Sociolinguistic Patterns*(Philadelphia, University of Pennsylvania Press, 1972), pp. 301~304. R. Lakoff, *Language and Woman's Place* (New York, Harper and Row, 1975).

하게 차이들의 체계를 활용할 수 있고 그리하여 차별화의 이윤(profit de distinction)을 확보할 수 있을 것이다. 왜냐하면 가장 높은 가치로 평가되고 가장 많은 이익을 보장하는 것은 — 그런 표현들을 생산하는 능력의 획득조건이 제한적이라는 의미에서, 그리고 이 표현들이 등장한 시장에서 그것들이 희귀하다는 의미에서 — 가장 불평등하게 분배된 표현의 형태들이기 때문이다.

부르디외는 이러한 역학관계의 놀라운 예를 우리에게 제시한다. 프랑스 남부의 지방 베아른(Béarn)은 부르디외의 고향이기도 한 곳으로 그 지역 방언인 베아른어(béarnais)를 사용한다. 베아른의 도시 포(Pau)에서 간행된 한 지역신문은 1974년 9월에 베아른의 시인 시멩 팔레이(Simin Palay)의 탄생 100주년을 기념하는 공식행사에서 청중들을 '매우 감동시킨' 한 사건을 보고하는데, 바로 시장의 담화가 '고급스러운 베아른어'24)로 이뤄졌다는 것이다. 모어가 베아른어인 이 사람들이 단지 자기네 시장이 베아른의 시인을 칭송하기 위한 의례에서 베아른어로 담화했다는 사실에 이토록 감동을 받았다는 것을 어떻게 설명해야 하는가? 부르디외에 따르면 그와 같은 반응은 공식적인 의례에서 프랑스어를 유일한 언어로 강요하는 불문법의 암묵적 인정을 전제로 한다. 포의 시장(市長)은 겸양의 전략에 몰두하는데 그에 따라 그는 시장(市場)에 공존하는 두 언어들 사이의 권력의 객관적 관계를 상징적으로 부정하는 행위 자체에서 상징적 이윤을 끌어낸다. 모든 사람이 이 불문법을 인정할 때, 그리고 대도시의 시장으로서 그가 지배적 언어를 구사할 능력이 있음을 보증하는 각종 자격들을 갖추고 있음을 알고 있을 때, 시장은 언어들 사이의 이러한 위계를 이용할 수 있다. 그는 자신의 위치 덕분에 불문법을 위반하거나 파기하지 않으

---

24) *La République des Pyrénées*, 9 septembre 1974.

면서도 이 위계를 부정할 수가 있는 것이다. 시장의 입에서 나왔을 때 '좋은 베아른어'라고 찬양되었던 말이 만일 프랑스어 몇 마디를 겨우 하는 농부한테서 나왔더라면, 완전히 다른, (의심할 나위 없이 열등한) 가치가 매겨졌을 것이다.

이 예가 잘 보여주듯이 언어적 표현을 생산하면서 화자들은 — 다양한 방식과 다양한 정도로 — 그들의 생산물이 받아들여지고 평가될 시장의 조건들을 고려한다. 이런 식으로 시장의 조건들에 대한 화자의 평가와 자신들의 언어적 생산물에 대한 있을 법한 반응에 대한 기대는 생산의 과정 자체 속에 내면화된 제약들을 만들어낸다. 그리하여 개인들은 자신의 언어적 생산물을 그것의 수용에 대한 기대에 따라 암묵적으로 또는 관례적인 방식으로 수정하게 되는데, 이는 어른이 아이에게 말할 때 어휘나 어조를 바꾸는 것과 마찬가지이다. 그러므로 모든 언어적 표현은 어떤 관점에서는 '완곡하게 표현된' 것이라 할 수 있다. 즉, 언어적 표현은 시장의 구조 자체에서 유래하는 어떤 형태의 검열에 의해 수정되는데, 이 검열은 언어적 표현에 대한 반응을 기대하는 과정 속에서 자체검열(auto-censure)의 형태로 바뀐다. 이런 각도에서 본다면, 예의를 고려하고 적절한 순간에 적절한 말을 선택하는 것은 예외적 현상이 아니라 모든 언어적 생산들에 공통되는 상황을 가장 명백하게 드러내는 것이다. 재치란 화자가 시장의 조건들을 명민하게 헤아리고 그 조건들에 적합한 언어적 표현들, 즉 적절하게 돌려 말해진 표현들을 생산할 줄 아는 능력 외에 다른 것이 아니다.

검열의 메커니즘은 일상적 구어의 생산에서만 작동하는 게 아니라 학술적 담화의 생산에서도 나타난다. 어디서든 부르디외가 '검열'에 대해 이야기할 때는 상징형식의 확산을 제거하거나 제한하기 위해 정치적이거나 종교적인 기구에 의해 추진되는 명시적 행위를 염두에 두는 게 아니다. 그는 차라리 시장들 또는 장들의 일반적 특성, 그러니까 성공적으로 어떤 담화를 생산하기를 바랄 경우 특정한 장에 고유한 형태와 격식에 대한 준수를 요구하는 특성을 염두에 둔다. 이것은 일상생활의 사회적 교환들의 극히 일반적 시장뿐 아니라 문학, 철학, 과학의 장에도 해당된다. 부르디외는 하이데거의 철학담론을 그 예로 든다. 하이데거의 작품에서 특별히 흥미로운 점 하나는 그것이 구별과 암시, 수사학적 효과에 유달리 신경을 쓰는 비의적 언어, 한마디로 매우 완곡한 언어에 기대고 있다는 데 있다. 부르디외는 이처럼 하이데거 산문의 형태와 문체가 특수한 철학 장 ― 문학 장, 정치 장, 그리고 바이마르 시대 독일의 사회 장들 전체와 결정적인 방식으로 관계 맺고 있는 ― 안에서 그의 위치와 연관되는 검열 메커니즘과 완곡어법 전략의 소산임을 보여주려 애쓴다. 하이데거의 작품은 일상어에서 많은 낱말들 ― *Sorge*(근심), *Fürsorge*(염려), *Sozialfürsorge*(사회보장기관) ― 을 빌려온다는 점에서 차별성을 갖는다. 하이데거는 이전에 철학 장에서 배제되었던 단어들을 도입한다. 대신에 이 단어들을 철학담론의 형식과 관습에 맞추는 완곡화의 과정을 통해 변형한다. 하이데거의 작품은 이렇게 해서 내재적 주석을 요구하는 자족적이고 자율적인 텍스트의 외양을 획득하면서도, 일상언어에 대해 위장된 형태로 의존적 관계를 유지한다. 부르디외에 따르면 하이데거가 사용하는 언어의 특수성은 그처럼 고매함과 단순함의 두드러진 결합 안에 자리 잡는다. 이 결합 속에서 일상적 단어들은 철학적으로 존중받을 만한 형식들에 의해 고상해지는 것이다. 에른스트 융거(Ernst Jünger)나 묄러 반 덴 브루크 같은 '보수혁명'의 대표자들과 하이데거의 차이는 이제 바이마르 시대의 독특한 장들 안에서 그들 각각이 점하는 위치들에 연결되어 있는 형식상의 일차적 차이로 이해될 수 있다. 이 장들을 세심히 재구성하고 하이데거가 그 안에서 차지하는 위치에 연결된 메커니즘과 전략들을 분석함으로써, 우리는 하이데거가 나치즘을 예찬했다고 비난하는 사람들과 어떻게 해서라도 그를 면죄하려는 사람들 사이의 논쟁과 완전히 거리를 두면서, 그의 작품을 새롭게 조명할 수 있게 된다.[25]

　말로 표현된 일상적 담화이든, 글로 써진 학술적 텍스트이든, 언어 시장 및 거기에 연결된 검열의 형식과 다양한 사회환경의 개인들이 이 시장에 적합한 표현을 생산할 수 있는 능력, 이 양자 사이에 체계적 불일치가 생겨날 수 있다. 그 결과 상이한 사회계급의 개인들은 다양한 언어시장과(그리고 이 시장들 내부의 생산자로서 그들 자신과) 다양한 방식들로 관계 맺을 수 있다. 부르디외는 이 점을 공식적이거나 형식이 중요한 상황(대담이나 교실에서의 토론, 공적인 의례 등)에서 상이한 사회계급 출신의 사람들이 보여주는 몇몇 특징적인 언어적 실천을 면밀히 연구함으로써 예증한다.[26] 상층계급 출신의 개인들은 대부분의 공식적이고 형식이 중요한 상황들을 지배하는 외적 힘에 대해 상대적으로 수월하게 응수하는 것을 가능케 하는 언어적 하비투스를 갖추고 있다. 이런 사실로부터 우리는 공식적인 시장의 요구사항과 그들의 언어적 하비투스 사이의 어떤 일치 또는 상동성을 목격하게 된다. 이

---

25) 부르디외는 자신의 저서 《마르틴 하이데거의 정치적 존재론》(*L'Ontologie politique de Martin Heidegger*, Paris, Ed. de Minuit, 1988)에서 좀더 자세한 분석을 제안한다. 이 저서의 본질적인 주제는 먼저 1975년에 *Actes de la recherche en sciences sociales*에 프랑스어로 발표되었고 이는 빅토르 파리아스(Victor Farias)의 저서 《마르틴 하이데거와 나치즘》(*Heidegger et le nazisme*, Lagrasse, Verdier, 1987)이 프랑스 안팎에서 불러일으킨 논쟁들보다 10여 년을 앞서는 것이다. 하이데거의 작품에 대해 부르디외가 제안하는 접근법은 파리아스뿐만 아니라 데리다, 리오타르, 라쿠라바르트(Lacoue-Labartes) 같은 철학자들의 최근 해석들과도 상당한 차이를 보인다.

26) 여기서 부르디외가 논의하는, 탁월한 사람과 평범한 사람의 대립이나, 사회공간에서 다양한 계급 사이에 빚어지는 상징적 갈등 같은 문제들은 《구별짓기》(*La distinction*)에서 훨씬 자세하게 검토된다.

일치는 그들의 담화 속에 나타나는 편안함과 자신감의 바탕을 이루는 것이다. 즉, 그들의 자신감이 증명하는 것은 그들에게 말할 능력을 부여하는 조건들, 의식하지 않고 말하면서도 그 말에서 상징적 이익을 —완전히 의식적인 방식으로— 끌어내도록 허용하는 조건들과 그들 담화의 조건들이 매우 긴밀하게 부합한다는 사실이다. 덕택에 그들은 대부분의 공적인 상황에서 차별성을 가지고 스스로를 표현하며, 언어 자본을 가장 빈곤하게 갖춘 사람들과 자신을 차별화한다. 이와 대조적으로 프티부르주아적 환경의 개인들은 자신의 언어적 표현을 공식적인 시장의 요구사항에 맞추기 위해 대개 어떤 노력을 해야 한다. 그래서 이들의 담화는 종종 긴장이나 불안감을 드러내거나, 지배적인 규범과 일치하도록 자신들의 표현을 정정하거나 수정하려는 경향을 수반한다. 프티부르주아적 담화의 과잉교정은 그 자신과 대립하며 분열된 하나의 계급의 징표이다. 그 구성원들은 끊임없는 불안감을 무릅쓰고 자신들의 것이 아닌 하비투스의 표식을 지닌 언어적 표현을 생산하고자 애쓴다. 공식적 시장과 일치하는 하비투스를 획득하는 데 불리한 조건 속에 있는 낮은 계급의 구성원들은 그들의 언어적 생산물에 대해 남들이 그러는 것 못지않게 자기들도 제한된 가치를 부여하는 경우가 많다. 여기서부터 서민층의 아이들이 학교제도에서 스스로 이탈하여 직업교육을 체념하고 받아들이는 경향이 생겨난다. 또한, 우리가 앞서 환기했듯이, 공식적인 것으로 정의되는 상황 속에서 낮은 계급의 개인들은 이러한 거북함과 망설임에 사로잡혀서 침묵을 지키곤 한다.

물론 서민층의 개인들이 쉽게 그리고 확신을 가지고 자신의 생각을 표현할 수 있는 상황들도 존재한다. 부르디외의 접근이 지닌 장점 가운데 하나는 노동자나 농민의 문화에 대한 몇몇 연구들에서 특징적으로 나타나는 지적 낭만주의에 굴복하지 않은 채 이러한 이른바 '민중적인' 담론들을 분석할 줄 안다는 것이다. 부르디외는 지식 장에서 연구자들이나 주석가들이 벌이는 투쟁의 일부가 되어 버린, '민중문화'나 '민중언어' 같은 막연한 용어들(blanket terms)을 피하고자 한다. 그는 차라리 경제적이고 문화적인 자본에 있어 가장 가진 것이 적은 사람이 일상생활의 다양한 상황 — 친구들이나 동료들의 모임, 사무실이나 작업장에서 근로자들의 대화 등 — 에서 자신의 생각을 표현하는 방식들을 구체적으로 검토하는 것을 택한다. 이 상황들 역시 거기에 고유한 검열의 성격과 형식을 갖춘 시장이며 그 결과 이 상황들 속에서 자신을 이해시키기를 바라는 개인들은 시장의 요구사항을 어느 정도는 만족시켜야 한다. 비속어나 '직업적 은어'(jargons) 같은 언어 형태를 단지 지배적인 표현방식을 거부하는 방식으로 이해해서는 안 된다. 이것들 역시 그것들이 생산된 시장에 완벽하게 맞추어진, 고도로 완곡한 언어 형태들이다. 부르디외에 따르면 은어는 열등한 시장 내에서 스스로를 차별화하려는 의지의 소산이다. 그것은 경제적이고 문화적인 자본을 빈곤하게 갖춘 개인들 — 특히 남자들 — 로 하여금 그들이 나약하고 여자 같다고 여기는 사람들로부터 스스로를 차별화하게 해 준다. 스스로를 차별화하려는 그들의 의지는 이처럼 기존의 위계질서에(특히 성적 위계에) 깊이 뿌리박힌 순응주의와 일치한다. 이러한 의지는 사회공간에서 자신들에게 종속적 위치를 차지하게 만드는 특성 자체(교육의 부족, 육체적 힘)를 자연스럽고 긍정적인 것으로 여기게 만든다. 27)

---

27) 이 문제들은 부르디외가 여기서 참조하는 폴 윌리스의 작업들에서 전면에 배치된다. Cf. P. Willis, *Profane Culture* (London, Routedge and Kegan Paul, 1978) 와 *Learning to Labour: How Working Class Kids get Working Class Jobs* (Westmead Farnborough, Hants-Saxon House, 1977).

민중계급의 구성원들은 지배적인 말하기 방식을 공공연하게 거부할 때조차 기존 위계질서의 어떤 양상들을 받아들임으로써, 자기들에게 불리한 가치체계를 어느 정도까지는 공유하고 있다는 사실을 드러낸다. 이는 부르디외가 '상징권력'(때로는 '상징폭력')이라고 규정하면서 그의 저작들 전반에 걸쳐 관심을 기울였던 일반적 현상의 한 예다. 부르디외는 '상징권력'이라는 용어를 권력의 특수한 형태보다는 오히려 일상생활에서 흔히 작동하는 수많은 형태의 권력의 양상을 가리키기 위해 사용한다. 일상생활의 틀에 박힌 흐름에서는 권력이 물리적 힘의 공공연한 사용을 통해 행사되는 경우가 드물다. 권력은 차라리 상징적 형태로 변형되어 그것이 달리는 가질 수 없는 일종의 정당성(legitimacy)을 부여받게 된다. 부르디외는 상징권력이 '비가시적이고', 그 자체로는 '인식되지 않지만'(méconnu) 그 때문에 정당하다고 '인정되는'(reconnu) 것이라는 말로써 이 점을 지적한다. '인정'(reconnaissance)과 '오인'(méconnaissance)은 여기서 중요한 역할을 한다. 이 용어들은 상징적 교환을 통한 권력의 행사가 언제나 공유된 믿음에 기대고 있다는 사실을 강조한다. 다시 말해 상징권력의 효력은 권력의 행사를 가장 적게 이용하는 사람들로 하여금 자신들의 종속에 어느 정도까지 스스로 협력하게 만드는 인식과 믿음을 전제로 한다는 것이다. 그들은 권력의 정당성 내지는 그들이 갇힌 위계적 관계의 정당성을 인정하거나 암묵적으로 받아들인다. 그리하여 그들은 위계가 무엇보다 특정한 집단에 이익이 되는 자의적인 사회적 구성이라는 것을 깨닫지 못하게 된다. 그러므로 상징권력의 본질을 이해하려면 상징권력이 그것에 복속된 사람들의 능동적 공모를 전제로 함을 놓치지 말아야 한다. 지배받는 개인들은 말하자면 시체 위에 메스를 대는 식으로 상징권력이 적용되는 수동적 육체를 구성하지 않는다. 상징권력은 그 성공조건으로서 그것에 복종하는 개인들이 권력과 권력을 행사하는 사람들의 정당성을 믿는다는 것을 전제한다.

상징권력이나 상징폭력은, 부르디외가 발전시킨 다른 아이디어들이 그렇듯이, 특수한 연구의 맥락 속에서 그 진가를 발휘하는 유연한 개념들이다. 그러므로 그것들을 제대로 설명하려면, 구체적인 사회학적, 인류학적 연구로 들어가야 한다. 부르디외가 상징폭력의 개념을 발전시킨 것은 카빌리 사회에서 선물교환의 성격을 분석하면서이다.[28] 레비스트로스처럼 호혜성의 형식적 구조에서 출발하는 대신, 부르디외는 선물교환을 권력이 행사되면서 동시에 감추어지는 하나의 메커니즘으로 취급한다. 안정적이고 객관적인 지배관계를 만드는 제도들이 상대적으로 적은 카빌리 같은 사회에서, 사람들은 타인에게 권력을 행사하기 위해 좀더 인격적인 수단에 의존한다. 빚은 이러한 수단 가운데 하나이다. 사람들은 채무관계에서 나오는 의무를 내세우면서 타인에 대한 지배를 확고히 할 수 있다. 하지만 선물의 증여처럼, 권력을 행사하는 더욱 '부드럽고', 더욱 미묘한 방식들도 있다. 선물을 줌으로써 — 특히 그것이 특별히 관대하고, 필적할 만한 가치의 보답을 통해 보상될 수 없을 경우 — 증여자는 지속적인 의무를 만들면서 선물을 받는 사람을 개인적 채무의 관계 속에 붙들어 맨다. 증여는 소유의 한 형태이다. 증여는 타인을 구속하면서 그 올가미를 관대함의 몸짓 속에 감춘다. 부르디외에 따르면 '부드럽고, 보이지 않고, 인정되지 않으며, 감수해야 하는 만큼 선택되는 것이기도 한' 이 '상징폭력'은 '개인적 신뢰와 의무와 성실함의, 환대와 증여와 빚과 보상과 연민의, 그러니까 명예의 도덕이 영예롭게 하는 그 모든 덕성들의 상징적 폭력'[29]이며 그래서 모든 점에서 고리대금업자나 주인이 선포한

---

28) Cf. P. Bourdieu, *Le sens pratique, op. cit.*, p. 210.

29) P. Bourdieu, *Le sens pratique, op. cit.*, p. 219 sq.

인정사정없는 폭력에 대립된다. 지배가 제도들보다는 사람들 사이의
관계들에 우선적으로 기초하는 카빌리 같은 사회에서 상징폭력은 권
력을 행사하는 필연적이면서도 효과적인 수단으로 나타난다. 상징폭
력은 매혹적인 관계의 베일 아래 지배를 감춘, 완화되고 위장된 전략
들을 통해 지배관계들이 확립되고 유지되도록 해 준다.

(미국이나 영국같이 산업화된 사회들을 포함하여) 객관적 제도의 발전
을 경험한 사회에서는 개인 간의 상호관계에 근거한 지배구조의 유지
에 특유하게 나타나는 상징메커니즘의 중요성이 감소하였다. 제도의
발전은 다양한 종류의 자본들을 축적하고 다양하게 전유하는 것을 가
능하게 하며, 개인들에게 타인의 지배를 직접적으로 겨냥하는 전략을
택하지 않아도 되게 해 준다. 말하자면 폭력은 제도 자체 안에 세워진
다. 만일 우리가 우리 사회에서 상징권력이 행사되고 재생산되는 방법
을 이해하고자 한다면 우리는 다양한 생산물에 고정된 가치를 부여하
고, 그 생산물들을 차등적으로 분배하며, 그것의 가치에 대한 확신을
심어 주는 제도적 메커니즘이 어떻게 다양한 시장과 장들 안에서 생겨
났는지를 살펴보아야 한다. 교육제도는 이러한 과정의 좋은 예를 우리
에게 제공한다. 교육제도의 발전은 어떤 형태의 객관화를 함축하는
데, 이 객관화 과정 속에서 공식적으로 규정된 학위와 자격증은 불평
등을 유발하고 지속시키는 메커니즘으로 작용하면서, 힘에 공공연하
게 의지하는 것을 불필요하게 만든다.[30] 더욱이 이 메커니즘은 개인

---

30) 부르디외와 그의 공저자들은 수많은 저서를 통해, 불평등을 만들어 내고 유지하게
   하는 제도적 메커니즘이란 관점에서 교육제도의 중요성을 살펴본다. 특히 P.
   Bourdieu & J. -C. Passeron, *La reproduction. Éléments pour une théorie du système
   d'enseignement* (Paris, Éd. de Minuit, 1970)와 1989 (서문을 붙인 개정증보판),
   P. Bourdieu & J. -C. Passeron, *Les héritiers. Les étudiants et la culture* (Paris,
   Ed. de Minuit, 1964)와 1966 (개정증보판), Bourdieu, *La noblesse d'État, op. cit.*

들이 획득한 자격과 그들이 자신의 사회계급 덕분에 얻게 된 문화자본 사이의 연결고리를 보이지 않게 함으로써 기존의 질서를 정당화하는 데 기여한다. 그리하여 교육제도의 가장 큰 수혜자들에게는 그 자신의 가치에 대해 확신할 수 있게 해 주며, 이 제도의 혜택을 가장 적게 받은 사람들에게는 그들 자신이 궁핍한 이유를 이해하지 못하게 한다.


## 3

부르디외의 관점에서 보자면, 중세 이래 서구사회의 발전은, 범박하게 말해서, 실천영역 혹은 장들의 분화를 특징으로 한다. 각각의 영역 혹은 장은 특수한 형태의 자본과 가치 및 그 조합들, 그리고 특수한 제도와 제도적 메커니즘을 포함한다. 이러한 분화과정을 통해, 자본주의 원리에 기초한 시장경제가 분리되어 나와서, 상대적으로 구별되는 생산 및 교환영역으로서 스스로를 구성할 수 있었다. 중앙집권화된 국가의 행정과 법률제도가 형성되었고 점차 종교권력과 결별하였다. 지적이고 예술적인 생산의 장이 출현하여 나름의 제도(대학, 박물관들, 출판사 등)와 전문가층(지식인, 예술가, 작가 등), 그리고 생산, 평가, 교환에서 나름의 원칙을 갖추면서 어떤 자율성을 획득하였다. 하지만 역사적으로 출현하여 자율성을 획득한 이 실천영역 혹은 장들이 완전히 서로 떨어져 있는 것은 아니다. 그것들은 복잡한 방식으로 뒤얽혀 있다. 장에 대한 사회학적 연구의 과제 중 하나는, 부르디외가 제안했듯이, 하나의 장을 다른 장으로 환원하거나, 모든 것을 경제의 부대현상으로 취급하는 일을 조심스럽게 피하면서, 이 장들이 어떻게

---

을 참조하라.

서로 연결되고 구조화되는지 설명하는 것이다.

현대사회 발전에 대한 이 광범위한 조망은 막스 베버의 저작에 크게 영향을 받았다. 베버에게 부르디외가 진 지적인 빚은 상당하다. 베버처럼 부르디외는 다양한 장들에서 집단들이 출현하여 권력과 영향력을 놓고 투쟁하는 방식에 특별한 관심을 갖는다. 장의 사회학에서 부르디외의 작업은 주로 지적이고 예술적인 장과 관련되어 있다. 하지만 부르디외는 종교나 정치 같은 다른 장들에 대해서도 많은 저술을 남겼다. 31) 이 책의 제 3부를 구성하는 논문들에서 부르디외는 정치 장의 사회적 구성의 여러 측면을 검토한다. 정치 장 — '정치'라는 말을 좁은 의미로 이해했을 때, 즉 정당들, 선거정치, 정치권력의 제도 — 은 언어와 상징권력이라는 주제와 긴밀하게 연관되어 있다. 여러 장 가운데 정치 장은 사실 행위자들이 세계관을 형성하고 변형시키려고 애쓰며 세계 자체에 영향을 주려고 하는 대표적인 장소이다. 또한 말들이 곧 행동인 장소이자, 권력의 상징적 성격이 중요한 장소이다. 슬로건이나 강령, 다양한 코멘트를 통해 정치 장의 행위자들은 끊임없이 재현의 작업에 참여하며, 그리하여 사회세계에 대한 특정한 전망을 구성하고 부과하는 동시에, 그들의 권력의 궁극적 기초가 되는 사람들의 지지를 끌어내려 애쓴다.

정치 장이 현대사회에서 작동하는 방식을 이해하려면, 정치 장의 발전이 전문화를 수반하며, 이 과정에서 정치적 생산수단(즉, 강령을

---

31) [역주] Cf. 예를 들면, P. Bourdieu, "Le marché des biens symboliques", *L'année sociologique*, 22, 1971, pp. 49~126; "Genèse et structure du champ religieux", *Revue française de sociologie*, XII, 3, 1971, pp. 295~334; "Legitimation and structured interest in Weber's sociology of religion", tr. C. Turner, in S. Whimster & S. Lash (ed.), *Max Weber, Rationality and Modernity* (London, Allen and Unwin, 1987), pp. 119~136.

구상하고 정책을 입안하는 수단) 이 끊임없이 직업 정치가의 손에 집중됨을 놓치지 말아야 한다고 부르디외는 주장한다. 이 과정의 가장 명백한 징표는 관료적인 구조와 상근자를 갖춘 정당의 형성 속에서 찾아볼 수 있다. 그런데 정치 장의 자율성 증대와 결합한 정치활동의 전문화 과정은 완전히 역설적인 결과를 초래하는바, 이제 개인들은 그들의 이름으로 말할 권리를 넘겨받은 대변인을 위해 그들 자신이 말할 권리를 박탈당하지 않고서는, 정치 장에서 그들의 목소리가 들리게 할 수 있는 하나의 집단을 형성할 수 없는 처지에 놓인다. 개인들이 전문적인 정치 장에 참여하는 데 필요한 특수한 능력과 재능을 결여할수록 그들은 전문가들에게 정치를 맡기게 된다. 그래서 정치적 박탈의 위험은 좌파정당에서 오히려 더욱 크다. 문화자본과 경제자본이 가장 적은 이들을 대표한다고 주장하면서, 이 정당들은 그들이 내세우는 인민과 완전히 단절될 위험을 무릅쓴다. 1989년의 혁명에 뒤이은 동유럽의 공산주의정당의 붕괴는 최소한 어느 정도까지 이러한 가설을 뒷받침한다.

부르디외는 정치적 박탈 현상을 두 단계의 '위임' 과정으로 분석한다. 첫 단계는 제도적 구조들 — 상설기구, 관료주의, 유급직원 등 — 에 의해 집단 자체를 만드는 것이다. 정치적 박탈의 두 번째 단계는 조직이 집단의 이름으로 말하는 데 능숙한 개인 또는 개인들에게 〔대표성을〕 '위임하는' 순간에 해당한다. 이 수임자는 자신이 대표하는 사람들〔위임자〕과 한 발짝 떨어져 있다. 이 거리 덕택에 그는 자신이 정치적으로 자율적이며, 그의 권력과 호소력의 원천이 자기 자신이라고 남들은 물론 자기 자신을 설득할 수 있다. 상품에 대한 물신숭배의 마르크스적 개념에서 유추하여 부르디외가 '정치적 페티시즘'이라는 말로 의미하는 것이 바로 이것이다. 일단 수임자들이 그들의 자급자족적 외양을 확고히 하고 나면, 그들은 — 그들의 권력과 그들이 사용하는 단어들의 힘이 의지하는 사회적 토대를 숨기면서 — 언어적 전투에 참가할 수 있다. 이 전투는 정치 장에 어느 정도의 자율성을 부여한다.

정당들과 관료집단이 발전해 나감에 따라 정치적 담화를 생산하는 장은 점점 자율적이 되며, 나름의 규칙이 있는 게임처럼 된다. 관료집단은 이 게임에 참가하는 전문가들에게 성공에 필요한 특정한 능력과 권한을 갖춰 주면서 그들을 양성하는 책임을 떠안는다. 이 전문가들은 무엇보다 게임의 '감각', 다시 말하면 정치 장의 특수한 조건들에서 발휘되는 어떤 하비투스를 획득해야 한다. 정치전문가들이 생산하는 담화들은 그때부터 크게 두 종류의 제약을 받는다. 하나는 전문가들이 서로 경쟁하며 서로에 대해 입장을 취하는 정치 장 자체의 논리에서 생겨난다. 그들의 언표들은 이렇게 하여 관계적인 위상을 얻게 된다. 즉, 동일한 장의 다른 위치들로부터 발화된 다른 언표들과의 관계 속에서 의미를 갖게 된다. 정치 장이 많은 점에서 일종의 비의적 문화처럼 보이는 것은 이런 이유에서이다.

정치적 담화의 생산에 작용하는 또 다른 제약은 장 자체에서 유래하는 게 아니라, 좀더 넓은 범위의 위치, 집단, 사회적 과정과 이 장의 관계에서 생겨난다. 정치 장이 상당한 자율성을 소유하고 있긴 하지만, 그렇다고 다른 장이나 다른 힘들로부터 전적으로 독립적인 것은 아니다. 사실, 정치 장의 변별적인 특성들 중 하나는 전문가들이 장의 외부에 있는 집단이나 힘에 기댈 때만 성공할 수 있다는 점이다. 과학이나 예술의 장에서는 사정이 완전히 다르다. 여기서는 비전문가들에게 의지하는 것이 불필요할 뿐만 아니라 심지어 역효과를 낼수 있다. 정치인들은 다른 전문가들과 싸워서 이길 수 있도록 지지 — '신용'이나 '정치자본' — 를 확보해야 한다. 그래서 정치인들의 담론적 작업의 상당부분은 구호, 선서, 약속의 생산으로 이뤄진다. 이러한 표명의 목표는 무엇보다 정치전문가들에 대한 신용을 강화하는 데 있다. 전문가들은 비전문가들에게 재현/대표(représentantion)와 자기재현(auto-représentaion)의 형식들을 제공한다. 그리고 그 대가로 비전문가들은 정치 장에서 자신들을 대표한다고 주장하는 사람들에게 (기부금이나 투표의 형태로) 물질적이고 상징적인 지지를 제공한다. 정치인들의 권력은 상징적인 것이어서 그들은 계속해서 믿음과 확신으로 된 끈을 유지해야 하는데, 이것을 위협하는 모든 것, 예컨대, 의혹이나 스캔들 등에 정치인들이 특별히 취약한 것은 바로 비전문가들이 그들에게 부여하는 신용에 대한 그들의 의존성 때문이다.

정치의 장이자 정치담론의 장에 대한 부르디외의 글들은 아직 연구계획의 단계에 머물러 있다. 성공적으로 수행되기 위해서는 좀더 자세한 역사적 조사가 필요한 연구계획 말이다.[32] 그럼에도 부르디외가 큰 줄기를 그려 보이는, 정치현상에 대한 차별화된 접근법은 분명한 방법론적 함의들을 지니고 있다. 그중 하나는 정치담론과 이데올로기를 분석하면서 발화 자체에 초점을 맞추고, 정치 장의 구성이나 정치 장과 더 넓은 사회공간의 관계를 고려하지 않는다면, 그 분석은 (아무리 잘하더라도) 피상적이라는 것이다. 이런 종류의 '내재적 분석'은, 정치담론에 어떤 형태의 '기호학'이나 '담론분석'을 적용하려는 다양한 시도에서 볼 수 있듯이, 대학의 문학연구의 필수항목처럼 되어버렸다. 그런 시도들이 직면하는 어려움은 언어에 대한 형식주의적 접근 특유의 결점들 안에서도 (그리고 문학에 대한 순수하게 '문학적인'

---

32) 부르디외는 다른 맥락에서 그의 접근방법을 더 자세히 서술한다. Cf. Bourdieu, *La distinction, Critique sociale du jugement*, Éd. de Minuit, 1979와 1982 (서설을 덧붙인 개정증보판), chap. 8; Bourdieu, *La noblesse d'État. Grandes écoles et esprit de corps*(Paris, Éd. de Minuit, 1989), 4부; Pierre Bourdieu & Luc Boltanski, "La production de l'idéologie dominante", *Actes de la recherche en sciences sociales*, 2-3(juin 1976), pp. 3~73.

접근 안에서도) 발견된다. 이런 접근들은 분석의 대상이 생산되고 구성되며 수용되는 사회역사적 조건들을 당연시하며, 그 결과 그것들을 설명하는 데 실패한다. 이 점에서 부르디외의 접근은 완전히 정당화되는 것 같다. 그는 정치적 담화를 제대로 분석하려면 먼저 이 담화가 생산되고 수용되는 (생산과 지각의 도식들, 구별되는 조직들을 가진) 장, 그리고 이 장과 전체로서의 사회적 공간이 맺고 있는 관계들을 재구성해야 함을 우리에게 환기시킨다.

부르디외의 접근방법은 정치현상을 계급관계나 계급갈등 혹은 사회경제적 과정의 단순한 표현으로 간주하는, 전통적 유형의 마르크스주의적 분석과도 대립한다. 이러한 관점은 사실상 방법론적으로 정상적인 절차를 생략하는 것이며 여러 점에서 부르디외의 사유와 모순된다. 부르디외에 의하면 마르크스주의적 분석의 문제점은 사회를 일차원적 공간으로 상상하는 경향이 지나치게 뚜렷하다는 것이다. 이 일차원적 공간에서 현상들과 과정들은 직접적으로든 간접적으로든 경제적 생산양식의 전개와 거기서 유래하는 계급의 대립들로 소급된다. 부르디외 역시 경제적 관계를 과소평가하지 않았지만, 그래도 그의 접근은 마르크스주의의 이런 경향들과 다르다. 부르디외는 사회세계를 상대적으로 자율적인 여러 장들 — 그 안에서 개인들의 위치는 그들이 차지하는 다양한 자본의 크기에 따라 결정된다 — 로 분화된 다차원적 공간으로 간주한다. 그러므로 우리는 정치 장 내에서의 지배적 위치와 경제 장 내에서의 지배적 위치가 일치한다거나 어떤 식으로든 직접 연결된다고 단언할 수 없다. 어떤 장 안의 위치들의 관계가 다른 장 안의 위치들의 관계를 반영하는 식으로 장들이 서로 긴밀하게 대응하고 있을 수는 있다. 부르디외의 용어들을 써서 달리 표현하자면, 장들이 어떤 '상동성'(homologies)을 드러낼 수 있다. 이러한 연관을 잘 이해하고 싶다면, 우리는 불가피하게 장들을, 그리고 위치와 그 위치를 차지하는 행위자들의 관계를 엄밀하게 재구성해야 한다.

난점은 그뿐만이 아니다. 마르크스주의적 분석은 대체로 이론적 계급을 실제의 사회집단과 혼동함으로써, 행위자들이 재현을 통해 동원되는 방식들에 관한 문제를 제대로 해석하지 못하는 경향이 있다. 계급은 부르디외의 저작에서 설명적 기능을 하는 중요한 개념이다. 어떤 독자들은 부르디외가 성이나 인종의 차이, 민족국가들 간의 관계 같은, 현대사회에서 대립, 불평등, 갈등을 가져오는 다른 요인들을 경시했다고 평가할 수도 있을 것이다. 33) 이러한 유보적 시각은 어떤 점에서 정당화될 수 있다. 하지만 우리는 부르디외가 사용하는 계급 개념이 꽤나 독특하며, 전통적인 마르크스주의적 용법과 결정적으로 다르다는 점을 기억해야 한다. 부르디외는 계급을 생산수단을 소유한 자와 소유하지 못한 자의 대립에서 출발하여 정의하지 않는다(부르디외가 사용하는 '부르주아'나 '프티부르주아' 같은 전통적으로 마르크스주의적 용어 때문에 헷갈려서는 안 되며, 이것들을 우리는 차라리 일종의 개념적 속기술로서 고려해야 한다). 부르디외에게 계급이란 사회공간에서 비슷한 위치를 차지하며, 소유한 자본의 형태와 양, 성공의 기회, 성향 등이 비슷한 행위자들의 집합이다. 34) 이 '종이 위의 계급들'은 관찰가능한 다양한 사회현상들을 설명하고 해명하기 위해서 분석가가 생산한

---

33) [역주] 부르디외는 1990년대 저술들에서 젠더 및 성들 간의 권력관계에 관련된 질문들에 더욱 많은 관심을 기울였다. 특히 P. Bourdieu, "La domination masculine", *Actes de la recherché en sciences sociales*, 84, septembre 1990, pp. 2~31 참조.

34) [역주] Cf. P. Bourdieu, "Espace social et genèse des 'classes'", 이 책의 3부. Bourdieu, *In Other Words*, *Essays Towards a Reflexive Sociology*, Cambridge, Polity Press, 1990, pp. 106~119에 실린 "A Reply to some objections", L. J. D. Wacquant, M. Lawson 번역도 참조할 것.

이론적 구성물이다. 이론적 계급은 실제의 사회집단과 다르다. 하지만 이 이론적 구성물 덕택에 우리는 어떤 상황에서, 왜 어떤 행위자들의 집합은 일정한 집단을 형성하는가를 설명할 수 있다. 노동자들이 조합을 결성하고, 소비자들이 압력단체를 결성하는 것처럼, 사회공간에서 비슷한 위치를 차지하는 행위자들은 집단을 구성하기 쉽다. 하지만 행위자들이 그 자신의 조직과 대변인을 가진 하나의 집단을 형성하려면, 사회세계에 대한, 그리고 이 세계 내에서 식별가능한 집단으로서의 그들 자신에 대한, 어떤 시각을 생산하고 전유해야 한다. 전통적인 마르크스주의적 분석이 고려하지 않거나 충분히 이해하지 못하는 것은 바로 이 재현과정과 그것에 수반된 상징적 투쟁이다. 이론적 계급들과 실제 사회집단들의 차이를 간과하는 경향 때문에, 마르크시즘은 사회적, 역사적으로 실제적 효과를 갖는 일련의 재현생산에 기여하면서도, 그 재현들을 생산하는 상징적 메커니즘을 거의 설명하지 못했다.

부르디외는 전통적인 마르크스주의적 분석을 여러 가지 면에서 비판한다. 하지만 그의 저작이 마르크시즘의 영향을 깊이 받았다는 사실에는 변함이 없다. 부르디외의 이론이 사회계층과 사회공간 내에서 경제자본의 역할을 중시한다는 점만 보더라도, 그가 마르크시즘에 진 빚을 짐작할 수 있다. 하지만 부르디외가 마르크스의 착상들에 기대는 것은 베버나 레비스트로스, 또는 뒤르켐의 개념들을 원용하는 것과 비슷하다. 그는 구체적인 사회분석의 필요성 속에서 그것들을 각색하고 수정한다. 그러므로 부르디외가 위장된 형태로든, 노골적인 방식으로든, 마르크시즘을 현대적으로 대변하고 있다는 주장은 근거가 희박하다. 몇몇 주석가들이 그렇게 주장하고 있지만 말이다. 이런 식의 성격규정은 부르디외의 작업을 특징짓는 포부와 관심사에 대한 매우 피상적인 이해에 근거한다. 무엇보다 부르디외는 유행을 좇아 어느 날엔 '구조주의'를, 어느 날엔 '탈구조주의'(또는 '포스트모더니즘')를 받아들이는 그런 사상가가 아니다. 그는 이런 종류의 꼬리표를 단호히 거부하며, 그가 일종의 지적 매너리즘이라고 생각하는 것에 대해 어떤 동조도 보내지 않는다.

부르디외의 저작은 사회세계의 분석에 일관성 있는 이론적 틀을 제공하려는 예외적인 노력의 결과이며, 하버마스나 푸코처럼 매우 상이한 접근법들을 고안한 동시대 사상가들의 작업에 견줄 만한 흥미로움과 영향력을 갖는다. 부르디외는 자신의 저술들 속에서 언제나 경험적 연구의 가치에 대한 결연한 애착을 보여주며, 통계적이고 양적인 방법들을 사용하는 것을 두려워하지 않는다. 하지만 그의 작품은 뛰어난 비평적 명철함 또한 드러낸다. 다른 무엇이기 전에 사회학자인 부르디외는 규범적인 정치이론들에 드물게 가담하며, 정치적 강령들을 표명하려 그다지 애쓰지 않는다. 하지만 부르디외가 권력의 본성과 다양하고 미묘한 형태를 띤 특권들을 가차 없이 폭로하는 만큼, 그리고 사회세계를 그토록 정밀하게 분석하면서 그 세계를 구성하는 행위자들에게 이론적 관심을 보이는 만큼, 그의 저작은 비판적 뉘앙스를 띤다. 새로운 형태의 사회관계를 창조하고, 사회적이고 정치적인 삶의 대안적 형태로 나아가는 첫걸음은 우리의 현대사회를 특징짓는, 말하고, 생각하며 행동하는 방식들의 제도화된 한계선을 이해하는 데서 시작되기 때문이다. 부르디외가 이 한계선들에 대한 우리의 이해에 중대한 기여를 했다는 점은 거의 의심의 여지가 없어 보인다.

1990년 케임브리지에서

지은이 | 피에르 부르디외 (Pierre Bourdieu, 1930~2002)

프랑스의 사회학자, 인류학자, 철학자.
파리고등사범학교(École Normale Supérieure, ENS) 졸업. 알제리 전쟁 중 군
복무. 카빌족에 대해 연구. 1964년 이후 사회과학 고등연구원(École des Hautes
Études en Sciences Sociales, EHESS) 교수 역임. 1981년 콜레주 드 프랑스
(College de France) 교수 취임. 1975년부터 학제적 저널인 *Actes de la recherche
en sciences sociales* 편집. 대표 저서로 《알제리의 사회학》(*Sociologie de l'Algérie*,
1961), 《상속자들》(*Les Héritiers*, 1964), 《중간예술》(*Un Art Moyen*, 1965),
《예술 애호》(*L'Amour de l'Art*, 1966), 《재생산》(*La Reproduction*, 1970), 《구
별짓기》(*La Distinction*, 1979), 《실천감각》(*Le Sens Pratique*, 1980), 《말하기의
의미》(*Ce Que Parler Veut Dire*, 1982), 《국가 귀족》(*La Noblesse d'État*, 1989),
《자유교환》(*Libre-Échange*, 1994), 《실천이성》(*Raisons Pratiques*, 1994) 등이
있음.

옮긴이 | 김현경

서울대 인류학과 졸업. 프랑스 사회과학 고등연구원 박사. 저서로 《사람, 장소,
환대》(2015), 역서로 《도둑맞은 손》(2019), 《그리스인들은 신화를 믿었는가》
(2023)가 있음.